Owen W. Linzmayer

# Apple

STRENG VERTRAULICH

## Die Tops und Flops der Macintosh-Geschichte

MIDAS

# Apple
STRENG VERTRAULICH!



Titel der amerikanischen Originalausgabe:
Apple Confidential: The real story of Apple Computer, Inc.


Die Deutsche Bibliothek – CIP-Einheitsaufnahme:
Linzmayer, Owen W. :
Apple – Streng vertraulich! Die Tops und Flops
der Macintosh-Geschichte / Owen W. Linzmayer.
Übersetzung von Maria Bühler. – St. Gallen/Zürich:
Midas Management Verlag 2000.

ISBN 3-907100-12-3

Deutsche Übersetzung: Maria Bühler
Lektorat: Arnhild Rasilier, Elisabeth Schüsslbauer
Fachliche Beratung: Claudia Koch, Gregory C. Zäch
Buchgestaltung, Cover: Agentur 21, Zürich
Satz: -Q-, Zollinger & Schaad

Druck- und Bindearbeiten: Media-Print, Paderborn

# Inhaltsverzeichnis

Der vergessene Gründer . . . . . . . . . . 1
Was ging in ihnen vor? . . . . . . . . . . 11
Das «Breakout»-Projekt – gebrochene Versprechen . . . . . . . . . . 21
Das Fiasko mit dem Apple III . . . . . . . . . . 25
Codenamen aufgedeckt . . . . . . . . . . 31
Über Nacht zum Millionär . . . . . . . . . . 47
Aus Feind wird Freund: Apple und IBM . . . . . . . . . . 57
Von Xerox – mit herzlichen Grüßen . . . . . . . . . . 63
The Making of... Macintosh . . . . . . . . . . 79
Macintosh-Insider . . . . . . . . . . 101
Ein Werbe-Hit beinahe für die Schublade . . . . . . . . . . 109
Der Mac in der Presse . . . . . . . . . . 117
Die Mac-Modelle im Wandel der Zeit . . . . . . . . . . 125
1985 ist eben nicht 1984 . . . . . . . . . . 133
Von einem Fettnäpfchen ins nächste . . . . . . . . . . 137
Der steile Aufstieg und tiefe Fall des John Sculley . . . . . . . . . . 151
Windows: Was ging schief...? . . . . . . . . . . 167
Newton ohne Happy End . . . . . . . . . . 179
Ein Leben ohne Apple: NeXT und andere Abenteuer . . . . . . . . . . 209
Projekt Star Trek . . . . . . . . . . 223
Zwischen ‹Diesel› und Doktor . . . . . . . . . . 229
Der Kampf um die Klone . . . . . . . . . . 241
Teure Namen . . . . . . . . . . 259
Die Rosskur des Doktors . . . . . . . . . . 269
Die Copland-Krise . . . . . . . . . . 283
Apple: Fortsetzung folgt! . . . . . . . . . . 297
Index . . . . . . . . . . 310

# Einleitung

Die Firma Apple Computer beschäftigt mich als Journalist seit den frühen 80er Jahren und ich habe nahezu alles gelesen, was jemals über dieses Unternehmen geschrieben wurde. Aber ich werde mich hüten, die zahlreichen Märchen und allseits bekannten Einsichten hier noch einmal aufzuwärmen. Stattdessen befasse ich mich lieber mit der Wahrheit. Dazu habe ich in geheim gehaltenen Archiven recherchiert, entscheidende Personen interviewt und vor allen Dingen niemanden und nichts für bare Münze genommen.

*Apple – Streng vertraulich!* berichtet von den ersten zwanzig Jahren des Unternehmens – von glänzenden Erfolgen aber auch von deprimierenden Talfahrten. Hier können Sie nachvollziehen, wie sich Apple vom anfänglichen Liebling der Medien zu einem führenden Impulsgeber der Industrie entwickelt, nach mehreren verhängnisvollen Fehlentscheidungen des Vorstands ins Stocken gerät, als Prügelknabe der Technologie gehörig Schläge einstecken muss und nach der Rückkehr seines legendären Gründers Steve Jobs endlich wieder Gewinne erwirtschaftet.

*Apple – Streng vertraulich!* ist also alles andere als eine langweilige Business-Studie, sondern das einzige Buch über die vollständige Geschichte von Apple – mit enthüllenden Storys, zahlreichen Abbildungen und Zitaten, die auf intensivste Recherchen zurückgehen und hier in unterhaltsamer Form präsentiert werden. Sie werden von *Apple – Streng vertraulich!* sicher ebenso fasziniert sein wie von dem Unternehmen selbst.

Owen W. Linzmayer
San Francisco, California
OWL@Bigfoot.com
http://www.netcom.com/~owenink

# Der vergessene Gründer

Der effektive, niemals ruhende PR-Apparat von Apple sorgt dafür, dass die legendären Geschichten über den Ursprung der Firma nicht in Vergessenheit geraten. Auch heute noch glauben fast alle, dass Apple von «den beiden Steves» – Stephen Gary Wozniak (25) und Steven Paul Jobs (21) – in einer Garage gegründet wurde. Tatsächlich begann das Ganze aber in einem Schlafzimmer auf dem Crist Drive Nr. 11 161 in Los Altos (die Hausnummer änderte sich Ende 1983 in 2066, nachdem das Wohngebiet der Stadtverwaltung zugeordnet wurde). Hier lebte Jobs mit seinen Adoptiveltern Paul R. (einem Maschinenschlosser bei Spectra Physics) und Clara (einer Buchhaltungsangestellten bei Varian), nachdem er das Reed College in Portland, Oregon, abgebrochen hatte. Als das Schlafzimmer dann zu eng wurde, zog das Unternehmen wirklich in die Garage.

Paul und Clara Jobs wohnten in der 45th Avenue Nr. 1758 im District Sunset von San Francisco, als sie Steve (geb. am 24. Februar 1955) adoptierten. Fünf Monate später zog die Familie zunächst in den Süden von San Francisco und dann nach Mountain View, bevor sie sich endgültig in Los Altos niederließ. Als Steve seine leibliche Mutter das erste Mal traf, war er schon über 30. Dabei erfuhr er auch von seiner Halbschwester, der Schriftstellerin Mona Simpson. Sie nahm Steve zum Vorbild für die Hauptfigur in einem ihrer jüngsten Bücher, *A Regular Guy*.

**Apple kam in der «Garage» von Jobs' Eltern auf dem Crist Drive im kalifornischen Los Altos zur Welt (kleines Bild: heutige Außenansicht des Hauses).**

Apple Computer wurde aus Jobs' Garage in das gemietete Haus B3 am Stevens Creek Boulevard Nr. 20833 in Cupertino verlegt. Später wurde das Gebäude am Bandley Drive Nr. 10260 gebaut. Beim Bezug am 28. Januar 1978 wurde es in Bandley One umgetauft.

Als Apple gegründet wurde, wohnte Steve Wozniak in der Edmonton Ave Nr. 1618 in Sunnyvale. Ron Wayne war in der California Street Nr. 1900 in Mountain View zu Hause.

Tatsächlich haben die beiden Steves ihr Unternehmen Apple aber gar nicht allein gegründet. Wie die sowjetische Propaganda Fotos manipulierte, um unerwünschte Parteimitglieder zu beseitigen, so leidet auch Apple unter verordnetem Gedächtnisschwund. Wie selbstverständlich wird nämlich ignoriert, dass am Fools' Day im April 1976 drei Gründer eine Partnerschaft besiegelten: Woz, Jobs und ein Freund namens Ronald Gerald Wayne (41).

**Ronald Gerald Wayne, Apples in Vergessenheit geratener Gründer, auf einem Passfoto aus dem Jahr 1975 (der Stempel der staatlichen Behörden ist noch sichtbar).**

Jobs arbeitete in den frühen 70er Jahren freiberuflich als Techniker bei Atari. Wayne wurde vom Gründer dieser Firma, Nolan Kay Bushnell, als leitender Grafiker (Ausweis-Nr. 395) für den Video Game Maker ins Unternehmen geholt. Trotz des Altersunterschieds schlossen Jobs und Wayne bald Freundschaft und führten häufig Diskussionen über die Moral des Geldverdienens. Um sich in potenziellen Konflikten mit Woz einen Vorteil zu verschaffen, machte Jobs Wayne die Partnerschaft an Apple schmackhaft und bot ihm einen 10-prozentigen Anteil an der Firma.

«Entweder wäre ich Bankrott gegangen oder zum reichsten Mann des Friedhofs geworden», erinnert sich Wayne an seine damalige Einschätzung der Lage. Apple war nämlich keinesfalls eine sichere Anlage. Wayne behielt also seinen Job bei Atari bei und arbeitete nachts am ersten Logo und der Dokumentation für den Apple I. In der Zwischenzeit kümmerte sich Jobs um die Kunden. Bei einem Treffen des Homebrew Computer Club (der Verein traf sich monatlich im Auditorium des Stanford Linear Accelerator Center in Palo Alto) führte Jobs Paul Jay Terrell den Apple I vor. Terrell war Gründer des Byte Shop, der vermutlich ersten Computerhandelskette des Landes, die am 8. Dezember 1975 (Terrells Geburtstag) ihre Tore geöffnet hatte. Er war sofort begeistert und wollte mit Jobs in Kontakt bleiben.

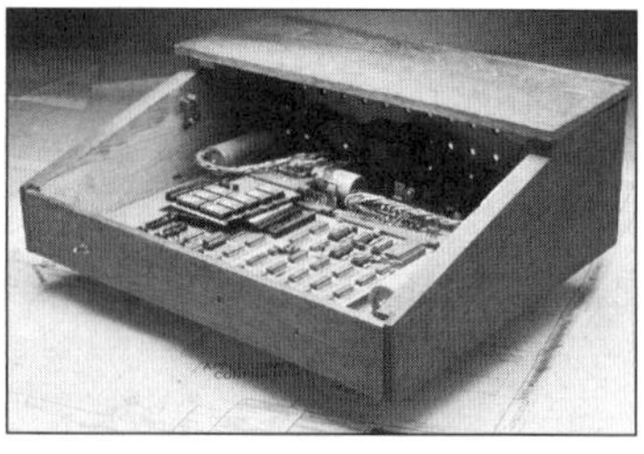

**Der erste Apple I (hier abgebildet mit einem individuell angefertigten Holzgehäuse) war kaum mehr als eine Platine, zu der die Käufer Gehäuse, Stromversorgung, Bildschirm und Tastatur selbst hinzufügen sollten.**

Am nächsten Tag erschien Jobs barfuß auf der Schwelle zu Terrells Laden in Mountain View und rief «Ich bleibe in Kontakt!» Zu Jobs' größtem Erstaunen bestellte Terrell gleich 50 Computer zu je 550 Dollar und versprach, bei Lieferung bar zu zahlen. Der 25 000-Dollar-Deal hatte nur einen Haken: Terrell wollte vollständige Computer.

«Der Auftrag des Byte Shop war das wichtigste Ereignis in der Geschichte des Unternehmens. Alles, was später kam, war nicht so entscheidend und kam so unerwartet. Das wollten wir ja eigentlich gar nicht herstellen.»

*Steve Wozniak*

**Der Byte Shop auf dem El Camino Real West Nr. 1063 im kalifornischen Mountain View war die erste Computerhandelskette der Welt und der erste große Kunde von Apple.**

Das Trio hatte ursprünglich vor, reine Platinen im Wert von je 25 Dollar zu produzieren und sie für 50 Dollar an Hobbyanwender zu verkaufen, die die benötigten Chips und sonstigen Teile selbst hinzufügen sollten. Keiner von ihnen hatte genug Geld, um die Teile für 50 vollständige Computer anzuschaffen. Jobs ließ sich dadurch aber nicht aufhalten. Er beschaffte am 6. April von Elmer und Allen J. Baum (einem Mitarbeiter von Woz bei Hewlett-Packard) einen dreimonatigen Kredit über 5 000 Dollar. Und die Zulieferer gewährten einen 30-tägigen Zahlungsaufschub für die erworbenen Teile im Wert von 15 000 Dollar.

**Steve Wozniak (links) und Steve Jobs präsentieren das Motherboard des Apple I, mit dem alles begann.**

Der junge, engagierte Jobs hatte keinerlei Skrupel, sich für den Auftrag des Byte Shop zu verschulden. Wayne wurde jedoch nervös. Er war nicht überzeugt, dass Terrell die Computer tatsächlich bezahlen würde. Und durch den Partnerschaftsvertrag konnte man ihn für alle auf Apple lastenden Schulden unbegrenzt persönlich haftbar machen. Erst vier Jahre zuvor hatte er Siand, sein eigenes technisches Unternehmen in Las Vegas, schließen müssen. Auf ein weiteres finanzielles Risiko wollte er sich auf keinen Fall einlassen. Also gab er am 12. April – weniger als zwei Wochen nach der Grün-

«Steve Wozniak sieht aus wie ein Steiff-Teddy, der seine regelmäßige Portion Marshmallows bekommen hat.»

***Jay Cocks,*** *Time-Reporter*

dung von Apple – seinen 10-prozentigen Anteil gegen die einmalige Zahlung von 800 Dollar zurück. «Ich wusste mittlerweile, was mir Kopfschmerzen bereiten würde», erklärt Wayne später. «Wäre Apple gescheitert, dann hätte ich zu all den blauen Flecken auch noch Beulen bekommen. Steve Jobs war ein absoluter Wirbelwind und ich hatte einfach keine Energie mehr, um mich auf solche Sturmläufe einzulassen.»

Von den finanziellen Verpflichtungen des Partnerschaftsvertrags befreit, konnte Wayne die anderen ungezwungen in seiner freien Zeit beraten, was er beispielsweise beim Entwurf eines Gehäuses für den Apple I tat. Beim Zusammenbau der Computer kamen zeitweise Bill Fernandez und Daniel G. Kottke zu Hilfe. Bill hatte Jobs 1968 mit Woz bekannt gemacht, und Daniel kannte Jobs noch vom Reed College her. 1974 hatten die beiden gemeinsam eine spirituelle Reise nach Indien unternommen.

Paul Terrell gründete später Romox, Software Emporium und Sorcerer Computer.

Alle arbeiteten wie wild, um die Computer mit der Hand zusammenzubauen. Als Jobs am 29. Tag mit einem Stapel Motherboards erschien, auf denen einfach nur verschiedene Komponenten angebracht waren, reagierte Terrell ein wenig entsetzt. Er hatte «vollständige» Computer gefordert, und damit meinte er komplette Rechner: mit Gehäuse, Stromversorgung, Bildschirm und Tastatur. Doch er hielt sein Wort und zahlte den vereinbarten Betrag in bar, so dass Apple seine Schulden bei den Zulieferern gerade noch rechtzeitig begleichen konnte.

«Warum schickst du diese Kreatur ausgerechnet zu mir?»

***Don Valentine,*** *Risiko-Kapitalgeber, über den damals noch jugendlichen Jobs, der barfuß in zerrissenen Jeans herumlief*

Jobs war Feuer und Flamme. Apple hatte an die 8 000 Dollar Gewinn gemacht, und er wollte das Unternehmen weiter ausbauen. Durch die Aufnahme weiterer Schulden bei den Zulieferern wären sie in der Lage, noch mehr Computer zu produzieren. Für seinen ambitionierten Plan brauchte er aber mehr Geld, als die Aufträge für den Apple I einbrachten. Deshalb wandte er sich im August 1976 an seinen alten Chef bei Atari, Nolan Bushnell, der ihn an Don Valentine von der Venture Kapitalgesellschaft Sequoia Capital weiterempfahl. Valentine hatte damals noch kein Interesse an der Sache, aber er riet Jobs, sich an Armas Clifford «Mike» Markkula Jr. (34) zu wenden. Markkula war im vorangegangenen Jahr in den Ruhestand getreten, nachdem ihm seine Aktien der Chiphersteller Fairchild Semiconductor und Intel zu einem kleinen Vermögen verholfen hatten.

Markkula schrieb einige der ersten Softwareprogramme für den Apple II und verteilte sie kostenlos unter dem Decknamen Johnny Appleseed.

**Armas Clifford «Mike» Markkula Jr. kam zu Apple, als Ron Wayne ging.**

Im November 1976 gab Markkula seinen Ruhestand auf, um Jobs bei der Aufstellung eines Businessplans zu helfen. Er berechnete, dass die Verkaufszahlen innerhalb von 10 Jahren auf 500 Millionen Dollar ansteigen könnten, wenn die Computerplatinen des Apple I in nur 10 Computerläden Amerikas verkauft würden. Welche Gelegenheit, auf eine startklare Rakete aufzuspringen! Also investierte Markkula 92 000 Dollar seines eigenen Vermögens und beschaffte außerdem einen Überziehungskredit in Höhe von 250 000 Dollar bei der Bank of America. Mit diesem finanziellen Polster beantragten die drei am 3. Januar 1977 die Vergesellschaftung von Apple Computer. Um eventuellen juristischen Komplikationen in der Zukunft aus dem Wege zu gehen, kaufte die Gesellschaft die ursprüngliche Partnerschaft für 5 308,96 Dollar auf und sandte Wayne einen Scheck über ein Drittel dieser Summe. So konnten sie ausschließen, dass er dem Unternehmen gegenüber später irgendwelche Ansprüche erheben würde. Wayne, der Apple vor weniger als einem Jahr aus freier Entscheidung für 800 Dollar verlassen hatte, war von diesem unerwarteten Glücksfall begeistert.

Woz kann im Rückblick auf die damalige Situation verstehen, dass Wayne so früh aus dem Vertrag ausstieg. «Steve hatte kein Geld. Ich hatte kein Geld und die Gläubiger wären reihenweise zu ihm gekommen, um unsere Schulden einzutreiben. Deshalb wollte er lieber aussteigen. Damals war das die richtige Entscheidung.» Wer die Zeit selbst miterlebt hat, kann das vielleicht nachvollziehen, aber einem Außenstehenden fällt es schwer, Waynes Entscheidung nicht als kolossalen Fehler zu beurteilen.

Zugegeben, Wayne hätte sicherlich ein paar Anteile an Apple hergeben müssen, als die Firma wuchs. Wenn Jobs ursprünglicher Anteil von 45 Prozent 7,5 Millionen Aktien entsprach, als das Unter-

Jobs setzte den Listenpreis des ursprünglichen 4 KB Apple I durch Verdopplung der Herstellungskosten auf 666,66 Dollar fest und gestattete den Einzelhändlern damit einen Preisaufschlag von 33,3 % auf den Großhandelspreis von 500 Dollar. Streng gläubige Christen erhoben schnell ihre Stimme und beklagten, dass 666 das «Zeichen des Bösen» sei. Jobs fegte ihre Sorgen mit einer erfundenen Geschichte vom Tisch: Er habe mit 7 (der mystischen Zahl Sieben) begonnen, dann 1 (eine weitere mystische Zahl) subtrahiert und sei so zu einem gänzlich unschuldigen Preis gekommen. Jobs wollte ursprünglich tatsächlich den Preis auf 777 Dollar festsetzen, aber das war Woz zu hoch.

Auf ihr erstes kommerzielles Wagnis ließen sich Woz und Jobs ein, als sie mit illegalen sogenannten «blue boxes» hausieren gingen. Woz hatte der Oktoberausgabe des *Esquire* (1971) die notwendigen Informationen entnommen und sie selbst zusammengebaut. Mit diesen tragbaren elektronischen Schaltkästen konnte man kostenlos Telefongespräche führen, weil sie die Signale der Telefongesellschaft emulierten. Jobs besorgte Bauteile zum Preis von 40 Dollar, verkaufte die Geräte in Studentenwohnheimen der UC Berkeley unter der Hand für 150 Dollar und teilte den Gewinn mit Woz. Ganz im Geiste dieser «Telefonpiraterie» nannte sich Woz Berkeley Blue, Jobs hieß Oaf Tobark. Bei einer Demonstration rief Woz unter dem Pseudonym Henry Kissinger den Vatikan an und wünschte, den Papst zu sprechen. Dort hieß es, der Papst schlafe gerade, man könne ihn aber wecken. Da verlor er die Nerven und hängte auf.

Und diese Burschen sollten später mit führenden Staatsmännern zusammentreffen! Im Februar 1985 verlieh Präsident Reagan Woz und Jobs im Weißen Haus die Nationalmedaille für Technologie. Am 19. Mai 1993 überreichte Woz Polens Präsident Lech Walesa, dem ehemaligen Anführer der Bewegung Solidarnosc, ein PowerBook. Und in der Regierungszeit von Bill Clinton durfte Jobs im Lincoln-Schlafzimmer des Weißen Hauses schlafen, nachdem er dem Demokratischen Nationalkomitee eine Spende in Höhe von 100 000 Dollar übergeben hatte.

nehmen 1980 an die Börse ging, dann hätten Waynes 10 Prozent mehr als 1,6 Millionen Aktien ausgemacht. Nach dem Zwei-zu-Eins-Split am 15. Mai 1987 wäre dieser Besitz beim Stand von 73,25 Dollar pro Aktie am 12. April 1991 etwa 244 Millionen Dollar wert gewesen (nicht eingeschlossen die Dividenden) - und selbst auf dem Tiefststand von 12,75 Dollar pro Aktie immerhin noch 42,5 Millionen Dollar. Ob Wayne jemals bereut hat, dass er aus einer der erfolgreichsten Entwicklungen eines amerikanischen Unternehmens ausgeschieden ist? Erstaunlicherweise erklärt er 20 Jahre später in überzeugendem Ton: «Ich hatte niemals Probleme mit Reue. Mit den Informationen, die ich damals hatte, habe ich jedenfalls die bestmögliche Entscheidung getroffen. Mein Beitrag war nicht so bedeutend – also habe ich auch keinen Grund, mich betrogen zu fühlen.» Hätte er weniger Charakter, würden ihm vor Enttäuschung und Selbstzweifel wahrscheinlich graue Haare wachsen, dass er sich so eine Chance auf Ruhm und Reichtum entgehen ließ. Aber Ron Wayne schloss einfach mit der Sache ab und konzentrierte sich auf sein eigenes Leben.

Woz lernte seine erste Freundin über den beliebten Service «Dial-a-Joke» kennen, den er mit mehreren Telefonen in seiner Wohnung betrieb. Gewöhnlich spielte sein Anrufbeantworter einen polnischen Witz ab, den er vorher aufgenommen hatte. Als Alice Robertson anrief, war er zufällig zu Hause. Also nahm er den Hörer ab und meldete sich als Stanley Zeber Zenskanitsky. Die beiden verstanden sich auf Anhieb und heirateten bereits kurze Zeit später.

Obwohl Jobs im Laufe der Jahre immer wieder versuchte, Wayne als Angestellten zu Apple zurückzuholen, blieb er bis 1978 bei Atari und nahm dann eine Stelle bei Lawrence Livermore Labs an. 1980 öffnete er einen kleinen Laden auf der Dempsey Street in Milpitas. Sein Handel mit Briefmarken, Münzen und anderen Sammelobjekten war innerhalb von zwei Monaten so erfolgreich, dass er den Job bei Lawrence Livermore Labs kündigte. Nach dem Zusammenbruch des Briefmarkenmarktes und zwei Einbrüchen schloss Wayne 1982 seinen Laden und setzte den Betrieb von zu Hause aus fort. Nach einem kurzen Abstecher zu Scientific Technology Systems, wo er sich um Dokumentation und Gestaltung kümmerte, ging Wayne 1985 zu Thor Electronics nach Kalifornien und arbeitete dort an Spielautomaten. Das in Salinas ansässige Unternehmen hat seinen Schwerpunkt mittlerweile auf Militärelektronik verlegt, und Ron Wayne arbeitete von seinem Wohnsitz in Tucson, Arizona, aus als leitender Ingenieur für die Firma. Am 1. August 1998 ging er in Rente. Heute führt er von zu Hause aus einen Internethandel für Münzen und Briefmarken ( http://www.thestampman.com ).

## Das Apple-Logo

Nach der gemeinsamen Gründung von Apple gehörte der Entwurf eines Logos zu den ersten Aufgaben von Ron Wayne. Er entwarf eine Federzeichnung, auf der sich Sir Isaac Newton gegen einen Apfelbaum lehnt. Den Rahmen gestaltete er mit einem Zitat aus einem Gedicht von William Wordsworth: «Newton… A mind forever voyaging through strange seas of thought… alone.» [«Newton… ein auf ewig durch die fremden Gefilde des Denkens reisender Geist… allein.»]

**Das erste Apple-Logo war ein Entwurf von Ron Wayne.**

Waynes Logo wurde nur kurze Zeit benutzt, da Jobs es altmodisch fand. Außerdem ließ es sich nur schwer in kleinem Maßstab reproduzieren. Deshalb forderte er Rob Janov, einen Art Director bei der PR-Agentur Regis McKenna, im April 1977 auf, eine bessere Lösung zu finden. Janov begann mit einem schwarzweißen Schattenriss eines Apfels, meinte aber, dass irgendetwas fehlte. «Ich wollte die Form eines Apfels vereinfachen, und als ich an einer Seite einen Bissen wegnahm, sah der Apfel nicht mehr aus wie eine Cocktailtomate», erläutert Janov. Dieser «Bite» (Bissen) in den Apfel klingt im Englischen genauso wie das «Byte» des Computers – eine geniale Verknüpfung zwischen der Gestalt des Logos und seinem Inhalt!

«Eines der großen Geheimnisse ist für mich unser Logo – das angebissene Symbol für Begierde und Wissen, mit den Farben des Regenbogens in umgekehrter Reihenfolge.
Ein passenderes Logo hätte man nicht erfinden können.
Es steht zugleich für Verlangen, Wissen, Hoffnung und Anarchie.»

***Jean-Louis Gassée,*** *President von Apple Products*

Um das Ganze noch etwas aufzupeppen, füllte Janov den Apfel mit sechs bunten, horizontalen Streifen, die auf die besonderen Farbkapazitäten des Apple II anspielten. Die Trennung der grünen, gelben, orangefarbenen, roten, violetten und blauen Balken durch eine dünne schwarze Linie hätte die Erfassung bei der Reproduktion wesentlich vereinfacht. Jobs lehnte diesen Vorschlag jedoch ab und machte damit den Weg frei für das Apple-Logo, wie wir es heute kennen. Der ehemalige Präsident, Michael M. Scott, nannte es «das teuerste verdammte Logo aller Zeiten».

Gegen Ende 1997 entschied der kommissarische Geschäftsführer Jobs, dass alle zukünftigen Produkte einfarbige Apple-Logos tragen sollten. Der erste entsprechend erstellte Mac war das überarbeitete PowerBook G3, das am 6. Mai 1998 auf den Markt kam. Auf ihm leuchtete ein großes, einfarbiges, «kristallweißes» Logo von Apple.

## Chronik des Apple II

**1976**
- Prototyp des Apple I fertiggestellt
- Jobs, Woz und Wayne gründen Apple
- Einführung des Apple I (666 Dollar)
- Jobs auf der Suche nach Finanzierungsmitteln
- Markkula stellt Businessplan auf
- Jobs, Woz und Markkula vergesellschaften Apple

**1977**
- Einführung des Apple II (1 298 Dollar); Janov entwirft neues Logo
- Scott wird der erste President
- 570 installierte Modelle des Apple II
- Apple zieht um in Bandley One

**1978**
- Einführung der Disk II (495 Dollar)
- 8 170 verkaufte Geräte des Apple II

**1979**
- Einführung des Apple II Plus (1 195 Dollar)
- 43 270 verkaufte Geräte des Apple II

**1980**
- 121 370 verkaufte Geräte des Apple II

**1981**
- TV-Werbung mit Apple II-Sprecher Dick Cavett gesendet
- Einführung der IBM PCs (1 565 Dollar)
- 301 370 verkaufte Geräte des Apple II

**1982**
- Woz veranstaltet das erste US Festival
- 580 370 verkaufte Geräte des Apple II

Der erste President von Apple, Michael M. Scott, brachte eine Menge professionelle Erfahrung mit, als er im Mai 1977 von National Semiconductor abgeworben wurde. Um ein wenig Ordnung in den Laden zu bringen, führte er persönliche Ausweise mit dem Einstellungsdatum der Mitarbeiter ein. «Scotty» gab sich selbst die Nummer Sieben, weil das seine Glückszahl war. Wozniak wies er die Eins zu, da das Unternehmen ohne seinen großartigen Entwurf für den Apple I überhaupt nicht existieren würde. Das passte Jobs natürlich gar nicht. Er eilte zu Scott und bat ihn, seine Entscheidung zu überdenken, doch dieser blieb dabei. «Jobs wäre als Nummer Eins einfach unerträglich», bemerkt Scott. Als Jobs einsah, dass Scott ihn nicht zum Angestellten Nummer Eins machen würde, schlug er einen Kompromiss vor: Er würde sich stattdessen mit Nummer Null zufrieden geben. Das schien fair, und um des lieben Friedens willen erhielt Jobs daraufhin Ausweis Nummer Null. In den offiziellen Personalakten von Apple wird Jobs jedoch als Nummer Zwei geführt, weil die Scheckverarbeitungssoftware bei der Bank of America keine Null zuließ. Bis zum heutigen Tage gilt auf den Fluren von Apple eine niedrige Angestelltennummer als besondere Auszeichnung.

Woz hoffte, das Flair der Woodstock-Atmosphäre wiederbeleben zu können und sponserte deshalb die US Festivals, dreitägige Feiern mit zeitgenössischer Musik und Technik. Das Erste fand am Labor-Day-Wochenende 1982 im Glen Helen Regional Park, nördlich von San Bernardino in Kalifornien, statt. Mehr als 20 Interpreten traten auf, und an Ausstellungsständen konnte man die neuesten technologischen Entwicklungen bestaunen. Leider kamen nur wenig zahlende Besucher, 340 Personen wurden verhaftet und 12 mussten wegen übermäßigem Drogenkonsum behandelt werden. Im folgenden Jahr versuchte es Woz am Memorial-Day-Wochenende noch einmal. Insgesamt verlor er bei diesen beiden US Festivals etwa 20 Millionen Dollar, aber er hatte seinen Spaß und hält sie auch heute noch für erfolgreich.

Der millionste Apple II wurde am 18. Juli 1983 im Rahmen des Programms «Kids Can't Wait» an die Ellis Grundschule im kalifornischen Sunnyvale gespendet.

F: Was ist der Unterschied zwischen PCS (Personal Computer Systems, der Abteilung für den Apple II) und der Titanic?

A: Auf der Titanic gab es eine Tanzband.

Nachdem er 1985 wegen mangelnder Unterstützung für den Apple II bei Apple gekündigt hatte, ging Steve Wozniak zurück ans College, um seinen Abschluss zu machen. Er schrieb sich als Rocky Raccoon Clark in Berkeley ein und erwarb im Juni 1986 den Abschluss als Elektroingenieur. Rocky war damals der Name seines Hundes.

**Für immer = 6072 Tage**

Der Apple IIc wurde am 24. April 1984 auf einer Feier mit dem Namen «Apple II Forever» im Moscone Center von San Francisco eingeführt. Zufällig wurden die Vorbereitungen zur Show durch ein Erdbeben der Stärke 6,2 auf der Richter-Skala unterbrochen. Am 15. November 1993, mehr als 16 Jahre nach der Einführung des ursprünglichen Apple II und nach der Auslieferung von mehr als 5 Millionen Rechnern, strich Apple den letzten Vertreter dieser Reihe, den Apple IIe, stillschweigend von der Produktliste. Als symbolische Geste für seine treuen Anhänger setzte das Unternehmen die Unterstützung der Apple II-Technologie noch eine Weile fort und bot für einige frühen Mac LC- und Performa-Modelle eine Erweiterungskarte an.

**1983**
- Einführung von Lisa (9995 Dollar) und Apple IIe (1395 Dollar)
- Woz veranstaltet das zweite US Festival
- 1000000 verkaufte Geräte des Apple II

**1984**
- Einführung von Lisa 2 (3495 Dollar) und Mac (2495 Dollar)
- Einführung des Apple IIc (1295 Dollar)
- 2000000 verkaufte Geräte des Apple II

**1985**
- Einführung des Apple IIe (enhanced)
- 400000 verkaufte Geräte des Apple IIc

**1986**
- Woz erwirbt Abschluss zum Elektroingenieur
- Einführung des Enhanced Apple IIc, Apple IIGS (999 Dollar)

**1987**
- Einführung des Platinum Apple IIe (829 Dollar)

**1988**
- Einführung des Apple IIc Plus (1099 Dollar); Einführung von GS/OS (39 Dollar)

**1989**
- Einführung der Apple II GS System Software 5.0

# Was ging in ihnen vor?

Im Rückblick auf die vergangenen Jahre ist es interessant (und vielleicht sogar etwas beruhigend) zu sehen, dass viele sogenannte hoch qualifizierte Profis und Institutionen der Mikrocomputer-Industrie in entscheidenden Momenten ziemlich kurzsichtig gehandelt haben. Im Folgenden finden Sie nur ein paar dieser Beispiele, bei denen Sie sich an den Kopf greifen und fragen «Was haben die sich bloß gedacht?!»

## Hewlett-Packard

Nachdem Steve Wozniak im März 1976 in seiner Freizeit den Prototyp für den ersten Apple I-Computer entworfen hatte, wollte er seinen Arbeitgeber, Hewlett-Packard (www.hp.com), überzeugen, Mikrocomputer zu produzieren. «Ich hatte meinen Chef, den Manager des Computerlabors, bearbeitet und er war hellauf begeistert. Aber es war genauso klar, dass der Mikrocomputer nicht zu HP passte», erinnert sich Woz.

Obwohl sein Chef den Apple I für seine eigene Abteilung als nicht geeignet betrachtete, ließ er durch einen HP-Anwalt jeden Abteilungsleiter fragen: «Sind Sie an einem 800-Dollar-Computer interessiert, der BASIC ausführen und an einen Fernseher angeschlossen werden kann?» Alle verneinten mit dem Argument «HP hat mit diesem Markt nichts zu tun.»

Schließlich hat HP dann seine Meinung geändert und eigene Personal Computer produziert (Dataquest zufolge belegte HP 1997 im weltweiten Verkauf von PCs den vierten Platz). Aber damals war die Firma noch nicht so weit. Nachdem Woz sein Entlassungsschreiben von HP bekommen hatte, konnte er sich selbst um die Vermarktung des Apple I kümmern. Eine ironische Parallele: William Hewlett und David Packard hatten beide selbst in einer Garage an

«Wir waren keineswegs helle genug, um die bevorstehende Revolution vorauszusehen. Damals glaubte ich, dass man das Öffnen des Garagentors revolutionieren könnte, den Ausgleich des Kontos oder das Rezeptesammeln und so was. Unzählige Leute studieren Märkte und analysieren ökonomische Trends, Leute, die wirklich besser sind als ich, Leute, die für Firmen wie Digital Equipment und IBM und Hewlett-Packard arbeiten. Aber auch von denen hat keiner vorhergesehen, was passieren würde.»

***Steve Wozniak***

der Addison Avenue Nr. 367 in Palo Alto (heute ein historisches Wahrzeichen in Kalifornien) begonnen - nicht weit von Steve Jobs' Jugendadresse in Los Altos.

## Atari

Steve Wozniak fühlte sich mit seinem Jahresgehalt von 24000 Dollar in der Computerabteilung bei Hewlett-Packard durchaus wohl und war nicht bereit, es aufzugeben, um eine simple Apple I-Platine an Hobbybastler zu verkaufen. Jobs' Vision von einem riesigen Markt für Personal Computer konnte er nicht teilen, und er hatte auch keinerlei Ambitionen, eine eigene Firma aufzubauen, um diesen Markt zu erobern. Nach einer Diskussion mit Jobs über dieses Thema wandten sie sich gemeinsam an den Spieleproduzenten Atari (gleichbedeutend mit dem Schachausdruck «Schach» in dem alten japanischen Spiel Go), bei dem Jobs als Techniker arbeitete.

Home Pong trug in Anlehnung an eine Angestellte bei Atari den Codenamen Darleen.

«Nachdem wir den Apple I auf eine Platine gebaut hatten, zeigten wir ihn Al Alcorn von Atari», erinnert sich Woz. «Atari hatte gerade sein erstes Home-Pong-Spiel herausgebracht, und es war so erfolgreich, dass jeder alle Hände voll zu tun hatte. Sie fanden den Apple I toll, waren aber einfach viel zu beschäftigt.»

«Viele meinten, dass mit dem Heimcomputer die Kameradschaft im Büro zu Ende gehen würde... Wenn man die logische Schlussfolgerung aus diesem Argument zieht, könnte man genauso gut sagen, dass Masturbation dem Geschäft mit dem Sex Marktanteile entzieht.»

***Jean-Louis Gassée,** ehemaliger President von Apple Products*

Genau wie Hewlett-Packard zuvor, lehnte auch Atari das Angebot ab, Apple aufzukaufen. Atari dominierte später zwar den entstehenden Markt für Videospiele und verkaufte allein im ersten Jahr 150000 Home Pongs. Im Oktober 1976 wurde das Unternehmen

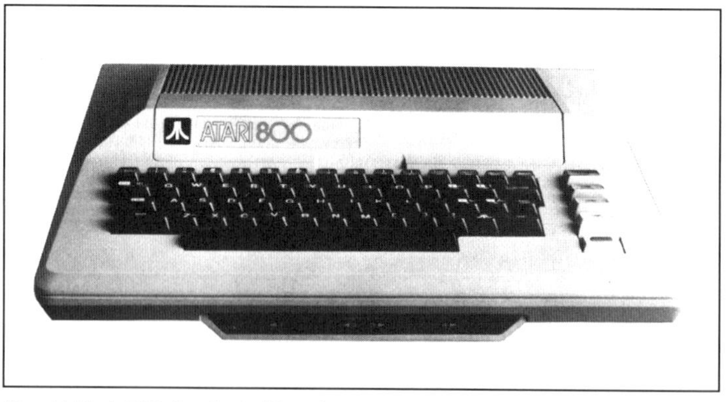


**Obwohl Atari 1976 den Apple I ignoriert hatte, verkaufte die Firma ab 1978 selbst eigene Computer (hier: der Atari 800).**

jedoch selbst für 28 Millionen Dollar von Warner Communications geschluckt und belieferte mit dem Atari 400 und Atari 800 dann doch den Markt für Heimcomputer.

Atari hatte im Bereich Heimcomputer nur mäßigen Erfolg. Als dann 1983 der Markt für Videospiele zusammenbrach, machte das Unternehmen ein Minus von 538 Millionen Dollar, was Warner veranlasste, die Firma aufzuteilen. Die Arcade-Division wurde unter dem Namen Atari Games unabhängig, während die Home-Division an die Industrielegende Jack Tramiel ging, der das Konkurrenzunternehmen Commodore Business Machines gegründet hatte.

Auf der COMDEX 1985 führte Atari den Low-End-Atari 520ST ein, der den Spitznamen Jackintosh bekam, weil seine grafische Benutzeroberfläche dem Mac von Apple so ähnlich sah. Die Firma konnte sich aber nie aus ihrem Nischendasein lösen und brachte mit dem Falcon030 im Dezember 1992 ihren letzten Computer heraus. Am 31. Juli 1996 fusionierte Atari mit JTS Corporation, einem Hersteller von Festplattenlaufwerken im kalifornischen San Jose, und verschwand danach endgültig von der Bildfläche.

## Commodore Business Machines

«Wir waren echte Schmalspur-Unternehmer, wie jemand, der nebenbei Kunstgewerbeartikel verkauft.»

***Steve Wozniak** über die Anfänge von Apple*

Nach der Absage ihrer Arbeitgeber entschieden sich Woz und Jobs für den Alleingang. Um die Kosten von 1350 Dollar für die Herstellung der ersten geprägten Apple I-Platine zusammenzukratzen, verkaufte Woz seinen programmierbaren Taschenrechner Hewlett-Packard 65 für 250 Dollar und Jobs erzielte für seinen rot-weißen VW-Bus 1500 Dollar. Dem Hörensagen zufolge hatte der Apple I jedoch nur mäßigen Erfolg und wurde insgesamt nur 200mal verkauft.

Nach der Fertigstellung des Prototyps für den Apple II erkannten sie, dass sie einen potenziellen Hauptgewinn in Händen hielten. Aber leider fehlten die Mittel, um ihn auch einlösen zu können. Der Apple I konnte noch relativ günstig zusammengesetzt werden und er brachte gerade genug ein, um die Kosten zu decken. Der Apple II dagegen kostete in der Herstellung bereits mehrere Hundert Dollar. «Wie baut man 1000 Stück von einem Ding, das sehr viel Geld kostet?», fragt Woz rhetorisch. «Wir hatten doch überhaupt kein Geld!»

Da Jobs wusste, dass sich Commodore Business Machines, ein Hersteller von Rechenmaschinen, eifrig darum bemühte, in den entstehenden Markt für Microcomputer einzusteigen, lud er ein paar Vertreter der Firma in die Garage seiner Eltern ein. Er führte ihnen das Modell des Apple II vor und zauberte hochauflösende Farbspiralen auf den Bildschirm – im Herbst des Jahres 1976 noch eine höchst beeindruckende Sache. Commodore zeigte Interesse, und Jobs bot ihnen die Firma zum Kauf an. Der geforderte Preis: 100 000 Dollar in bar, ein paar Aktien und Jahresgehälter in Höhe von 36 000 Dollar für ihn und Wozniak.

«Du hast keinen einzigen Finger gerührt.»

***Jerry Wozniak** zu Steve Jobs, als er erfuhr, dass Jobs mit seinem Sohn halbe-halbe machen wollte.*

«Ich war überhaupt nicht einverstanden. Das Ding hatte mich nur ein Jahr Arbeit gekostet, und ich hielt es für reichlich unverschämt, so viel zu verlangen», erinnert sich Woz an seine naive Denkweise. Trotzdem hätte er sich gerne auf den Deal eingelassen, denn er wollte keine Unternehmen aufbauen, sondern Computer entwickeln. Sein Vater Jerry (ein Ingenieur bei Lockheed) war genauso entsetzt über Jobs Forderungen, aber nicht aus demselben Grund wie Woz. Er hatte das Gefühl, dass Jobs seinen Sohn ausnutzte. Gerechterweise muss aber erwähnt werden, dass Jobs Nachforschungen über den Interessenten anstellte. «Je mehr ich über Commodore erfuhr, desto verkommener erschien mir die Firma. Ich konnte niemanden auftreiben, der ein Geschäft mit ihnen gemacht hatte und zufrieden war. Jeder fühlte sich irgendwie betrogen», erklärte Jobs.

Zum Glück für Apple fand es Commodore-Gründer Jack Tramiel lächerlich, zwei junge Burschen aufzukaufen, die von einer Garage aus agierten. Stattdessen erwarb Commodore im Oktober 1976 MOS Technology, den Hersteller jenes günstigen Mikroprozessors 6502 (25 Dollar), der das Kernstück des Apple II bildete.

Chuck Peddle, der den 6502-Mikroprozessor entwickelt hatte, brauchte nur vier Monate, um den 795 Dollar teuren Commodore PET zusammen zu basteln. Der PET kam zum selben Zeitpunkt heraus wie der Apple II zum Preis von 1 298 Dollar. Peddle gab zu, dass ihn der damalige Pet Rock Fimmel (eine Modewelle um einen frühen Tamagotchi: einen Stein, den man hegen und pflegen sollte) zu dem nicht ganz ernst zu nehmenden Namen inspiriert hatte. Offiziell stand das Akronym für «Personal Electronic Transactor» oder «Programmable Educational Terminal» – je nachdem, wen man fragte.

Anstatt Apple kaufte Commodore MOS Technology und designte den PET

Der kastenartige PET war ein vollständiger Computer mit eingebautem monochromem Grafikbildschirm, Kassettenlaufwerk und Tastatur. Kenner der Industrie taten den zusammengeschusterten Rechner jedoch höhnisch als Egotrip von Peddle ab, weil soviele wichtige Dinge fehlten: «Erweiterbarkeit, Farbe, einen guten Arbeitsspeicher, hochauflösende Grafik, eine gute Tastatur, Fernsehanschluss – alles Mögliche haben sie nicht berücksichtigt», erinnert sich Woz. Im Vergleich zum Apple II hatte der PET nur eine relativ kurze Lebensdauer, und man kann sich deshalb kaum vorstellen, dass Jack Tramiel seinen Fehler, Apple zu ignorieren, nicht bitter bereut hat.

Als Apple das erste Mal auf der Consumer Electronics-Messe in Chicago ausstellte, klagten die Angestellten am Stand über wunde Füße vom langen Stehen. Jobs dagegen litt nicht, obwohl er fast die ganze Zeit barfuß oder in Sandalen herum gelaufen war. Stolz gab er bekannt, wie er sich frisch hielt: Er ging regelmäßig auf die Toilette, setzte sich auf das Klobecken, stellte die Füße in die Schüssel und zog dann mehrmals, um so in den Genuss eines Arme-Leute-Whirlpools zu kommen.

Nach der Ablehnung durch Commodore gelang es Jobs schließlich, mit Mike Markkula die notwendigen finanziellen Mittel und die unternehmerische Erfahrung für das Unternehmen zu beschaffen. Der revolutionäre Apple II wurde am 17. April 1977 auf der ersten West Coast Computer Fair in San Francisco vorgestellt und eroberte die gerade flügge gewordene Computerindustrie im Sturm. Nach dem mäßigen Erfolg mit dem mac-artigen Amiga-Computer sah sich Commodore gezwungen bekannt zu geben, dass es seine Pforten am 29. April 1994 schließen werde.

## VisiCalc

HP, Atari und Commodore haben aber nicht als Einzige ihre Chance verspielt. Auch Apple selbst ließ riesige Gelegenheiten ungenutzt. In diesem Fall: VisiCalc.

Im Januar 1979 führte Daniel Fylstra von der in Boston ansässigen Firma Personal Software, Inc. Mike Markkula und Steve Jobs den

Ein Patentanwalt teilte Personal Software mit, dass Programme nicht mit einem Patent geschützt werden könnten. Deshalb haben sie mit der Erfindung des Tabellenkalkulationsprogramms niemals richtig Geld gemacht. Bricklin arbeitet heute an Trellix (www.trellix.com), das er «ein Tabellenkalkulationsprogramm für Wörter» nennt. Bob Frankston unterhält eine Website unter www.frankston.ne. mediaone.net.

Prototyp eines Applesoft BASIC-Programms namens Calculedger vor. Der 26-jährige Daniel Bricklin, ein MBA-Student der Harvard Business School im ersten Jahr, hatte es mit seinem Freund Robert Frankston vom MIT auf dem Dachboden geschrieben. Calculedger war eine Kombination aus Taschenrechner und Tabellenkalkulation, mit dem sich sehr komplexe «Wenn – Dann»-Beziehungen durch mathematische Verknüpfungen lösen liessen.

**Dan Bricklin, der Co-Autor von VisiCalc, einem der meistverkauften Computerprogramme aller Zeiten.**

Fylstra bot Apple dieses revolutionäre Programm für 1 Million Dollar an, wurde jedoch zurückgewiesen. Aber nicht nur die Genies in Cupertino verkannten die Bedeutung des Programms. Auch Bill Gates wollte das Programm nicht kaufen, weil Microsoft zu sehr damit beschäftigt war, BASIC direkt an Computerhersteller zu vertreiben, anstatt sich mit Publishing-Programmen zu befassen. Gates betonte damals: «Wir wenden uns nicht an Enduser.»

Frankston zufolge testete Bricklin das Programm VisiCalc, indem er die Werbekampagne eines damals unbekannten Marketingleiters bei Pepsi namens John Sculley analysierte. Sculley sollte 1983 Geschäftsführer von Apple werden.

Calculedger wurde der Öffentlichkeit im Mai desselben Jahres auf der West Coast Computer Fair in San Francisco vorgestellt. Mittlerweile hieß es VisiCalc (eine Kurzform für «visible calculator») und war das erste digitale Tabellenkalkulationsprogramm der Welt. Als VisiCalc im Oktober 1979 schließlich auf den Markt kam, lief es nur auf dem Apple II. Damit trug es erheblich dazu bei, diesen Computer zum Business-Standard zu machen. Endlich war ein Computer in der Lage, etwas ausgesprochen Nützliches zu tun.

VisiCalc war wahrscheinlich die erste «Killer-Anwendung». Es war so attraktiv, dass sich die Leute die Hardware anschafften, nur um das Programm benutzen zu können. Und es entwickelte sich in der Computerindustrie zu einem der meistverkauften Softwareprodukte, von dem in nur zwei Jahren 200 000 Stück abgesetzt wurden.

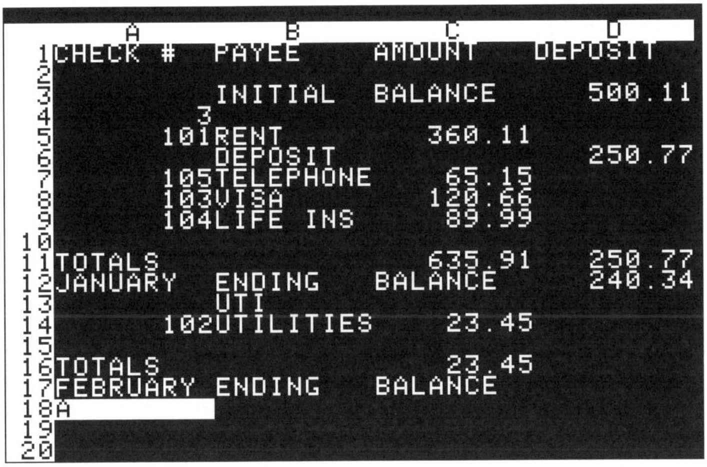


**Bei der ersten Version von VisiCalc gab es nicht viel zu sehen, aber selbst das war niemandem jemals zuvor begegnet.**

Personal Software wurde schließlich in Anlehnung an seinen Verkaufsschlager in VisiCorp umbenannt. VisiCorp brachte die Welt auf der Herbst-COMDEX 1982 in Las Vegas, Nevada, erneut zum Staunen: VisiOn (Codename Quasar) bot eine grafische Benutzeroberfläche für aufgemöbelte IBM-PCs. Man darf nicht vergessen, dass der Lisa von Apple damals noch nicht einmal angekündigt worden war, sodass die Leute hier zum allerersten Mal ein sogenanntes WIMP-System (Windows, Icons, Mice and Pointers) zu sehen bekamen.

Als VisiOn ein Jahr später ausgeliefert wurde, war die Gunst der Stunde bereits wieder verflogen. Da sich mit VisiOn keine DOS-Anwendungen betreiben ließen, musste man für 1796 Dollar ein ganzes Paket inklusive Tabellenkalkulation, Grafik- und Textverarbeitungsprogramm sowie Maus anschaffen, um es überhaupt benutzen zu können. VisiOn kam nicht nur spät und war viel zu teuer, es lief darüber hinaus auch noch langsam, unstabil und stellte beachtliche Anforderungen an die Hardware. Control Data kaufte VisiOn im August 1983 auf – seitdem ist es von der Bildfläche verschwunden. Lotus Development (www.lotus.com) erwarb 1985 jedoch die Rechte an VisiCalc, und so lebt die erste Tabellenkalkulationstechnik der Welt heutzutage in Gestalt von Lotus 1-2-3 fort.

«Ich sah ein Video, das wir eigentlich gar nicht sehen durften. Es war für die Generalstabsversammlung produziert worden. Als wir das Band anschauten, fanden wir heraus, dass zumindest noch vor wenigen Jahren jede mit amerikanischem Personal bemannte taktische Kernwaffe in Europa einen Apple II als Zielinstrument enthielt. Natürlich hatten wir keine Computer an das Militär verkauft, es hatte sich die Rechner wahrscheinlich bei den Händlern selbst beschafft. Aber uns war ganz schön mulmig, wenn wir uns vorstellten, dass unsere Computer dazu dienten, in Europa Kernwaffen auszurichten. Das einzig wirklich Gute an der Sache war, dass es keine [Radio Shack] TRS-80s waren. Gott sei Dank.»

***Steve Jobs*** *(Playboy, Februar 1985)*

## MacBASIC

Manche Analysten schreiben Microsofts momentane Herrschaft über die Industrie der Voraussicht und den rücksichtslosen Geschäftspraktiken seines Gründers und Geschäftsführers, William Henry Gates III, zu. Aber selbst Big Bad Bill hat sich gelegentlich einen Patzer erlaubt und möglicherweise keinen größeren als im merkwürdigen Fall von MacBASIC.

Im August 1977 erwarb Apple für 21 000 Dollar eine achtjährige Lizenz auf die Microsoft-Version der Programmiersprache BASIC. Nachdem ein Highschool-Schüler namens Randy Wigginton (der später MacWrite schrieb) ein wenig daran herumgebastelt hatte, kam der abgewandelte Microsoft-Code als Applesoft BASIC auf den Markt und wurde in die ROMs aller Apple II gebrannt. In BASIC entstanden Zehntausende nützlicher Programme für den Apple II, die wesentlich zur Popularität des Computers beitrugen.

Angesichts der Bedeutung, die BASIC für den Erfolg des Apple II gespielt hatte, regte Steve Jobs Microsoft 1982 an, eine BASIC-Programmiersprache für den Macintosh zu entwickeln und Microsoft erklärte sich damit einverstanden. Jobs kehrte nach Cupertino zurück und wies seinen Programmierer Donn Denman an, Apples eigene Sprache namens MacBASIC zu entwickeln. Sie sollte ursprünglich im zweiten Quartal 1984 für 99 Dollar ausgeliefert werden.

Als Gates von Jobs' Plänen Wind bekommen hatte, trieb er die Fertigstellung von Microsoft BASIC an, denn er wollte auf dem Markt natürlich als Erster absahnen. Microsoft BASIC erschien parallel zur Einführung des Mac im Januar 1984.

Für die meisten war Microsoft BASIC ein Flop, da es nicht einmal die zahlreichen einzigartigen Funktionen des Mac – wie z.B. die effektiven Werkzeugroutinen – nutzte. Denman zufolge war es «eine wirklich beschissene, langsame Implementierung», und er war zuversichtlich, für die Perfektionierung von MacBASIC ausreichend Zeit zu haben. Die Sprache war in weiten Kreisen bereits in einer Betaversion verfügbar und erhielt äußerst positive Kritik.

Der junge Microsoft-Geschäftsführer Bill Gates verlangte 1985 von Apple, MacBASIC einzustellen – eine Entscheidung die er später als «einen der dümmsten Deals überhaupt» beurteilte.

Dem Buch *The Journey Is The Reward* zufolge erschien Jobs 1977 auf der ersten alljährlich stattfindenden Halloween-Party von Apple als Jesus. Er trug lediglich eine Toga, wie auch die Frau, die später seine Tochter zur Welt bringen sollte, und der Angestellte Dan Kottke. Beide waren damals Zimmergenossen von Steve.
Bill Gates dagegen nahm 1985 an der Halloween-Party von Microsoft in einer Rollschuhbahn in einem Vorort von Washington als Jay Gatsby teil, jener berühmten Romanfigur von F. Scott Fitzgerald. Die Party war gleichzeitig die Feier seines 30. Geburtstags.

Gates erkannte wahrscheinlich, dass ihm MacBASIC auf dem freien Markt die guten Brocken vor der Nase wegschnappen würde, doch er hielt noch einen Trumpf in der Hand. Als 1985 die Lizenz für Applesoft verlängert werden musste, war die Produktreihe des Apple II immer noch der Goldesel der Firma und BASIC das absolut entscheidende Element für den verwundbaren Apple II. Gates entging völlig, dass er die Jungs aus Cupertino in der Hand hatte und am Verhandlungstisch nahezu alles von ihnen verlangen konnte. Doch er forderte lediglich, dass Apple die Entwicklung von MacBASIC einstellte.

Nach anfänglicher Entrüstung gab Apple schließlich nach und besann sich darauf, dass der Mac als Rechner zur Informationsverarbeitung entwickelt worden war und nicht unbedingt über eine hobbymäßige Programmiersprache verfügen musste. Mit dieser Einsicht konnte Apple gleich zustimmen, die Entwicklung von MacBASIC aufzugeben. Im Gegenzug wurden dem Apple II und der Firma neues Leben eingehaucht.

Microsoft BASIC hat eigentlich niemals besonderes Aufsehen erregt (wegen mangelnder Anerkennung wurde es schließlich sogar vom Markt genommen), aber der Apple II trug in den folgenden Jahren weiterhin bedeutend zum Erfolg von Apple bei. Erst im November 1993 wurde die Produktion offiziell eingestellt. Gates erkannte später seine Fehlentscheidung und bezeichnet die Episode heute als «einen der dümmsten Deals, den ich jemals abgeschlossen habe».

Im Übrigen erfuhr Denman von dieser Entwicklung erst, als ihm Arthur Luehrmann, ein freischaffender Autor, mit dem er an einem Lehrbuch zu MacBASIC arbeitete, am Telefon mitteilte, dass das Buch nicht mehr benötigt würde, weil MacBASIC eingestellt worden sei.

# Das «Breakout»-Projekt – gebrochene Versprechen

Vor der Gründung von Apple im April 1976 gehörte Jobs zu den ersten 50 Beschäftigten bei Atari, dem legendären Spieleproduzenten im Silicon Valley, der 1972 von Nolan Kay Bushnell gegründet worden war. Ataris Pong, eine simple elektronische Form von Tischtennis (Ping Pong), breitete sich in den Spielpalästen und bei Heimanwendern im gesamten Land wie ein Lauffeuer aus, und Bushnell suchte mit Hochdruck nach einem Folgeprodukt. Er plante eine Abwandlung von Pong, die «Breakout» heißen sollte. Darin schlug der Spieler vom unteren Rand des Bildschirms aus mit einem Schläger einen Ball in den oberen Bereich, um dort die getroffenen Ziegelsteine aus einer Mauer zu schießen.

Um sich über Wasser zu halten, nahmen Woz, Jobs und dessen Freundin im Sommer 1972 im Westgate-Einkaufspark von San Jose, Kalifornien, eine Stelle für 3 Dollar die Stunde an und verkleideten sich als Figuren aus *Alice im Wunderland*. Jobs und Woz waren abwechselnd das Weiße Kaninchen und der Verrückte Hutmacher.

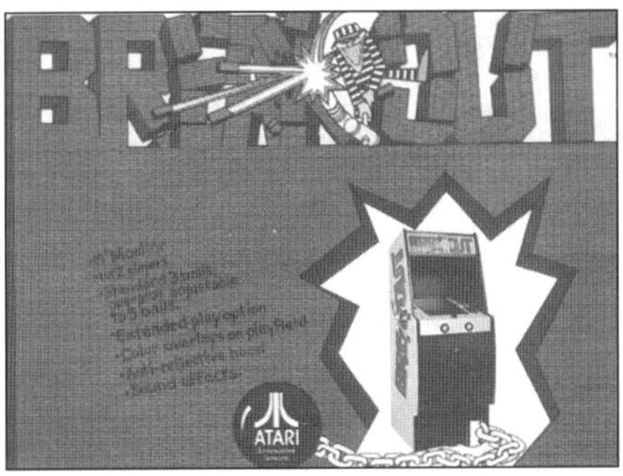


**Nach einer Idee von Bushnell wurde «Breakout» ursprünglich von Wozniak und Jobs realisiert.**

Bushnell beauftragte den Techniker Jobs, Schaltkreise für dieses Produkt zu entwickeln. Jobs versuchte erst, die Aufgabe allein zu lösen, merkte aber bald, dass er damit weit überfordert war, und bat seinen Freund Steve Wozniak, ihm aus der Klemme zu helfen. «Steve war nicht in der Lage, so etwas Komplexes zu entwerfen. Er erzählte mir, dass Atari ein Spiel haben wollte, und beschrieb, wie es funktionieren sollte», erinnert sich Wozniak. «Es gab nur einen Haken: Ich musste das Ganze in vier Tagen schaffen. Rückblickend glaube ich, dass Steve das Geld brauchte, um sich in eine Farm im Norden einzukaufen.»

«Er war der Einzige, der mehr von Elektronik verstand als ich.»

***Steve Jobs** über seine ursprüngliche Begeisterung für Woz*

«Steve wusste nicht besonders viel über Elektronik.»

***Steve Wozniak***

Nolan Bushnell gründete die Restaurantkette Chuck E. Cheese Pizza Time Theater und PlayNet Technologies – eine Firma, die Pay-per-play-Internetspiele für Bars, Restaurants und Hotels herstellte und im Juni 1998 Konkurs anmeldete.

Ein komplexes Spiel in so kurzer Zeit zu entwerfen – das war eine echte Herausforderung. Und obwohl Wozniak ganztags bei Hewlett-Packard arbeitete, gelang es ihm, mit Jobs einen Prototyp fertig zu stellen, nachdem sie vier Nächte in Folge durchgemacht hatten. Beide erkrankten danach an Mononukleose, aber Woz hat den Vorfall als eine ganz besondere Erfahrung in Erinnerung. «Ich war wirklich stolz, dass ich so ein Produkt entwickelt hatte», erklärt er. «Nolan Bushnell wollte ein Spiel mit so wenig Chips wie möglich. Steve sagte, wenn es weniger als 50 Chips hätte, bekämen wir 700 Dollar, die wir dann teilen würden. Bei weniger als 40 Chips würden wir 1000 Dollar bekommen. Nach vier Nächten kamen wir auf 42 Chips. Ich konnte einfach nicht mehr und wollte keine Sekunde länger versuchen, auch noch die restlichen zwei Chips zu beseitigen. Also blieb es bei 700 Dollar.»

«Steve [Jobs] benutzt jeden zu seinem eigenen Vorteil. Er sagt irgendetwas und alle meinen, es hieße ‹vielleicht ja› oder ‹vielleicht nein›. Man wusste niemals, was er wirklich dachte.»

*Steve Wozniak*

Nachdem sie Atari das Spiel ausgehändigt hatten, verzögerte Jobs die Bezahlung seines Freundes mit der Erklärung, dass es Schwierigkeiten gäbe, das Geld zu bekommen. Schließlich schrieb er dann aber doch einen Scheck über 350 Dollar aus und verschwand augenblicklich in Richtung Oregon zur All-One Farm. Jobs war zufrieden, da er sich durch Woz' Hilfe bei seinem Chef gut gestellt hatte. Bushnell war begeistert, weil «Breakout» in Rekordzeit entwickelt worden war und nur so wenige Chips benötigte. Und Woz schließlich war glücklich, dass er sich mit einer Arbeit, die ihm am meisten Spaß machte, ein kleines Taschengeld verdient hatte. «Ich hätte es auch für einen Vierteldollar gemacht», bemerkte er.

Erst 1984 kam Woz der unerfreulichen Wahrheit über das «Breakout»-Projekt und seinen «guten Freund» Steve Jobs auf die Spur. «Ich saß mit verschiedenen Leuten des Mac-Teams im Flugzeug. Wir waren auf dem Weg zu einem Usergroup-Club in Fort Lauderdale, wo wir Werbung für den Mac machen sollten», erinnert sich Wozniak. «Andy Hertzfeld hatte gerade *Zap!* gelesen, ein Buch über Atari, in dem stand, dass Steve Jobs ‹Breakout› entwickelt hatte. Ich erklärte ihm, dass wir gemeinsam daran gearbeitet und 700 Dollar dafür bekommen hätten. Andy korrigierte mich: ‹Nein, da steht, dass es 5 000 Dollar waren.› Als ich selbst nachlas, dass Nolan Bushnell Steve tatsächlich 5 000 Dollar bezahlt hatte, konnte ich nur noch schreien.»

Woz bedrückte jedoch weniger das Geld – hätte Jobs ihn darum gebeten, wäre er sogar bereit gewesen, das Projekt umsonst zu machen, weil er in solchen technischen Herausforderungen völlig aufging. Aber von seinem Freund getäuscht worden zu sein, das tat weh. Im Rückblick erkennt Wozniak, dass Jobs' Verhalten absolut in Einklang stand mit seinem Charakter. «Steve hatte mal in einem Elektronik-Discount gearbeitet und sagte: ‹Wenn du ein Teil für 30 Cents einkaufen und dem Typ im Discount für 6 Dollar verkaufen kannst, dann musst du ihm nicht sagen, wie viel du dafür bezahlt hast. Für den Typ ist es 6 Dollar wert.› Das ist seine Philosophie, Geschäfte zu machen», erzählt Wozniak.

Woz' Entwurf für «Breakout» war so gut, dass kein Atari-Techniker herausfinden konnte, wie es wirklich funktionierte. Tests waren unmöglich, weshalb das Ganze inhouse noch einmal entwickelt werden musste, damit man es ausliefern konnte.

## «Breakout» – das Osterei

«Breakout» lebte auch bei Apple fort. Da Woz selbst von dem Spiel begeistert war, sorgte er dafür, dass bei der Entwicklung des Apple II der Anschluss für einen Tischtennisschläger als Eingabegerät berücksichtigt wurde. Apple lieferte den Computer später mit einer Abwandlung des Spiels namens «Little Brickout» aus. Später haben die Programmierer «Breakout» als Osterei auf dem Mac versteckt. In System 7.5 starten Sie SimpleText oder wählen aus dem Apple-Menü Note Pad (oder Sie öffnen irgendeine andere Textverarbeitung mit aktiviertem Drag-Manager). Geben Sie [secret about box] ein, markieren Sie den Text und ziehen Sie ihn auf den Desktop. Schon erscheint ein einfaches Spiel im Stile des alten «Breakout» – auf den Ziegelsteinen finden Sie die Namen der Entwickler von System 7.5. Wenn der Ball herunterfällt, verschieben Sie mit Hilfe der Maus den Schläger, sodass der Ball abprallt und die Ziegel zerschlägt. Es macht überhaupt nichts, wenn Sie den Ball mal nicht treffen – Sie haben so viele Versuche, wie Sie wollen. Sobald alle Steine beseitigt sind, erscheint ein neuer Stapel. Wird Ihnen das Spiel irgendwann langweilig, klicken Sie einfach mit der Maus, um das Fenster zu schließen.

Das «Breakout»-Spiel gibt es aber nur in System 7.5. In System 7.5.2 oder einer späteren Version erscheint an Stelle des Spiels ein Bildschirm füllendes Farbfoto vom Innenhof des Hauptsitzes von Apple am Infinite Loop in Cupertino. Unter dem Bild laufen die Namen der Programmierer ab, während im Vordergrund eine Fahne mit einem großen grünen Leguan und dem Slogan «iguana igu-

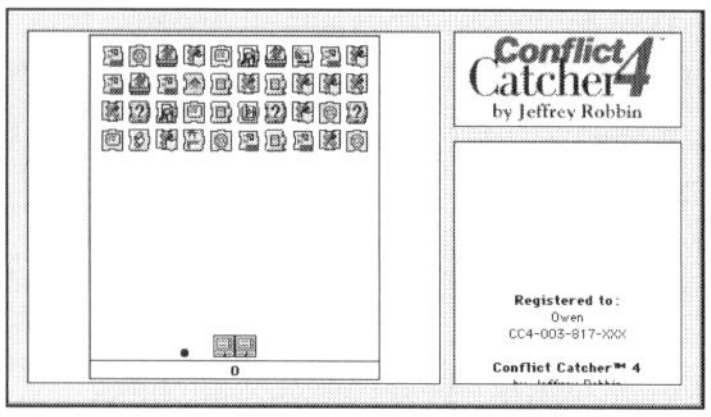


**Ein weiteres «Breakout»-Osterei versteckt sich in Conflict Catcher 4.0 von Casady & Greene (www.casadyg.com). Öffnen Sie das Kontrollfeld, und klicken Sie unten rechts auf die Versionsnummer. Im erscheinenden Feld «About» geben Sie «Play» ein, um das Spiel zu starten. Mit den Pfeiltasten steuern Sie die Bewegung des Schlägers. Reagieren Sie schnell, denn Sie haben nur einen Ball. Drücken Sie die Maustaste, wenn Sie das Spiel beenden möchten.**

ana powersurgius» flattert. Wenn Sie die Maus bewegen, ändert sich die Richtung, in der die Fahne weht. Sie können die Fahne sogar von der Fahnenstange herunter nehmen und zu Boden sinken lassen, indem Sie die Maus ganz schnell hin und her bewegen (das ist nicht ganz einfach, aber es geht wirklich). Klicken Sie an einer beliebigen Stelle, um wieder in den normalen Modus zurückzukehren.

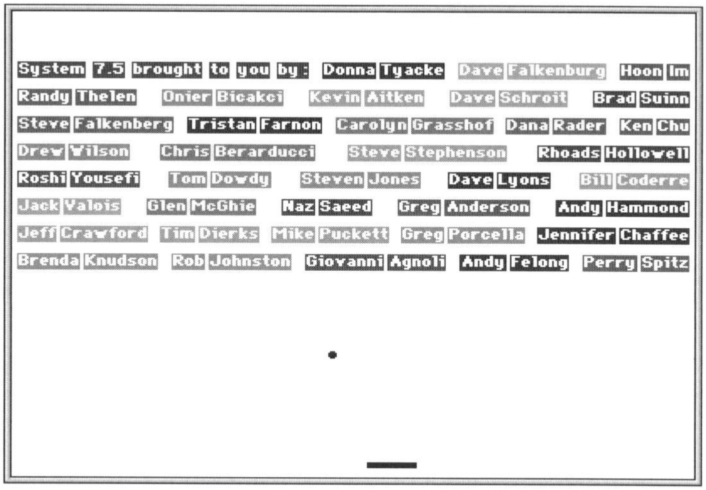


**Ein funktionierendes «Breakout»-Spiel wurde in System 7.5 versteckt.**

**In neueren Mac-Modellen ab System 7.5.2 ersetzt eine am Hauptsitz von Apple flatternde Fahne das Osterei «Breakout».**

Dieses Osterei hat ein paar versteckte Optionen. Nachdem Sie <secret about box> markiert haben und den Text auf den Desktop ziehen, drücken Sie die Taste P und halten sie gedrückt. Daraufhin erscheint an Stelle der Flagge mit dem Leguan eine andere mit dem Team der Programmierer oder dem Logo des Mac OS (auf System 7.5.3.). Entsprechend können Sie beim Ziehen des Textes auch die Taste Q drücken und halten, um eine pinkfarbene Flagge vor leerem Hintergrund auf den Bildschirm zu holen. Darauf steht: «Quick Time required for images». Dieses Bild würden Sie sehen, wenn Sie das Osterei auf einem Rechner aufrufen, auf dem QuickTime nicht installiert ist.

Sie fragen sich, was «iguana iguana powersurgius» bedeutet? Bill Coderre erfand den lateinisch klingenden Slogan als Hommage an den Leguan des Ingenieurs Dave Evans. Herman war das Maskottchen des Programmiererteams von System 7.5.2. «Powersurgius» ist eine Ableitung von PowerSurge, dem Codenamen der PCI-Familie, für die das System 7.5.2 speziell entwickelt worden war.

# Das Fiasko mit dem Apple III

Nach zwei Entwicklungsjahren wurde der Apple III schließlich am 19. Mai 1980 auf der National Computer Conference (NCC) im kalifornischen Anaheim vorgestellt. Da Apple immer für spektakuläre Ereignisse zu haben ist, wurde Disneyland für 42 000 Dollar in der folgenden Nacht für fünf Stunden gemietet. Die fast 7 000 Teilnehmer der NCC wurden in einem Londoner Doppeldeckerbus an den Veranstaltungsort transportiert.

Der Apple III bekam nach der Tochter des Chefingenieurs Wendell Sander den Codenamen Sara.

Apple war stolz auf den Apple III, denn mit diesem Rechner waren verschiedene neue Wege verknüpft, die das Unternehmen jetzt einschlug. Vor allem sah es im Apple III den ersten wirklich leistungsstarken Business-Computer. Erstmals hatte man bei diesem Modell die altbewährte Architektur des Apple II hinter sich gelassen. Und dass sich dieser Computer letztendlich als Flop erweisen sollte – auch das war für die Firma neu. Leider hat Apple aus den Erfahrungen nicht gelernt und beim Lisa und dem Mac viele Fehler erneut gemacht.

Der Apple III wurde in zwei Konfigurationen zu Preisen zwischen 4 340 und 7 800 Dollar angeboten. Das Kernstück bildete bei beiden der 8-Bit-Mikroprozessor Synertek 6502A mit einer Taktfrequenz von 2 MHz (die doppelte Geschwindigkeit des Apple II). Darüber hinaus besaßen sie maximal 128 KB RAM, eine eingebaute Tastatur mit Zahlenblock und ein internes 5 1/2-Zoll-Laufwerk mit 143 KB Speicherkapazität von Shugart. Tatsächlich kam der Apple III standardmäßig mit allen Elementen, die vorher viele Benutzer selbst zum Apple II hinzugefügt hatte. Da das offensichtlich noch nicht ausreichte, bot der Apple III auch noch vier interne Steckplätze für Peripheriekarten des Apple II sowie zwei serielle Ports auf der Rückseite, über die weitere Geräte angeschlossen werden konnten.

**Der Apple III (hier abgebildet mit einer 5 MB ProFile-Festplatte) war der erste Flop des Unternehmens.**

«Wir mussten extra Chips einbauen, um verschiedene Funktionen des Apple II zu deaktivieren. Der Apple III sollte bei den Leuten als Business-Computer gelten, der Apple II dagegen als Heim- und Hobbyrechner.»

***Steve Wozniak***

Obwohl der Apple III einen Emulationsmodus des Apple II besaß, lief er am besten mit Software, die speziell für sein eigenes Betriebssystem (Sophisticated Operating System) und dessen neue Funktionen entwickelt worden war. Dazu gehörten die eingebaute Echtzeit-Uhr sowie eine grafische Anzeige, die Text mit 24 Zeilen und 80 Spalten sowie bis zu 560 x 192 Pixel im Monochrom-Modus darstellen konnte. Auf dem Papier waren diese Spezifikationen wirklich beeindruckend, bei der Realisierung musste Apple seine Erwartungen jedoch bedeutend zurückschrauben.

Der ursprüngliche Auslieferungstermin des Apple III war für Juli angekündigt, doch die Hersteller hatten während des gesamten Sommers und bis in den Herbst hinein mit den verschiedensten Problemen zu kämpfen. Im Unterschied zum Apple I und Apple II, die im Wesentlichen das Werk eines einzigen Mannes, nämlich Steve Wozniak, waren, hatte den Apple III ein ganzer Ausschuss entworfen. Diesem Ausschuss stand noch dazu Steve Jobs vor, der heute dies verlangte und morgen das Gegenteil. Da die Verzögerungen bei der Auslieferung den geplanten Börsengang von Apple im Dezember zu gefährden schienen (vgl. «Über Nacht zum Millionär»), ignorierten die Manager die dringenden Warnungen der Techniker, die genau wussten, was passieren würde, wenn sie den Apple III vorzeitig auslieferten. Als die ersten Rechner dann Ende November in den Vertrieb gingen, wurden die schlimmsten Befürchtungen der Entwickler wahr.

Am 10. Februar 1981 gab Apple bekannt, dass es die eingebaute Uhr und die Kalenderfunktionen aus dem Apple III entfernt hatte, da der Uhrchip von National Semiconductor den Anforderungen von Apple nicht genügt habe. Wie aber die losen Teile der Uhr in das ausgelieferte Produkt gelangen konnten, wollte niemand erklären. Apple setzte den Preis für den Apple III auf 4 190 Dollar runter und bot jedem, der bis zu diesem Zeitpunkt einen Apple III erworben hatte, eine Rückvergütung in Höhe von 50 Dollar.

Als im März 1981 die ersten Rechner ausgeliefert wurden, war klar, dass sich die Probleme durch den Verzicht auf die Uhr nicht hatten lösen lassen. Nahezu 20 Prozent aller Apple III versagten den Käufern ihren Dienst, da auf dem Versandweg zahlreiche Chips aus den lockeren Fassungen herausgefallen waren. Und auch die anfänglich noch laufenden Rechner gaben oft kurze Zeit später ihren Geist auf. Das ging auf Jobs' Konto, der (aus Gründen des Designs, das er auch beim Mac durchsetzen wollte) darauf bestanden hatte, dass in den Apple III kein Ventilator eingebaut wurde. Er war davon ausgegangen, dass das interne Aluminiumchassis die Ausstrahlung störender Funkfrequenzen reduzieren und die entstehende Hitze ableiten würde, sodass sich die empfindlichen Bestandteile auf diese Weise kühlen ließen. Doch damit lag er völlig falsch.

Der Apple III entsprach einem Baby, das auf einer Gruppenorgie gezeugt worden war – [später] klagten alle über starke Kopfschmerzen ... Und über das Mischlingsbaby sagte jeder: «Mein's ist es jedenfalls nicht.»

***Randy Wigginton,***
*Apple Mitarbeiter Nr. 6*

Jobs hatte die Größe und Form des Gehäuses vorgeschrieben, ohne sich um die Anforderungen von Seiten der Elektroingenieure zu kümmern. Die waren deshalb gezwungen, die Platinen auf engstem Raum unterzubringen, der entweder kaum oder überhaupt nicht belüftet war. Beim Gebrauch des Computers heizten sich die Chips auf, dehnten sich leicht aus und schoben sich langsam aus der Fassung – und dann gab der Computer einfach auf. Zur Lösung des Problems gab Apple folgende Empfehlung: Man sollte die Vorderseite des Computers etwa 14 Zentimeter über den Schreibtisch anheben und ihn dann wieder fallen lassen, in der Hoffnung, dass die Chips an Ort und Stelle wieder einrasten!

Die Probleme mit den lockeren Chips wurden durch kurze Kabel zwischen den eingebauten Komponenten und korrodierende Stecker zusätzlich verschlimmert. Zu Apples Entlastung muss jedoch erwähnt werden, dass das Problem nicht einfach ignoriert wurde. Am 15. April 1981 gab Mike Markkula, der President und CEO, gegenüber dem *Wall Street Journal* zu: «Es wäre unehrlich, zu behaupten, alles sei in Ordnung.» Apple bot daraufhin großzügige Ersatzleistungen an und tauschte die beschädigten Apple III auf der Stelle und ohne Diskussionen durch brandneue Computer aus. Zur größten Bestürzung aller versagten viele der neuen Rechner jedoch ebenfalls.

«[Jobs] hatte eine ganz besondere Fähigkeit, den Horizont da draußen zu erkennen, Tausende von Meilen entfernt. Aber auf die Einzelheiten jeder kleinen Meile zu achten, die bis dahin notgedrungen zurückgelegt werden muss, das konnte er niemals. Das war seine Genialität und gleichzeitig sein Verhängnis.»

***Jay Elliott,*** *Apples Personalleiter*

Am 9. November kündigte Apple eine überarbeitete Version des Apple III zum Grundpreis von 3 495 Dollar an. Die Firma betonte bei jedem Anlass, dass die ursprünglichen Probleme auf Mängel in der Herstellung und bei der Qualitätskontrolle zurückzuführen seien und nicht auf das zugrunde liegende Konzept des Computers. Nichtsdestotrotz wurde der neue Apple mit anderen Fassungen, aktualisierter Software, einer Speichererweiterung auf 256 KB sowie einer optionalen 5 MB-Festplatte ausgeliefert. Mit der auf dem Mechanismus der Seagate ST506 basierenden ProFile zum Preis von 3 495 Dollar besaß der Rechner eine wichtige Ergänzung, da IBM bis dahin noch keine Festplatte für seinen im August eingeführten PC anbot. Von den ursprünglich 7 200 verkauften Apple III-Computern wurden 2 000 umsonst umgetauscht, bis Mitte Dezember die neue Version verfügbar war.

Aber selbst nach der Überarbeitung des Apple III blieben die Verkaufszahlen enttäuschend. Analysten schätzen, dass Apple pro Monat zwischen 3 000 und 3 500 Stück verkaufte – nur ein Zehntel der Absatzrate des ehrwürdigen Apple II. InfoCorp, einem in Santa Clara ansässigen Forschungsunternehmen zufolge, waren im Dezember 1983 75 000 Apple III in Betrieb – demgegenüber hatte es der Apple II damals bereits auf 1,3 Millionen gebracht. Potenzielle Käufer waren von der negativen Publicity und dem Mangel an nützlicher Software, mit der sich das einzigartige Sophisticated Operating System des Apple III sinnvoll nutzen ließ, abgeschreckt worden. In der Industrie wurde das Betriebssystem ganz offen mit dem weltweiten Notrufsignal SOS bezeichnet – obwohl Apple den phonetischen Spitznamen «Apple-sauce» (Apple-SOS) bevorzugte.

«Wir mussten vierzehntausend Stück ersetzen. Unserem Ruf hat diese Maßnahme aber sehr genützt. Wir bekamen Dankesbriefe, und die Leute schrieben, dass General Motors so etwas nie gemacht hätte.»

***Jean-Louis Gassée,*** *General Manager von Apple Frankreich*

In einem letzten verzweifelten Rettungsversuch ersetzte Apple den Apple III im Dezember 1983 durch den Apple III Plus für 2 995 Dollar. Das neue Modell war nicht nur billiger, sondern enthielt auch standardmäßig 256 KB RAM, eine eingebaute Uhr, die auch tatsächlich funktionierte, ein neues Motherboard, SOS-Version 1.3, verbesserte Ports für Peripheriegeräte mit standardmäßigen DB-25-Steckern sowie ein modifiziertes Steckplatzgehäuse für die einfachere Installation von Karten – ein klassischer Fall von «zu wenig, zu spät».

Der Apple III Plus hatte zwar dazu beigetragen, die Zahl der verkauften Modelle bis auf etwa 120000 hochzutreiben, doch Apple gab die Produktreihe am 24. April 1984 abrupt auf. «Obwohl der Apple III ein ausgezeichneter Business-Computer ist», schrieb David Fradin, Manager der Geschäftseinheit Apple III, in einer Mitteilung an seine Mitarbeiter, «sind die Produktmanager von Apple einhellig der Meinung, dass Apple dem zukünftigen Bedarf unserer Geschäftskunden besser gerecht wird, wenn wir die Produktfamilien des Apple II und des Apple 32 [Lisa und Mac] ausbauen und unsere zukünftigen Entwicklungs-, Marketing- und Absatzressourcen auf diese Produkte konzentrieren. Deshalb haben wir beschlossen, mit sofortiger Wirkung sämtliche Entwicklungsmaßnahmen für die Produktreihe des Apple III einzustellen.» Nachdem das Unternehmen mit diesem Projekt einen Verlust von mehr als 60 Millionen Dollar eingefahren hatte, strich es den Apple III im September 1985 stillschweigend von der Artikelliste.

«Der Rechner war einfach nicht gut genug, und er hatte von Anfang an so viele Macken, dass wir ihn bei der Neueinführung besser Apple IV genannt hätten.»

***Steve Wozniak***

«Bei der Konzeption des Apple III sind wir von einer 10-jährigen Lebenserwartung ausgegangen.»

***Mike Markkula,*** *Apple CEO (The Wall Street Journal, 15. April 1981)*

«Apple ist fest entschlossen, den Apple III zu unterstützen, und wird diese Verpflichtung für die nächsten fünf bis sieben Jahre einhalten und verstärken.»

***Mike Markkula*** *(Computer Systems News, 16/23. November 1981)*

«Der Apple III wird im Markt der Business-Computer auf lange Sicht hin ein harter Konkurrent sein.»

***David Fradin,*** *Apple III-Manager (The Peninsula Times Tribune, 21. November 1983)*

«Für die Produktreihe des Apple III werden mit sofortiger Wirkung sämtliche Entwicklungmaßnahmen eingestellt.»

***David Fradin*** *(internes Memo, 24. April 1984)*

# Chronik des Apple III

**1979**
- Start des Projekts Apple III (Ende 1978)
- Start des Projekts Lisa, Einführung des Apple II Plus (1 195 Dollar)
- Start des Projekts Mac

**1980**
- Ankündigung des Apple III
- ursprünglicher Auslieferungstermin für den Apple III (nicht eingehalten)
- Auslieferung des Apple III (4 340 Dollar)

**1981**
- Apple III ohne eingebaute Uhr (4 190 Dollar)
- Auslieferungsbeginn der Apple III-Modelle, 20 % Ausfallrate
- Einführung des IBM-PC (1 565 Dollar)
- Ankündigung des überarbeiteten Apple III
- Auslieferung des überarbeiteten Apple III (3 495 Dollar), 7 200 verkaufte Geräte, 2 000 Geräte der ersten Lieferung ersetzt

**1982**

**1983**
- Einführung von Lisa (9 995 Dollar) und Apple IIe (1 395 Dollar)
- Sculley kommt zu Apple
- 1 000 000 verkaufte Geräte des Apple II
- Einführung des Apple III Plus (2 995 Dollar), 75 000 verkaufte Geräte

**1984**
- Einführung von Lisa 2 (3 495 Dollar) und Mac (2 495 Dollar)
- Einstellung der Produktion des Apple III, 120 000 verkaufte Geräte

**1985**
- Einstellung von Lisa
- Apple III von der Preisliste entfernt

# Codenamen aufgedeckt

Apples Einrichtungen für Forschung und Entwicklung am Infinite Loop in Cupertino gehören zu den am stärksten bewachten Gebäuden auf dem Firmengelände. Vertrauliche Dokumente werden in verschlossenen Abfallbehältern entsorgt, um zu verhindern, dass sie in die Hände der Konkurrenz oder von Reportern fallen, die bei ihren Recherchen selbst vor dem Müll nicht Halt machen. An allen Eingängen stehen Wachposten, und die Angestellten müssen ihre elektronischen Ausweise von Kartenscannern einlesen lassen, die die jeweilige Zugangsberechtigung kontrollieren und die Bewegung der Personen überwachen. Es ist lange her, dass Jobs und Woz unbefangen vorführen konnten, was sie in der Garage in Palo Alto zu Stande gebracht hatten, aber paranoid sind sie heute auch nicht. Wie die meisten großen Hightech-Unternehmen versucht Apple lediglich, die zahlreichen, ständig neu entwickelten proprietären Technologien und Produkte nach außen hin zu schützen.

Einen wichtigen Teil dieser Sicherheitsmaßnahmen bilden Codenamen. Bevor Apple ein Produkt mit seinem offiziellen Namen in der Öffentlichkeit bekannt gibt, wird es bei allen Mitarbeitern nur unter einem Codenamen geführt. Gewöhnlich können sich leitende Ingenieure oder Manager beliebige Namen für ihre Projekte ausdenken, aber mittlerweile lassen sich verschiedene Trends erkennen. In jungen Jahren benannte Apple seine Projekte bevorzugt nach Frauennamen. Meistens bekamen die Projekte den Namen der Kinder, Freundinnen oder Ehefrauen der Team-Mitglieder (Lisa wurde z.B. nach Jobs' ältester Tochter benannt). Jef Raskin verweigerte sich dieser sexistischen Auffassung und ließ sich für sein Macintosh-Projekt stattdessen von einer Apfelsorte inspirieren, deren Namen McIntosh er bewusst falsch schrieb. Eine Zeit lang kursierten in den Forschungs- und Entwicklungsabteilungen dann nur noch die geheimen Namen von Apfelsorten (Pippin, Jonathan).

Seitdem sich diese Ressourcen jedoch erschöpft haben, neigen Projektmanager dazu, individuelle Codenamen zu wählen, die entweder die Popkultur widerspiegeln oder eigenartige Wortspiele bilden. Wenn man die Liste der Codenamen durchgeht, kann man in der Erinnerung all die Fimmel und Trends nachvollziehen, die im Laufe der Jahre durch die Räume und Forschungslabors von Apple hindurch gefegt sind.

Apple vergibt die Decknamen sehr gewissenhaft und weist demselben Projekt gelegentlich verschiedene Codenamen zu – einen für den internen, einen anderen für den externen Gebrauch. Ein bestimmtes Projekt kann auch mehrere spezifische Codenamen besitzen, die sich jeweils auf Hardware, Software, Dokumentation, Industriedesign und Marketing beziehen. Und schließlich werden Außenstehende – wie Entwickler und die Presse – manchmal mit verschiedenen Codenamen über ein und dasselbe Projekt informiert. Um den Neugierigen jede Sicherheit zu nehmen, kann es sogar vorkommen, dass Apple mitten im Verlauf eines Projekts den Codenamen ändert oder für neue Projekte alte Codenamen hervor kramt. Das stiftet unter den Beobachtern des Unternehmens nicht nur Verwirrung, sondern dient auch dazu, mögliche Informationslecks aufzuspüren und zurückverfolgen zu können.

Bevor Alan Greenspan Vorsitzender des Federal Reserve Board wurde, schwärmte er in einer frühen Apple-Werbung von den geschäftlich rentablen Vorzügen des Apple IIc.

Obwohl sich Apple stets darum bemüht hat, solche Insider-Informationen von der Öffentlichkeit fern zu halten, konnte ich eine umfassende Liste mit Codenamen zusammenstellen, die im Verlauf der Jahre aus verschiedenen Quellen nach draußen gelangt sind. In manchen Fällen konnte ich sogar ermitteln, warum jeweils ein bestimmter Codename gewählt wurde.

## Apple II

Apple II High Speed SCSI-Karte: Cocoon

Apple IIc: Annie, Bert, Chels, Elf, E.T., Jason, Lollie, Moby, Pippin, Sherry, Teddy (Kurzform für Testing Every Day), IIb (für book-sized), IIp (für portable), VLC (Very Low Cost), Yoda, Zelda

Apple IIc Plus: Adam Ant (weil das Team unnachgiebig versuchte, das Projekt am Leben zu halten), Pizza (wegen seiner Form, die einer Pizzaschachtel glich), Propeller (weil ein Mitglied des Teams einen Propellerbär in seinem Büro stehen hatte), Raisin (nachdem die Tester auf einer Halloweenparty den zweiten Platz für Ihre Verkleidung als kalifornische Rosinen gewonnen hatten)

Apple IIe: Diana, LCA (Low Cost Apple), Super II

Apple IIGS: Cortland, Phoenix (das Projekt wurde wieder aufgegriffen, nachdem es zunächst aufgegeben worden war), Rambo (das Designteam musste um die Zustimmung seiner Entwürfe kämpfen), Gumby (nach einer Apple-Nachahmung auf einer Halloween-Vorführung)

Apple IIGS Video Overlaykarte: Gumby, Pokey

Diese Liste ist zwar ziemlich vollständig, aber nicht perfekt. Wenn Sie bei Apple arbeiten oder passionierter Mac-Fan sind und einen Fehler entdecken bzw. feststellen, dass ich etwas übersehen habe, weisen Sie mich bitte unter der Adresse OWL@Bigfoot.com darauf hin. Ich werde entsprechende Korrekturen dann in einer Neuauflage des Buches berücksichtigen.

**Die schnelle PowerPC 604e-CPU von Motorola hatte die Codenamen Mach 5 und Sirocco.**

## CPU

PowerPC 603e Upgradekarte für die Serie PowerBook 500: Malcolm

PowerPC 603/603e, 603et, 603ev: Stretch, Goldeneye, Valiant

PowerPC 604/604e, 604er, 604ev: Sirocco, Mach5, Helm Wind

PowerPC 620: Trident

PowerPC 630: Boxer, Dino

PowerPC 750: Arthur, G3, Typhoon

## Laufwerke

Apple 871: Twiggy

Apple Festplatte 400SC: A Ts'ah (Japanisch für Adler), Eagle

Apple PC-Laufwerkkarte: Emerald City

Apple PowerPC: Tulip

AppleCD 600: Hollywood

AppleCD 800: Stingray

CD Setup: Monarch

Laufwerk-Setup: Dragonfly

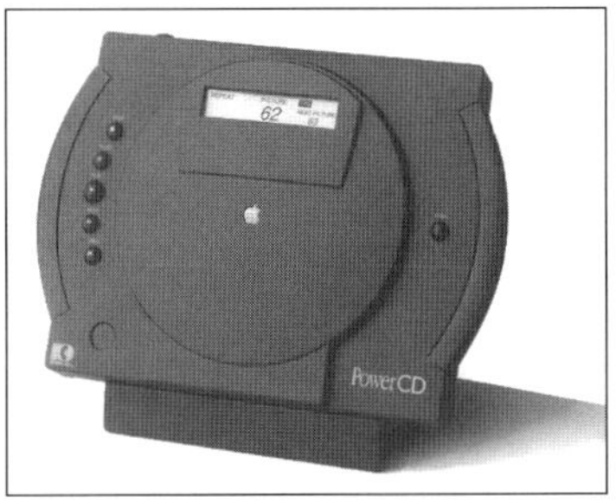


**Das PowerPC-Laufwerk trug den Codenamen Tulip. Es gehörte zu den ersten Versuchen, elektronische Produkte für den Verbrauchermarkt zu entwickeln.**

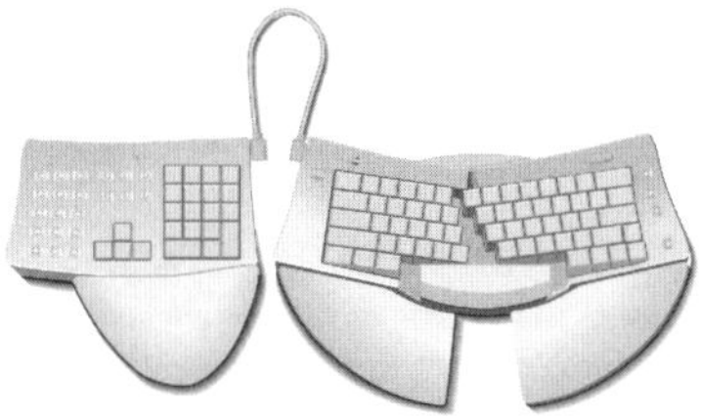

Die ergonomische Tastatur von Apple hatte den Codenamen Norsi.

## Eingabegeräte

ADB Maus II: Topolino (Italiens Version von Micky Maus)
Anpassbare Tastatur: Norsi
Erweiterte Tastatur: Dörfer (Spitzname von Ed Colby), Saratoga (es ist so groß, dass es nach einem Flugzeugträger benannt wurde, Prototypen wurden mit einem kleinen Modellflugzeug geschmückt)
Erweiterte Tastatur II: Gatsby, Nimitz (ein weiterer Flugzeugträger)
OneScanner: Half-Dome, Ping-Pong
OneScanner für Windows: WinDome
OneScanner 600/27: Rio
OneScanner 1200/30: New Orleans
QuickTake 100: Venus
Standardtastatur: Eastwood
Standardtastatur II: Elmer

## Centris

Centris 610: Econoline, QFC (Quick, Fast, Cheap), WLCD
Centris 650 vollständiges Metallgehäuse: Lego
Centris 650: Wombat 25
Centris 660AV: Tempest

## Klassische Macs

Wie viele andere im gleichen Zeitraum entwickelten Modelle verwies auch der Codename des Mac Classic II (Apollo) auf eine Segelbootklasse.

Mac 512: Fat Mac (vier Mal so viel Speicher wie der erste Mac)
Mac Classic: XO
Mac Classic II: Apollo (eine Segelbootklasse), Montana
Mac Color Classic: Slice
Mac Plus: Mr. T (vielleicht nach *The A Team*, aber der ehemalige wissenschaftliche Leiter Larry Tesler hat denselben Spitznamen), Turbo Mac
Mac SE: Aladdin, Chablis, Freeport, Mac plus or minus, Maui, Plus Plus
Mac SE/30: Double Stuffed (4 MB-Version), Fafnir, Green Jade, Oreo (Basiseinheit), Roadrunner, Single Stuffed (2 MB-Version)

# Mac II-Serie

Mac II: Becks (das Lieblingsbier des Entwicklers), Cabernet, Ikki (Japanisch für «Ex»), Little Big Mac, Milwaukee (Heimatstadt des Entwicklers Mike Dhuey), Paris (Hommage an Jean-Louis Gassée), Reno (zu Ehren der Erweiterungsschächte), Uzi

Mac II 32-bit ROMs: Squeaky (nach «squeaky clean» [quietschsauber], da frühere «schmutzige» ROMs nicht alle 32 Bits richtig nutzten)

Mac IIci: Aurora II, Cobra II, Pacific, Stingray

Mac IIci Cachekarte: American Express, Optima (beides im Englischen so genannte «cash cards» [Karten für Geldautomaten])

Mac IIcx: Atlantic, Aurora, Avanti, Cobra

Mac IIfx: Blackbird, F-16, F-19, Four Square, Stealth, IIxi, Weed-Whacker, Zone 5 (militärischer Ausdruck dafür, ein Flugzeug bis an seine Designgrenzen zu treiben)

Mac IIsi: Erickson (eine Segelbootklasse), Oceanic, Raffica, Raffika, Ray Ban (wie in «die Zukunft wird so hell erstrahlen, dass du eine Sonnenbrille tragen musst»... Er wurde mit einer Sonnenbrille an die Entwickler ausgeliefert), Spin

Mac IIvi: Brazil 16

Mac IIvx: Brazil 32c

Mac IIvx Sony-Diskettenlaufwerk ohne Autoeinzug: Wolfpack

Mac IIx: Spock, Stratos

# Mac LC-Serie

Mac LC: Elsie (wie die Kuh in der Werbung des Milchprodukte-Herstellers Borden... sprechen Sie die Buchstaben L und C aus), Pinball (das flache Gehäusedesign erschien manchen wie ein Flipperautomat), Prism

Mac LC Apple IIe-Karte: Double Exposure

Mac LC II: Foster Farms

Mac LC III: Vail, Elsie III

Mac LC 475: Primus

Mac LC 520: Hook 25

Mac LC 550: Hook 33

Mac LC 575: Optimus

Mac LC 630: Show & Tell (für seine Multimediafunktionen)

Der Mac LC II griff das landwirtschaftliche Thema auf, das mit dem Codenamen Elsie für den Mac LC eingeführt worden war, und hatte den Codenamen Foster Farms.

## Mac-Sondermodelle

iMac Revision A: C1, Columbus, Elroy
iMac Revision C (fünf verschiedene Farben): C1.5
Mac TV: Peter Pan, LD50 (in der Medizin steht LD50 für «Lethal Dose 50 percent» [tödliche Dosis 50 Prozent], die Dosierung, die einen fast umbringt)
Macintosh Koprozessor-Plattform: Roman, Zorro
Twentieth Anniversary Mac: Pomona, Smoke & Mirrors, Spartacus

## Performas

Performa 200: Lady Kenmore
Performa 400: Lady Kenmore, Vail
Performa 460, 466, und 467: Route 66
Performa 475 und 476: Aladdin, Primus
Performa 550: Hook 33
Performa 600: Brazil 32, IIvm (bei Anwendertests stellte sich heraus, dass die Nutzer das Suffix als Abkürzung für «virtual memory» [virtueller Speicher] verstanden hatten. Deshalb wurde das Modell dann Performa 600 genannt.)
Performa 630: Show, Show & Tell
Performa 5200: Bongo, Rebound, Transformer, Trailblazer
Performa 6400: Hacksaw, Instatower
Design des Motherboards für den Performa 6400: Alchemy
Verbesserte Struktur des Motherboards für den Performa 6400: Gazelle

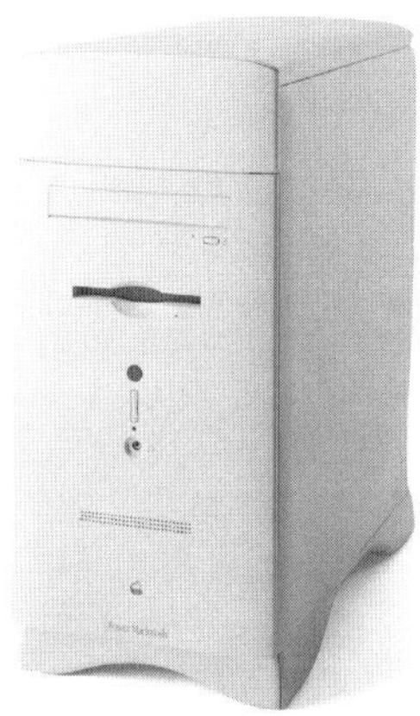

**Der abgerundete Performa 6400 hatte den Codenamen Instatower.**

## Power Macs

Power Mac-Projekt: Cognac (zu Ehren eines RISC-Pioniers, der denselben Nachnamen hatte wie der Weinbrand)
Power Mac AV-Karte: Planaria
Power Mac 5200: Bongo, Rebound, Transformer
Power Mac 5400: Excalibur
Design des Logicboards für den Power Mac 5400: Alchemy
Power Mac 5400/120: Chimera
Power Mac 6100/60: PDM (Piltdown Man)
Power Mac 6100 selbstkonfigurierender Stecker: HPV (High-Power Video)

Power Mac 6300: Crusader

Power Mac 7000-Serie: Outrigger (beim Öffnen schwingt das Chassis aus der Fassung nach außen)

Power Mac 7100/66: BHA, Carl Sagan, LAW

Power Mac 7200/90: Catalyst

Power Mac 7500/100: TNT (The New Tesseract, Tesseract war der Codename für ein Projekt, das parallel zu den 601 Power Macs entwickelt, Ende 1994 aber eingestellt wurde)

Power Mac 8100 /80: Cold Fusion

Power Mac 8100/110: Flagship

Power Mac 8500/120: Nitro

Power Mac 8600 und 9600 Towergehäuse: K2

Power Mac 8600 und 9600 mit PowerPC 604e: Kansas

Power Mac 9500/120: Tsunami (für sein erstaunliches Leistungsvermögen)

Power Mac 9500/150: Autobahn

Power Mac G3-Serie: Gossamer (Motherboard), Outrigger (Gehäuse)

Power Mac Upgradekarte: STP (ein Zusatz für Autokraftstoff)

Power Mac Upgrade-Enabler: Rocinante (das Pferd von Don Quichote)

Power Macs mit PCI-Bus und 603 und 604 CPU: PowerSurge

**Der erste Codename des Power Macintosh 7100/66 war Carl Sagan. Er wurde dann in BHA (Butt-Head Astronomer) geändert und lautete schließlich LAW (Lawyers Are Wimps [Juristen sind Versager]). Die komplette Geschichte finden Sie im Kapitel «Teure Namen».**

## PowerBooks

Mac Portable: Esprit, Guinness, Laguna, Malibu, Riviera

Mac Portable (mit von hinten beleuchtetem Display): Aruba, Love Shack, Mulligan

Festplatten der PowerBook 100-Serie von Conner Peripherals: Elwood (40 MB), Jake (20 MB)

Interne Modems der PowerBook 100-Serie: O'Shanter & Bess

PowerBook 100: Asahi, Classic, Derringer (ein Segelboot), Rosebud

PowerBook 140: Leary, Replacements, Tim LC (eine Segelbootklasse), Tim Lite

PowerBook 145: Colt 45

PowerBook 145B: Pikes Peak

PowerBook 150: JeDI (Just Did It)

PowerBook 160: Brooks

PowerBook 165: Dart LC

PowerBook 165c: Monet

Das auf dem 68040 basierende PowerBook 540 trug nach dem in großen Höhen fliegenden Aufklärungsflugzeug SR-71 den Codenamen Blackbird: Beide haben dunkle Farben, sind abgerundet und sehr schnell. Intern nannte man es inoffiziell Spruce Goose, da manche ein 7 Pfund schweres Laptop im Jahr 1994 für ebenso nutzlos hielten wie das riesige Flugzeug von Howard Hughes, das nur einen einzigen Flug absolvierte. In einer damit zusammenhängenden Notiz hieß das innovative und neue Trackpad des Blackbird Midas. Midas war der phrygische König, der alles, was er berührte, in Gold verwandelte.

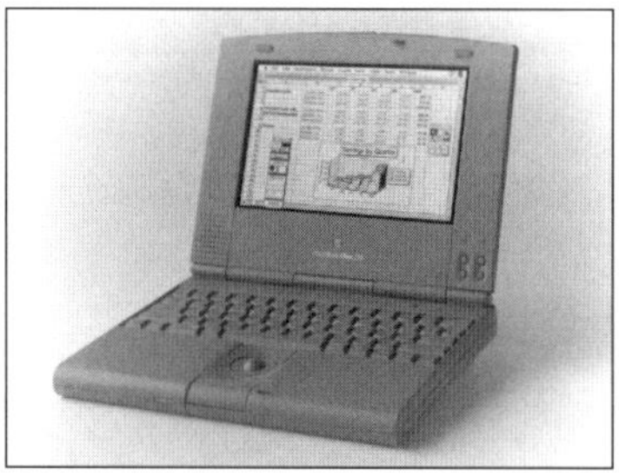

**Das PowerBook Duo hatte verschiedene Codenamen, wurde im Allgemeinen aber BOB W genannt, da Apple der Auffassung war, dass ein tragbarer Computer mit Dockingstation das Beste beider Welten darstelle (Best Of Both Worlds).**

PowerBook 170: Road Warrior, Tim (eine Segelbootklasse)
PowerBook 180: Converse, Dartanian
PowerBook 180c: Hokusai (nach dem japanischen Holzschnittkünstler)
PowerBook 190: Omega
PowerBook 520 und 520c: Blackbird LC (Low Cost)
PowerBook 540: Blackbird, Spruce Goose, SR-71
PowerBook 540c: Blackbird LC (Low Cost)
PowerBook 1400: Epic
PowerBook 2400c: Comet, Nautilus, Mighty Cat (zusammengewürfelte Konfiguration), Minihooper
PowerBook 3400c: Hooper
PowerBook 3400c PCI-Bus-Technologie: PowerStar
PowerBook 5300-Serie: Anvil, M2 (ein Mountainbike-Modell von Specialized Bicycles)
PowerBook Duo 210 und Duo 230: BOB W («Best Of Both Worlds» weil der tragbare Computer gleichzeitig auch als Desktoprechner diente, wenn er an seine Dockingstation angeschlossen war), Cinnamon, Companion, DB-Lite (der leichtgewichtige Rechner wurde bei ein paar Bier in einem Club namens «Das Boot» benannt)
PowerBook Duo 250: Ansel
PowerBook Duo 270c: Escher
PowerBook Duo 280 und Duo 280c: Yeager
PowerBook Duo 2300: AJ
PowerBook Duo Dock II: Atlantis
PowerBook Duo Disketten-Adapter: Blackwatch
PowerBook Duo MiniDock: Spaniard
PowerBook G3: Kanga, PowerBook 3500
PowerBook G3 (zweite Version): WallStreet, PDQ
PowerBook Trackpad: Midas – nach dem König mit dem goldenen Händchen [oder dem Verlag, der dieses Buch publizierte…]

# Quadras

Quadra 605: Aladdin, ELB (Extremely Low Budget), Primus

Quadra 610: Speedbump 610 (bei der Umbenennung des Centris 610 in Quadra 610 wurde die Geschwindigkeit von 20 auf 25 MHz erhöht)

Quadra 610 DOS PDS-Karte: Houdini, Royal Scam

Quadra 630: Crusader, Show Biz, Show & Tell (für seine Multimediafunktionen)

Entnehmbares Motherboard des Quadra 630: Tell

Quadra 650: Speedbump 650 (bei der Umbenennung des Centris 650 in Quadra 650 wurde die Geschwindigkeit von 25 auf 33 MHz erhöht)

Quadra 660AV: Tempest

Quadra 700: Evo 200, Shadow (der Schatten des Quadra 900), Spike (eine Segelbootklasse und «Gonna spike NeXT» [wird NeXT aufspießen]), IIce

Quadra 800: Fridge, Wombat 33

Quadra 840AV: Cyclone, Quadra 1000

Quadra 840AV-Diskettenlaufwerk-Controllerchipset von NEC: New Age

Quadra 900: Darwin, Eclipse (Segelbootklasse und «Going to eclipse NeXT» [wird NeXT in Finsternis hüllen]), Premise 500, IIex

Quadra 950: Amazon, Zydeco

Wenn man den kompakten Minitower des Quadra 800 neben einem Two-Page-Display sieht, lässt sich nachvollziehen, warum er den Codenamen Fridge (Kühlschrank) bekam.

# Server

Network Server 500: Shiner LE

Network Server 700: Shiner HE

Workgroup Server 60 und 80: Blugu

Workgroup Server 95 A/UX: Barracuda

Workgroup Server 95 AppleShare: Fugu

Workgroup Server 95-Projekt: Menagine

Workgroup Server 95: Chinook

Workgroup Server 6150/60, 8150/80 und 9150/80: Starbucks

Workgroup Server 7250/120 und 8550/132: Summit

Die zweite Version der Apple Design-Lautsprecher (Aktivlautsprecher) wurde für preisgünstige Multimediaprogramme entwickelt und trug den Codenamen Baby Badger.

## Verschiedenes

1 MB Apple Inline-Cache: Sam-I-Am
AISS: Making Waves
Apple MPEG-Karte: Cannes (nach dem französischen Filmfestival)
AppleDesign Lautsprecher (Aktivlautsprecher): Badger
AppleDesign Lautsprecher (Aktivlautsprecher) II: Baby Badger
PC-Kompatibilitätskarte (586): Gaucho
PC-Kompatibilitätskarte (Pentium): Grand Illusion

## Bildschirme

Apple AudioVision 14-Display: Telecaster
Apple Color Plus 14-Zoll-Display: Dragon
Apple hochauflösende Grafikkarte für Monochrombildschirm: Bob the Card
AppleColor hochauflösende Grafikkarte für RGB-Bildschirm: Toby
AppleVision 1710-Display: Hammerhead
AppleVision 1710AV-Display: Sousa
Macintosh 12-Zoll-RGB-Display: Mai Tai
Macintosh 16-Zoll-Farbdisplay: Goldfish
Macintosh 21-Zoll-Farbdisplay: Vesuvio
Two-Page-Monochrom-Display: Fred, Kong (die enorme Größe erinnerte an den berühmten Gorilla)
Two-Page-Monochrom-Grafikkarte: Barney

Der Macintosh 16-Zoll-Farbbildschirm hatte den Codenamen Goldfish.

## Netzwerktechnologie

Apple Freedom Network: Frogger

Apple Token Ring: Frodo (nach J.R.R. Tolkiens *Herr der Ringe*)

AppleShare 1.0: 007

AppleShare 3.0: Killer Rabbit

AppleTalk Internet Router (1989): North (nach Leutnant Oberst Oliver North, der die Erlöse aus den iranischen Waffengeschäften an die nicaraguanischen Contras weiterleitete)

AppleTalk Internet Router (1992 Update): Betelgeuse (der Stern Alpha Orionis)

AppleTalk Netzwerkkarte für den Apple II: Bullwinkle (Ergänzung zu Rocky, dem eingestellten, auf dem Apple II basierenden Server mit einer 5 MB ProFile-Festplatte)

AppleTalk Remote Access: 976 (eine Vorwahl für zahlreiche Telefonsex-Hotlines)

LocalTalk: AppleBus, AppleTalk

LocalTalk serielle Karte: Livonia

Netzwerk-Software-Installer 1.0: Lumahai

Netzwerk-Software-Installer 2.0: Balihai

Netzwerk-Software Installer 3.0: Why-o-wai

PowerTalk APIs: Ventoux (ein Ferienort in Frankreich, der für Fahrradrennen bekannt ist)

SNA*ps 5250: B52

## Newton

eMate 300: Project K, Schoolbook, Shay

Newton-Tastatur: Bazooka

Newton MessagePad 100: Junior, Wedge

Newton MessagePad 110: Lindy (der Markenname eines Füllfederhalters)

Newton MessagePad 110 Ladestation: Crib

Newton MessagePad 120: Gelato (in zwei Geschmacksrichtungen, 1 oder 2 MB)

Newton MessagePad 2000: Q

Newton OS 2.0: Dante

Newton OS 2.0 Druckbuchstaben-Handschriftenerkennung: Rosetta (nach dem Stein, mit dessen Hilfe Hieroglyphen entziffert werden konnten)

**Killer Rabbits machen die Runde**

AppleShare 3.0 erhielt in Anlehnung an die blutrünstige Figur im Film *Monty Python and the Holy Grail* den Codenamen Killer Rabbit. Obwohl er noch vor der Auslieferung umbenannt wurde, sind in der ausgelieferten Version noch Spuren davon zu finden. Wenn Sie unter System7 «File Sharing» aktivieren, schauen Sie mal in den Ordner «File Sharing», der sich im Ordner «Einstellungen» des Systemordners befindet. Gewöhnlich schreibt der Mac auf jedes freigegebene Volume eine unsichtbare PDS-Datei (PDS = Parallel Data Structure). Bei schreibgeschützten Laufwerken oder solchen, die sich nur lesen lassen (wie CD-ROMs) erzeugt der Mac sichtbare PDS-Dateien auf dem Startlaufwerk. Diese Dateien gehören zur Verwaltung des File Sharing und tragen das Icon eines Killer Rabbit.

Das Icon des Killer Rabbit wird übrigens als Icon-Ressource 20002 in der Systemerweiterung «File Sharing» gespeichert (der Creator Code der Datei lautet hhgg, was manche für die Abkürzung von Douglas Adams Buch *The Hitchhiker's Guide to the Galaxy* halten. Wahrscheinlich bezieht es sich aber auf die Holy Hand Grenade [die heilige Handgranate], die den Killer Rabbit getötet hat).

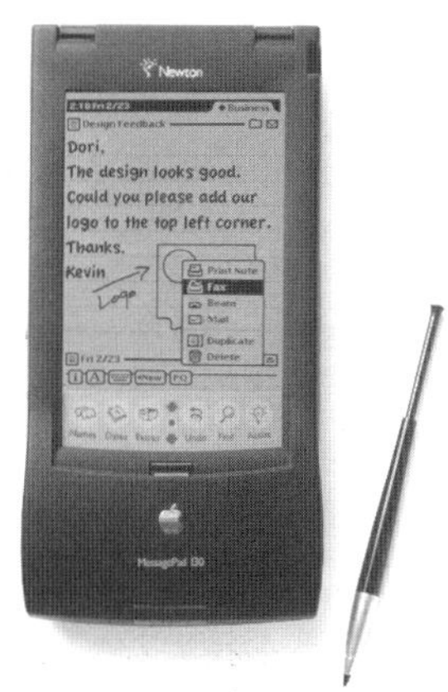


**Der Newton MessagePad 130 trug nach dem Verfasser des *Inferno* den Codenamen Dante, weil die Entwicklung einem Höllenprojekt gleichkam.**

# Drucker

Color LaserWriter 12 / 600 PS: Cobra
Color StyleWriter 2200: Calamari
Color StyleWriter 2400: Aurora
Color StyleWriter Pro: Fantasia, Logo
ImageWriter II: Express
LaserWriter: LightWriter
LaserWriter 12/640 PS: Mongoose
LaserWriter IIf: Kirin Dry (ein japanisches Bier)
LaserWriter IIg: Kirin (ein japanisches Bier)
LaserWriter IINT: Leia
LaserWriter IINTX: Darth Vader
LaserWriter IISC: Solo
LaserWriter Pro 600: Tollhouse
LaserWriter Select 300: Ninja
LaserWriter Select 360: Viper
Personal LaserWriter: Capriccio
Personal LaserWriter 300: Comet
Personal LaserWriter 320: Photon
Personal LaserWriter LS: Nike
Personal LaserWriter NT: Twist
Personal LaserWriter SC: Shout
StyleWriter: Franklin, Mighty Mouse, Salsa, Tabasco
StyleWriter II: Speedracer
StyleWriter 4100: Cabo
StyleWriter 4500: Baja

**Der Codename für den StyleWriter II, Speedracer, bezog sich auf die verbesserte Druckleistung.**

# Software

32-bit QuickDraw: Jackson Pollock (nach dem Maler, der die Farbe so beeindruckend einsetzt)
A/UX 1.0: Pigs in Space
A/UX 1.1.1: Circle K
A/UX 2.0: Perestroika, Space Cadet
A/UX 3.0: Hulk Hogan
Apple File Exchange: Renault
Apple Font Pack: Big Sur
Apple Guide: Reno

AppleScript 1.0: Cheeze Whiz, Gustav (der Rottweiler des Entwicklers Donn Denman, der gleichzeitig auch das Maskottchen des Teams war), Toy Surprise
AppleScript 1.1: Guava Surprise, Pure Guava
AppleSearch: Bogart
At Ease: Tiny Toon
Cocoa: Kidsim
Cyberdog Suchmaschine/Info-Access Tool Kit: V-Twin
Data Access Manager: SnarfMan
Dylan: Denali, Ralph
Edition Manager: Diet Coke
Graphing Calculator (Algebra Graph): NuCalc
HyperCard: WildCard (daher der Schöpfercode WILD)
HyperCard 2.0: Hot Water, Snow
HyperCard IIGS: Bulfinch (nach dem Schriftsteller Thomas Bulfinch), Iduna
Layer Manager: Glass Plus
MacDraw: Mackelangelo
MacDraw Pro 1.0: Chameleon, Maui
Macintosh Application Environment (MAE): Cat-in-the-Hat
MacsBug: Motorola Advanced Computer Systems Debugger
MacWrite: Macauthor
MacWrite Pro 1.0: Old Pro
MacWrite Pro 1.5: Cue Ball
MacWrite Pro 1.5v3: Shakespeare
MacX: DeXter (Saxophonist «Long Tail Dexter» Gordon), Malcom
MultiFinder: Juggler, Oggler, Twitcher
OpenDoc: Amber, Exemplar, Jedi («Jed and I» mit Bezug auf Jed Harris und Kurt Piersol, die ursprünglichen Schöpfer von OpenDoc)
PlainTalk SR (Spracherkennung): Casper
QuickTime: Warhol (eine frühe Betaversion hatte als Icon eine Suppendose von Campbell)
QuickTime für Windows: Ethel
QuickTime 1.5: Dali
QuickDraw 3D: Escher
QuickDraw 3D Beschleunigerkarte: White Magic
QuickDraw GX: El Kabong, Serrano, Skia
QuickTime Conferencing: Alexander, MovieTalk
Sound Manager: DJ, Party Line

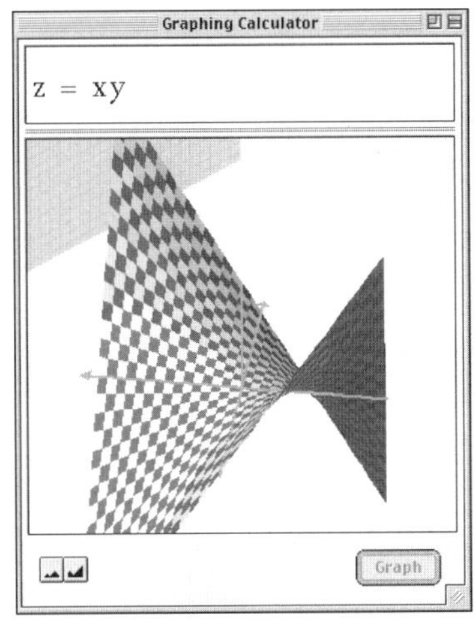


**Graphing Calculator wurde unter dem Codenamen NuCalc entwickelt.**

Das Originaldokument über den Sound Manager für den Mac aus dem Jahr 1987 trug den Titel «Software Architecture for a Device-Independent Sound Manager» (Software-Architektur für einen geräteunabhängigen Sound-Manager), der sich SADISM abkürzen lässt.

Das Betriebssystem System 7 besaß wegen der Karteikarten, auf denen bei einem Brainstorming im März 1987 seine Wunschfunktionen festgehalten wurden, den Codenamen Blue. Im selben Meeting entstand auch Pink, das objektorientierte Betriebssystem, auf dem das mit IBM entwickelte Projekt Taligent aufbaute.

**Das Betriebssystem, das dann als Mac OS 8 ausgeliefert wurde, hatte den Codenamen Tempo, aber das unglückselige Copland sollte diese Zahl noch bis zur Aufgabe des Projekts tragen.**

# Systemsoftware

System 6.0.4: Antares
System 6.0.5: Big Deal
System 6.0.6: SixPack (außerhalb von Apple niemals verfügbar)
System 6.0.8: Terminator (letzte veröffentlichte Version von System 6)
System 7: Big Bang, Blue, M80 (ein gewaltiger Feuerwerkskörper), Pleiades
System 7 Finder: Furnishings 2000 (ein stillgelegtes Möbelgeschäft in der San Francisco Bay Area)
System 7 Tune-Up: 7-Up
System 7.0.1: Beta Cheese, Regatta (diese Version lief mit nautischen Codenamen auf Macs), Road Warrior
System 7.1: Cube-E, I Tripoli (beide bezogen sich darauf, dass das Projekt IEEE-Standards entsprechen musste)
System 7.1 Pro: Jirocho
System 7.5: Capone (wie der Gangster sollte es im Herzen von Chicago, dem Codenamen von Windows 95, Angst und Schrecken erzeugen), Mozart
System 7.5 Update 1.0: Danook (nach Gary Larsons Far Side)
System 7.5 Update 2.0: Thag (nach Gary Larsons Far Side), Zhag (eine Missbildung aus Thag und Zeus)
System 7.5 Version 7.5.3: Unity
System 7.5.2: Marconi (nach Guglielmo Marconi, dem italienischen Ingenieur und Erfinder aus dem 19. Jahrhundert)
System 7.5.3 Revision 2: Buster
System 7.5.5: Son of Buster (die Ingenieure mochten die Abkürzung SOB)
System 7.6: Harmony
System 7.6.1: Ides of Buster
Mac OS 8.0: Copland, Maxwell, Tempo
Mac OS 8.1: Bride of Buster
Mac OS 8.5: Allegro
Mac OS 8.6: Veronica (nach der Tante von Brian Bechtel, dem technischen Leiter)
Mac OS Extended Format (HFS+): Sequoia (nach dem Mammutbaum)
Taligent OS: Defiant, Pink

## Telekommunikation

Apple Internet Connection Kit: Cyberpup (eine abgespeckte Version des Cyberdog)
Data Modem 2400: Funnelweb (eine giftige Spinnenart Australiens)
eWorld 1.0: Aladdin
eWorld 1.1: Golden Gate
ISDN NuBus-Karte: CarCraft
MacTCP: Verduras (Spanisch für Gemüse)
MacTerminal 2.0: SuperPrawn
MacTerminal II: Killer Bees
PPP 1.0: Paris

## Produkte von Drittanbietern

Adobe Acrobat: Houdini
Adobe Illustrator 7.0: Simba
Avid Cinema: San Francisco
Bandai Power Player: Pippin
Borland dBASE IV 2.0: X-15
Claris CAD: Blackjack
Claris FileMaker Pro: Banza, Ninja, Samurai
Claris MacProject: Road Runner
Claris OfficeMail: RotoRouter
ClarisDraw: Expressway
ClarisImpact: Wall Street (wegen seiner Anziehungskraft für Business-User)
ClarisWorks: Terminator (entwickelt, um Microsoft Works abzulösen)
Dantz DiskFit Direct: Paris
Dantz Retrospect 2.0: Warpaint
Dantz Retrospect 3.0: Peary (nach dem Entdecker)
dBase Mac: Dottie
Full Impact: Glass
FullWrite: Ozone
IBM PC: Acorn, Chess
IBM PC AT: Bigtop, Salmon
Iomega Jaz: Viper

Microsoft Excel wurde unter dem Codenamen Odyssey entwickelt (sicherlich ohne Bezug zu John Sculleys Buch). Auf der Suche nach einem verkaufsträchtigen Namen für das Tabellenkalkulationsprogramm dachte Microsoft an Number Buddy, Mr. Spreadsheet, Sigma oder Plansheet. Der Name Excel kam schließlich von einem Abteilungsmanager. Direkt nach der Auslieferung von Excel musste Microsoft eine Klage von Manufacturers Hanover Trust hinnehmen, das den Namen Excel für seine computergestützten Bankgeschäfte geschützt hatte. Beide Unternehmen legten ihren Streit vor Gericht bei, und Manufacturers Hanover Trust gewährte die Nutzung des Namens unter der Bedingung, dass ihm stets der Name Microsoft vorausgeht.

Lotus MarketPlace: Surfer
Macromind MacroModel: Gummo (Silicon Graphics-Version), Harpo (PC-Version), Zeppo (Mac-Version)
Microsoft Excel: Odyssey
Microsoft Mail 4.0: Capone
Microsoft Windows 95: Cairo, Chicago
Microsoft Windows 95 Net-Update: Nashville
Microsoft Windows 98: Memphis
Netscape Navigator 4.0: Galileo
Newer Technology SpellTools: Octopod
NeXT Computer: Big Mac, 3M
Power Computing PowerWave 604-Serie: TidalWave
Power Computing PPCP-System: Project Grail
Quattro Pro 1.0: Buddha (es würde den Lotussitz einnehmen)
Quattro Pro 2.0: Splash
Radius drehbares LCD-Farbdisplay: Ptolemy
RasterOps ColorBoard264: Cheapskate
SuperMac 8 ° 24 PDQ: Snap
SuperMac Thunder/8: Crackle
SuperMac Thunder/24: Pop (aus der Produktreihe Reiskrispies; «Milk» kam niemals ans Tageslicht)
SyQuest EZ135: RoadRunner

# Über Nacht zum Millionär

Ein Unternehmen auf die Beine zu stellen, erfordert schon ein paar Opfer – das galt für Apple genauso wie für alle anderen auch. Im Mai 1976 trennte sich Steve Jobs für 1500 Dollar von seinem rotweißen VW-Bus, und Steve Wozniak verkaufte seinen geliebten programmierbaren Taschenrechner Hewlett-Packard 65 für 250 Dollar. So versuchten sie, das Geld für die Produktion der ersten Apple I-Platine zusammenzukratzen. Anfang 1977 dümpelte das Unternehmen so vor sich hin, aber dann kam der ursprünglich in den Ruhestand gegangene Geschäftsmann Mike Markkula, füllte Apples Schatztruhe mit 92 000 Dollar und beschaffte bei der Bank of America einen Überziehungskredit in Höhe von 250 000 Dollar.

**Zur Finanzierung des Apple I verkaufte Jobs seinen VW-Bus und Woz seinen Taschenrechner von Hewlett-Packard.**

Für ihre in Apple gesteckten Investitionen an Zeit und Geld wurden sie am 12. Dezember 1980 reichlich belohnt, als die Mitglieder des Emissionskonsortiums Morgan Stanley und Hambrecht & Quist das Unternehmen an die Börse brachten. Ursprünglich war der Preis pro Aktie auf 14 Dollar angesetzt worden, doch die Börse eröffnete bei 22 Dollar. Innerhalb weniger Minuten waren bereits alle 4,6 Millionen Aktien verkauft. An diesem Tag stieg der Aktienkurs um fast 32 Prozent und schloss bei 29 Dollar.

Apples Gang an die Börse war die größte Aktieneinführung seit 1956, als die Ford Motor Company in eine AG umgewandelt wurde. Alle Aktien waren innerhalb von wenigen Minuten verkauft. Leider konnte aber nicht jeder von Anfang an dabei sein. Im Geschäftsjahr 1980 hatte Apple bei einem Umsatz von 118 Millionen Dollar einen Gewinn von 11,7 Millionen Dollar oder 24 Cents pro Aktie erwirtschaftet. Das entsprach dem 92-fachen Wert des Einführungspreises. Da die Wertpapiergesetze von Massachusetts Aktien mit mehr als 20-fachem Gewinn untersagten, durften die Einwohner an der Börseneinführung nicht teilhaben, da sie als «zu riskant» erachtet wurde. Nach der Börseneinführung entschloss sich der Staat jedoch, seinen Einwohnern den Handel zu erlauben, nachdem er auf die Risiken hingewiesen hatte. Am 27. Mai 1981 wurde ein zweites Aktienpaket von 2,6 Millionen Aktien an die Börse gebracht.

«Als ich 23 war, hatte ich ein Nettoeinkommen von über einer Million Dollar. Mit 24 waren es mehr als 10 Millionen, und mit 25 hatte ich über 100 Millionen.»

***Steve Jobs***

Die Firma hatte auf einmal einen Marktwert von 1,778 Milliarden Dollar. Jobs, der mit seinen (nach fünf Aktiensplits) 7,5 Millionen Anteilen größte Aktieninhaber als Einzelperson, verfügte plötzlich über ein Nettoeinkommen von mehr als 217 Millionen Dollar. Nicht schlecht für einen Burschen, der das College abgebrochen hat. Die 4 Millionen Anteile von Woz entsprachen einem Wert von 116 Millionen Dollar – und auch hier Hut ab vor einem Computertüftler, der niemals eine Firma aufbauen wollte. Selbst Markkula konnte sich nicht beklagen, denn seine 7 Millionen Anteile waren 203 Millionen Dollar wert. Damit hatte sein ursprünglicher Einsatz von 1977 eine jährliche Gewinnsteigerung von sagenhaften 55 943 Prozent erwirtschaftet!

Aber nicht nur die drei Gründer von Apple Computer Inc. hatten an diesem schicksalhaften Dezembertag großes Glück. Von den 1000 Angestellten bei Apple wurden mehr als 40 dank ihrer Vorprämien mit einem Mal Millionäre (die Vorprämie ist eine Art Garantie für den Angestellten, Aktien zu einem bestimmten Preis kaufen zu können). Diese Kaufoptionen gehören im Silicon Valley zum täglichen Leben. Ende der 70er Jahre lockte Apple Stellenbewerber

Jobs tauchte 1982 das erste Mal auf der Liste der reichsten Amerikaner – der Four Hundred von Forbes – auf. Nachdem er NeXT an Apple verkauft und Pixar an die Börse gebracht hatte, schätzte Forbes sein Nettoeinkommen für das Jahr 1997 auf 710 Millionen Dollar. Im Herbst 1998 hatte der 43-jährige Jobs Forbes zufolge 1 Milliarde Dollar.

**1982 wurden die alten verzierten Aktienurkunden, die noch aus der Zeit der Börseneinführung stammten, durch neue Dokumente mit dem Apple II (kleines Bild) ersetzt.**

Die Aktien von Apple Computer werden am OTC-Markt gehandelt. Sie tragen an der NASDAQ das Kürzel AAPL, an der Börse in Tokio das Kürzel APPLE und an der Frankfurter Börse das Kürzel APCD.

regelmäßig mit der Kaufoption auf mehrere Tausend Aktien zum Preis von etwa 4 Dollar an. Jede Aktie, die vor April 1979 ausgegeben worden war, galt als «Gründeraktie». Infolge der fünf Aktiensplits vor der Börseneinführung wurden aus jeder Gründeraktie schließlich 32 Aktien. Am Abend des 12. Dezember 1980 konnten deshalb alle, die etwas mehr als 1000 Gründeraktien besaßen, als Millionär zu Bett gehen.

«Ich bin die einzige mir bekannte Person, die innerhalb eines einzigen Jahres eine Viertel Milliarde Dollar verloren hat ...das formt den Charakter.»

***Steve Jobs*** *über sein Gefühl angesichts der Tatsache, dass der Wert seines immensen Kapitals an so wechselhafte Aktien wie die von Apple gebunden ist*

Aber nicht jeder, der zum Aufbau von Apple beigetragen hatte, wurde so reich beschenkt. Das Optionsrecht auf Aktien war nur Festangestellten, wie z.B. Entwicklern, vorbehalten, nicht jedoch Mitarbeitern, die auf Stundenbasis bezahlt wurden wie etwa Techniker. Viele frühe Angestellte bei Apple waren entweder zu unerfahren oder zu naiv, um Optionen auf Aktien zu fordern. Nicht wenige waren damals ja noch Teenager oder Collegeschüler. Ein typisches Beispiel ist Daniel G. Kottke, Jobs bester Freund am Reed College. 1974 noch hatten beide auf der Suche nach spiritueller Erleuchtung eine gemeinsame Reise nach Indien gemacht.

**Dan Kottke (links) und Steve Jobs präsentieren den Apple I auf der PC-76-Messe in Atlantic City.**

Jobs hatte Kottke 1976 gebeten, beim Zusammenbau der Platinen für den Apple I behilflich zu sein. Im Juni 1977 kam Kottke dann als Angestellter Nr. 12 zu Apple und erhielt ein Mindestgehalt dafür, Motherboards für den Apple II zu bauen und zu testen. 1980 hatte er mit dem Bau des Prototypen für den Apple III und dem Testing wesentlich anspruchsvollere Aufgaben übernommen, blieb aber auch weiterhin ein auf Stundenbasis entlohnter Techniker. «Ich zog meinen Kopf ein und arbeitete im Labor», erinnert sich Kottke. «Ich war wirklich naiv. Ich dachte, meine gute Arbeit würde irgendwann schon belohnt werden. Was war ich für ein Idiot!»

«Ich sprach Steve immer wieder auf das Aktienbezugsrecht an, aber er verwies mich ständig an meinen Vorgesetzten. Ein paar Jahre später fand ich heraus, dass er selber dem Compensation Committee vorstand, das die Vergabe der Optionsscheine koordinierte.»

***Dan Kottke,*** *Apple-Angestellter Nr. 12*

Kottke sehnte sich mehr nach dem Titel des Entwicklers als nach den Optionen auf Aktien, die an diese Position gebunden waren,

«Die Leute halten mich für ein Arschloch, oder?»

*Steve Jobs*

aber er war auch kein Trottel. «Ich wollte in die Firma investieren. Ich war von Anfang an dabei und dachte nicht daran, zu gehen. Ich hatte es verdient, investieren zu können», war Kottkes Überzeugung. Er lebte damals mit Jobs und dessen damaliger Freundin (die später die gemeinsame Tochter Lisa Nicole zur Welt bringen sollte) in einem Haus in Cupertino.

Rod Holt, VP der Abteilung Technik, wollte gegen diese Ungerechtigkeit vorgehen und wandte sich persönlich mit dem Vorschlag an Jobs, Kottke eine jeweils gleiche Anzahl ihrer eigenen Aktien zu übertragen. Jobs soll daraufhin gerufen haben: «Großartig! Ich gebe ihm null!»

Obwohl sein «bester Freund» nicht gewillt war, ihm irgendwelche Optionen zu gewähren, gelang es Kottke schließlich doch, ein paar Anteile zu erwerben. Holt übertrug Kottke 100 Aktien aus eigener Tasche. Kurz bevor Apple an die Börse ging, wandte sich Kottke an den Chairman Markkula und den Präsident Mike Scott, weil er enttäuscht war, keine Anteile erhalten zu haben. «Ich sagte, dass ich die Firma verlassen würde», erinnert sich Kottke. «Sie gaben mir daraufhin Optionen auf 1000 Aktien für etwa 8 Dollar, aber es war zu spät für die Splits, die andere so unsagbar reich gemacht hatten.»

Kottkes Anteil wurde durch Wozniaks Großzügigkeit erhöht, denn der fand es ungerecht, dass viele der frühen Angestellten von Apple – darunter auch Chris Espinosa (Angestellter Nr. 8) und Bill Fernandez (Angestellter Nr. 4) – keinerlei Optionen auf Aktien bekommen hatten.

Vor der Börseneinführung im Jahr 1980 wollte Woz Aktien im Wert von 2 Millionen Dollar abstoßen, um ein Haus und ein Auto zu kaufen. Er hatte einen externen Käufer gefunden und sich auf einen fairen Preis mit ihm geeinigt, obwohl alles dafür sprach, dass der Wert der Aktien um ein Vielfaches steigen würde, wenn das Unternehmen an die Börse ging. «Ich hatte ein Angebot von einem qualifizierten Käufer. Und dann entschied ich mich, sie zu diesem Preis an Angestellte bei Apple zu verkaufen», sagt Woz. Also stellte er den sogenannten WozPlan auf, über den bestimmte Angestellte jeweils bis zu 2000 Aktien erwerben konnten.

Ursprünglich waren die Juristen bei Apple dagegen, dass Woz die Aktien an «unqualifizierte Käufer» abgab, da sie sich Ärger mit der Börsen- und Wertpapier-Aufsichtsbehörde ersparen wollten. Als die Einzelheiten geklärt waren, gab der leitende Rechtsanwalt, Albert A. Eisenstat, sein OK. Schließlich konnten etwa 80 Personen vom WozPlan profitieren – manche kauften zu wirklich günstigen Preisen, und wenige Ausgesuchte wurden regelrecht beschenkt.

«Jemand wie er sollte nicht über so viel Geld verfügen.»

***Jerry Wozniak,** nachdem er im Porsche seines Sohnes nicht eingelöste Schecks im Wert von 250 000 Dollar gefunden hatte. Das Nummernschild trug übrigens das Kennzeichen «APPLE II».*

«Ich besaß sehr viel mehr Geld, als ich mir jemals erträumt hatte, und meinte, dass jeder, der zur Technik und zum Marketing beigetragen hatte, Anteile am Unternehmen haben sollte», erinnert sich Woz. «Mit dem Unternehmen verdienten nur ein paar Personen eine riesige Stange Geld, aber die Leistung der anderen wurde nicht richtig honoriert. Mike Markkula war der Meinung, dass es diese Leute nicht wert seien und dass sie auch kein Anrecht auf Aktien hätten. Nur Manager, die den richtigen Hintergrund vom College mitbrachten und als höhere Angestellte galten, erhielten das Vorkaufsrecht für Aktien und verdienten damit sehr viel Geld. Ich wollte den anderen einfach helfen, weil sie doch auch wichtig waren.»

Jobs meinte zwar, dass «Woz den falschen Leuten Aktien verschafft hat», aber der fühlte sich mit seiner guten Tat ausgesprochen wohl. «Im Laufe der Jahre bekomme ich immer wieder Anrufe, weil sich die Leute bedanken wollen, dass ich ihnen dies und das ermöglicht habe – Häuser zu kaufen, Kinder aufs College zu schicken etc. –, was sie sich sonst jedenfalls nicht hätten leisten können. Dadurch hat sich das Ganze umso mehr gelohnt.»

# Erwerb von Apple-Aktien

Ausführliche Finanzinformationen über Apple Computer finden Sie im Internet überall auf den normalen Börsen- und Finanzwebseiten. Apple unterhält zudem unter www.apple.com/investor eine eigene Site. Darüber hinaus können Sie Geschäftsberichte, Vierteljahresbilanzen und eine Dokumentation der Börsen- und Wertpapier-Aufsichtsbehörde in gedruckter Form unter folgender Adresse anfordern:

Apple Investor Relations
1 Infinite Loop MS 75-7IR
Cupertino, CALIFORNIA 95014
USA Tel: +1 (408) 974-3123

Wenn Sie eine Aktienurkunde verloren oder verlegt haben, wenden Sie sich an die First National Bank of Boston, Abteilung Boston EquiServe unter der Telefonnummer +1 (800) 733-5001.

# Monatliche Schlussnotierung der Aktie von Apple Computer (split-korrigiert)

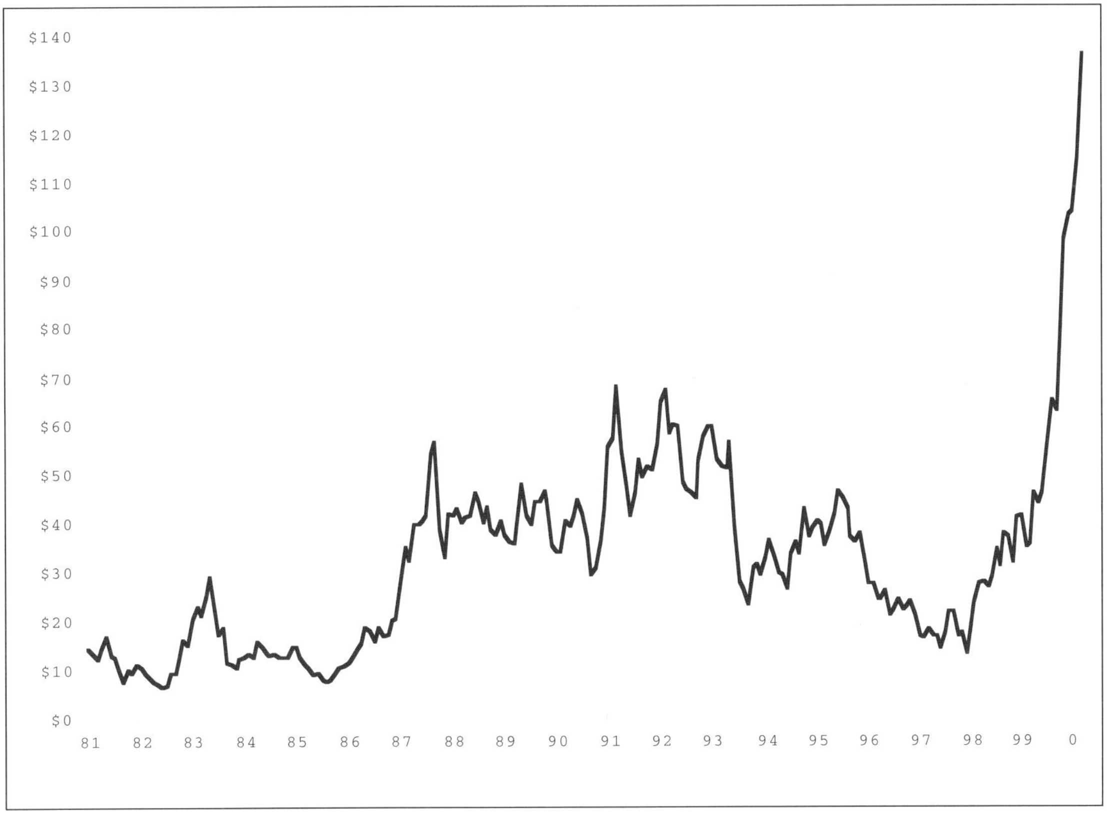


Am 8. Juli 1982 fiel die Aktie von Apple mit 5,50 Dollar auf ihren tiefsten Stand. Einen Höchststand erreichte sie mit rund 70 Dollar am 12. April 1991.

Am 18. März 1992 setzte das Federal Reserve Board die Aktie von Apple auf die Liste der Wertpapiere, die auf Kredit gekauft werden können.

Am 15. Dezember 1992 schloss die Aktie von Apple erstmals höher ab als die von IBM. Apple erreichte einen Kurs von 56875 Dollar, IBM dagegen nur 56125 Dollar.

# Nettoabsatz (in Millionen Dollar)

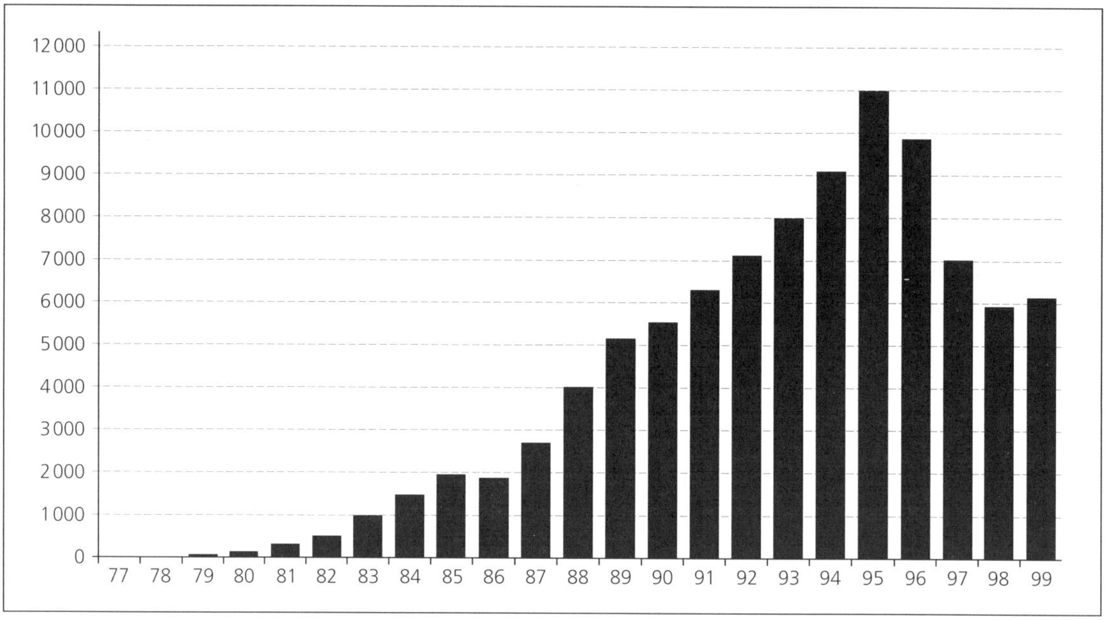


Apples erster offizieller Geschäftsplan, den Mike Markkula im November 1976 aufgestellt hatte, prognostizierte wachsende Verkaufszahlen von praktisch null auf 500 Millionen Dollar innerhalb von zehn Jahren. Tatsächlich überschritt das Unternehmen diese Grenze bereits in der Hälfte der Zeit, nämlich zwischen den Geschäftsjahren 1981 und 1982.

Am 14. Juni 1982 wurde Apple Computer erstmals als Nr. 598 in die Liste «Fortune Double 500» aufgenommen. Im Mai 1983 erschien Apple nach weniger als fünf Jahren als Nr. 411 in der Fortune 500 – der schnellste Aufsteiger in der Geschichte der Unternehmen.

Im Dezember 1982 erreichte Apple als erstes Unternehmen der PC-Branche jährliche Verkaufszahlen in Höhe von 1 Milliarde Dollar. Um dieses Ereignis zu feiern, veranstaltete es für die Angestellten eine «Billion Dollar Party».

«Es war, als ob ein Flugzeug aus dem Ersten Weltkrieg mit einer Geschwindigkeit von Mach 2 fliegt.»

***Trip Hawkins,*** *Angestellter Nr. 68, über das anfängliche Wachstum der Absatzzahlen*

Es braucht schon seine Zeit, um ein Unternehmen mit jährlich 11 Milliarden Dollar Umsatz zu ruinieren. Apple ist mittlerweile bereits auf jährlich 8 Milliarden zurückgefallen. Ich gebe ihm noch drei weitere Jahre, bis zum Jahrtausendwechsel, bis es ganz am Boden liegt.

***Stewart Alsop,*** *Risiko-Kapitalgeber*

# Nettogewinn (in Millionen Dollar)

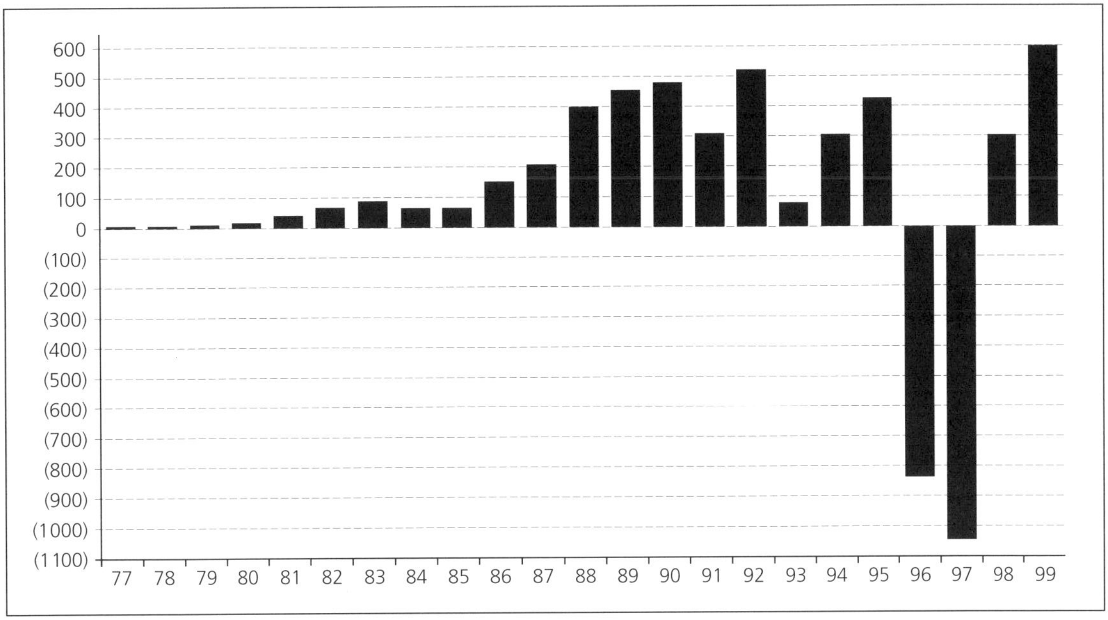


Im April 1987 kündigte Apple seinen ersten Aktiensplit an. Die Aktien wurden mit Wirkung vom 15. Mai 1987 im Verhältnis von zwei zu eins gesplittet. Gleichzeitig gab Apple seine erste Dividendenausschüttung pro Quartal in Höhe von 0,06 Dollar pro Aktie (Post-Split) bekannt.

Apple zahlte Dividenden bis zum zweiten Quartal 1996 aus. Dann entschied es sich, die Dividendenausschüttung für seine frei verkäuflichen Aktien auszusetzen, um auf diese Weise mehr Geld für das Unternehmen zur Verfügung zu haben. Apple spielt mit dem Gedanken, in der nächsten Zeit jeglichen Gewinn zurückzuhalten und in die Firma zu stecken.

# Gesamtzahl der Beschäftigten (Angestellte, freie Mitarbeiter auf Stundenbasis oder mit Werkvertrag)

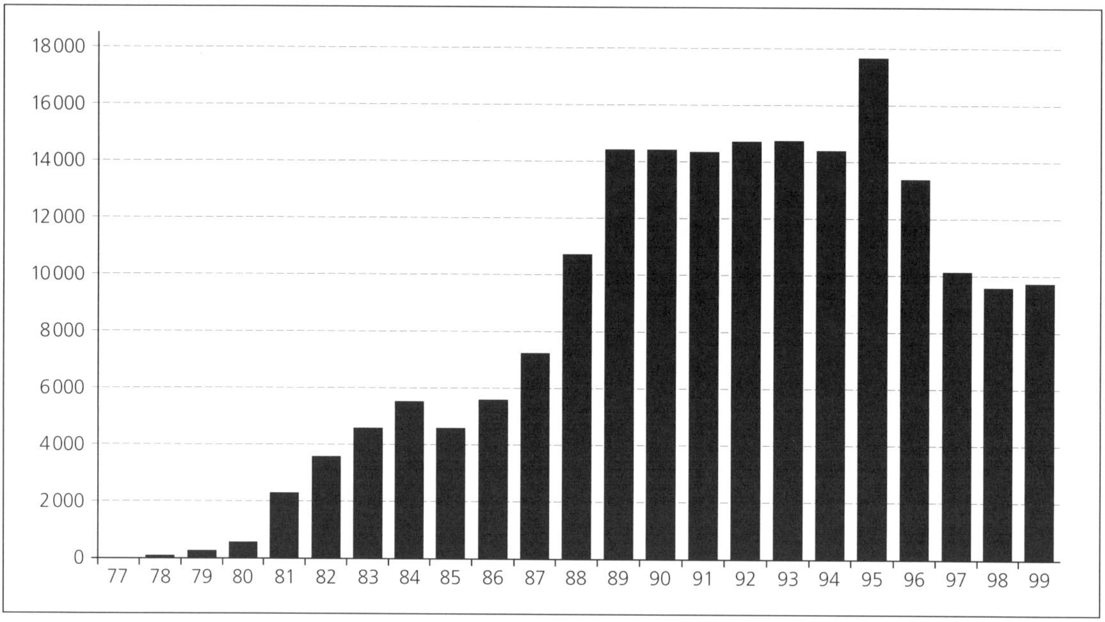


**CEO**

| | |
|---|---|
| 05/77 | Mike Scott |
| 03/81 | Mike Markkula |
| 04/83 | John Sculley |
| 06/93 | Michael Spindler |
| 02/96 | Gil Amelio |
| 07/97 | Steve Jobs (Interim) |
| 01/00 | Steve Jobs |

**Präsident**

| | |
|---|---|
| 05/77 | Mike Scott |
| 03/81 | Mike Markkula |
| 04/83 | John Sculley |
| 06/93 | Michael Spindler |
| 02/96 | unbesetzt |

**Chairman**

| | |
|---|---|
| 01/77 | Mike Markkula |
| 03/81 | Steve Jobs |
| 09/85 | unbesetzt |
| 01/86 | John Sculley |
| 10/93 | Mike Markkula |
| 02/96 | Gil Amelio |
| 07/97 | unbesetzt |

# Aus Feind wird Freund: Apple und IBM

**Der kastenförmige Personal Computer von IBM brachte keine technischen Neuerungen, aber der Name des größten Computerherstellers der Welt allein reichte aus, um den Markt für Mikrocomputer für sich zu gewinnen, den Apple bis dahin dominiert hatte.**

Ende der 70er Jahre hatte sich Apple im Bereich Personal Computer eine führende Position erarbeitet. Der Apple II ließ sich auf dem Heim- und Ausbildungsmarkt gut absetzen und war auf dem besten Wege, dank des beliebten VisiCalc, auch die Büros zu erobern. Die gesamte Industrie für Personal Computer schien explosionsartig zu wachsen, und Apple ging allen voran. Es war aber nur eine Frage der Zeit, wann sich der erfolgreichste seiner Konkurrenten, International Business Machines (www.ibm.com), aus Armonk, New York, zu Wort melden würde. Der Tag der Abrechnung kam am 12. August 1981. IBM brachte für 1565 Dollar einen Personal Computer mit einem 5 1/4-Zoll-Diskettenlaufwerk und einem Arbeitsspeicher von 16 KB auf den Markt.

«Es ist mir ein Rätsel, dass die größte Computerfirma der Welt [IBM] nicht mal so was wie den Apple II auf die Beine stellen konnte, der sechs Jahre vorher in einer Garage entstanden war.»

***Steve Jobs***

Zunächst war Apple zuversichtlich, dass es gegen IBM bestehen könnte. «IBM wird uns den Markt nicht wegnehmen», meinte Chairman Steve Jobs. «Wir sind bestens vorbereitet.»

Präsident Mike Markkula war nicht weniger optimistisch und behauptete: «Wir rechnen seit vier Jahren mit IBM und haben sie auf dem Markt erwartet. Aber wir sitzen am Steuer. Wir konnten bis jetzt über 330000 Computer verkaufen. Wir haben eine Softwarebibliothek, und wir verfügen über bewährte Vertriebskanäle. IBM

«Ich war bei Apple, als IBM [seinen PC] ankündigte. Sie schienen davon keinerlei Notiz zu nehmen. Ein Jahr haben sie gebraucht, um zu begreifen, was da passiert ist.»

***Bill Gates,** CEO von Microsoft*

«Der IBM-PC macht jeden Kommentar überflüssig. Seit 12 Jahren ist bekannt, wie ein guter Bildschirm aussieht, und IBM hat bei seinem Rechner nichts davon berücksichtigt. Es gibt nichts Positives anzumerken. Das ist ein Höchstmaß an Ignoranz.»

***Alan Kay,*** *Apple Fellow*

«Wie sich herausstellte, war das ursprüngliche Willkommen in etwa vergleichbar mit Rotkäppchen, das den Wolf ins Haus seiner Großmutter einlädt. Es ist ein schmaler Grad zwischen Selbstbewusstsein und Überheblichkeit.»

***John Sculley***

reagiert jetzt auf den Erfolg von Apple, und das wird noch einige Zeit so bleiben. IBM hat nicht die leiseste Ahnung, wie man an Endanwender verkauft. Uns hat es vier Jahre gekostet, das zu lernen. Die müssen sich Vertriebsstrukturen erarbeiten und unabhängige Händler gewinnen. Der Zeitaufwand lässt sich nicht verkürzen, indem man einfach Geld rein steckt. Außer einem Dritten Weltkrieg wird uns nichts aus der Bahn werfen.»

Am 24. August 1981 reagierte Apple ziemlich überheblich auf die Einführung des IBM-PCs und veröffentlichte im *Wall Street Journal* eine heute berühmte, ganzseitige Anzeige, in der es den gestreiften Unternehmensriesen im Markt willkommen hieß – einem Markt, den Apple bis dahin praktisch als ein sein angestammtes Eigentum angesehen hatte.

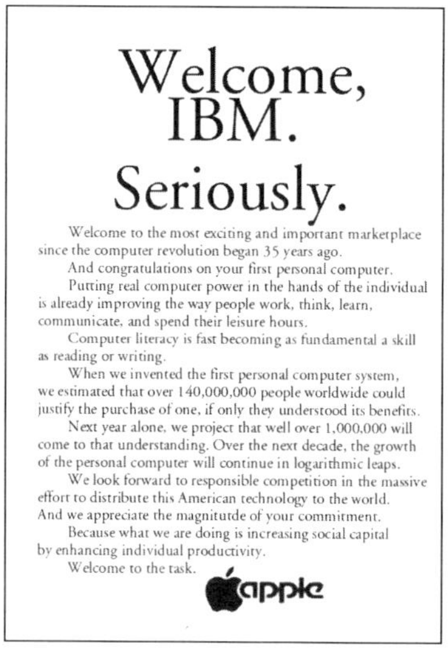


**Apple begrüßte IBM im Markt für PCs, forderte aber einen «verantwortungsvollen Wettbewerb».**

Während Apple den IBM-PC als Technologie zweiten Ranges abtat, blickte die kaufende Öffentlichkeit dagegen nur auf die magischen Initialen, die für Stabilität, Service und Zuverlässigkeit standen. Für diese Leute spielte es keine Rolle, was tatsächlich in dem Kasten steckte. Der IBM-PC galt einfach als seriöser Business-Computer von einem seriösen Unternehmen. Es dauerte deshalb gar nicht lange, bis Apple in ernsthaften Schwierigkeiten steckte. Am Ende des Jahres hatte IBM bereits 50000 Computer verkauft und erzielte mit den Rechnern schon nach zwei Jahren höhere Absatzzahlen als Apple. Gemäss Future Computing, einer in Texas ansässigen Beratungsfirma, stieg Apples Marktanteil für Personal Computer 1983 nur von 20 auf 21 Prozent, während sich IBM sprungartig von 18 auf 26 Prozent verbesserte.

Apple versuchte, diesen Trend mit der Einführung des Lisa im Januar 1983 aufzuhalten. Lisa war wirklich ein revolutionärer Computer, für die Geschäftswelt besaß er jedoch zwei Schwachstellen:

Zunächst war er mit 9995 Dollar viel zu teuer und außerdem auch noch zu keinem am Markt befindlichen Produkt kompatibel. Der IBM-PC und MS-DOS von Microsoft hatten mittlerweile einen Standard geschaffen, den zahlreiche Hersteller bestens zu nutzen wussten. Apple aber widerstand der Versuchung, mit dem Strom zu schwimmen. Apple war immer davon überzeugt, die bessere Technologie zu besitzen – wenn nicht die beste Technologie überhaupt – und ging davon aus, dass die Welt das ebenfalls erkennen würde. Man musste nur lange genug warten, dann wären alle irgendwann auch bereit, für einen Computer aus Cupertino mehr zu bezahlen.

«IBM will uns vom Erdboden fegen.»
*Steve Jobs*

1984 galt der Lisa als Verkaufsflop, und Industrieexperten bemängelten den Apple II als überholte Technologie, die in Kürze sowieso vergessen wäre (eine falsche «Experten»-Einschätzung, die im Laufe der Jahre noch mehrmals zu hören war – der Apple II blieb aber bis zum 15. November 1993 auf der Liste der lieferbaren Artikel). Apple brauchte dringend einen Erfolg, um IBM etwas entgegenstellen zu können, und Jobs wollte deshalb alles auf den Macintosh setzen. Er wollte in der Öffentlichkeit das Bild eines Zweikampfes zwischen Apple und IBM schaffen, vergleichbar etwa der Auseinandersetzung zwischen Coca Cola und Pepsi, Avis und Hertz, Newsweek und Time. Zu keinem anderen Zeitpunkt wurde diese Strategie wirksamer umgesetzt als bei der entscheidenden Werbekampagne 1984, die der Einführung des Macintosh am 24. Januar 1984 vorausging. Jobs erläuterte 1985 in einem Interview mit dem Playboy: «Es läuft wirklich alles auf Apple und IBM hinaus und keinen sonst. Wenn wir aus irgendeinem Grund einen riesigen Fehler machen sollten und IBM gewinnt, dann werden wir für mindestens 20 Jahre ins Mittelalter der Computer zurückkehren.» In den 80er Jahren kämpfte Apple hartnäckig um die Behauptung seines mäßigen Marktanteils gegenüber den vordrängenden Konkurrenten wie IBM und den zahlreichen Klonproduzenten. Doch die Jahre der großen Gewinnspannen von bis zu 53 Prozent waren vorbei. Stattdessen zwang der Preiskrieg am Ende des Jahrzehnts zur äußersten Reduktion der Margen. Apple weigerte sich aber auch weiterhin, Lizenzen für den Mac zu erteilen oder sich durch eigene PC-Klone in ein Kopf-an-Kopf-Rennen mit IBM zu begeben. John Sculley grübelte lange über die schwierige Situation von Apple und hatte plötzlich eine Eingebung. Jetzt konnte er akzeptieren, was ihm schon so viele geraten hatten: Apples wirkliche Stär-

«Es würde uns nicht schwer fallen, ein IBM-ähnliches Produkt auszuliefern, das Apple-Logo draufzukleben und dann sehr viele Apples zu verkaufen. Unsere Aktiengewinne würden steigen und die Aktionäre wären glücklich. Aber das ist für uns der falsche Weg.»

*John Sculley*

ke war nicht die Hardware, sondern die Software und da ganz besonders das benutzerfreundliche Betriebssystem des Mac. Deshalb hieß der echte Feind nicht IBM, sondern Microsoft. In einer abrupten Kehrtwendung, die der Industrie einen Schock versetzte, entschied sich Apple zum Schulterschluss mit seinem alten Gegenspieler aus Armonk, um den Kampf gegen seinen neuen Feind im Norden aufzunehmen.

Am 12. April 1991 führte Sculley einer Gruppe führender Entwickler von IBM das geheim gehaltene objektorientierte Betriebssystem vor (sein Codename war Pink nach der Farbe der Karteikarten, auf denen während eines Brainstormings im März 1987 sein Funktionsumfang festgehalten wurde). Es lief auf einem IBM PS/2-Modell 70 und ließ den Rechner erscheinen wie einen Mac mit System 7, dem neuesten Betriebssystem, das im folgenden Monat herauskommen sollte. Tief beeindruckt unterzeichnete IBM am 3. Juli mit Apple eine Absichtserklärung, in der es zusagte, bei der Fertigstellung von Pink Unterstützung zu leisten und Apple eine Lizenz für seinen RISC- (reduced instruction set computing) Prozessor, den PowerPC, zu gewähren.

**Jack Kuehler von IBM (links) und John Sculley von Apple präsentieren stolz ihre «Vermählungsurkunde» mit Kooperationsplänen für den PowerPC, Taligent und Kaleida.**

Am 2. Oktober unterzeichneten Apple und IBM auf einer Pressekonferenz im Fairmont Hotel in San Francisco die notwendigen Dokumente, und das historische Bündnis trat damit offiziell in Kraft. «Wir wollen in der Computerindustrie eine Hauptrolle spielen, keine Nebenrolle», erklärte Sculley. «Das gelingt nur, wenn wir mit einem der Marktführer kooperieren.» Die ehemaligen Gegner vereinbarten, auf der Grundlage des PowerPC-Chips von Motorola gemeinsam Computer zu entwickeln, und gründeten zwei Tochterunternehmen namens Taligent und Kaleida. Taligent kümmerte sich um die Fertigstellung von Pink, während sich Kaleida mit ScriptX, einer nagelneuen Multimedia-Engine, befasste.

«Wir werden nicht fünf Millionen [Macs] pro Jahr aufgrund der Kompatibilität mit IBM verkaufen. Wir schaffen das, indem wir einen zweiten Industriestandard entwickeln.»

*Steve Jobs*

Es gab Spekulationen, ob IBM einfach nur für den Fall vorsorgen wollte, dass Apple seine 1988 erhobene «Look and feel»-Klage gegen Microsoft durchbringen konnte. Als Nächstes würde Apple dann wahrscheinlich gegen den mit Windows vergleichbaren Presentation Manager von IBM vorgehen. Als es tatsächlich dazu kam, zielte Apples Klage zum selben Zeitpunkt wie das Bündnis mit IBM nach Süden und wurde 1993 schließlich abgewiesen (vgl. «Windows: Was ging schief…?»).

1995 erzielte Apple mit 4,5 Millionen verkauften Exemplaren den höchsten Absatz an Macs pro Jahr.

Von allen großen Erwartungen, die man an den berühmten Apple-IBM-Pakt von 1991 gestellt hatte, wurde nur eine einzige erfüllt: Apples Power Macs, die mit den PowerPC 601-Chips der ersten Generation von Motorola ausgestattet waren, kamen exakt nach Plan am 14. März 1994 auf den Markt. Wegen ihrer Geschwindigkeit und der ausgezeichneten Kompatibilität mit vorhandener Software und Hardware für den Mac erhielten sie nur lobende Kritik. Die Anhänger des Mac stürzten sich wie wild darauf, aber es gelang Apple nicht, seine Marktanteile mit der neu gewonnenen Führung im Preis-Leistungsverhältnis auszubauen. Obwohl PowerPC-Chips bis zum heutigen Tage die Konkurrenzprodukte von Intel an Leistung übertreffen, konnten sie sich selbst dann noch nicht zum Industriestandard entwickeln, als Apple, IBM und Motorola ihre Kooperationsvorhaben verstärkten und die PowerPC Reference Platform entwickelten (vgl. «Der Kampf um die Klone»). Im Juni 1998 zog die Abteilung Mikroelektronik von IBM ihre Mitwirkung am PowerPC-Bündnis zurück. Die Abteilung RISC Mikroprozessor von Motorola übernahm daraufhin das Somerset Design Center in Austin, Texas, wo die Firmen den PowerPC entwickelt hatten.

Frage: Was passiert, wenn man Apple mit IBM kreuzt?
Antwort: IBM.

«Wer den PowerPC unterstützt, ist völlig weltfremd. Das kann nicht gut gehen.»

***Robert W. Stearns,*** *Compaq VP of Corporate Development*

Wenn man den PowerPC als Enttäuschung ansieht, dann waren Kaleida und Taligent ein Desaster. Beide hinkten schon bald den Entwicklungsplänen hinterher, da man sich bei Apple und IBM darum stritt, welche der zum Teil gegensätzlichen Ideen in die zu entwickelnde Software einfließen sollten. Nach mehreren Maßnahmen zur Kosteneinsparung bei Apple musste Kaleida Labs am 9. Mai 1994 ein Fünftel seines Personals entlassen. Um die finanziellen Verpflichtungen gegenüber Taligent zu reduzieren, brachte Apple 1994 Hewlett-Packard als Investor ins Spiel.

«Presentation Manager auf einem IBM [-Rechner] zu installieren ist wie Sauce Béarnaise auf einen Hotdog zu streichen.»

***Alan Kay,*** *Apple Fellow, bei einem Vortrag auf der Macworld Expo am 6. August 1988 in Boston*

Schließlich gelang es den beiden Joint Ventures aber doch noch, Produkte auszuliefern. Am 19. Dezember 1994 brachte Kaleida Labs seinen Media Player und die Sprache ScriptX heraus, die beide als technisch solide galten. Das Konkurrenzunternehmen Macromedia (www.macromedia.com) war ihnen mit Shockwave for Director jedoch zuvorgekommen und baute seine Marktführung beständig aus. Das erste Produkt von Taligent, CommonPoint für AIX, wurde im Juli 1995 ausgeliefert. CommonPoint enthielt mehr als 100 objektorientierte Strukturen und bot Entwicklern damit ein leistungsfähiges, plattformunabhängiges Modell, das noch dazu die interaktive Zusammenarbeit unterstützte. IBM gab CommonPoint auch für OS/2 heraus, und Apple wollte es ursprünglich für den Mac anbieten, was aber nie geschah.

Ende 1995 hatte Kaleida Labs finanzielle Mittel von Apple und IBM in Höhe von 150 bis 200 Millionen Dollar verschlungen, Taligent verzehrte weitere 400 Millionen. Apple musste etwas unternehmen, denn es konnte sich die Rolle des edlen Mäzens nicht mehr leisten. Schließlich stellte Kaleida Labs am 17. November den Betrieb komplett ein, und Apple übernahm die Technologie und die Kernbelegschaft. Am 19. Dezember ging Taligent als 100-prozentige Tochtergesellschaft in die Hände von IBM über. Beide Partner erteilten sich gegenseitig eine Lizenz für die vom anderen betreuten Technologien und verpflichteten sich zur Weiterentwicklung der Elemente, die ihnen durch die Umstrukturierung zugefallen waren.

Verschiedene, bei Kaleida Labs entwickelte Ideen dienten später als Grundlage für Apples QuickTime-Kurse mit Java. Es gelang Apple auch, die Unicode-Textklassen von Taligent für den Text Encoding Converter des Mac OS 8 und in Java brauchbar zu machen. Außer dieser geringen Beiträge, die die Nutzungsmöglichkeiten des Mac erweiterten, war von beiden Gruppen aber nicht mehr viel zu hören. Die größeren Unternehmen hatten die kleinen geschluckt, nachdem sie vier Jahre zuvor mit so großen Hoffnungen auf die Beine gestellt worden waren.

# Von Xerox – mit herzlichen Grüßen

Der Mac lässt sich historisch nur angemessen einordnen, wenn man auch auf seinen Vorgänger, den unglücklichen Lisa, eingeht. Die Idee des Lisa wurde im Herbst 1978 geboren. Damals dachten Steve Jobs und der Manager of Marketing Planning, William «Trip» Hawkins III, über ein Projekt der nächsten Generation nach, das anders aussehen sollte als der Apple II. Das eigentliche Projekt Lisa lief aber erst am 30. Juli 1979 an, als Ken Rothmuller zum Projektmanager ernannt wurde. Im Entwurf hatte der Lisa keinerlei Ähnlichkeit mit dem Mac. Deshalb kann man sagen, dass auch das Projekt Lisa nur wenig mit dem endgültigen Produkt Lisa zu tun hatte.

1979 bestand der Lisa nur aus verschiedenen Spezifikationen für einen Business-Computer mit eingebautem grünem Phosphorbildschirm, Tastatur und einer eher traditionellen Benutzeroberfläche. Dieser Computer sollte im März 1981 für 2000 Dollar ausgeliefert werden. Die ursprüngliche Idee, den Computer mit einem Bit-Slice-Mikroprozessor zu bauen, wurde aus Kostengründen verworfen. Und überhaupt hatte das ausgelieferte Produkt – abgesehen vom Namen – fast nichts mehr mit dem ursprünglichen Entwurf zu tun. Was hat Apple zu diesen radikalen Änderungen bewogen? Die Antwort lässt sich in einem Wort zusammenfassen: Xerox.

XEROX PARC

**Das Palo Alto Research Center von Xerox ist die Geburtsstätte vieler Erfindungen in der Computerwelt.**

Der Alto war eine revolutionäre Erfindung, aber kein Produkt. Wenn er kommerziell mit den Handelsspannen vermarktet worden wäre, die in der Industrie üblich sind, hätte er an die 40000 Dollar kosten müssen.

1970 warb die Xerox Corporation (www.xerox.com) viele der besten Leute aus der Computerindustrie an, weil sie sich in der Informationstechnologie eine Vorreiterrolle erkämpfen wollte. Die Forscher wurden im Palo Alto Research Center (PARC) an der Coyote Hill Road Nr. 3333 im kalifornischen Palo Alto untergebracht. Sie sollten die Zukunft entwerfen, ohne sich darum zu kümmern, ob die Ideen auch kommerziell nutzbar wären.

1973 hatten sie den Xerox Alto ins Leben gerufen, die Inkarnation vieler späterer Computer-Erfindungen. In gewisser Weise war das der erste Personal Computer der Welt, da er darauf abgestimmt war, von einer einzigen Person benutzt zu werden. Anstatt nacheinander ganze Buchstaben auf dem Bildschirm darzustellen, erzeugte der Alto sowohl Text als auch Grafik über das sogenannte Bitmapping aus individuell gesteuerten Pixeln. Über das Ethernet, eine weitere PARC-Erfindung, konnte der Alto mit anderen Alto-Computern und Laserdruckern – noch eine PARC-Erfindung – im Netzwerk kommunizieren. Er basierte auf einer objektorientierten Programmiersprache – Smalltalk – mit wieder verwendbaren, unabhängigen Codemodulen. Außerdem besaß er ein eigenartiges Zeigegerät, nämlich eine Maus mit drei Tasten, die Doug Engelbert, ein Forscher aus der Ideenschmiede des Stanford Research Institute, in den 60er Jahren erfunden hatte.

«Es spielt keine Rolle, wie toll der Computer ist, wenn ihn niemand kauft. Xerox lieferte den besten Beweis.»

***Chris Espinosa,** Leiter Mac Dokumentation*

**Viele Lisa-Features wurden von dem revolutionären Xerox Alto geborgt.**

Der Alto wurde zwar niemals öffentlich angeboten, war im Silicon Valley aber bestens bekannt. Im PARC waren alle stolz auf ihre Schöpfungen und führten sie in den Anfängen zahlreichen Besuchern bereitwillig vor. Einer war ganz besonders an ihrer Arbeit interessiert, und das war Jef Raskin, ein Angestellter bei Apple, der ein kleines, unbedeutendes Forschungsprojekt mit dem Codenamen Macintosh leitete. Als Gastforscher am Stanford Artificial Intelligence Laboratory verbrachte Raskin in den frühen 70er Jahren viel Zeit im PARC und fand die Arbeiten der Forscher und Entwickler großartig.

«Der ursprüngliche Lisa war ein Rechner, der Zeichen generierte. Tagelang habe ich versucht, dem Lisa-Team zu erklären, dass man das alles grafisch machen kann, wie der Alto. Insofern hatte ich einen großen Einfluss auf den Lisa – ich wollte ihn dem Mac ähnlicher machen. Ich fand, dass sie die falsche Richtung einschlugen.»

***Jef Raskin,** Vater des Mac-Projekts*

Raskin erzählt, er habe versucht, Jobs zu einem Besuch des Xerox PARC zu bewegen, der habe ihn mit seiner damals binären Sichtweise der Welt aber für einen «Nichtsnutz» gehalten, «der zu nichts zu gebrauchen ist», und seine Empfehlung ignoriert. Raskin fand in Software-Entwickler Bill Atkinson jedoch einen Verbündeten. Atkinson war an der University of California in San Diego sein Student gewesen und beschäftigte sich zu jener Zeit mit den Grundlagen von LisaGraf, den wichtigsten grafischen Routinen des Lisa (sie wurden schließlich in QuickDraw umbenannt, ein Begriff, den Raskin 1967 in seiner Abschlussarbeit an der Pennsylvania State University geprägt hatte). In Jobs' Augen war Atkinson ein Held, dem nichts daneben ging. Als Atkinson Jobs aufforderte, Xerox PARC zu besuchen, ging dieser sofort darauf ein. Die Smalltalk-Gruppe hatte die öffentlichen Vorführungen mittlerweile eingestellt, und Xerox verstärkte die Sicherheitsvorkehrungen. Zum Glück besaß Jobs aber wieder einmal die notwendigen Mittel, um die Tore zu öffnen.

«Man könnte diskutieren, wie lange es dauert, man könnte auch diskutieren, welche Unternehmen gewinnen und welche verlieren werden, aber kein vernünftiger Mensch wird daran zweifeln können, dass jeder Computer eines Tages so funktionieren wird.»

***Steve Jobs** über die grafische Benutzeroberfläche, die er bei Xerox gesehen hatte*

«Wir hatten nur sehr wenige Besucher, die als zwanzigjährige Multimillionäre Unternehmen leiteten. Die meisten Besucher konnten nicht einfach zurückgehen und sagen, ‹Genau das wollen wir.›»

***Alan Kay,*** *Xerox-Forscher, über den Unterschied zwischen den Besuchen von Jobs und denen vieler anderer im PARC von Xerox*

Dazu wandte er sich an die Xerox Development Corporation, die Risiko-Kapitalgesellschaft des Kopierergiganten, und bot selbstsicher an: «Sie können eine Million Dollar in Apple investieren, wenn Sie uns im Xerox PARC mal hinter den Vorhang schauen lassen.» Damals erlebte Apple ein gigantisches Wachstum und stand gerade vor der Kapitalerhöhung. Xerox wollte unbedingt ein Stück von diesem Kuchen abhaben und war deshalb sofort bereit, einer Abordnung von Apple einen Blick auf PARC zu gewähren. Sie rechneten damit, dass sie mit der Investition in Apple einen netten Gewinn einfahren könnten, wenn das Unternehmen schließlich an die Börse ging. Die Sachen in den Labors von PARC waren dagegen finanziell überhaupt nicht einzuschätzen und ließen sich wahrscheinlich niemals verkaufen. Immerhin dümpelte es jetzt schon sechs Jahre so vor sich hin. Xerox verpflichtete sich in einem Vertrag, niemals mehr als 5 Prozent Anteile an Apple zu erwerben. Durch den Kauf von 100 000 Aktien zum Preis von je 10 Dollar investierte Xerox 1 Million Dollar in Apple. Binnen eines Jahres waren durch den Aktiensplit 800 000 Aktien daraus geworden, und Xerox besaß damit 17,6 Millionen Dollar, als Apple an die Börse ging.

Im Gegenzug wurde Apple die Besichtigung der PARC-Labors gewährt. Bei seinem ersten Besuch (mit Atkinson) im November 1979 konnte Jobs mit eigenen Augen sehen, was den ganzen Aufruhr verursacht hatte. Er war so begeistert, dass er im Dezember ein weiteres Mal zurückkehrte. In seiner Begleitung waren Hawkins, Rothmuller, Richard Page (Hardware-Entwickler), John Dennis Couch (VP Software), Michael M. Scott (Präsident), Dr. Thomas M. Whitney (Executive VP of Engineering) und Bruce Daniels (Software-Entwickler). Die Xerox-Forscher Adele Goldberg, Diana Merry und Lawrence Tesler wollten eigentlich die übliche Standardvorführung (auf einem Dorado, einem sehr schnellen «großen Bruder» des Alto) präsentieren, merkten aber sehr schnell, dass die Jungs von Apple ein anderes Kaliber waren.

Ihnen war sofort klar, worum es ging, denn Raskin hatte sie schon von vielen Einzelheiten unterrichtet. Sie erkannten die immense Bedeutung und bewunderten die raffinierten Details, die Smalltalk besser machten als alles, was sie jemals gesehen hatten. Und sie stellten auch die richtigen Fragen. Jobs konnte nicht still stehen und rief immerfort: «Warum macht ihr denn nichts damit? Das ist das Größte!

Das ist revolutionär!» Xerox war der besondere Wert dieser Arbeiten wahrscheinlich entgangen – Jobs aber mit Sicherheit nicht. Als er Smalltalk mit den verschiebbaren, sich überlappenden Fenstern und den Pop-up-Menüs sah, wusste er plötzlich, was er eigentlich wollte, und wies die Lisa-Crew an, künftig in dieser Richtung weiter zu machen.

**Alan Kay gehörte zu den zahlreichen Forschern im PARC, die schließlich zu Apple wechseln sollten.**

Es wurde oft berichtet, Apple hätte Xerox den Alto gestohlen und ihn als Lisa vermarktet. Damit tut man der Genialität und harten Arbeit des Lisa-Teams aber Unrecht. Apple hatte von Xerox ja keineswegs fertige Entwürfe bekommen, sondern sich eher inspirieren lassen. «Genau wie die Russen und die Atombombe», bemerkte der Direktor des PARC, George Pake, «die Entwicklung ging erstaunlich schnell, sobald sie wussten, dass es machbar ist.»

Tatsächlich verlief die Entwicklung des Lisa keinesfalls schnell und glatt, auch nicht nach dem Besuch des PARC. Jobs versuchte, sich vom Apple III zu distanzieren, nachdem er ja selbst nicht wenig dazu beigetragen hatte, ihn zu verpfuschen. Jetzt fing er an, sich ins Lisa-Projekt einzumischen, und stellte fast jede Design-Entscheidung in Frage. Trotz allem konnte Hawkins im März 1980 ein Dokument fertigstellen, das die Marketinganforderungen des Lisa zusammenfasste. Dabei wurde besonderer Wert auf eine grafische Benutzeroberfläche, eine Maus, ein LAN (Local Area Network), einen Dateiserver sowie innovative Softwareapplikationen gelegt. Nachdem Rothmuller eingewandt hatte, dass man diese Funktionen unmöglich alle berücksichtigen und gleichzeitig den Auslieferungstermin sowie den angestrebten Preis von 2 000 Dollar einhalten könnte, wurde er aufgrund mangelnder Kooperationsbereitschaft gefeuert (kurze Zeit später wurde aber klar, dass er mit seinen Einwänden Recht gehabt hatte). Im Juli wechselte Tesler von

Nach einem Abstecher als leitender Wissenschaftler bei Atari Computer kam Alan Kay am 1. Mai 1984 zu Apple. Zwölf Jahre später wechselte er zu Walt Disney Imagineering im kalifornischen Burbank und wurde Disney Fellow sowie VP der Abteilung Forschung und Entwicklung.

«Apple ist ein Ellis-Island-Unternehmen. Apple basiert auf Flüchtlingen aus anderen Firmen. Das sind ausgesprochen helle Köpfe, die individuelle Beiträge leisten und in anderen Unternehmen nur Unruhe stiften.»

***Steve Jobs***

«Steve hatte eine unglaubliche Fähigkeit, Leute für eine gemeinsame Sache zu gewinnen, indem er eine wunderbare, glorreiche kosmische Vision ausmalte. Zu seinen liebsten Bemerkungen über den Lisa gehörte, ‹Reißen wir ein Loch ins Universum. Wir machen ihn so gut, dass er ein Loch ins Universum reißt.›»

***Trip Hawkins,*** *Manager of Marketing Planning des Lisa*

Nachdem er Apple verlassen hatte, gründete Hawkins ein Unternehmen für Unterhaltungssoftware, Electronic Arts (www.ea.com), und später die Produktionsfirma für Videospiele, 3DO Company (www.3do.com).

Xerox zu Apple, um mit Atkinson die Grundlagen für die Benutzeroberfläche des Lisa zu entwickeln. Mehr als 15 Angestellte kamen schließlich von Xerox zu Apple, darunter Bob Belleville, Steve Capps, Owen Densmore, Bruce Horn, Alan Kay, Barbara Koalkin und Tom Malloy.

Im selben Zeitraum des Herbstes 1980, als das Lisa-Projekt in den Mittelpunkt rückte, begann Scott mit der Reorganisation von Apple, das er jetzt an Produktlinien ausrichtete. Jobs wollte unbedingt die Oberhand über das im Rampenlicht stehende Lisa-Projekt behalten, das jetzt zur Abteilung Personal Office Systems (POS) gehörte, aber Scott war nicht dumm. Er wusste aus erster Hand, dass er in Jobs einen äußerst kampflustigen Manager vor sich hatte, dem das technische Know-How jedoch fehlte. Besonders schmerzlich hatte sich diese Tatsache bemerkbar gemacht, als der Apple III infolge mehrerer Designvorgaben von Jobs ins Taumeln geraten war. Auf keinen Fall würde Scott die Verantwortung für ein derart wichtiges und entscheidendes Projekt wie den Lisa in Jobs Hände legen. Stattdessen ernannte er John Couch zum VP und General Manager von POS und versuchte, Jobs zu besänftigen, indem er ihm vorschlug, für den geplanten Börsengang im Dezember als Unternehmenssprecher zu fungieren. Jobs, der Medienliebling und perfekte Showman, war für diese Rolle wie geschaffen. Er konnte Scott jedoch niemals verzeihen, dass der ihm die Möglichkeit vorenthalten hatte, den Lisa auf den Markt zu bringen.

**Trip Hawkins passte die Marketinganforderungen des Lisa an Jobs' Vorstellungen an.**

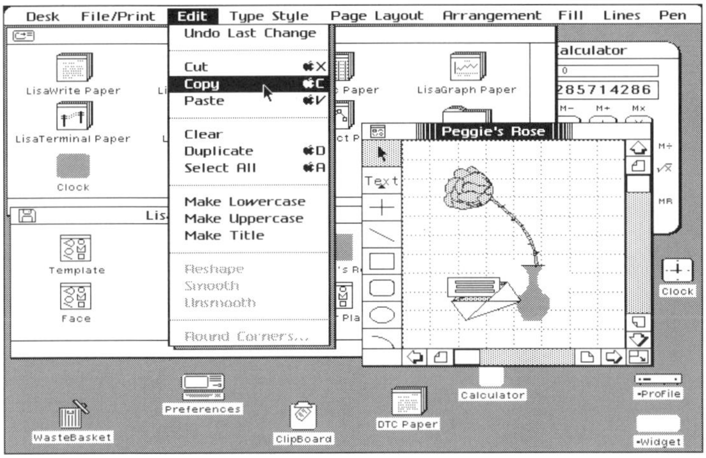


**Lisa verdankt den Entwicklungen bei Xerox sicherlich eine Menge, aber seine Benutzeroberfläche wies zahlreiche neue Merkmale auf, wie z.B. die Pull-down-Menüs.**

Am 14. Dezember 1989 – beinahe sieben Jahre nach der Einführung des Lisa – reichte Xerox eine Klage beim U.S. District Court von Nordkalifornien ein. Darin unterstellte es Apple, die Urheberrechte für die grafischen Benutzeroberflächen des Mac und des Lisa zu verletzen.
Am 23. März 1993 wies das Gericht alle Anklagepunkte von Xerox mit Ausnahme eines einzigen ab.

Aber auch als Jobs aus dem Weg war, kam der Lisa nur langsam voran, weil sich das Lisa-Team weigerte, einfach nur einen Alto im Applegewand zusammenzubasteln. Pop-up-Menüs, überlappende Fenster und Scrollleisten hatten sie zwar von Smalltalk übernommen, aber in vielerlei Hinsicht verbessert. Das Konzept der Menüleiste, die Pull-down-Menüs, die Ein-Tasten-Maus, das Ausschneiden und Einfügen über die Zwischenablage und der Papierkorb – das waren ihre ureigensten Erfindungen.

«Xerox ist unfähig, aus einer Vision ein Produkt zu machen. Die können noch nicht mal rechtzeitig eine Klage einreichen.»

***Guy Kawasaki,** Apple-Evangelist, auf der Messe Demo '92.*

Nachdem einige Software-Entwickler des Lisa-Projekts, die unter der Leitung von Atkinson arbeiteten, im Juni 1981 auf der National Computer Conference in Houston einen Xerox Star (eine Abwandlung des Alto) für 16 595 Dollar und die Arbeiten von Bruce Horn am Finder des Mac gesehen hatten, waren sie zuversichtlich, auf dem richtigen Wege zu sein. Sie hatten an der Benutzeroberfläche des Betriebssystems ein paar grundlegende Änderungen vorgenommen und Icons erzeugt, die man verschieben und doppelt anklicken konnte, um Programme zu starten. Danach ging alles fast wie von selbst. Am 30. Juli 1982 gelang es dem Lisa-Team erstmals, sämtliche Applikationen gemeinsam zum Laufen zu bringen. Bereits am 1. September wurde der Lisa offiziell für marktreif erklärt, und die folgenden Monate galten dann der Beseitigung einer langen Liste von bekannten Fehlern.
Am 10. Oktober 1982 wurde der Lisa auf dem jährlichen Meeting

«Wir werden IBM hinwegfegen. Wenn dieser Computer rauskommt, haben sie keine Chance mehr. Der ist so revolutionär, das ist kaum zu glauben.»

***Steve Jobs** zu John Sculley über den Lisa*

der Apple-Vertragshändler in Acapulco erstmals dem Handel vorgestellt. Chris Espinosa, ein langjähriger Angestellter bei Apple, berichtet: «...die mexikanische Regierung war damals in einer Staatskrise. Wenn es zum Putsch gekommen und das Kriegsrecht ausgerufen worden wäre, hätten wir ein Boot gemietet und alle vorab produzierten Lisas im Meer versenkt, damit sie nicht vom Militär konfisziert werden konnten. Das wäre eigentlich gar keine schlechte Idee gewesen, nach allem was danach kam.»

Nach mehr als 200 Mannjahren Arbeit (im Vergleich zu lediglich 2 Mannjahren für den Apple II) und 50 Millionen Dollar Entwicklungskosten wurde der Lisa am 19. Januar 1983 auf der jährlichen Aktionärsversammlung von Apple im Flint Center des De anza College in Cupertino offiziell vorgeführt (gleichzeitig erschien auch der Apple IIe mit dem Slogan «Evolution und Revolution» für 1395 Dollar auf dem Markt).

Der Lisa wog ca. 48 Pfund, enthielt einen Motorola 68000-Mikro-

«Wir wollen die Industrie in der Hand haben. Wir hätten den Lisa bereits vor einem Jahr einführen können, aber er sollte perfekt sein. Wir haben uns darauf eingerichtet, dass uns der Lisa die nächsten zehn Jahre Gesellschaft leisten wird.»

***Steve Jobs***
*(Time, 31. Januar 1983)*

**Der Lisa war zwar ein innovativer, aber (mit zwei Twiggy-Laufwerken) ein sehr teurer Computer, für den sich nur schwer Käufer finden ließen.**

Wie sich später herausstellte, hatte der Lisa nur eine Lebensdauer von weniger als zwei Jahren.

prozessor mit 5 MHz, verfügte über 1 MB RAM, zwei 5 1/4-Zoll Diskettenlaufwerke mit 860 KB Speicherkapazität, eine 5 MB-Festplatte (dieselbe ProFile, die ursprünglich für den Apple III entwickelt worden war), eine abnehmbare Tastatur, eine Maus mit einer Taste sowie einen 12-Zoll-Monochrom-Bildschirm mit 720 x 364 Pixeln.

Da er zu keinem auf dem Markt gängigen Gerät kompatibel war, wurde der Lisa mit sieben Programmen ausgeliefert: einem Tabellenkalkulations-, einem Zeichen- und einem Grafikprogramm, einem Dateimanager, einem Projektmanager, einem Terminalemulator und einer Textverarbeitung. Damit hatte der Lisa alles, was man brauchte – aber leider auch einen Listenpreis von 9995 Dollar. Wie Rothmuller bereits drei Jahre zuvor gewarnt hatte, war der Preis des Computers durch die zahlreichen verschwenderischen Features derart in die Höhe geschossen, dass er jetzt nur noch von gut betuchten Geschäftsleuten angeschafft werden konnte. An die Stelle der bisherigen Konkurrenten im Bereich Personal Computer wie Atari, Commodore und Radio Shack (Tandy) traten jetzt auf einmal die großen Tiere der Branche wie Digital Equipment Corp. (DEC), IBM, Wang und Xerox.

Aber nicht nur der enorme Wettbewerb erschwerte die Marktakzeptanz des Lisa. Apple hat nicht unwesentlich zu seinem eigenen Verderben beigetragen. Zunächst war da ein Listenpreis von annähernd 10000 Dollar. Apple hatte einfach keinerlei Erfahrung im Verkauf von Computern dieser Preisklasse und musste deshalb erst einmal eine Elitemannschaft von 100 Vertretern aufbauen. Auch das riesige Softwarepaket wirkte sich negativ aus. Dem Kunden alles mitzugeben, was er brauchen könnte, muss damals sinnvoll erschienen sein, erstickte jedoch die Entwicklungsbemühungen von Drittanbietern. Der Lisa war außerdem so langsam, dass er zu einem «Knock-knock»-Witz (vergleichbar etwa unseren Ostfriesenwitzen) inspirierte. Auf die Frage «Wer ist da?» gab es eine fünfzehn Sekunden lange Pause… und dann die Antwort: «Lisa».

«Wir setzen wirklich alles auf die Technologie des Lisa. Wenn der Lisa scheitert, dann sind wir einfach nur noch eins der zahlreichen Unternehmen mit einer halben oder ganzen Milliarde.»

***Steve Jobs*** *in einer ausführlichen Erläuterung der Technologie des Lisa, nicht des Lisa selbst*

Trotz des gescheiterten Lisa stiegen die Verkaufszahlen bei Apple im Geschäftsjahr 1995 auf 11 Milliarden Dollar.

Im TV-Spot des Lisa, der Breakfast hieß, trat 1983 der damals noch unbekannte Schauspieler Kevin Costner auf.

«Der Lisa kam nicht an, weil er nicht genug Power hatte. Er machte zwar sehr schöne Sachen, aber alles war viel zu langsam.»

***Alan Kay***

«Der Lisa wird gehörig einschlagen. In den ersten sechs Monaten verkaufen wir 12000 Stück und im ersten Jahr 50000.»

***Steve Jobs***

Einem vertraulichen internen Dokument zufolge hatte Apple vor, in der ersten Hälfte des Geschäftsjahres 1983 mindestens 10 000 Stück, im Geschäftsjahr 1984 42 000 Stück zu verkaufen. InfoCorp schätzt, dass der Lisa in den zwei Jahren seiner Marktpräsenz insgesamt nur 60 000mal verkauft wurde.

**Der aufgemöbelte Lisa 2 (mit einem Sony-Laufwerk mit 400 KB) wurde gemeinsam mit dem Mac eingeführt.**

Damit aber nicht genug: Apple hatte zusätzlich noch mit den Diskettenlaufwerken des Lisa zu kämpfen. Obwohl niemand Erfahrung hatte, ein Laufwerk komplett neu zu bauen, hatte Jobs darauf bestanden, es inhouse zu entwickeln. Das Diskettenlaufwerk Apple 871 – mit Codenamen Twiggy nach dem bekannten Model der 60er Jahre, weil beide so dünn waren – lieferte eindrucksvolle 860 KB Speicherkapazität, war aber notorisch unzuverlässig. Richard Jordan, ein Entwickler, der an dem Projekt arbeitete, bat Jobs ohne Erfolg, seinen «45er rauszuholen und das verdammte Ding in die Luft zu jagen». Jobs wies alle Vorschläge ab, das Laufwerk eines anderen Herstellers in Lizenz zu nehmen.

Schließlich und vielleicht am meisten schädlich, fand man in der Presse schon vor der Auslieferung des Lisa im Juni bewusst eingeschleuste Gerüchte über einen «Baby Lisa», der im Herbst herauskommen sollte und fast genauso funktionieren würde – nur schneller und billiger. Sein Name: Macintosh.

«Was Apple auch vorhat - wir halten es für sehr unwahrscheinlich, dass bald ein ähnliches Produkt eingeführt wird wie der Lisa. Das könnte ihm ja den Rang ablaufen. Der Lisa hat so viel Entwicklungskosten geschluckt und ist gerade erst auf den Markt gekommen. Man kann sich wirklich nicht vorstellen, welchen Vorteil das haben sollte. Was auch immer dieser MacIntosh [sic] schließlich sein wird und wann immer er tatsächlich ausgeliefert wird - wir gehen eher davon aus, dass er sich erheblich vom Lisa unterscheiden wird.»

***Joseph L. Ehardt,*** *Journalist, der schon bald seinen Irrtum eingestehen musste*

Apple erkannte einige seiner Fehler und ging am 12. September 1983 dazu über, die Hardware des Lisa ohne Softwarepaket zum Preis von 6 995 Dollar zu verkaufen. Am 24. Januar 1984 kündigte es gleichzeitig mit dem Mac auch die Reihe der aufgemöbelten Lisa 2 an. Das Grundmodell kostete jetzt 3 495 Dollar, hatte nur halb so viel Speicher wie das Originalmodell, war aber doppelt so schnell. Demgegenüber besaß das Highend-Modell, der Lisa 2/10, mehr Speicher und eine Festplatte mit 10 MB. An Stelle der unzuverlässigen Twiggy-Laufwerke hatten beide Modelle jetzt ein neues, robustes 3 1/2 -Zoll-Laufwerk von Sony, das auch für den Mac verwendet wurde.

«Ihr habt alles vermasselt. Ich werde viele von euch feuern müssen.»

***Steve Jobs*** *zum Lisa-Team nach der Zusammenlegung der Abteilungen Lisa und Mac*

Die Verkaufszahlen des Lisa stiegen an, als der Mac die Leute in die Vorführräume der Händler lockte, und viele erkannten, dass sie mehr Leistung brauchten, als der Mac bieten konnte. Und dennoch lieferte Apple den Mac in den ersten 100 Tagen nach seiner Einführung dreimal so häufig aus wie den Lisa im gesamten ersten Jahr. Um die Produktlinie zu konsolidieren, benannte Apple den Lisa 2/10 im Januar 1985 in Macintosh XL um, stellte die anderen Lisa-Modelle ein und brachte MacWorks heraus, ein Emulationsprogramm, das Mac-Software ausführen konnte. Der umbenannte Lisa finanzierte sich allmählich selbst, wurde aber schon kurze Zeit später ironischerweise von eben jenem Mann ausrangiert, der ihn überhaupt erst ins Leben gerufen hatte: von Steve Jobs.

Viel war passiert, seit Mike Scott Jobs 1980 daran gehindert hatte, die Verantwortung für das Lisa-Projekt an sich zu reißen. Markkula übernahm im März 1981 die Präsidentschaft von Scott und Jobs folgte Markkula auf dem Posten des Chairman. Im April 1983 konnte Jobs John Sculley dazu bewegen, von Pepsi-Cola als Präsident und CEO zu Apple zu kommen. Beeindruckt von seinem jungen Anhänger gab Sculley Jobs freie Hand über die Mac-Abteilung. Im November wurden die Lisa- und Mac-Divisionen in der Abteilung Apple 32 SuperMicro zusammengefasst – und Jobs übernahm das Ruder. Mit derart gefestigter Macht traf Jobs dann die Entscheidung, dem Elend des jüngst umbenannten Lisa ein Ende zu bereiten.

«Wir mussten [den Lisa] ohne Glanz und Gloria einstellen, weil die Verkaufszahlen nicht ausreichten, um eine rentable Gewinnspanne zu erwirtschaften. Damals hatte sich das Wachstum des gesamten Marktes verlangsamt. Ein Beweis dafür, dass sich ein Produkt nach einem schlechten Start nur schwer erholen kann.»

***Jean-Louis Gassée,*** *President von Apple Products*

Sun Remarketing verkauft Geräte von Apple und bietet diesbezüglich auch Unterstützung. Auch heute noch liefert es auf Sonderbestellung Lisas aus: P.O. Box 4059, Logan, UT 84323-4059. Tel: +1 (800) 821-3221 oder +1 (801) 755-3360. www.sunrem.com.

«Der Lisa war ein toller Rechner. Wir konnten ihn nur leider nicht verkaufen.»

***Bruce Tognazzini,*** *Human Interface Guru bei Apple*

**Die letzten Lisas wurden unsanft auf einer Mülldeponie in Utah aus der Welt geschafft.**

Nach Sculleys eigenen Angaben «waren Steve und verschiedene Mitglieder des Macintosh-Teams der Überzeugung, dass das ursprüngliche Design des Lisa nicht gut genug war und dass er niemals die Qualität eines Macintosh erreichen würde. Sie sahen ihn nicht als vorrangiges Projekt und wollten ihn deshalb langsam auslaufen lassen. Allerdings konnte man ein Produkt, das gerade erst eingeführt worden war, nicht so einfach wieder einstellen! Deshalb vergaß die Macintosh-Abteilung (vielleicht sogar absichtlich) einfach, Teile und Komponenten für den Lisa nachzubestellen, mit denen wir die Herstellung des Macintosh XL hätten fortsetzen können.»

Apple setzte den Macintosh XL, geborener Lisa, am 29. April 1985 offiziell ab, und am 15. Mai lief in der Carrollton-Fabrik in Texas der letzte Lisa vom Band. Sun Remarketing aus Logan in Utah erwarb die 5 000 unverkauften Lisas und nahm mehrere Tausend gebrauchte und beschädigte Teile in Kommission.

Sun Remarketing konnte die übrig gebliebenen Lisas recht erfolgreich verkaufen, nachdem sie mit der aktuellsten Mac-Technologie aufgerüstet worden waren, doch Mitte September 1989 entschied Apple, den Lisa im wörtlichen Sinne ein für alle Mal zu begraben. Unter den wachsamen Augen bewaffneten Sicherheitspersonals wurden 2 700 Lisas, die Sun in Kommission genommen hatte, auf der Mülldeponie in Logan, Utah, begraben (knapp 1200 Kubikmeter zum Preis von 2 Dollar pro $m^3$). So konnte Apple für dieses Jahr wenigstens umfangreiche steuerliche Abschreibungen vornehmen.

## Konfusion um Codenamen

Wie der Macintosh, so kam auch der unglückselige Lisa mit seinem eigentlichen Codenamen auf den Markt. Um die Herkunft dieses Namens kreisen zahlreiche z.T. gegensätzliche Gerüchte. Die am weitesten verbreitete Geschichte besagt, dass der Lisa nach der ersten Tochter von Steve Jobs benannt wurde, die unehelich zur Welt kam. Hier die Fakten: Am 17. Juni 1978 brachte seine Highschool-Freundin und ehemalige Lebensgefährtin in Oregon ein Mädchen zur Welt, dem sie gemeinsam den Namen Lisa Nicole gaben. 1979 erhob Lisas Mutter eine Vaterschaftsklage gegen Jobs. Der wies jedoch alles von sich, obwohl ein Bluttest an der University of California zu 94,4 Prozent nachweisen konnte, dass er der Vater war. Um jedoch den gerichtlichen Streit zu beenden – schließlich würde Apple in Kürze an die Börse gehen und ihn unermesslich reich machen – erklärte er sich bereit, dem Kind eine monatliche Unterstützung in Höhe von 385 Dollar zukommen zu lassen, eine Krankenversicherung abzuschließen und die für das Baby erbrachten Versorgungsleistungen im Umfang von 5 856 Dollar zu erstatten. Trotz der unrühmlichen Vorgeschichte nahm Jobs Lisa schließlich als seine Tochter an. In den letzten Jahren hat man die beiden häufig gemeinsam in Palo Alto gesehen, wo Jobs mit seiner heutigen Frau und weiteren Kindern in der Waverly Street wohnt.

Aber die Frage ist damit noch nicht geklärt. Wurde der Lisa tatsächlich nach Jobs' Tochter benannt? Das Projekt begann mehrere Monate nach der Geburt von Lisa Nicole, sodass der Zeitrahmen stimmen könnte. Damals war es bei Apple üblich, Projekte nach den Töchtern von Projektleitern zu benennen. Deshalb gehen viele davon aus, dass der Lisa seinen Namen von Jobs' Tochter hat, aber Wozniak ist anderer Meinung. «Ich weiß ganz sicher, dass Lisa nicht nach Steve Jobs' unehelicher Tochter benannt worden ist», betont er. «Das stimmt einfach nicht. John Couch leitete das Lisa-Programm, und er hat mir erzählt, dass es den Namen der Tochter von Ken Rothmuller erhielt, der auch eine wichtige Rolle für den Lisa gespielt hat.» Das Dumme an dieser Erklärung ist nur, dass Rothmuller nur eine Tochter hat,

Am 18. März 1991 heiratete Jobs (36) Laurene Powell (27), eine MBA-Studentin an der Stanford University, im Hotel Ahwahnee im Yosemite Nationalpark. Ihr erstes Kind Reed Paul (nach dem College in Oregon, das Jobs abgebrochen hatte) wurde im September desselben Jahres geboren. Ihr zweites Kind, ein Mädchen, kam im August 1995 zur Welt.

und die heißt Cheryl. Außerdem fügt Rothmuller hinzu: «Jobs ist so ein Egomane – glauben Sie wirklich, er hätte es je zugelassen, ein derart wichtiges Projekt nach irgendjemand anderem zu benennen als nach seinem eigenen Kind?»

Ganz gleich von wem der Computer seinen Namen hatte, Apple suchte eine Zeit lang nach einem professioneller klingenden Namen für den Businessmarkt. Eine unabhängige Beratungsfirma wurde beauftragt, einen neuen Namen vorzuschlagen. Neben anderen empfahl die Firma z.B. Applause, Apple IV, Apple 400, The Coach, Esprit, Teacher und The World. Man setzte alles daran, einen neuen Namen zu finden, aber der neue Computer besaß unter seinem Codenamen in der Presse bereits einen so hohen Bekanntheitsgrad, dass Apple im Nachhinein eine Erklärung für den Namen lieferte und erklärte, LISA stehe für «Local Integrated Software Architecture». Das war jedoch so offensichtlich an den Haaren herbeigezogen, dass verschiedene Stimmen der Industrie eine genauere Erklärung vorschlugen und Lisa auf «Let's Invent Some Acronym» zurückführten.

## Chronik des Lisa

| | |
|---|---|
| 1978 | Lisa Nicole kommt in Oregon zur Welt |
| | Jobs regt Business-Computer der nächsten Generation an |
| 1979 | Start des Lisa-Projekts unter Leitung von Rothmuller |
| | Start des Mac-Projekts unter Leitung von Raskin |
| | Erster von zwei Besuchen im Xerox PARC |
| 1980 | Spezifikationen für den Lisa fordern Funktionen wie bei Xerox |
| | Tesler und andere Xerox-Wissenschaftler wechseln zu Apple |
| | Couch übernimmt das Lisa-Projekt |
| | Auslieferung des Apple II (4 340 Dollar) |
| 1981 | Ursprünglicher Auslieferungstermin für den Lisa (nicht eingehalten) |
| | Einführung des Star von Xerox (16 595 Dollar) |
| 1982 | Gesamte Software des Lisa funktionsfähig |
| | Lisa erlangt Marktreife |
| 1983 | Einführung von Lisa (9 995 Dollar) und Apple II (1 395 Dollar) |
| | Sculley wechselt als Präsident und CEO zu Apple |
| | Beginn der Auslieferung des Lisa |
| | Entfernung des Softwarepakets aus dem Lisa-Bundle, Preis fällt auf 6 995 Dollar |
| | Abteilungen Lisa und Mac werden zusammengeführt |
| 1984 | Einführung von Lisa 2 (3 495 Dollar) und Macintosh (2 495) |

Am 23. September 1981 stellte eine Projektgruppe bei Apple ein Dokument über die Firmenkultur zusammen und führte darin eine Liste sogenannter Apple-Werte (Apple Values) auf. Diese Werte wurden als «Qualitäten, Bräuche, Standards und Prinzipien» definiert, «die die Firma als Ganzes für erstrebenswert hält. Sie stellen die Grundlage für alles dar, was wir tun und wie wir es tun. Zusammen machen sie Apple zu einem einzigartigen Unternehmen. [Wir] gestehen ein, dass diese Werte gleichzeitig Ziele darstellen, denen wir nicht immer angemessen nachkommen... Die Beschreibung unserer Werte ist wichtig, aber ihre Umsetzung ist noch wichtiger.» Wenn Sie die folgenden Apple Values aus den frühen 80er Jahren durchgehen, können Sie überlegen, ob sie für Apple auch heute noch gelten:

- Eine Person, ein Computer.
- Wir wagen es und setzen aggressive Ziele.
- Wir gestalten unser gemeinsames Abenteuer.
- Wir stellen Produkte her, an die wir glauben.
- Unsere Aufgabe besteht darin, einen positiven Beitrag zur Gesellschaft zu leisten und Gewinn zu machen.
- Jede Person ist wichtig, jeder hat die Möglichkeit und die Pflicht, etwas Besonderes zu sein.
- Wir sind alle im selben Boot, ob als Gewinner oder als Verlierer.
- Wir sind begeistert!
- Wir sind kreativ, wir bestimmen das Tempo.
- Wir möchten, dass jeder unser gemeinsames Abenteuer genießen kann.
- Wir machen uns Gedanken über unsere Arbeit.
- Wir möchten eine Umgebung schaffen, in der Apple Values gedeihen können.

**Zu Ehren des ehemaligen Arbeitgebers von John Sculley bekam der Lisa 2 den Codenamen Pepsi, bevor er in Macintosh XL umbenannt wurde. Obwohl XL eigentlich den Eindruck eines besonders großen Macintosh vermitteln sollte, machten sich Insider darüber lustig und meinten, es stünde eigentlich für «eX-Lisa» oder «eXtra Lisas».**

**1985**
- Lisa 2 wird umbenannt in Macintosh XL
- Lisa wird abgesetzt, 60000 verkaufte Geräte

**1986**

**1987**

**1988**

**1989**
- Verbliebene 2700 Lisas werden in Utah begraben
- Xerox verklagt Apple wegen der Benutzeroberfläche von Lisa und Mac

**1990**
- Klage von Xerox abgewiesen

**1991**

# The Making of...
# Macintosh

In den Köpfen der meisten Leute sind Steve Jobs und der Macintosh untrennbar miteinander verbunden. Deshalb ist man etwas überrascht zu hören, dass der Mac ganz und gar nicht auf seine Idee zurückgeht. Tatsächlich wollte er das Projekt schon in den Kinderschuhen ersticken. Welch ein Glück für Apple und Millionen treuer Mac-User in allen Teilen der Erde, dass er damit gescheitert ist. Die Geschichte von der Geburt des Mac liest sich wie ein fesselndes Märchen über die Inspiration eines Mannes, das Selbstbewusstsein eines anderen und die hingebungsvolle Arbeit einer kleinen Bande von «Piraten», die der Welt für alle Zeiten eine neue Art des Umgangs mit dem Computer bescheren sollte.

Als Apple und die führenden Mac-Zeitschriften im Jahr 1994 den 10. Geburtstag des Mac feierten, beging ein Mann in aller Stille den 15. Dieser Mann ist Jef Raskin, der wahre Vater des Macintosh.

**Mitarbeiter der ersten Stunden bei Apple (von links nach rechts): Michael Scott, Steve Jobs, Jef Raskin, Chris Espinosa und Steve Wozniak 1977 in einem Hotelzimmer.**

«Adam Osborne machte Apple ständig schlecht. Immer wieder fragte er nach Lisa, und wann wir Lisa ausliefern würden, und dann begann er, sich über den Mac lustig zu machen. Ich versuchte, die Nerven zu behalten und höflich zu bleiben, aber er hörte nicht auf zu fragen ‹Was ist denn dieser Mac, über den so viel erzählt wird? Gibt's den wirklich?› Er trieb es so weit auf die Spitze, dass ich sagte, ‹Adam, er ist so gut, dass du ihn auch dann noch deinen Kindern kaufen wirst, wenn er dein Unternehmen längst ruiniert hat.›»

***Steve Jobs***

Osborne Computer Corp. wurde 1980 gegründet und machte sich mit einem tragbaren Computer einen Namen, der so groß war wie eine Nähmaschine. 1983 musste die Firma Konkurs anmelden, nachdem der Absatz zusammengebrochen war. Adam Osborne hatte ein verbessertes Modell angekündigt, auf das dann jeder wartete, anstatt das vorhandene zu kaufen.

Raskin, ein Professor und Computerberater, verfasste 1976 das gesamte Integer BASIC-Handbuch für den Apple II. Als er am 3. Januar 1978 als Angestellter Nr. 31 zu Apple kam (genau ein Jahr, nachdem die Gesellschaft gegründet wurde), übernahm er im Alter von 34 Jahren das Presse- und Dokumentationsressort. Im Laufe der Zeit führte er eine neue Abteilung für Produkttests und eine weitere für Anwendungssoftware ein.

Im Frühjahr 1979 erkundigte sich der Chairman Mike Markkula bei Raskin, ob er für ein Projekt mit dem Codenamen Annie arbeiten wolle, das darauf abzielte, einen Spielecomputer für 500 Dollar zu entwickeln (auf den Spuren des unglückseligen Bandai Pippin). Zu jener Zeit konzentrierten sich Jobs und seine Mitarbeiter auf das wirtschaftlich ausgerichtete Lisa-Projekt, und die Firma war der Meinung, dass sie ein kostengünstigeres Produkt brauchte als den Apple II, der in der Standardkonfiguration ohne Festplattentreiber oder Bildschirm schon auf mehr als 1000 Dollar kam.

«Ich fand das Projekt gut, aber an einem Spielecomputer war ich eigentlich nicht besonders interessiert», erinnert sich Raskin. «Aber es gab ja noch dieses andere Ding, das mir schon lange im Kopf herum schwirrte und das ich Macintosh nannte. Es sollte aus Sicht des Anwenders entwickelt werden, was zum damaligen Zeitpunkt einfach unvorstellbar war.» Markkula war sofort begeistert und bat Raskin, seine Ideen auszuarbeiten und zu untersuchen, wie man sie in die Realität umsetzen könnte.

Ende Mai hatte Raskin seine grundlegenden Vorstellungen von einem Computer «für den gewöhnlichen Anwender» («Person in the Street», PITS) zu Papier gebracht. Die Komplexität des Apple II ging ihm zunehmend auf die Nerven. Dessen offene Architektur war insofern gut, als dass man über die Steckplätze beliebige Erweiterungen hinzufügen konnte. Auf der anderen Seite setzte diese Flexibilität reichlich technisches Vorwissen beim Anwender voraus, und sie machte es für die Entwickler äußerst schwierig, Produkte herzustellen, die mit allen Konfigurationen funktionieren würden.

«Solche Überlegungen haben mich beim Entwurf der Architektur und der Leitprinzipien des Macintosh-Projekts wesentlich beeinflusst», erklärt Raskin. «Es sollte von außen zugängliche Erweiterungssteckplätze geben, damit die Anwender den Computer niemals öffnen müssten (externe Ports waren vorgesehen). Der Arbeitsspeicher sollte eine vorgegebene Größe haben, damit alle Anwendungen auf allen Macintosh-Rechnern laufen würden. Bildschirm, Tastatur und Massenspeicher (sowie ein Drucker, hofften wir) sollten eingebaut werden, sodass der Kunde wirklich ein vollständiges System bekommen würde und wir das Erscheinungsbild von Zeichen und Grafik kontrollieren könnten.»

«Stecken Sie 30 Millionen Dollar Werbung rein, und er klingt großartig.»

***Ben Rosen,*** *Risiko-Kapitalgeber, auf Jobs Frage nach seiner Meinung zum Namen Macintosh.*

Dieser Computer sollte in einem kompletten Gehäuse ohne Kabel ausgeliefert werden. Raskin rechnete damit, dass sich die Leute so sehr an ihre Macs gewöhnen würden, dass niemand mehr ohne Computer aus dem Haus gehen würde. Deshalb spielte die Tragbarkeit eine entscheidende Rolle. Er dachte an ein Gewicht von etwas unter 20 Pfund und einen Akku, der einen Betrieb von bis zu zwei Stunden garantierte. Auf seiner Wunschliste standen außerdem ein 8-Bit-Mikroprozessor mit 64 KB RAM, eine serielle Schnittstelle, ein Modem, eine Echtzeituhr, ein Drucker, ein 4- oder 5-Zoll-Bildschirm mit Grafiken, die durch Bitmapping erzeugt wurden, sowie ein 5 1/4 -Zoll-Diskettenlaufwerk mit 200 KB Speicherkapazität – alles eingebaut.

Die Programmiersprachen BASIC und FORTH sollten im ROM (Read Only Memory) enthalten sein. Die «selbsterklärenden» Programme wären so einfach zu bedienen, dass Handbücher überflüssig würden. Raskin beschrieb eine Benutzeroberfläche, auf der alles – Schreiben, Berechnen, Skizzieren, Malen – in einer grafischen Umgebung stattfinden würde, die einer Textverarbeitung gleicht. Sie würde nur aus ein paar durchgängigen und leicht zu lernenden Begriffen bestehen. «Die Rechenfunktionen würden sich z.B. auf Zahlen beziehen, die genauso eingegeben werden wie Text. Das herkömmliche Verständnis von einem Betriebssystem wird ersetzt durch die erweiterte Vorstellung von einem Online-Editor.» Obwohl das auf den heutigen Mac nicht zuzutreffen scheint, dachte er damals daran, verschiedene Modi oder Levels zu vermeiden – ein Konzept, das auch heute noch gilt.

Raskin schlug selbst einen offiziellen Namen für seinen Macintosh-Computer vor: Apple V. Er ging davon aus, dass er im September 1981 in Produktion gehen und im Weihnachtsgeschäft zum Ein-

«Normalerweise quetschte [Jobs] einen richtig aus, tat die jeweilige Idee dann aber geringschätzig ab. Eine Woche später kam er zurück und sagte: ‹Hey, ich hab ne tolle Idee!› – und diese Idee war ursprünglich mal deine eigene gewesen. Wir nannten ihn deshalb den ‹Unschärfebereich der Realität›».

***Jef Raskin***

führungspreis von 500 Dollar angeboten werden könnte. Mit zunehmenden Stückzahlen würde der Preis innerhalb von 18 Monaten auf 300 Dollar zurückgehen. «Jobs hasste die Idee», erinnert sich Raskin. «Er lief herum und rief ständig ‹Nein! Nein! Das wird niemals funktionieren.› Er gehörte zu den schärfsten Kritikern des Macintosh und machte ihn auf Vorstandssitzungen immer schlecht. Als er schließlich davon überzeugt war, dass es klappen und ein spannendes neues Produkt werden würde, übernahm er langsam das ganze Konzept... In den ersten beiden Jahren lehnte er den Macintosh vehement ab. Er hielt ihn für das dümmste Ding auf Erden, das sich niemals verkaufen ließe. Als er sich aber entschieden hatte, die Sache in die Hand zu nehmen, erzählte er allen, dass er seine eigene Erfindung gewesen sei.» Obwohl Jobs den ersten Vorschlag für den Macintosh energisch bekämpft hatte, fand Raskin beim Vorstand Zustimmung und konnte im September 1979 offiziell mit seinem Forschungsprojekt beginnen.

Raskin kamen ständig neue Ideen, die er mit seinem wunderbaren Computer verwirklichen wollte. Aber schon bald musste er einsehen, dass vieles nicht machbar war, wenn sein Computer nicht teurer als 500 Dollar sein sollte. Also setzte er den Preis auf 1000 Dollar herauf. «Es steht außer Frage, dass wir mehr wollen – mehr Speicherkapazität, einen eingebauten Drucker, farbige Grafik – aber ein günstiger Preis und Tragbarkeit sind die wichtigsten Merkmale, und wir halten uns strikt an diese Vorgaben», schrieb Raskin in einer Mitteilung.

«Bei Steve [Jobs] wusste man nie genau, wo eine Idee wirklich herkam.»

***Steve Wozniak***

## Knallharte Kalkulation um einen Codenamen

Als Raskin sein Projekt Macintosh nannte, erteilte er dem Trend, weibliche Codenamen zu verwenden, eine Absage. Er hielt dieses Vorgehen für sexistisch und das war es ja auch. Das Projekt Annie, für das ihn Markkula ursprünglich gewinnen wollte, spielte auf Little Annie Fanny an, jene bestens proportionierte Comicfigur (geschaffen von Harvey Kurtzman und Willy Elder), die damals regelmäßig im *Playboy* erschien.

Häufig wird behauptet, Raskin hätte den Namen seiner Lieblingsäpfel falsch geschrieben, aber das ist eher unwahrscheinlich angesichts der Tatsache, dass er Manager of Publications war. «Ich habe die Schreibweise absichtlich geändert», betont Raskin. «Ich bin ziemlich gut in Rechtschreibung. Schreiben gehört zu den Dingen, die ich wirklich kann. Der Apfel heißt eigentlich McIntosh. Ich dachte, dass uns dieser Name Ärger mit McIntosh Laboratory, dem Hersteller von Hi-Fi-Geräten, einbringen könnte. Deshalb schrieb ich das Wort einfach Macintosh. Wer würde sich schon daran stören, dass ein Mantel genauso heißt?» Leider reichte diese kleine Änderung der Schreibweise jedoch nicht aus, Apple weitere Probleme zu ersparen.

Als Apple 1982 den Namen Macintosh als Handelsmarke eintragen lassen wollte, wurde der Antrag abgelehnt, da es phonetisch die Rechte einer bereits geschützten Handelsmarke eines amerikanischen Herstellers von Audiogeräten verletzte. McIntosh Laboratory (www.mcintoshlabs.com) aus Binghampton, New York, betätigt sich im obersten Segment des Marktes für Audioabspielgeräte, in dem CD-Player für 2000 Dollar und Lautsprecher für 1600 bis 25000 Dollar pro Paar verkauft werden. Am 16. November 1982 schrieb Steve Jobs einen Brief an den Präsidenten von McIntosh Labs, Gordon Gow, in dem er um die weltweite Freigabe des Namens Macintosh für den Einsatz in der Computerindustrie bat. «Wir hängen sehr an dem Namen Macintosh. Unser Produkt hat eine eigene Persönlichkeit entwickelt, fast schon wie ein eigenes Kind», schrieb Jobs.

Kurze Zeit später besuchte Gow Cupertino, um sich über die Entwicklungen bei Apple zu informieren. Auf Anraten seines Rechtsanwaltes lehnte er Jobs' Bitte jedoch ab. Apple erwog dann zunächst, an Stelle von Macintosh das Kürzel MAC zu verwenden, das außerhalb der Firma für «Mouse-Activated Computer», intern für «Meaningless Acronym Computer» stehen sollte. Ende März 1983 gelang es Apple dann aber doch noch, die Rechte für den Namen in Lizenz zu nehmen, und machte sie 1986 sofort zur Handelsmarke.

Obwohl die Bedingungen dieser Verträge bis zum heutigen Tag unter Verschluss gehalten werden, wurde berichtet, dass Apple für den Namen Macintosh 100 000 Dollar in bar gezahlt habe. Dem Rechtsanwalt von McIntosh zufolge sei das jedoch «völlig falsch», und die tatsächliche Auszahlung sei «bedeutend höher» gewesen.

## Wer zu viel fragt...

Am 27. September 1979 machte eine vorläufige Kostenkalkulation klar, dass der Macintosh bei Apples üblichem Kalkulationsaufschlag von 400% selbst ohne Diskettenlaufwerk und Drucker unmöglich für den von Raskin anvisierten Preis von 500 Dollar verkauft werden konnte. Realistischer waren schon 1 500 Dollar für einen vollständig ausgestatteten Mac. Am 2. Oktober sagte Jobs zu Raskin: «Mach dir um den Preis keine Sorgen, liste einfach die Fähigkeiten des Computers auf.»

Raskin antwortete mit einer sarkastischen Mitteilung, in der er aufführte:

> Ein kleiner, leichter Computer mit einer ausgezeichneten Schreibmaschinen-Tastatur. Dazu gehören ein 96 Zeichen breiter und 66 Zeilen hoher Bildschirm ohne nennenswerte

Tiefe sowie ein Drucker in Briefqualität, der ebenfalls nur wenig wiegt, gewöhnliches Papier annimmt und eine Seite Text pro Sekunde ausgibt (allerdings nicht so schnell, dass man die Blätter nicht mehr auffangen kann, wenn sie herauskommen). Der Drucker ist außerdem in der Lage, jede Grafik auszudrucken, die sich auf dem Bildschirm (mit mindestens 1000 x 1200 Punkt Auflösung) darstellen lässt. In Farbe.

Der Drucker sollte nur den Bruchteil eines Pfundes wiegen, niemals ein Farbband oder mechanische Einstellungen benötigen. Er sollte jede Schriftart drucken können. Neben dem Bildschirmspeicher gibt es etwa 200 Bytes Hauptspeicher und ein kleines, brieftaschengroßes Speicherelement mit 1 MB Speicherkapazität, das 50 Cent pro Stück kostet.

Mit dem Kauf des Computers erwirbt man unbeschränkten Zugriff auf das ARPAnet, verschiedene Timesharing-Dienstleistungen und andere, über das Netzwerk zugängliche Datenbanken. Dazu eine unübertroffene Sammlung von Software, die die Programmiersprachen BASIC, Pascal, LISP, FORTRAN, APL, PL\1, COBOL und einen Emulator für jeden Prozessor umfasst, der neuer ist als der IBM 650.

Beziehen wir Sprachsynthese und –erkennung mit einem Vokabular von 34000 Wörtern mit ein. Er kann außerdem Musik erzeugen und selbst den singenden Caruso mit dem Mormonischen Tabernakel-Chor simulieren, mit variablem Klang natürlich.

Schlussfolgerung: Mit den Fähigkeiten zu beginnen, ist Quatsch. Wir müssen sowohl mit einer Preisvorstellung als auch mit einer Reihe von Fähigkeiten anfangen und sowohl die heutige als auch die zukünftige Technologie im Auge behalten. Diese Faktoren sind alle gleichzeitig zu bedenken.

Raskins trotzige Haltung musste Jobs gegen den Strich gehen. Raskin hatte aber unabsichtlich viele Funktionen beschrieben, die der Mac schließlich wirklich enthalten sollte.

«Ich war in einem Abteilungsleitermeeting mit allen Vorstandsmitgliedern der Firma, als Steve mich fragte: ‹Kann ich kurz mit dir sprechen?› Wir gingen in sein Büro. Damals bin ich mehrmals mit einer Frau ausgegangen, die sechs Jahre älter war und Kinder hatte. Steve wollte darüber alles Mögliche von mir wissen. Dann erzählte er mir, dass er mit einer Frau ausging, die älter sei als er und ein paar Kinder hätte. Wir haben wohl eine Dreiviertelstunde darüber geredet, und die Unterhaltung war sehr angenehmen. Erst ungefähr vier Monate später kam ich dahinter, dass er von Joan Baez gesprochen hatte.»

***Trip Hawkins,*** *Apple-Manager Marketing Planning*

Das erste grafische Bild, das auf dem Prototyp des Mac von Burrell Smith dargestellt wurde, war eine Zeichnung des Geizhalses Dagobert Duck, der auf Geldsäcken sitzend eine Fiedel spielt.

Raskin brauchte jemanden, der seine Ideen in einen Prototyp umsetzen konnte. Sein ehemaliger UCSD-Student, Bill Atkinson, war ein anerkanntes Mitglied des Lisa-Teams und begeisterte sich für die großartigen Arbeiten von Burrell Carver Smith in der Wartungsabteilung des Apple II. Atkinson stellte Raskin Smith als «den Mann» vor, «der deinen Macintosh entwerfen wird», worauf Raskin antwortete: «Wir werden sehen». Smith bastelte dann aus einem Motorola 6809E-Mikroprozessor, einem Fernsehbildschirm und den Innereien eines Apple II einen improvisierten Prototyp zusammen. Raskin machte ihn tief beeindruckt zum zweiten Mitglied des Mac-Teams.

Raskin stellte rechtzeitig einen Assistenten ein, und Steve Wozniak arbeitete Teilzeit am Mac mit. Smith übernahm aber weiterhin den größten Teil der Arbeiten am elektronischen Design und dem Chassis. Dieses Stammteam hatte sich am Ort des ersten Büros von Apple und der Geburtsstätte des Apple II und des Lisa abzuplagen: in der Suite B3 am Stevens Creek Boulevard Nr. 20833, nicht weit entfernt von dem Restaurant Good Earth in Cupertino. Der Macintosh blieb ein Forschungsprojekt, und es war nicht vorgesehen, ihn in nächster Zeit zu einem richtigen Produkt auszubauen. Und doch folgte Raskin wie besessen seiner Idee, einen Computer zu entwickeln, der günstig verkauft und in großen Stückzahlen hergestellt werden konnte. Er unternahm alles, um «zu verhindern, dass sich das Projekt zu einem riesigen, kostspieligen und zeitaufwendigen Versuch auswächst».

Jede einzelne Funktion erforderte einen Kompromiss zwischen Preis und Leistung. Sie wollten einen Farbbildschirm, würden aber mit einem monochromen auskommen müssen. Der 68000-Mikroprozessor des Lisa wäre wünschenswert, doch der 6809E war viel billiger. Ein Diskettenlaufwerk wäre großartig, aber mit einem digitalen Kassettenlaufwerk ließen sich die Kosten niedrig halten. Mehr Arbeitsspeicher wäre eine schöne Sache, aber 64 KB mussten auch reichen.

Während sich Raskins kleines Team im Stillen mit dem Mac abmühte, braute sich an anderer Stelle bei Apple ein Aufruhr zusammen. Nach seinen schicksalsträchtigen Besuchen im Xerox PARC stiftete Jobs Ärger und machte sich Feinde, weil er die ursprünglichen Vorgaben für das Lisa-Projekt, – einen 2 000-Dollar-Business-

Computer zu entwickeln, – so umändern wollte, dass ein verkleinerter, wesentlich teurerer Xerox Alto dabei herauskam. Im September 1980 wollte der Vorstand das Macintosh-Projekt ganz einstellen, um sich darauf zu konzentrieren, endlich den verhexten Apple III herauszubringen und das Lisa-Projekt unter Kontrolle zu kriegen, aber Raskin setzte sich für eine dreimonatige Gnadenfrist ein – die ihm dann auch gewährt wurde. In diesem Zeitraum strukturierte Präsident Mike Scott das Unternehmen um und nahm Jobs aus dem Lisa-Projekt. Der war natürlich wütend, und so schickte ihn Scott auf die Straße, damit er sich abkühlen und Apple vor dessen Börseneinführung am 12. Dezember 1980 in der Öffentlichkeit repräsentieren konnte.

«[Jobs] versuchte, sich in alles einzumischen. Ganz egal, womit man gerade beschäftigt war, er musste immer seinen Senf dazugeben. Bei Apple wollte ihn aber niemand bei einem Projekt dabei haben. Ich hatte das Macintosh-Team zusammengestellt und wir wollten ihn genauso wenig.»

*Jef Raskin*

Nach der Börseneinführung «hing Jobs in der Luft, weil [der Vorstand] schließlich eingesehen hatte, dass er als Manager überhaupt nichts taugte», erinnert sich Raskin. Jobs richtete seinen Blick auf das Macintosh-Projekt. Das Software-Genie Andy Hertzfeld berichtet: «Das Lisa-Team machte Steve geschlossen klar, dass er sich zum Teufel scheren sollte. Steve sagte, ‹Ich werde schon ein Team zusammenbekommen, das einen billigen Computer baut und euch vom Erdboden hinwegfegt.› Dann erkannte er, dass Raskin über die kritische Masse verfügte, denn der hatte einen Hardware- und einen Software-Entwickler. Und weil Steve das größere Kind von beiden war, sagte er: ‹Ich will das Spielzeug!›, und nahm es». Er versuchte, den Computer in «Bicycle» umzubenennen, aber da sich niemand daran hielt, ließ er seine Idee stillschweigend wieder fallen.

**Obwohl Jobs' Versuch, den Mac in «Bicycle» umzutaufen, scheiterte, überlebte die Idee immerhin als Logo für die Kampagne des Apple University Consortiums «Wheels for the Mind».**

# Die Evolution des Macintosh

Im Folgenden finden Sie die Spezifikationen des Mac zu verschiedenen Zeitpunkten seiner Entwicklung, zusammengestellt nach offiziellen Dokumenten von Apple.

| | | | | |
|---|---|---|---|---|
| **ERSCHEINUNGSDATUM** | 29.5.79 | 27.9.79 | 28.9.79 | 12.10.79 |
| Preis | $500 | $1 500 | $500 | $500 |
| **INTERN** | | | | |
| Prozessor | 8-bit CPU | 6809E | 6809E | 6809E |
| Arbeitsspeicher | 64K | 64K | 64K | 64K |
| ROM | nv | 32K | 32K | 32K |
| Massenspeicher | 200K 5.25″Floppy | 200K 5.25″Floppy | optional | optional |
| Haltbarkeitsdauer Batterie | 2 Stunden | 2 Stunden | 2 Stunden | optional |
| Serielle Schnittstelle | eine | eine | eine | eine |
| Modem | eingebaut | eingebaut | eingebaut | eingebaut |
| **BILDSCHIRM** | | | | |
| Monitor | eingebaut | eingebaut | an TV anschl. | an TV anschl. |
| Diagonale | 4″oder 5″ | 4″oder 5″ | 4″oder 5″ | 4″oder 5″ |
| Zeichen | nv | nv | 64 pro Zeile | 64 pro Zeile |
| Pixel | nv | nv | nv | nv |
| **EINGABE** | | | | |
| Tastatur | eingebaut | eingebaut | eingebaut | eingebaut |
| Eingabegerät | nv | nv | nv | nv |
| Spracherkennung | nv | nv | nv | optional |
| Mikrofon | nv | nv | nv | nv |
| **AUSGABE** | | | | |
| Drucker | eingebaut | eingebaut | optional | optional |
| Lautsprecher | nv | nv | nv | eingebaut |
| Sprachsynthese | nv | nv | nv | optional |
| **GEHÄUSE** | | | | |
| Gewicht | 10kg | nv | 5kg | nv |
| HxBxT | nv | nv | 13″x13″x5″ | nv |
| **SOFTWARE** | | | | |
| BASIC | eingebaut | eingebaut | eingebaut | nv |
| Taschenrechner | nv | nv | nv | eingebaut |
| Communications | nv | nv | nv | nv |
| FORTH | eingebaut | nv | nv | nv |
| Textverarbeitung | nv | nv | nv | eingebaut |

| | | | | |
|---|---|---|---|---|
| **ERSCHEINUNGSDATUM** | 12.1.80 | 1.7.80 | 16.2.81 | 24.1.84 |
| Preis | $1000 | $1300 | $1500 | $2495 |
| **INTERN** | | | | |
| Prozessor | 6809E | 6809E | 68000 | 68000 |
| Arbeitsspeicher | 64K | 64K | 64K | 128K |
| ROM | 32K | 32K | 32K | 64K |
| Massenspeicher | 200K 5.25"Floppy | 200K Kassette | 200K 5.25"Floppy | 400K 5.25"Floppy |
| Haltbarkeitsdauer Batterie | optional | optional | nv | nv |
| Serielle Schnittstelle | eine | eine | eine | zwei |
| Modem | eingebaut | eingebaut | eingebaut | nv |
| **BILDSCHIRM** | | | | |
| Monitor | eingebaut | eingebaut | eingebaut | eingebaut |
| Diagonale | 7" | 7" | 9" | 9" |
| Zeichen | 70 Zeich. x 25 Zeil. | 70 Zeich. x 25 Zeil. | 96 Zeich. x 25 Zeil. | nv |
| Pixel | 256x256 | 256x256 | 384x256 | 512x324 |
| **EINGABE** | | | | |
| Tastatur | eingebaut | eingebaut | eingebaut | integriert |
| Eingabegerät | Lightpen | Joystick | Joystick | Maus |
| Spracherkennung | optional | optional | optional | nv |
| Mikrofon | eingebaut | eingebaut | nv | nv |
| **AUSGABE** | | | | |
| Drucker | optional | optional | optional | optional |
| Lautsprecher | eingebaut | eingebaut | eingebaut | eingebaut |
| Sprachsynthese | optional | optional | optional | limitiert |
| **GEHÄUSE** | | | | |
| Gewicht | 11kg | nv | nv | 8.4kg |
| HxBxT | nv | nv | nv | 13.5"x9.7"x10.9" |
| **SOFTWARE** | | | | |
| BASIC | auf Festplatte | nv | nv | Drittanbieter |
| Taschenrechner | eingebaut | eingebaut | eingebaut | Schreibtischzubeh. |
| Communications | nv | eingebaut | eingebaut | nv |
| FORTH | nv | nv | nv | nv |
| Textverarbeitung | eingebaut | eingebaut | eingebaut | MacWrite |

**Raskins vertrauliches Memo**
Ab Januar 1981, schon bald nachdem er sich den Weg ins Mac-Projekt geebnet hatte, erregte Jobs den Unmut von Jef Raskin. Am 19. Februar 1981, ein Jahr bevor er bei Apple kündigte, schickte Raskin eine vierseitige vertrauliche Mitteilung an den Präsidenten Mike Scott, um die Probleme bei der Zusammenarbeit mit Jobs anzusprechen:

1. Jobs hält Verabredungen regelmäßig nicht ein.
2. Er handelt ohne nachzudenken und mit schlechtem Urteilsvermögen.
3. Er erkennt Leistungen nicht an, wenn es angemessen wäre.
4. Er reagiert häufig persönlich.
5. In seiner Absicht, väterlich zu wirken, trifft er absurde und unnütze Entscheidungen.
6. Er unterbricht andere und hört nicht zu.
7. Er hält keine Versprechen ein und kommt Verpflichtungen nicht nach.
8. Er trifft Entscheidungen ad hoc.
9. Zu optimistische Einschätzungen.
10. Jobs reagiert häufig unverantwortlich und rücksichtslos.
11. Er ist ein schlechter Manager für Softwareprojekte.

Der Vorstand ließ Jobs erleichtert gehen, damit er sich mit dem Mac-Projekt die Zeit vertreiben konnte, denn das hielten sie damals für ein relativ unwichtiges Forschungsvorhaben. Diese Auffassung teilte Jobs jedoch nicht. Er witterte in dem Projekt eine Chance, seine Fähigkeiten im Hinblick auf technische Neuerungen unter Beweis zu stellen. Zunächst gab er sich damit zufrieden, lediglich den Hardwarebereich des Projekts zu betreuen und Raskin die Verantwortung für Software und Dokumentation zu überlassen. «Ich war an der Benutzeroberfläche mehr interessiert als an den Chips im Inneren», erzählt Raskin. Deshalb fühlte er sich durch den Wechsel von Jobs nicht sonderlich gestört. Mit Jobs an Bord konnte man außerdem darauf hoffen, dass die notwendigen finanziellen Mittel und Unterstützung bereit gestellt würden, um aus dem Projekt tatsächlich ein Produkt zu machen. Wenn das nur wahr würde!

Kurz nachdem Jobs zum Mac-Team gestoßen war, bezog es die zweite Etage in einem kleinen zweistöckigen Gebäude, das wegen einer nahe gelegenen Tankstelle an der Kreuzung von De Anza und Stevens Creek Boulevard Texaco Towers genannt wurde. (Die Tankstelle ist heute außer Betrieb, in die Texaco Towers ist eine andere Firma eingezogen, und Apples ehemaliger Bürokomplex City Center auf der gegenüberliegenden Straßenseite dominiert die Kreuzung.) Am Stevens Creek Boulevard Nr. 20431 gab es kein Hinweisschild, und das Büro wurde nicht einmal im Telefonverzeichnis des Unternehmens aufgeführt. Das Team befand sich also irgendwo in der Pampa, aber das kam Jobs für das ihm vorschwebende Einzelgängerprojekt gerade recht.

Aus dem Mac-Forschungsprojekt wurde rasch eine engagierte Produktentwicklung, an der mehrere Dutzend Leute beteiligt waren. Jobs unterschätzte den verbleibenden Arbeits- und Zeitbedarf völlig. Er ging davon aus, den Macintosh Anfang 1982, also etwa ein Jahr später, ausliefern zu können. In seiner unbeirrbaren Zuversicht schloss er sogar mit dem Projektmanager des Lisa, John Couch, eine Wette über 5 000 Dollar ab, dass der Mac vor dem Lisa auf dem Markt sein würde, obwohl am Lisa seit mehr als zwei Jahren intensiv gearbeitet wurde, während das Mac-Projekt gerade erst richtig angelaufen war.

«Steves [Jobs] wichtigster Beitrag bestand darin, einen gigantischen Schutzschirm aufzustellen, der uns die elendigen Bürokraten von gegenüber vom Leibe hielt.»

***Andy Hertzfeld,***
*Mac-Software-Zauberer*

Als der Mac seinen ursprünglichen Auslieferungstermin 1982 verfehlt hatte, hielt Chairman Markkula Jobs einen schwarzen Frauenslip vor die Nase und riet ihm, Sorge dafür zu tragen, dass dieser Slip der letzte Ausrutscher (Englisch: Slip) des Mac gewesen sei. Der Lisa kam am 19. Januar 1983, mehr als ein Jahr vor dem Mac, auf den Markt, und Jobs hatte keine andere Wahl, als seine Wettschulden bei John Couch zu begleichen.

Zu den bedeutendsten Fortschritten im Mac-Projekt gehörte Smiths einfallsreiche Lösung, nach der man den 6809E-Mikroprozessor durch den leistungsstärkeren 68000, der im Lisa verwendet wurde, ersetzen konnte. Obwohl Raskin mit dieser Änderung ursprünglich nicht einverstanden war, da sie die Kosten des Computers in die Höhe trieb, fand sie bei Jobs volle Unterstützung. Wenn der Mac und der Lisa auf demselben Mikroprozessor beruhten, dann konnte das Mac-Team leichter auf verschiedene Technologien und Softwarelösungen des Lisa zurückgreifen, wie z.B. auf Atkinsons großartige QuickDraw-Routinen. Den Vorschlag, Mac und Lisa kompatibel zu machen, lehnte Jobs jedoch konsequent ab.

Jobs' trotzige Haltung und der interne Konkurrenzkampf bei Apple wurden passend in einer Piratenflagge symbolisiert, die über dem neu bezogenen Gebäude des Mac-Teams, Bandley III (Bandley Drive Nr. 10460), flatterte. Jobs bezeichnete seine Truppe als Piraten, und mit dieser Einstellung begann er, das Lisa-Projekt systematisch nach Schlüsseltechnologien und zentralen Leuten (wie Atkinson und Steve Capps) zu durchforsten und zu plündern, ohne sich dabei um das allgemeine Wohlergehen von Apple zu kümmern. Mit den Worten Hertzfelds: «Wir erbaten, liehen oder stahlen Code, wo wir nur konnten.»

Es erübrigt sich, darauf hinzuweisen, dass der Mac dem Lisa mit der Zeit immer ähnlicher wurde. QuickDraw und andere Routinen des Lisa ließen den ROM des Mac anschwellen. Bald erkannte man, dass der Mac so viel von Lisas Benutzeroberfläche übernehmen würde, dass man auf eine Maus nicht mehr verzichten konnte – sehr zu Raskins Missfallen, der als grafisches Eingabegerät eher einen Lightpen oder Joystick bevorzugte. «Ich konnte die Maus nicht ertragen», sagt Raskin. «Wenn der Mac eine Maus bekommt, dann geht das zu 100 Prozent auf Jobs' Konto.» Raskin konnte im Team

«Abgesehen von einer Piratenflagge, die auf dem Haus flatterte, war die Mac-Zentrale ein ganz gewöhnliches einstöckiges, langweiliges Bürogebäude in spanisch angehauchtem Stil im Silicon Valley. Man wusste sofort, ob Steve [Jobs] da war, weil er seinen blauen Mercedes in der Behindertenzone auf der Vorderseite parkte. Wie mir erklärt wurde, parkte er immer da. Wenn er nämlich neben oder auf der Rückseite des Gebäudes geparkt hätte, wären verstimmte Angestellte aus der Lisa- oder Apple II-Abteilung gekommen, um mit ihren Schlüsseln seinen Mercedes zu zerkratzen.»

***David Bunnell,*** *Herausgeber von Macworld*

«Es ist besser, Pirat zu sein, als in die Navy einzutreten.»

***Steve Jobs*** *über den Reiz, zum ursprünglichen Mac-Team zu gehören*

«Viele Leute glauben, wir hätten bei Xerox abgekupfert, tatsächlich haben wir das aber beim Lisa getan.»

***Steve Capps**, Co-Autor des Finder*

Jobs versuchte, die Lizenzierung von urheberrechtlich geschützten Schriften – wie der Times, Century, Helvetica und Gothic – für den Mac zu vermeiden. Deshalb wies er die Grafikerin Susan Kare (www.kare.com) an, Plagiate zu entwerfen. Kare, die in den Vororten von Philadelphia aufgewachsen war, wollte ihre Schriften nach den Eisenbahnhaltestellen des Zuges Paoli Local benennen: Ardmore, Merion, Rosemont etc. Jobs fand die Idee von Städtenamen gut, bestand aber darauf, Weltstädte zu nehmen, die dann den ursprünglichen Schriften entsprechen sollten: New York (Times), Geneva (Helvetica), London (Old English) etc. Die nicht ganz ernst zu nehmende Schrift San Francisco hieß ursprünglich Ransom, weil die betreffenden Dokumente aussahen wie Mitteilungen von Kidnappern. Kare hat übrigens bis auf Venice, die von Bill Atkinson stammt, alle ursprünglichen Schriften des Mac entworfen.

aber durchsetzen, dass die Maus an Stelle der drei Tasten wie beim Alto nur eine bekam. So würden Anfänger weniger Schwierigkeiten damit haben.

In Zusammenarbeit mit dem Industriedesigner Jerrold C. Manock drängte Jobs auf das für den Mac charakteristische aufrecht stehende Gehäuse, das eine frei bewegliche Tastatur erforderlich machte. Mit einer groben Vorstellung vom Aussehen des Computers wurde im Herbst 1981 der Entwurf für eine vollautomatisierte Produktionsstätte im kalifornischen Fremont in Angriff genommen, obwohl Smith immer noch im Eiltempo an einem weiteren Prototyp für den Mac arbeitete und zahlreiche technische Einzelheiten noch gar nicht fertig entwickelt waren. Im Februar 1982 hatte man sich über das Gehäuse geeinigt, sodass die Unterschriften der Team-Mitglieder gesammelt und auf die Gussform für die Innenseite des Gehäuses übertragen werden konnten (vgl. «Macintosh-Insider»).

Im Februar heizte sich die Situation wirklich auf, als Jobs Raskin unbekümmert darüber in Kenntnis setzte: «Also, ich übernehme jetzt die Software – du kannst dich um die Dokumentation kümmern.» Das gab Raskin den Rest, und er erwiderte: «Nein, du kannst die Dokumentation auch haben – ich kündige.» Diese Kraftprobe ließ sich dem Mac-Entwickler Dan Kottke zufolge nicht vermeiden. «Jef Raskin und Steve Jobs waren dominante Persönlichkeiten. Jef hätte bleiben können, wenn er sich Steve nicht widersetzt hätte. Er regte sich über bestimmte Dinge sehr auf und kriegte sich dann nicht wieder ein.»

Jobs und Markkula baten Raskin, seine Entscheidung noch einmal zu überdenken, und er nahm sich dafür einen Monat Urlaub. Nach seiner Rückkehr bot man ihm die Leitung einer neuen Forschungsabteilung an. «Da bin ich schon mal gewesen, das hab ich schon mal gemacht», war der Kern seiner Antwort, und so reichte er am 1. März 1982 offiziell seine Kündigung ein.

Jobs arbeitete wie ein Wilder daran, unter Beweis zu stellen, dass er einen besseren Computer bauen konnte als den Lisa. Allmählich breitete sich aber die schmerzliche Erkenntnis aus, dass die tatsächliche Konkurrenz nicht von der Lisa-Abteilung drohte, sondern von International Business Machines. IBM hatte am 12. August

1981 seinen Personal Computer eingeführt, den der Markt, um es bescheiden auszudrücken, mit sehr viel Wohlwollen aufnahm. Zu seiner großen Bestürzung verlor Apple zunehmend Marktanteile (1982 rutschten sie von 29 auf 24 Prozent) durch ein Produkt, das sie für deutlich unterlegen hielten.

Obwohl sich das Mac-Team in der Öffentlichkeit über den IBM-PC lustig machte, mussten alle hinter verschlossenen Türen zugeben, dass Big Blue einen ernst zu nehmenden Konkurrenten abgab und sie sich besser ranhielten, ihr eigenes Produkt auf den Markt zu bringen. Allmählich verzog sich nämlich die Gunst der Stunde, und Apple konnte alles verlieren, wenn es den Mac nicht bald fertig stellen würde. «Seit zwei Jahren hatten wir erklärt: ‹In sechs Monaten sind wir fertig›», erinnert sich Hertzfeld, aber Jobs legte dann radikal fest, dass der Mac am 16. Mai 1983 auf der National Computer Conference in Anaheim, Kalifornien, präsentiert werden sollte.

Angesichts dieser extrem kurzfristigen Deadline war das Team gezwungen, verschiedene wichtige Entscheidungen zu treffen, die zu einer Art Dominoeffekt führten. Hochauflösende Grafik war für den Mac stets ein vorrangiges Ziel gewesen, aber Ende 1982 konnte der 9-Zoll-Bildschirm nur 384 x 256 Pixel auflösen. Für grafische Darstellungen reichte das zwar aus, entsprach aber sicherlich nicht dem neuesten Stand der Technik. George Crow erhöhte die Auflösung schließlich auf 512 x 342 Pixel, sodass der Mac 80 Spalten nicht-proportionalen Text (mit feststehender Laufweite der Zeichen) darstellen konnte.

Die höhere Auflösung der grafisch erzeugten Anzeige (Bitmapping) erforderte zusätzlichen Arbeitsspeicher. Jobs war wie Raskin davon ausgegangen, mit einem Speicher von 64 KB auszukommen, aber das Team konnte ihn davon überzeugen, dass 128 KB notwendig waren (sie wollten eigentlich mehr und sahen deshalb heimlich die Möglichkeit vor, durch den Austausch von Chips problemlos den Arbeitsspeicher erweitern zu können).

Mehr Arbeitsspeicher hieß auch größere Programme, sodass das 5 1/4 -Zoll-Diskettenlaufwerk als Massenspeichergerät nicht mehr angemessen erschien. Die Ingenieure hatten dieses Problem vorausgesehen und arbeiteten – ohne Jobs davon in Kenntnis zu setzen

«Als das Projekt anlief, hatte IBM noch keinen Rechner. Aber wir haben ihren PC sehr genau unter die Lupe genommen, als er herauskam. Zuerst fanden wir diesen schlechten Computer einfach nur beschämend. Dann waren wir entsetzt [über seinen Erfolg]. Wir hoffen, dass der Macintosh den Leuten zeigen wird, was der IBM-PC wirklich war – ein schlampiger, abgedroschener Versuch mit veralteter Technik.»

***Chris Espinosa,*** *Leiter Mac-Dokumentation*

«Er ist ein ausgesprochen motivierender Typ, so wie der Befehlshaber einer römischen Legion. Er hat es wirklich drauf, kleine Gruppen zum Arbeiten zu bringen.»

***Joanna Hoffman,*** *Mitglied des Mac-Teams, über den Führungsstil von Jobs*

«Er hätte einen ausgezeichneten König von Frankreich abgegeben.»

***Jef Raskin***

Da Jobs Erweiterungssteckplätze beim Mac rundherum ablehnte, versuchten die Ingenieure, einen hinein zu schmuggeln, indem sie ihn Diagnoseport nannten. Jobs kam ihnen aber auf die Schliche und ließ ihn beseitigen.

– bereits an einer Lösung, die auf einem 3 1/2 -Zoll-Laufwerk von Sony mit 400 KB Speicherkapazität basierte.

Das Auslieferungsdatum Mai 1983 kam immer näher, …zog vorüber und der Mac war immer noch nicht fertig. Jede Hardwareänderung hatte mehr Zeit in Anspruch genommen als geplant, aber nichts war aufwendiger als die Software. Jobs hatte zwar viele der begabtesten Leute von Apple in seine Mac-Abteilung geholt, aber es braucht eben seine Zeit, das Unmögliche möglich zu machen, vor allem, wenn man einen Perfektionisten zum Chef hat wie Jobs. «Takt ist kein Begriff, den man in den Mund nehmen würde, wenn man seine Person beschreiben will», sagt Espinosa. «Steve kam einfach an deinen Schreibtisch, schaute, was du gerade machst und sagte dann ‹Das ist Mist.› »

«Wir haben uns für die Sony-Disketten entschieden, weil wir unsere Kapazität damit fast verdoppeln konnten. Außerdem sind sie viel leichter zu handhaben als die dünnen 5 1/4-Zoll-Disketten.»

***Barbara Koalkin**, Macintosh Product Marketing Manager*

Trotz des unvorstellbaren Drucks, der auf dem Mac-Team lastete, sah man sie auf dem Firmengelände von Apple mit T-Shirts herumlaufen, auf denen stand: «90 HRS/WK AND LOVING IT» (übertragen etwa «90-Stundenwoche – wunderbar»). Diese treue Piratenbande hatte sich von Jobs' Traum anstecken lassen, die Welt zu verändern, und setzte sich bis zur Erschöpfung dafür ein, den Macintosh zum besten Computer zu machen, der möglich war.

**Anstatt die Mitglieder des Mac-Teams in Anonymität dahinvegetieren zu lassen, brach Apple mit dem üblichen Brauch und präsentierte sie mit Nachdruck als Künstler der Avantgarde. Hier abgebildet (von links nach rechts): Bill Atkinson, Andy Hertzfeld, Chris Espinosa, George Crow, Joanna Hoffman, Burrell Smith und Jerry Manock.**

«Der Mac wird den PC auf den Schreibtischen der Unternehmer Amerikas ersetzen, so wie der PC unsere eigenen Apples in den letzten 18 Monaten ersetzt hat.»

***John Sculley***
*(Forbes, 13. Februar 1984)*

Nachdem er schließlich 78 Millionen Dollar Entwicklungskosten verschlungen hatte, führte Apple den Macintosh am 24. Januar 1984 vor einer wild applaudierenden Menschenmenge auf der jährlichen Aktionärsversammlung ein (ironischerweise schloss die Aktie mit 27,25 Dollar 1,625 Punkte niedriger als am Tag zuvor). Der Macintosh war um einiges kleiner, schneller und kostengünstiger als der bahnbrechende Lisa, der ein Jahr zuvor auf den Markt gekommen war. Er besaß einen 68000er Mikroprozessor mit 7,83 MHz, 128 KB RAM, ein 3 1/2-Zoll-Diskettenlaufwerk mit 400 KB Speicherkapazität und einen 9-Zoll-Monochrombildschirm. Im Bundle mit dem Mac wurden MacPaint (von Bill Atkinson), MacWrite (von Randy Wigginton) und der Finder (von Bruce Horn und Steve Capps) ausgeliefert.

F: Wie viele Angestellte der Macintosh-Abteilung sind nötig, um eine Glühbirne auszuwechseln?
A: Einer. Er hält die Fassung hoch und lässt das Universum drumherum kreisen.

Die Geschäftsführung von Apple stritt noch bis zum letzten Moment vor der Einführung über den Preis des Mac. Jobs hatte gehofft, dass der Mac für 1495 Dollar verkauft werden könnte. Wie sich herausgestellt hatte, beliefen sich die Produktionskosten auf 500 Dollar (83 % Material, 16 % Gemeinkosten, 1 % Arbeitskräfte), und mit den bei Apple üblichen Handelsspannen hätte der Preis bei 1995 Dollar liegen müssen. Aber Präsident John Sculley hatte für 15 Millionen Dollar eine aggressive 100-tägige Werbekampagne in Auftrag gegeben, die während des Super Bowl XVIII mit dem Werbespot 1984 begann. Um diese Kampagne bezahlen zu können, verordnete Sculley einen ordentlichen Preisaufschlag, und der Listenpreis des Mac kletterte auf 2495 Dollar. So viel zu Raskins 500-Dollar-Computer für den durchschnittlichen Anwender. Jetzt war der Macintosh «Der Computer für den Rest von uns», womit jene gemeint waren, die mehr Geld hatten, als sie ausgeben konnten.

**Das berühmte Mac-Werbegeschenk**
Um die Gunst bekannter Persönlichkeiten zu gewinnen und zur Einführung des Macintosh ein paar vorteilhafte Pressemeldungen zu generieren, übergab Apple 50 Rechner an ausgewählte Persönlichkeiten und Entscheidungsträger. Dazu gehörten u.a.:

Bob Ciano, Art Director des *Life*-Magazins
Dianne Feinstein, Bürgermeisterin von San Francisco
Milton Glaser, Designer
Jim Henson, Erfinder der Muppets
Lee Iacocca, Chairman von Chrysler
Sean Lennon, Sohn des verstorbenen Beatle John Lennon
Maya Lin, Mitglied der Vietnam-Veteranen, Designerin
Peter Martins, Ballettmeister
David Rockefeller, ein wirklich reicher Typ
Stephen Sondheim, Komponist/Lyriker
Ted Turner, Unternehmer
Kurt Vonnegut, Romanautor
Andy Warhol, Pop Artist

Eine vollständige und aktualisierte Liste von bekannten Persönlichkeiten, die den Mac benutzen, finden Sie auf der Website The Celebrity Macintosh: www.owt.com/users/sdechter/celeb.html

Jobs prophezeite, dass Apple selbst zu diesem künstlich aufgeblähten Preis in den ersten 100 Tagen nach der Einführung 50000 Macs verkaufen würde und bis zum Ende des Jahres 1984 gar eine halbe Million. Sculley gab mit 250000 Exemplaren eine realistischere Schätzung ab. Obwohl beide mit ihrer Jahresvorschau weit daneben lagen, erreichte Apple bereits am 73. Tag (6. April) das 100-Tage-Ziel. Und als am 100. Tag (3. Mai) 72000 Macs verkauft worden waren, trumpfte Produkt-Marketingmanagerin Barbara Koalkin in USA Today auf: «Wir hätten 200000 Macintoshs verkaufen können, wenn wir in der Lage gewesen wären, sie zu produzieren.»

**Software-Seedlist**
Apple erkannte scharfsinnig, dass nach der Einführung des Mac so bald wie möglich viele Anwendungen von Dritt-Anbietern verfügbar sein mussten, da er ja nicht auf dem IBM-DOS-Standard basierte. Die Evangelisten (ja, das stand wirklich auf ihren Visitenkarten!) Mike Boich und Guy Kawasaki wandten sich deshalb an viele verschiedene Softwarehäuser und Hardwareproduzenten. Bettelnd, bestechend und fordernd rangen sie ihnen schließlich das Versprechen ab, Produkte für den Mac zu entwickeln. Diese Zusage setzte allerdings voraus, dass sie einen Lisa als Entwicklungsplattform erwarben.

Als am 7. Oktober 1983 der Macintosh Product Introduction Plan abgesegnet wurde, hatten sich die folgenden Produzenten aufgrund von «Marketing-Know-How, technischem Fachwissen, Befähigung zur Unterstützung der Endanwender und den Bedarf der Anwendung» qualifiziert. Gehen Sie die Liste der ersten Mac-Entwickler doch mal nach den Unternehmen durch, die heute noch dabei sind.

Aardvark
Accountant's Microsystem
Addison-Wesley
Applied Software Technology
Ashton-Tate
Ask Micro
BBN Communications Corp.
Bill Duvall
Broderbund
BPI
Brady Company
Business Solutions
CBS
Chang Labs
Compu-Law
CompuServe
Continental Software
Cygnet Technologies
Data Resources
Datasoft
Davong Systems Inc.
DB Master Associates
Debbie Wilrett
Desktop Computer Software
Digital Marketing

Im Vertrauen, dass die Absatzzahlen während des Weihnachtsgeschäfts weiter ansteigen würden, legte Apple ein Lager von 110000 Stück pro Monat an. Nach dem anfänglichen explosionsartigen Verkauf an Erstkäufer (sowie Computerhändler, Entwickler und Collegestudenten, die durch Sonderaktionen weitaus weniger als den Listenpreis bezahlen mussten) gingen die Verkaufszahlen dramatisch auf durchschnittlich 20000 pro Monat zurück. Erst im September 1985 waren 500000 Macs verkauft, und die Millionengrenze erreichte Apple erst im März 1987.

Am 17. März 1987 holte Apple Computer sechs Mac Plus vom Band und zeichnete jeden als den einmillionsten Mac aus. In Anerkennung der Tatsache, dass er der wahre Vater des Macintosh war, erhielt Jef Raskin einen dieser Macs – tatsächlich war dieser Mac Plus der erste Macintosh in Raskins Besitz. Raskin benutzt ihn an seinem Wohnsitz im kalifornischen Pacifica neben mehreren PowerBooks und einem IBM ThinkPad auch heute noch.

«Gute Software ist wie Pornographie: nur sehr schwer zu beschreiben, aber wenn man sie sieht, weiß man Bescheid. Gute Software ist Kunst: Man erkennt darin die ‹Seele› des Programmierers. Gute Software ist Unterhaltung: Sie sollte beim Gebrauch ein Lächeln auf dein Gesicht zaubern. Gute Software löst in der Vorstellung eines Software-Evangelisten eine Erektion aus.»

*Mac-Evangelist* ***Guy Kawasaki***

# Chronik des Macintosh

**1979**
- Raskin schlägt das Mac-Projekt vor
- Start des Lisa-Projekts unter Rothmuller
- Start des Mac-Projekts unter Raskin

**1980**
- Direktorium gewährt dem Mac-Projekt dreimonatigen Aufschub des Abbruchs
- Börsengang von Apple
- Jobs mischt sich ins Mac-Projekt ein

**1981**
- Einführung des IBM PC
- Inbetriebnahme des Werks in Fremont
- Raskins ursprünglicher Auslieferungstermin für den Mac (nicht eingehalten)
- Design des Gehäuses abgeschlossen
- Raskin kündigt; Jobs ursprünglicher Auslieferungstermin für den Mac (nicht eingehalten)

**1982**
- Einführung des Lisa (9 995 Dollar) und des Apple II (1 395 Dollar)

**1983**
- Jobs aktualisierter Auslieferungstermin für den Mac (nicht eingehalten)
- Zusammenlegung der Abteilungen Lisa und Mac
- Einführung des Lisa 2 (3 495 Dollar) und Macintosh (2 495 Dollar)

**1984**
- 72 000 verkaufte Geräte des Mac
- 300 000 verkaufte Geräte des Mac

**1985**
- 500 000 verkaufte Geräte des Mac

Digital Research
Dilithium Software
Dow Jones
Execuware
Fox and Geller
Great Plains
Harper and Row
Harris Labs
Harvard Software
Hayden Software
Howard Software Services
Infocom
John Wiley and Sons
Kriya Systems
LCSI
Lightning Software
Living Videotext
Lotus Development Corp.
McGraw-Hill
Mead
MECC
Microcom
Microsoft
Northwest Instruments
Orchid Systems
Peachtree/MSA
Peat-Marwick
Persyst
Phone 1,Inc.
Plato
Quark
Random House
Reston Publishing Co.
Richard D. Irwin
Scientific Marketing Inc.
Sierra On-Line
Simon and Schuster
Sir Tech
Sirius
Software Arts
Software Publishing Corp.
Software Technology for Computers
Sorcim
State of the Art
Synapse
T/Maker Company
Tecmar
The Source
Tom Snyder Productions
Trade Plus
Tronix
TSC
University of Waterloo
Volition Systems
Winterhalter, Inc.

**Dieses hübsche kleine Mac-Logo entsprach nicht Jobs ursprünglichen Vorstellungen.**

Weitere Informationen über Jean-Michel Folon finden Sie auf der Site Folon's Friends Club unter www.europictures.com/folon.

**Mit Einführung von System 7.5.1 wurde der Startbildschirm «Willkommen» durch «MacOS Willkommen» und ein neues Mac-Logo mit zwei lächelnden Gesichtern ersetzt.**

# Folons vergessenes Logo

Wenn man einen der frühen Macs anschaltet, sieht man als Erstes (außer man verwendet im Systemordner einen eigenen Startbildschirm) den vertrauten und beruhigenden Gruß «Willkommen» neben einer picassoartigen Zeichnung des ursprünglichen Mac. Diese kleine Zeichnung ist so bekannt, dass sie allgemein als grafische Verkörperung der Seele des Macintosh gilt. Man kann sich nur schwer ein anderes Bild mit derselben Wirkung vorstellen. Es mag deshalb überraschen, dass dies jedoch keineswegs dem entsprach, was Apple ursprünglich wollte.

Schon lange, bevor der Mac fertig wurde, war Steve Jobs von den Arbeiten des in Belgien geborenen Posterkünstlers Jean-Michel Folon gefesselt und zahlte ihm einen Vorschuss von 30000 Dollar, damit er ein Logo entwarf, das den neuen Computer repräsentieren sollte. Folon erfand eine Figur, die er Mac Man nannte, und stellte sie auf einer farbigen Pastellzeichnung mit dem Titel «The Macintosh Spirit» dar.

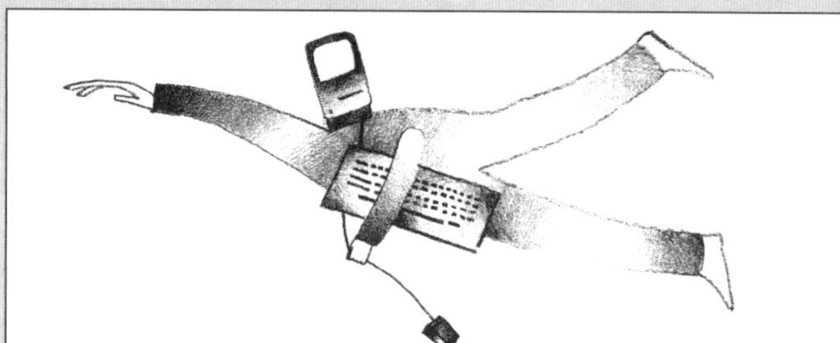

Neben der kräftigen Vorauszahlung sollte Folon bisher nicht da gewesene Tantiemen von 1 Dollar für jeden verkauften Mac erhalten. Bei den annähernd 30 Millionen Macs, die bis 1998 verkauft wurden, hätte sich der Macintosh-Auftrag problemlos zu Folons gewinnträchtigstem Geschäft entwickeln können. Aber nachdem Folon «The Macintosh Spirit» eingereicht hatte, änderte der wechselhafte Jobs seine Meinung. Im Juni 1983 wandte er sich stattdessen an den Art Director des Mac-Teams, Tom Hughes, und bat ihn um einen brauchbareren Entwurf. In gemeinsamer Arbeit mit John Casado schuf Hughes jene farbige, einfache Zeichnung des Mac, die wir heute kennen und lieben.

## Canon Cat

1987 bekam Jef Raskin die Designziele, die er für seinen ursprünglichen Mac verfolgt hatte, in Gestalt des «Arbeitscomputers» Canon Cat zu sehen, der über eine eingebaute Textverarbeitung, ein Tabellenkalkulationsprogramm sowie Funktionen für Telekommunikation verfügte. Nur wenige haben jemals etwas vom Cat gehört und das aus gutem Grund. Nach nur sechs Monaten nahm Canon seinen Cat ohne weitere Erklärungen plötzlich vom Markt. Nicht, dass der Canon Cat ein Flop gewesen wäre. Zu einem Preis von 1495 Dollar wurde er vom Markt gut angenommen. Beachtliche 20000 Exemplare wurden verkauft und er erhielt viele Designpreisen. Warum nahm Canon also den Cat aus dem Programm?

**Der Canon Cat sieht den ersten Prototypen von Raskins Mac verdächtig ähnlich.**

Im Lauf der Jahre erhielt Raskin zwei anonyme Anrufe von Personen, die vorgaben, bei Canon angestellt zu sein. Sie machten jedoch widersprüchliche Aussagen zum Vorgehen von Canon. Ein Anrufer erklärte, die Abteilung Elektronische Schreibmaschinen und die Computerabteilung hätten darum gekämpft, den Cat zu betreuen. Da der neue Präsident von Canon USA seine Macht unter Beweis stellen wollte, habe er die beiden Abteilungen aufgefordert, ihren Streit schnell beizulegen, da er das sonst für sie erledigen würde. Da sie ihre Auseinandersetzung um den Cat jedoch fortgesetzt hätten, habe er das Projekt kurzerhand eingestellt, um ihnen auf diese Weise eine Lektion zu erteilen.

Der zweite Anrufer beschrieb ein düsteres Szenario, in dem auch Raskins alter Feind, Steve Jobs, eine Rolle spielte. Kurz nach der Einführung des Cat habe Canon eine mögliche Investition in Jobs neues Unternehmen NeXT (siehe «Ein Leben ohne Apple: NeXT und andere Abenteuer») erwogen. Da Jobs das unternehmerische Interesse von Canon jedoch nicht mit Raskin teilen wollte, soll er Canon angeblich mitgeteilt haben, dass sie nur dann in NeXT investieren könnten, wenn sie den Cat einstellten. Obwohl Raskin weder die eine noch die andere Geschichte auf ihren Wahrheitsgehalt prüfen konnte, zahlte Canon im Juni 1989 tatsächlich 100 Millionen Dollar für einen 16,67-prozentigen Anteil an NeXT. Da fragt man sich natürlich...

# Macintosh-Insider

Wenn Sie jemals das Gehäuse eines frühen Macintosh geöffnet haben, werden Sie auf der inneren Rückwand ein vorstehendes Stück Kunststoff mit verschiedenen Unterschriften entdeckt haben. Steve Jobs war der Auffassung, dass der Macintosh ein Kunstwerk sei, und da richtige Künstler ihre Hauptwerke signieren, tat er das mit seinem Team auch. Zunächst hielten sie ihre Unterschriften auf einem großen Bogen Papier fest. Von diesem Bogen wurde dann ein Film gemacht, um die Signaturen anschließend in die Mitte der Innenwand zu ätzen.

Da heute nicht mehr jeder auf einen frühen Mac zugreifen kann, finden Sie auf den nächsten Seiten alle Unterschriften der ursprünglichen Vorlage. Mac-Fans werden zweifellos feststellen, dass verschiedene renommierte Mitglieder der Mac-Abteilung – wie z.B. der Programmierer Steve Capps und die Grafikdesignerin Susan Kare – fehlen, aber das ist keine Absicht. Sie gehörten Anfang 1982 noch nicht zum Team, als die Unterschriften gesammelt wurden und Jobs noch überzeugt davon war, dass der Mac kurze Zeit später ausgeliefert würde. Damit hatte er sich um zwei Jahre vertan – ein weiterer Beweis, dass fast alles, was mit dem Mac zu tun hatte, seiner Zeit vorauseilte. Bitte bedenken Sie, dass im Verlauf der Zeit einige Unterschriften (wie die von Steve Balog) hinzugefügt, andere weggelassen wurden (angeblich wegen der Änderungen des Gehäusedesigns für den Mac SE).

Manchen Stimmen zufolge lag Apples größter Beitrag zur Entfaltung der Industrie neben der Verbreitung der grafischen Benutzeroberfläche vor allem in der Ausbildung von High-Tech-Mitarbeitern. Und jeder, der bei Apple gelernt hatte, übertrug dessen Idealismus später auch auf andere Firmen. Es folgt ein kurzer Überblick über die Schöpfer des Mac mit kurzen Angaben zu ihrer heutigen

Besonderer Dank gilt Guy Kawasaki für die ersten Nachforschungen, auf denen dieses Kapitel beruht.

Apple verwendete bis zur laufenden Produktion des Mac SE weiterhin Gehäuseformen mit Signaturen. Dann lieferten sie den klassischen, komplett ausgestatteten Mac ohne Unterschriftenformen aus. Beim Mac IIci und IIcx wurde diese Tradition aber noch einmal aufgegriffen: Auf der linken Gehäuseseite unterhalb des Motherboards befinden sich die Signaturen des Teams für Produktdesign: Gavin Ivester, Pat Jackson, Jimmy Melton, Grant Ross, Terry Smith, Tom Toedtman, Lada Zajicek und Laszlo Zsidek.

«Wissen Sie, Ende der 80er-Jahre wird es keine Mac-Gruppe mehr geben. Burrell [Smith] wird in Oregon Gitarre spielen. Andy [Herztfeld] schreibt seinen nächsten großen amerikanischen Roman. Wer weiß, aber wir werden alle über den ganzen Erdball verstreut sein und ganz erstaunliche Sachen machen.»

***Steve Jobs** vor der Einführung des Mac*

Tätigkeit, mehr als sechzehn Jahre später. Das Silicon Valley ist leider auch für seine «Verwertung» menschlicher Ressourcen berühmt. Deshalb sollten Sie sich nicht wundern, wenn verschiedene Personen längst nicht mehr bei den Firmen arbeiten, die hier bei ihnen aufgeführt werden.

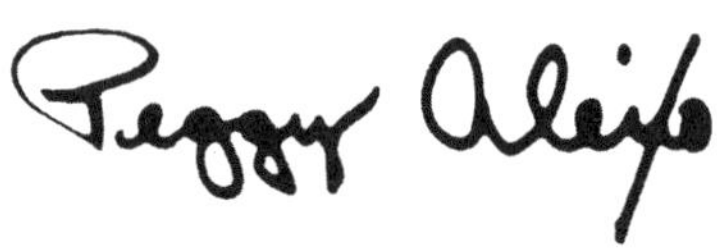

## Peggy Alexio

Damals: Bereichsmanager
Jetzt: verließ Apple, aktueller Aufenthaltsort unbekannt

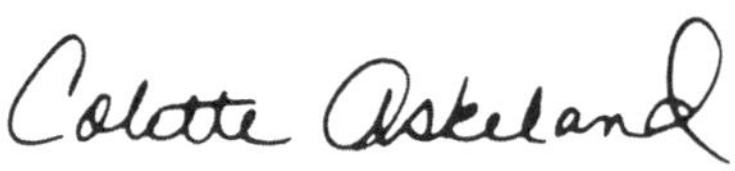


## Colette Askeland

Damals: entwarf die Hauptplatine
Jetzt: verließ Apple 1998, war zuletzt Direktor für technische Dienstleistungen

## Bill Atkinson

Damals: verfasste QuickDraw und MacPaint
Jetzt: verließ Apple 1990. Fotograf (www.natureimages.com)

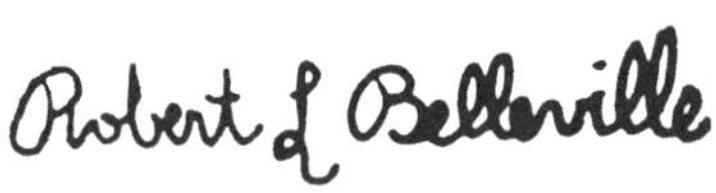


## Robert L. Belleville

Damals: Produktionsmanager
Jetzt: verließ Apple 1986, im Ruhestand, baut jetzt elektronische Pendeluhren

## Mike Boich

Damals: Software-Evangelist
Jetzt: verließ Apple 1985, gründete Radius und baut derzeit mit ehemaligen Apple-Kollegen eine neue Firma auf (www.eazel.com)

## Bill Bull

Damals: arbeitete an der «Lösung ohne Ventilator» sowie an Kabeln, Tastatur und Maus
Jetzt: Manager für Produktdesign bei der Input Device Group

## Matt Carter

Damals: Mac-Produktionsmanager
Jetzt: verließ Apple 1983, gründete eine neue Firma

## Berry Cash

Damals: Berater für Marketing und Verkauf
Jetzt: verließ Apple, Risiko-Kapitalgeber in Texas

## Debi Coleman

Damals: Controller in der Macintosh-Abteilung
Jetzt: verließ Apple 1992, CEO von Merix (www.merix.com)

## George Crow

Damals: entwarf das analoge Motherboard, die Videoschaltung und die Stromversorgung
Jetzt: verließ Apple 1985, kehrte 1998 als Direktor für Produktionstechnik zurück

## Donn Denman

Damals: verfasste die Schreibtischprogramme Wecker und Notizblock sowie MacBASIC
Jetzt: verließ Apple 1994, Senior Software-Entwickler bei PowerTV (www.powertv.com)

## Christopher Espinosa

Damals: betreute die Handbücher und die technische Dokumentation
Jetzt: Leiter der Components & Scripting Group von Apple

## Bill Fernandez

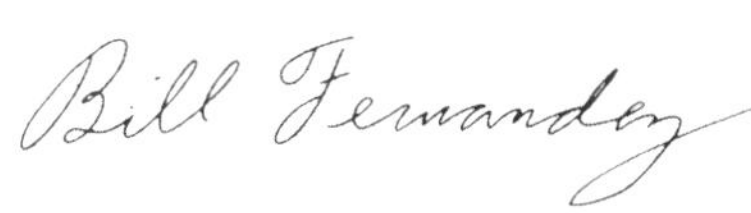

Damals: Technischer Alleskönner
Jetzt: verließ Apple 1993, freiberuflich tätig als Interface-Designer in Albuquerque, New Mexico

## Martin P. Haeberli

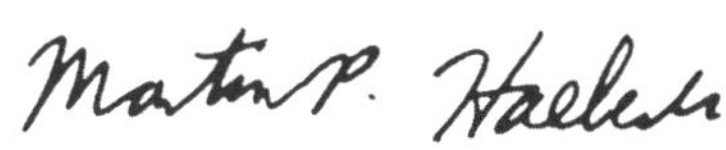

Damals: arbeitete am Memory Manager und ist Co-Autor von MacTerminal
Jetzt: verließ Apple 1996, CEO der Firmengründung Oversea Systems, die den Versand von Containern koordiniert

## Andy Hertzfeld

Damals: Software-Genie, verfasste die meisten Tools des Macintosh
Jetzt: verließ Apple 1984, Vizepräsident und Programmierer bei General Magic bis 1997, heute Internet-Hobbyanwender und begeistert von Open Source-Software (www.eazel.com)

## Joanna K. Hoffman

Damals: stellte den ersten Marketingplan für die Abteilung auf
Jetzt: verließ Apple 1985, widmet sich der Erziehung ihrer beiden Söhne

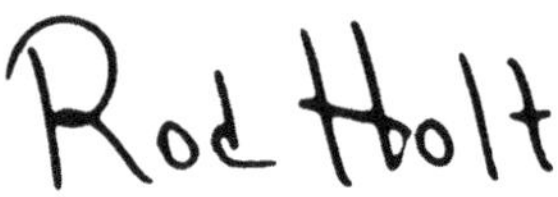

## Rod Holt

Damals: arbeitete an der Stromversorgung
Jetzt: verließ Apple 1987, ging in Ruhestand und beschäftigt sich mit Segeln

## Bruce Horn

Damals: entwarf den Finder und stellte ihn mit Steve Capps fertig
Jetzt: verließ Apple 1982, verfasste die Ergänzung des Finders, Context, für Ingenuity Software (www.ingenuitysoftware.com)

## Harrison S. Horn

Damals: Designer linearer Schaltkreise
Jetzt: verließ Apple 1983, ging in Ruhestand und lebt jetzt in Los Altos in Kalifornien

## Brian R. Howard

Damals: sorgte dafür, dass die digitalen Entwürfe funktionierten und sich produzieren ließen
Jetzt: ausgezeichneter Entwickler, Wissenschaftler und Technologe, der an der Hardware-Architektur von Chipsets arbeitet

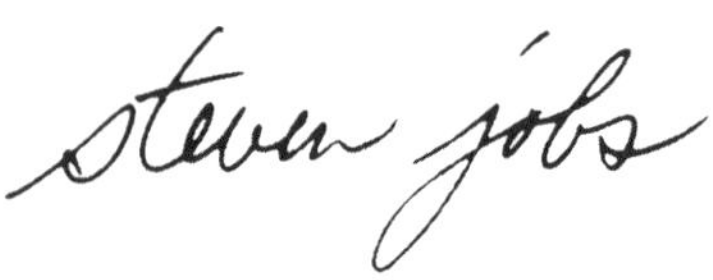

## Steven Jobs

Damals: Leitender Manager der Abteilung
Jetzt: verließ Apple 1985, dazwischen NeXt und Pixar, kehrte als CEO von Apple zurück

## Larry Kenyon

Damals: arbeitete am Dateisystem, an Treibern und am Bootcode
Jetzt: verließ Apple 1997, Senior Manager für Systemsoftware bei WebTV

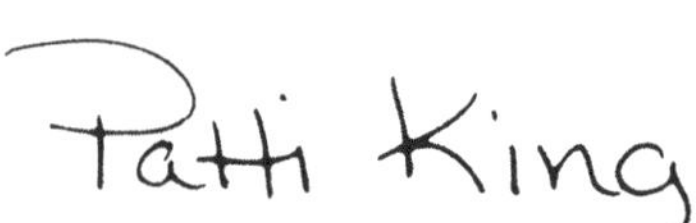

## Patti King

Damals: verwaltete die Softwarebibliothek der Technik-Abteilung
Jetzt: verließ Apple 1985, Vollzeitmutter, verheiratet mit Larry Kenyon

## Daniel Kottke

Damals: baute Prototypen und kümmerte sich um Probleme mit dem Motherboard

Jetzt: verließ Apple 1985, Entwickler für Firmware bei Vertical Networks

## Angeline Lo

Damals: Programmiererin

Jetzt: verließ Apple 1982, aktueller Aufenthaltsort unbekannt

## Ivan Mach

Damals: optimierte das Hauptmotherboard und das Power Sweepboard für die Massenproduktion

Jetzt: verließ Apple 1982, Direktor für Produktionstechnologie bei Tessera, wo er am sogenannten Micro Ball Grid Array Package arbeitet.

## Jerrold C. Manock

Damals: betreute die Entwickler für Industriedesign

Jetzt: verließ Apple 1985, Präsident von MCD, Inc., einem Beratungsunternehmen für Produktdesign-Technik in Burlington, Vermont

## Mary Ellen McCammon

Damals: Bereichsmanagerin für die Marketinggruppe

Jetzt: verließ Apple 1986, machte einen Magisterabschluss in Psychologie, ehrenamtlich tätig für die Kunstgemeinde in San Jose, Kalifornien

## Vicki Milledge

Damals: Personalabteilung

Jetzt: verließ Apple 1988, Professor für Organizational Behavior an der University of Massachusetts, Boston

## Michael R. Murray

Damals: Marketingdirektor

Jetzt: verließ Apple 1985, Vizepräsident für Personalwesen und Verwaltung bei Microsoft

## Ronald H. Nicholson Jr.

Damals: Entwickler für digitale Hardware
Jetzt: verließ Apple 1983, Entwickler bei Silicon Graphics (www.sgi.com)

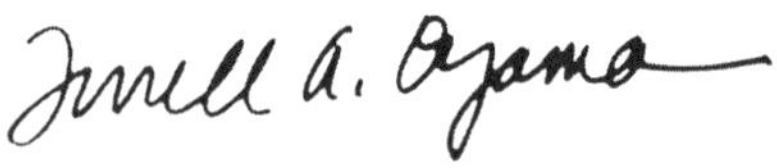

## Terry A. Oyama

Damals: arbeitete am Produktdesign des Gehäuses
Jetzt: verließ Apple 1985, aktueller Aufenthaltsort unbekannt

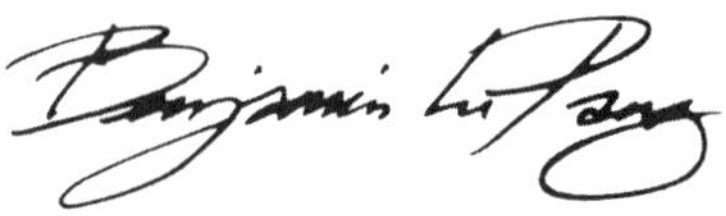

## Benjamin Pang

Damals: arbeitete am Industriedesign des Macintosh
Jetzt: verließ Apple 1998, aktueller Aufenthaltsort unbekannt

## Jef Raskin

Damals: Vater des ursprünglichen, 1979 entstandenen Macintosh-Projekts
Jetzt: verließ Apple 1982, Berater für Human Interface Design und Autor

## Ed Riddle

Damals: arbeitete am Design der Tastatur
Jetzt: verließ Apple 1981, Autor zu technischen, Marketing- und spirituellen Themen

## Brian Robertson

Damals: verwaltete den Einkauf und die Beschaffung von Zulieferern
Jetzt: verließ Apple 1997, aktueller Aufenthaltsort unbekannt

## David H. Roots

Damals: arbeitete am Produktdesign der Tastatur und des externen Disketten-Laufwerks
Jetzt: verließ Apple 1989, aktueller Aufenthaltsort unbekannt

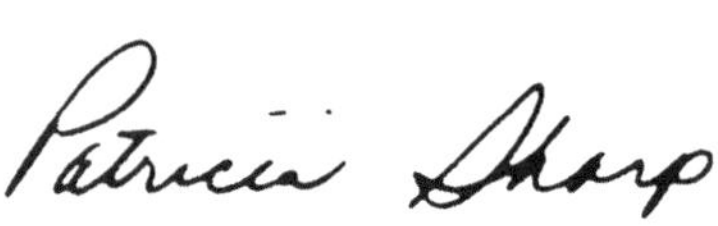

## Patricia Sharp

Damals: Verwaltungsassistentin von Steve Jobs
Jetzt: verließ Apple 1997, aktueller Aufenthaltsort unbekannt

## Burrell Carver Smith

Damals: Hardware-Genie, entwarf das digitale Motherboard
Jetzt: verließ Apple 1985, Forscher in Palo Alto, Kalifornien

## Bryan Stearns

Damals: arbeitete an der Benutzeroberfläche für MacBASIC
Jetzt: verließ Apple 1995, Senior-Developer bei Excite (www.excite.com)

## Lynn Takahashi

Damals: Bereichsmanager von Steve Jobs
Jetzt: verließ Apple 1985, aktueller Aufenthaltsort unbekannt

## Guy L. Tribble III

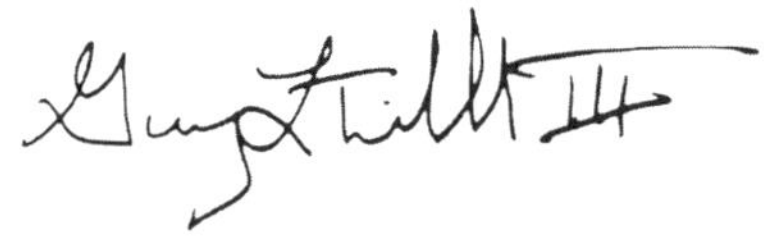

Damals: Manager für Softwaretechnik
Jetzt: verließ Apple 1985, Vizepräsident Architektur und Technologie bei Sun

## Randy Wigginton

Damals: verfasste MacWrite auf Grundlage eines Werkvertrags
Jetzt: verließ Apple 1981, Partner der Beratungsfirma MediaLane

## Linda Wilkin

Damals: verwaltete die technische Dokumentation
Jetzt: verließ Apple 1986, studiert Angewandte Physiologie in Ohio State

## Steve Wozniak

Damals: musste das Team nach einem Flugzeugabsturz verlassen
Jetzt: unterrichtet bei UNUSON Schüler der fünften Klasse in Computeranwendungen

## Pamela G. Wyman

Damals: Designerin des Benutzerhandbuchs/Produktionsredakteurin
Jetzt: verließ Apple 1985, aktueller Aufenthaltsort unbekannt

## Laszlo Zsidek

Damals: Werkzeug- und Produktionstechniker
Jetzt: arbeitet in der Abteilung für tragbare Computer bei Apple

# Ein Werbe-Hit beinahe für die Schublade

«Werde ich auch keinen Mist bekommen?»

***Steve Jobs** bei der ersten Begegnung mit Lee Clow, Creative-Director bei Chiat/Day*

Jeder echte Macintosh-Fan hat den berühmten Fernseh-Werbespot *1984*, der der Einführung des Macintosh voraus ging, gesehen oder zumindest davon gehört. Mit seiner Orwellschen Atmosphäre brannte er sich für immer ins Gedächtnis der Mac-User auf der ganzen Welt ein. Sie werden sich wundern, was Sie über diesen Spot alles noch nicht wussten – und was Sie bereits wussten, ist wahrscheinlich falsch.

Zunächst gilt klarzustellen, dass der Spot ursprünglich gar nicht für den Macintosh konzipiert wurde. Ende 1982 hatte die Werbeagentur von Apple, Chiat/Day (www.chiatday.com), für das *Wall Street Journal* eine Printkampagne mit dem Apple II über das Unternehmen entwickelt, die auf George Orwells totalitärer Zukunftsvision beruhte.

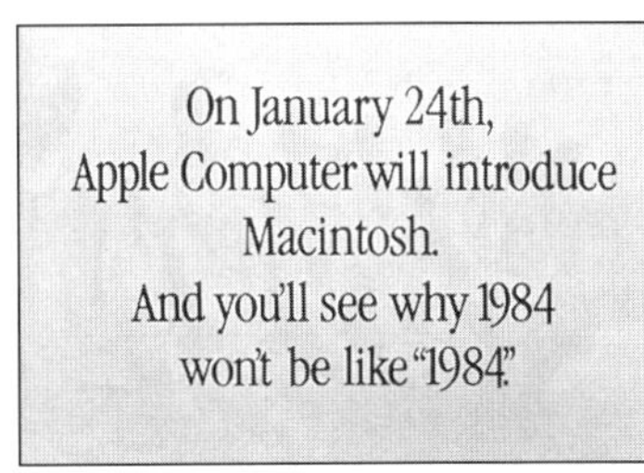


**Diese berühmten Zeilen waren ursprünglich für den Apple II vorgesehen, nicht für den Macintosh.**

«Sechs Monate, bevor wir überhaupt erst vom Mac erfuhren, hatten wir diese neue Anzeige mit dem Slogan ‹Why 1984 won't be like 1984› entwickelt», erinnert sich Lee Clow, Creative Director bei Chiat/Day. «Er verkörperte die Philosophie und Zielsetzung von Apple – nämlich dass alle Leute die Technik nutzen sollten, nicht nur Regierungen und große Unternehmen. Wenn Computer nicht über unser Leben bestimmen sollten, dann müssten sie für alle leicht zugänglich sein.»

Die Anzeige wurde nie veröffentlicht und landete stattdessen in der Ablage. Erst im Frühjahr 1983 tauchte sie wieder auf, als Steve Hayden, der Texter der Agentur, und Art Director Brent Thomas einen Aufhänger suchten, um ein zündendes Statement über den unglaublichen neuen Macintosh abzugeben. Nach umfassender Überarbeitung schlug das Team von Chiat/Day schließlich ein Drehbuch für den Werbespot *1984* vor.

> «Wir wollten, dass sich die Leute fragen ‹Was zum Teufel ist dieses Produkt?› Der Werbespot sollte als Anreiz dienen, nicht das Produkt einführen – damit die Welt erfährt, dass ein neues Produkt herausgekommen ist und dass dieses Ereignis sehr wichtig ist.»
>
> ***Mary Terese Rainey,** Director of Planning bei Chiat/Day*

Der Kurzfilm sollte eine junge athletische Frau zeigen, die von behelmten Sturmtruppen gejagt wird und in eine nasskalte Aula hinein platzt, in der endlose Reihen von tumben, drohnenartigen Arbeitern auf ein Bild des Big Brother starren, der über einen riesigen Monitor ideologische Hetzparolen verbreitet. Die Heldin in hellroten Joggingshorts und weißem Mac-T-Shirt würde den Bildschirm mit einem Baseballschläger (wegen der dramatischen Steigerung später ersetzt durch einen Holzhammer) zerschmettern. Und dann würde eine Woge frischer Luft über die Massen hereinströmen, wenn sie im wörtlichen Sinne «das Licht erblickten».

In der Schlussszene sollte eine feierliche Stimme verkünden: «Am 24. Januar wird Apple Computer den Macintosh einführen. Und Sie werden sehen, warum 1984 nicht so sein wird wie *1984*.» Der Computer selbst würde nicht ein einziges Mal zu sehen sein.

Nachdem Chiat/Day Apple das Drehbuch präsentiert hatte, reagierte John Sculley zweifelnd, während Jobs immer wieder betonte, dass der Mac einen derart radikalen Spot verdient hatte. Sie erteilten die Genehmigung, den Spot zu produzieren und während des anstehenden Super Bowl entsprechende Sendezeiten zu buchen.

Wegen der starken Aussage seiner erfolgreichen Filme wie *Alien* und *Blade Runner* stellte Chiat/Day dem Regisseur Ridley Scott ein Budget von 900 000 Dollar zur Verfügung, um den Spot *1984* zu drehen. Außerdem beauftragten sie ihn mit einem weiteren Spot über den Lisa mit dem Titel «Alone Again», in dem Apple – Sie mögen es glauben oder nicht – gerade die Tatsache hervorhob, dass der Lisa zu keinem der etablierten Standards kompatibel war.

Im September holte Scott 200 Mitwirkende in die Londoner Shepperton Studios, um innerhalb von einer Woche die Filmaufnahmen zu drehen. Für die entmutigten, kahlköpfigen Arbeiter warb er «echte» britische Skinheads an und zahlte Amateurschauspielern 125 Dollar pro Tag, wenn sie sich den Kopf scheren ließen. Das Casting der Heldin verlief etwas schwieriger. Den meisten professionellen Models und Schauspielerinnen gelang es nicht, sich schnell auf der Stelle zu drehen und den Hammer exakt so zu werfen, wie es das Script verlangte. Einer dieser Hammerwürfe hätte beinahe eine alte Lady getroffen, die während des Castings im Hyde Park spazie-

**Die hübsche, athletische Heldin war die perfekte Verkörperung von Apples jugendlichem Selbstimage.**

«Manche fanden ihn gut, andere weniger.»

***Steve Jobs*** *schönfärberisch über die Reaktion des Vorstands auf 1984.*

ren ging. Aber dann stellte sich heraus, dass ein Model, Anya Major, auch eine erfahrene Diskuswerferin war. Sie wurde für die weibliche Figur engagiert, weil sie in ihrer Rolle überzeugte und ihr beim Drehen mit dem Hammer nicht schwindelig wurde.

Stolz präsentierte Chiat/Day Jobs und Sculley dann den Rohschnitt des Spots. Jobs war sofort begeistert, und Sculley hielt ihn für verrückt genug, um ankommen zu können. Am 23. Oktober wurde der Werbespot auf der jährlichen Verkaufstagung von Apple in der Stadthalle von Honolulu erstmals der Öffentlichkeit vorgeführt – die 750 Vertreter reagierten mit stürmischem Beifall.

Jobs und Sculley waren sich absolut sicher, dass der Spot ein Renner werden würde. Und so baten sie Marketingmanager Mike Murray Ende Dezember, ihn auch den anderen Mitgliedern des Direktoriums von Apple vorzuführen, nämlich Mike Markkula (einer der Gründer von Apple), Dr. Henry E. Singleton (Gründer von Teledyne), Arthur Rock (Risiko-Kapitalgeber), Peter O. Crisp (leitender Partner in Rockefellers Venrock Associates) sowie Philip S. Schlein (CEO von Macy's California).

In seinem unermüdlichen Einsatz für *1984* suchte Jobs die Unterstützung von Steve Wozniak, der sich normalerweise aus solchen politischen Problemen heraus hielt. «An einem Abend war ich bei der Macintosh-Gruppe, der ich wohl beitreten würde, als Steve mich beiseite nahm und sagte: ‹Hey, komm' mal hier rüber und sieh dir das an.› Er zog ein ¾-Zoll-Video aus der Tasche und spielte den Spot ab. Ich war ziemlich sprachlos – das war meiner Meinung nach das Größte, das ich je gesehen hatte. Dann erzählte er, dass sich der Vorstand gegen die Ausstrahlung entschieden hatte. Den Grund sagte er aber nicht. Ich war richtig schockiert. Steve meinte, wir würden es während des Super Bowl senden. Ich fragte, wie viel es kosten würde, und er meinte 800000 Dollar. Dann sagte ich: ‹Ok, ich bezahle die Hälfte, wenn du die andere übernimmst.› Ich war davon ausgegangen, dass sich die Firma schwer tat, die hohen Ausgaben zu rechtfertigen. Aber ich fand, dass ein so großartiger Science-Fiction-Werbespot zumindest eine Chance bekommen müsste, gesehen zu werden.» Zum Glück kam Jobs nicht auf Wozniaks Angebot zurück, die Hälfte der Kosten zu übernehmen.

Als nach der Vorführung des Spots das Licht wieder anging, herrschte in dem Raum am De Anza Boulevard betretenes Schweigen. Schlein hatte seinen Kopf auf den Tisch gelegt. Markkula starrte wie abwesend vor sich hin. Murray glaubte, Markkula sei von dem wunderbaren Werbespot einfach überwältigt, doch der machte sich mit den Worten bemerkbar: «Wer kümmert sich um eine neue Agentur?» In seinen Memoiren erinnert sich Sculley: «Die anderen sahen sich ganz benommen und schweigend an… Die meisten hielten ihn für den schlechtesten Werbespot, den sie jemals gesehen hatten. Keiner der externen Vorstandsmitglieder fand ihn gut.»

Der Vorstand verlangte nicht, den Werbespot einzufrieren. Sculley wies Chiat/Day aber an, die bereits gebuchten 90 Sekunden Sendezeit während des Super Bowl zurückzugeben. Ursprünglich war geplant, den 60 Sekunden langen Spot *1984* zunächst komplett laufen zu lassen, um die Aufmerksamkeit der Zuschauer zu wecken. In einer folgenden Werbepause sollte die Botschaft mit einer überarbeiteten 30-Sekunden-Version in die Köpfe der Zuschauer gehämmert werden.

Trotz Sculleys Forderung ordnete Jay Chiat seinen Media Director, Camille Johnson, an: «Gib nur die 30 zurück.» Johnson lachte, weil sie es für unmöglich hielt, so spät überhaupt noch etwas zurück zu geben, aber es gelang ihr dann doch noch, einen Käufer für den 30-Sekunden-Sendeplatz zu finden. So verblieb der 60-Sekunden-Platz also bei Apple, für den es 800000 Dollar bezahlt hatte.

Möglicherweise um sich für den Fall abzusichern, dass der Spot ein Reinfall werden würde, überließ Sculley die Entscheidung, ob er gesendet werden sollte oder nicht William V. Campbell (VP Marketing) und E. Floyd Kvamme (Executive VP Marketing und Verkauf). Wenn sie die verbliebene Super-Bowl-Minute nicht mehr verkaufen konnten und sich gegen die Sendung von *1984* entschieden, sollte stattdessen *Manuals* laufen, eine geradlinige Werbung über den Produktnutzen des Mac. Sie forderte den Zuschauer auf, über den anspruchsvolleren Computer zu entscheiden: Zur Wahl standen der IBM PC mit seinem riesigen Stapel an Dokumentation, der neben dem Computer auf den Boden kracht, und der Macintosh mit seinem federleichten Benutzerhandbuch, das neben der Maus herunter schwebt.

Campbell leitete später Claris, GO und Intuit. 1997 wurde er in den Vorstand von Apple berufen. Kvamme brachte sich schließlich als Partner in die Risikokapitalgesellschaft Kleiner, Perkins, Caulfield & Byers (www.kpcb.com) ein.

Campbell und Kvamme schlugen alle Warnungen in den Wind, entschlossen sich, den Werbespot *1984* letztendlich doch zu senden und gaben den Startschuss für eine massive 100-tägige Mac-Kampagne im Wert von 15 Millionen Dollar. Am 22. Januar 1984 wurden 96 Millionen Zuschauer Zeugen der Ausstrahlung dieses umstrittenen Werbespots. Er wurde zu Beginn des dritten Quarters des Super Bowl XVIII gesendet, in dem die Los Angeles Raiders die Washington Redskins im Tampa-Stadium mit 38:9 besiegten.

«Es brach mit allen Regeln und die Reaktion war, um es mit einem Wort zu sagen, phänomenal.»

***Steve Hayden,*** *Texter bei Chiat/Day*

Jede Befürchtung über *1984* löste sich nach der Sendung des Spots unmittelbar in Luft auf. Bei CBS, Chiat/Day und Apple liefen die Telefonzentralen heiß, weil unzählige Anrufer wissen wollten: «Was war das?!» Ob positiv oder negativ – der Werbespot zog alle Aufmerksamkeit auf sich und brachte weit verbreitete Kontroversen in Gang. Durch die Reaktion der Medien hatte er schließlich zu einer kostenlosen Publicity im Wert von schätzungsweise 5 Millionen Dollar beigetragen: Alle drei Fernsehnetze und an die 50 Lokalstationen sendeten Beiträge zu dem Spot und gaben ihn in den meisten Fällen sogar komplett wieder. Darüber hinaus setzten sich Hunderte von Zeitungen und Magazine mit dem Phänomen auseinander.

«Wir waren so sehr von der Bedeutung unserer Produktdarstellung überzeugt, dass wir uns gar nicht darum kümmerten, ob das Produkt auch mit der Werbung mithalten konnte.»

***E. Floyd Kvamme,*** *Executive VP für Marketing und Verkauf bei Apple*

Nach Schätzungen von A.C. Nielsen erreichte der Werbespot 46,4 Prozent der amerikanischen Haushalte, darunter 50 Prozent der Männer und 36 Prozent der Frauen. Bei Erinnerungstests generierte er astronomische Werte und gewann den Grand Prix von Cannes sowie mehr als 30 weitere Auszeichnungen der Werbeindustrie.

Der Werbespot *1984* war ein erstes Beispiel für das, was Sculley «Event Marketing» nannte. Dieses zielt auf die Entwicklung bahnbrechender Promotion, die letztendlich genauso intensiv besprochen wird wie das Produkt selbst. Apple goss zusätzlich Öl ins Feuer der Begeisterung und gab bekannt, dass es den Spot kein weiteres Mal senden werde.

«Das war alles blödes Gewäsch von Leuten, die nicht den Mumm haben, so was wie *1984* selbst zu produzieren.»

***Lee Clow,*** *Creative-Director bei Chiat/Day, über die negativen Reaktionen der Konkurrenz auf den Werbespot*

Bis zum heutigen Tage behaupten die meisten Angestellten bei Apple, dass die Firma nur ein einziges Mal für die Sendung des Werbespots gezahlt habe, und zwar während des Super Bowl. Da diese Behauptung auch von seriösen Personen unzählige Male wiederholt wurde, gilt sie mittlerweile als ewige Wahrheit. Es gibt nur ein Problem dabei: Sie ist falsch.

«Glück ist eine von der Natur geschenkte Kraft. Alles schien sich zu verschwören, um *1984* zu einem Renner zu machen: das Timing, das Produkt, die Industrie. Das Thema *1984* aufzugreifen, lag so nahe, dass ich fürchtete, jemand könnte uns zuvorkommen - aber das ist nicht passiert.»

***Steve Hayden** über den kommerziellen Erfolg*

Ganz in der Tradition der Industrie zahlte Chiat/Day 10 Dollar, um den Spot am 15. Dezember 1983 über eine kleine Fernsehstation (KMVT, Kanal 11) in Twin Falls, Idaho zum Sendeschluss um ein Uhr nachts auszustrahlen. So war gewährleistet, dass er die Teilnahmebedingungen für die Wettbewerbe der Werbeindustrie jenes Jahres erfüllte. Dann erschien die 30-Sekunden-Version ab dem 17. Januar mehrere Wochen lang in ScreenVision, einem Werbeblock, der in Kinos vor den Filmvorschauen und anderen Anzeigen gezeigt wurde (manche Kinobesitzer fanden den Werbespot so toll, dass sie ihn selbst Wochen später noch vorführten, ohne jedoch dafür bezahlt zu werden).

Parallel lief eine fünftägige Teaser-Kampagne zur besten Sendezeit auf den zehn größten Fernsehmärkten Amerikas (die 30 Prozent der amerikanischen Zuschauer umfassen) sowie auf dem relativ unbedeutenden Fernsehmarkt von West Palm Beach, Florida, direkt neben dem Hauptsitz von IBM PC. «Ich wüsste nur zu gerne, was die in Boca Raton dazu sagen», sinnierte Jobs selbstzufrieden am Montag nach dem Super Bowl.

Die Ironie der Geschichte: Genau während desselben Spiels startete IMB seine Werbekampagne für den unglückseligen, kostengünstigen PCjr-Computer, der kurz zuvor ausgeliefert worden war. In dem unbeschwerten Spot rollte Charlie Chaplin den PCjr in einem Kinderwagen in ein Zimmer, während der Sprecher «die kleine kluge Ergänzung der Familie» vermeldete. Jobs merkte dazu später an:

**Die Drohnen spielten britische Skinheads und Amateure, denen 125 Dollar pro Tag gezahlt wurde, wenn sie sich den Kopf scheren ließen.**

«Ich hatte damit gerechnet, dass der Computer den ganzen Fernsehapparat nass machen würde.» Angesichts der Tatsache, dass IBM ausgerechnet die Figur aus Charlie Chaplins *Modern Times* gewählt hatte, bemerkte Jean-Louis Gassée: «Es überrascht, dass gerade der kleine Tramp, eine Verkörperung der schlimmsten Erfahrungen am Fließband, gewählt wurde, um Werbung zu machen für ein sonst in jeder Hinsicht absolut humanistisches Unternehmen.»

Sie können den berühmten Werbespot *1984* als QuickTime-Film von den folgenden Sites herunterladen – aber Vorsicht, er ist mehrere MB groß:
http://www2.apple.com/whymac/ads.html
http://www.chiatday.com/product/historical_work/tv/1984/1984.html

## Big Brother spricht

In der ursprünglichen Fassung von *1984* war für Big Brother kein Sprecherpart vorgesehen, aber Regisseur Ridley Scott wollte ihm dennoch ein paar Zeilen in den Mund legen. Der Texter Steve Hayden lehnte das zunächst ab, erklärte sich dann aber bereit, weil Scott gedroht hatte, ansonsten selbst etwas zu schreiben. Apple wies heftig alle Vermutungen von sich, dass die Propaganda herausschreiende Figur in *1984* eine Verkörperung des 40-Milliarden-Konkurrenten IBM darstellen sollte. Aber entscheiden Sie selbst, und folgen Sie der Predigt des Big Brother aus dem vollständigen 60-Sekunden-Spot:

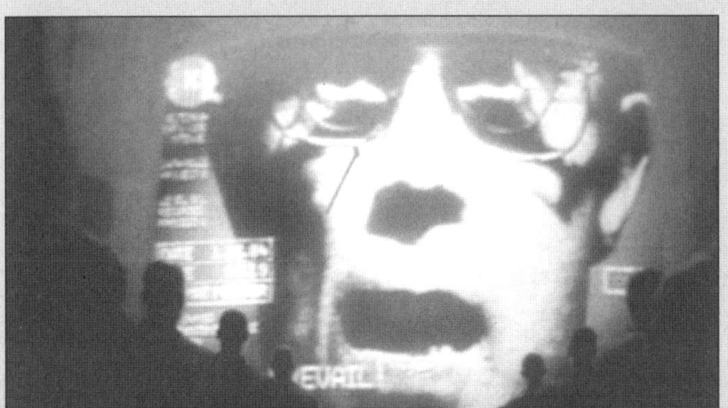

Mit einem Apple II wurden die gefälschten Daten generiert, die das Gesicht des Big Brother überlagern.

**Handelt es sich bei Big Brother eigentlich um Big Blue? Apple wies diese Behauptung konsequent zurück, doch die Worte sprechen Bände.**

Die Ironie des Schicksals wollte, dass Steve Hayden zehn Jahre nach der Arbeit an dem Werbespot *1984* zu Ogilvy & Mather (www.ogilvy.com) wechselte und dort den gesamten weltweiten Werbeetat von IBM übernahm.

«Meine Freunde, jeder von euch ist eine einzelne Zelle in dem großartigen Körper des Staates. Und am heutigen Tage hat sich dieser großartige Körper von allen Parasiten befreit. Wir haben über die skrupellose Verbreitung von Fakten triumphiert. Die Gangster und Saboteure sind vertrieben. Und das giftige Unkraut der Desinformation ist gelandet im Mülleimer der Geschichte. Möge jede einzelne Zelle sich der Freude hingeben, denn heute feiern wir den ersten, ruhmreichen Geburtstag der Informations-Bereinigungs-Direktive! Wir haben – erstmals in der Geschichte – einen Garten der reinen Ideologie geschaffen, in dem jeder Arbeiter, geschützt vor den Seuchen widersprüchlicher und verwirrender Wahrheiten, gedeihen kann. Mit unserem vereinten Denken verfügen wir über eine mächtigere Waffe als jede Flotte oder Armee auf Erden! Wir sind ein Volk. Mit einem Willen. Einem Vorsatz. Einer Sache. Mögen sich unsere Gegner zu Tode reden. Wir werden sie unter ihrer eigenen Verwirrung begraben!»

# Der Mac in der Presse

Als der Macintosh 1984 eingeführt wurde, vollbrachten die Abteilungen für Public Relations und Marketing Wunder und erwirkten für ihr Neugeborenes mehr Besprechungen in der Presse als jeder andere Computer in der Geschichte. Werfen Sie mit den heutigen Kenntnissen einen geschärften Blick zurück, lesen Sie die folgenden Auszüge aus den damals wichtigsten Computermagazinen und entscheiden Sie selbst, welche Journalisten in ihrer Beurteilung des ersten Macintosh richtig lagen.

«Der Mac ist der erste Computer, der gut genug ist, um kritisiert zu werden.»

***Alan Kay,*** *Apple Fellow*
*(InfoWorld, 11. Juni 1984)*

## Byte

«Der Computer Lisa war wichtig, weil er als erstes kommerzielles Produkt auf der Maus-Fenster-Desktop-Umgebung basierte. Der Macintosh ist ebenso wichtig, weil er eben diese Umgebung erschwinglich macht.

Der Macintosh wird sich auf dreierlei Weise auswirken. Zunächst wird er wie der Lisa imitiert, nicht kopiert werden… Aber jene Firmen, die versuchen, den Mac auf anderen Rechnern zu imitieren, werden Schwierigkeiten haben, sein Preis-/Leistungsverhältnis zu erreichen.

Zweitens wird der Macintosh die Bedeutung des 3 1/2-Zoll-Diskettenlaufwerks von Sony als bevorzugtes Speichermedium für die nächste Generation der Personal Computer stärken.

Drittens wird der Macintosh das Ansehen Apples auf dem Markt verbessern… Viele Business-Anwender werden bei dem bewährten IBM PC bleiben. Aber alle neuen Computeranwender und solche, die den Wert und die Möglichkeiten des Mac erkennen, werden sich für ihn entscheiden. Der Mac wird die Vorherrschaft von IBM auf dem Markt für Personal Computer zurück drängen.

«Der Macintosh wird der nächste Meilenstein der Branche – der erste war 1977 der Apple II, der zweite 1981 der IBM PC und der dritte Meilenstein wird 1984 der Macintosh sein.»

***Steve Jobs***
*(Personal Computing, April 1984)*

Alles in allem ist der Macintosh ein sehr wichtiger Rechner und ersetzt meiner Ansicht nach den Lisa als wichtigste Computer-Entwicklung der letzten fünf Jahre. Der Macintosh bringt uns der idealen Vorstellung von einem Computer als Anwendungsgerät einen Schritt näher. Wir sind aber noch nicht am Ziel – zumindest so lange nicht, wie wir noch auf die anstehenden Verbesserungen warten müssen (die in dieser Branche bald zu erwarten sein dürften). Wer weiß schon, wer die nächste Innovation bringen wird?»

***Gregg Williams*** *(Byte, Februar 1984)*

## Computer & Electronics

«Trotz [des Fehlens von Farbe und einem Parallelport] ist der Macintosh ein beeindruckendes Produkt und durchaus wert, eine ‹weniger befahrene› Straße zu nehmen. Offensichtlich hängt die Zukunft Apples in bedeutendem Maße vom Macintosh ab, sodass dessen Erfolg oder Niederlage letztendlich über alles entscheiden wird.»

***Vanessa Schnatmeier*** *(Computer & Electronics, März 1984)*

## Creative Computing

«Die nächste Generation interessanter Software wird auf dem Macintosh laufen, nicht auf dem IBM PC.»

***Bill Gates,*** *Microsoft Chairman*
*(BusinessWeek, 26. November 1984)*

«In seiner aktuellen Form ist der Macintosh die kondensierte Verkörperung eines Versprechens: dass sich Software intuitiv und einfach anwenden lässt und gleichzeitig so leistungsstark bleibt wie alle anderen Lösungen… Es dürfte mittlerweile deutlich geworden sein, dass der Mac sowohl hardware- als auch softwaremäßig einen wichtigen Durchbruch darstellt. Es sollte auch klar sein, dass die eigentliche Sorge darin besteht, ob der Rechner sein Versprechen auch wirklich einlösen kann. So weit, so gut. Jetzt kommen wir zu den Defiziten.

- Der Macintosh besitzt nicht genügend RAM.
- Die Speichermöglichkeit auf einer einzigen Microfloppy ist langsam und unangemessen.
- Es gibt keine internen Erweiterungssteckplätze oder externe Erweiterungsbusse.
- MacWrite leidet unter verschiedenen schwerwiegenden Einschränkungen.

- Das System ist nur monochrom.
- Die Kompatibilität zu MS-DOS ist ausgeschlossen.
- Der Macintosh beherrscht kein Multitasking.
- Ein Mac lässt sich nur auf dem Schreibtisch benutzen.
- MacPaint ist auf die Größe einer Staffelei eingeschränkt.
- Externes Video können Sie vergessen.
- Die Software-Entwicklung für den Macintosh ist ein undurchschaubarer Prozess.

«Jeder, der auf dem 128-KB-Mac eine gute Anwendung schreiben kann, verdient eine Medaille.»

***Bill Gates***

Ich frage mich einfach, ob dieser Standard aufrecht zu erhalten ist. Der Gedanke kam mir, als ich mit Microsoft BASIC herumspielte. Ein BASIC-Programm, das auf einem Mac läuft, sieht fast so aus wie ein BASIC-Programm auf irgendeinem anderen Rechner, mit Ausnahme der Fenster. Ohne den Unterbau aus Symbolen, Fenstern und Menüs reduziert sich der Mac auf einen eher durchschnittlichen Rechner.

Zwei Jahre später kam der Mac Plus mit 1 MB auf den Markt, aber die 8-MHz-Grenze wurde erst im März 1987 mit dem 16 MHz Mac II gesprengt.

Nur begabte Programmierer können bei den neu entwickelten Programmen das Letzte aus dem ROM des Macintosh herausholen. Damit könnten sie das ehrgeizige Versprechen des Apple Macintosh einlösen. Andernfalls wird der Mac das Stehvermögen niemals gewinnen, das er benötigt.

Wir sind noch ziemlich weit entfernt von jenem idealen Rechner, den sich Alan Kay im Jahre 1971 vorstellte und ‹Dynabook› taufte. Das war ein Computer in der Größe eines [Tandy-] Modells 100 mit der Power von 100 Macs. In einem neueren Interview sagte er eher zynisch voraus, dass wohl eher die Japaner ein Dynabook entwickeln würden. Allen Muro von der Zeitschrift *St. Mac* gegenüber meinte er, der Macintosh sei tatsächlich ‹keine große Sache›.

Am 17. Oktober 1989 kamen John Anderson und ein weiterer Redakteur von *MacUser*, Derek Van Alstyne, bei dem Erdbeben in San Francisco ums Leben. Sie fehlen allen sehr.

Das ist das Problem von Leuten, die ihrer Zeit enorm vorauseilen. Die Realität scheint niemals aufholen zu können. Der Mac arbeitet mit 8 MHz, aber Kay stellt sich bereits vor, was er mit 12 MHz alles machen könnte. Mit dem letzten Rest von Nationalgefühl wünsche ich nur, dass Apple in zwei Jahren einen Rechner mit 1 000 KB und 12 MHz einführt und nicht NEC. Vielleicht werde ich dann mit einer wirklich professionellen Textverarbeitung darüber schreiben und sie wird auf einer 512 KB großen Macintosh-Festplatte laufen. Und selbst wenn dieser Fall eintreten sollte, wäre Kay im-

«Der Gründer von Borland, Philippe Kahn, lag halb richtig, als er den ersten Macintosh im Januar 1985 als ‹totalen Mist› bezeichnete. Er hatte zu wenig Power, kaum Software, keine Festplatte, keine zwingende Anwendung, wie z.B. Desktop-Publishing und wurde von einer Firma vermarktet, die so gut wie erledigt war. Ich kann nichts dafür, aber die überall hör- und lesbare Lobhudelei auf die Leute, die den Macintosh gemacht haben, amüsiert mich. Den Fall Macintosh als Beispiel dafür zu nehmen, wie ein großes Produkt geschaffen, eine Industrie vorangetrieben oder eine Revolution angefacht wird, grenzt an einen grausamen Witz. Jeder, der seine Firmengründung am Start des Macintosh ausrichtet, ist zum Scheitern verurteilt. Wunder wie der Macintosh geschehen nur einmal.»

***David Bunnell,***
*Herausgeber von Macworld*

mer noch unzufrieden. Hätte er doch nur einen 20-MHz-Rechner mit 5 000 KB in einem Gehäuse von der Größe einer Schachtel Schokopralinen – dann könnte er wirklich was machen. Naja, wenn überhaupt jemand solche Wunder vollbringen kann, dann wohl nur Apple. Dieses Völkchen wirkt recht vielversprechend.»

***John J. Anderson*** *(Creative Computing, Juli 1984)*

# inCider

«Der Macintosh verkörpert in der (wenn auch erst kurzen) Geschichte der PCs die Hardware mit der größten Bedeutung. Dieser Rechner wird die Massen ansprechen, die weder Zeit noch Lust haben, in einem langwierigen Lernprozess all die komplizierten Funktionen heutiger PCs in den Griff zu kriegen. Abgesehen von nicht vorhersehbaren technischen Pannen und unter der Voraussetzung, dass bis Ende des Jahres eine anständige Softwarebibliothek zur Verfügung steht, dürfte sich der Macintosh als nächster Standard im Bereich PCs etablieren.»

***Bob Ryan*** *(inCider, März 1984)*

# InfoWorld

«Trotz des ganzen Rummels um die Einführung des Mac sind wir von Apples neuem Produkt tief beeindruckt. Der Macintosh ist ein gut entwickelter PC, der Dollar für Dollar den bis heute fortschrittlichsten Personal Computer darstellt. Der MC68000-Prozessor, das 3 1/2-Zoll-Diskettenlaufwerk mit variabler Geschwindigkeit, die hochauflösende Bildschirmanzeige, das fortschrittliche Betriebssystem und die moderne Benutzeroberfläche ebenso wie der reichhaltige Einsatz von Grafik machen diesen Rechner allen anderen weitaus überlegen. Unserer Meinung nach wird der Erfolg des Macintosh davon abhängen, ob es Apple gelingt, Hardware-Erweiterungen und interessante, nützliche Software bereit zu stellen oder andere für deren Entwicklung zu gewinnen. Wir meinen, Apple hat zumindest einen Vorteil – der Macintosh ist der einzige Rechner, der IBMs Marktdominanz Konkurrenz machen könnte.»

***Thomas Neudecker*** *(InfoWorld, 26. März 1984)*

# Microcomputing

«Der Macintosh macht wirklich Spaß. Als Besitzer eines Apple II bereitete mir ein Computer, der sich so leicht bedienen lässt, Unbehagen und machte mich sogar misstrauisch. Vor dem Einlesen einer Diskette fehlte mir der vertraute Applesoft-Prompt – PR#6. Stattdessen hatte ich einen Rechner vor mir, der so einfach anzuwenden ist, dass mir meine Achtjährige ständig in den Ohren lag, weil sie den Computer selbst benutzen wollte, während ich noch an dieser Besprechung schrieb. In nur einer Stunde hatte sie sich in die Terminologie und Bedienung des Rechners eingearbeitet. Dieser unkomplizierte Gebrauch mag den Hacker in Ihnen vergraulen, denn der Computer schiebt sich absichtlich zwischen Sie, den Anwender und das Betriebssystem. Der Macintosh ist für den Anwender leichter zu durchschauen, nicht einfach nur benutzerfreundlich. Seine Fenstertechnik ist auf dem höchsten technischen Stand, und der Rechner kostet insgesamt so viel, wie ein Fensterprogramm für den IBM PC allein. Seine Geschwindigkeit und sein Anspruch heben ihn weit über alle anderen, mir bekannten PC-Fensterprodukte hinaus. Mit seinen Ausmaßen eignet er sich ideal als Arbeitsmittel auf dem Schreibtisch. Planungen, nach denen der Macintosh als Arbeitsstation in ein vernetztes Office-System um einen Lisa integriert werden soll, werden alle ansprechen, die in der Terminologie Apples zu den ‹geistigen Arbeitern› gehören. Ob Sie nun auf der Suche nach einem Computer sind oder nicht – testen Sie den Macintosh. Ich wette, Sie wollen dann selbst einen.»

***Keith Thompson*** *(Microcomputing, März 1984)*

## San Francisco Examiner

«Über den neuen Apple Computer – den Macintosh – wurde mittlerweile wahnsinnig viel geschrieben. Der Rechner findet in der Presse allgemein Anerkennung und Lob. Obwohl ich diesen neuen Computer wirklich mag, halte ich ihn nicht für einen Renner. Hoffentlich täusche ich mich. Normalerweise halte ich keine hochtrabenden Reden über solche Sachen, aber einiges spricht dafür, dass der Computer nicht den überwältigenden Erfolg haben wird, den sich Apple erhofft:

1. Der Trend zu Farbe.
2. Der Trend zu zwei Diskettenlaufwerken.
3. Der Trend zur Kompatibilität mit dem IBM PC.
4. Der Hauptspeicher des Rechners ist auf 128 000 Zeichen begrenzt.
5. Der Macintosh besitzt keine Erweiterungssteckplätze, was seinen Nutzwert einschränkt.
6. Er kommt ohne Software daher – mit Ausnahme einer Textverarbeitung und eines Programms, das es dem User erlaubt, zu ‹malen›.
7. Zu dem Rechner gehört ein experimentelles Eingabegerät namens ‹Maus›.
8. Die Tastatur ist ziemlich klein geraten und besitzt weder Pfeiltasten noch einen Zahlenblock.
9. Welcher durchschnittliche Anwender weiß überhaupt, was ein ‹Font› ist?
10. Welcher Geschäftsmann weiß Bescheid über Schriftgrad, Schriftart oder den Wert von variablen Schriftgraden?
11. Der Computer kann nur mit Nadeldruckern verwendet werden.
12. Die High-Speed-Schnittstelle ist für eine Festplatte zu langsam.
13. Apple ist unfähig, irgendwas anderes zu verkaufen als den Apple II.
14. Der Macintosh ist für einen Computer mit einem einzigen Motherboard, Diskettenlaufwerk und Maus zu teuer.
15. Der Macintosh verwendet zur Darstellung von Funktionen Symbole, als ob der User intuitiv wüsste, was diese Symbole bedeuten.

Unternehmen wie Apple (und nicht nur diese) haben die Computer-Revolution noch nicht richtig begriffen. Apple geht ganz arrogant davon aus, dass es weiss, was Sie wollen und brauchen. Die Frage ‹Warum› lässt es außer Acht: ‹Warum sollte man das wollen?›»

***John C. Dvorak*** *(San Francisco Examiner, 19. Februar 1984)*

## The Seybold Report on Professional Computing

«Es ist völlig reell, davon auszugehen, dass der Mac mit der Zeit ausgebaut wird. In einem ersten logischen Schritt müsste man den Mac mit einer externen Winchester [-Festplatte] wie beim Lisa ausstatten. ...In weiteren Schritten würden höchstwahrscheinlich Laufwerke mit höherer Kapazität berücksichtigt. ...Wir würden zweifellos auch erwarten, dass Apple irgendwann die doppelseitigen 800-KB-Laufwerke anbietet. Neben dem Fortschritt bei den Laufwerken erwarten wir auch mehr Arbeitsspeicher... Wenn man die aktuellen 64-KB-Chips durch die neuen 256-KB-Chips ersetzt, die dieses Jahr auf den Markt kommen, ließe sich der Arbeitsspeicher von 128 KB auf 512 KB erhöhen, ohne eine größere Platine zu benötigen. Unser Wunschrechner wäre ein Macintosh mit 512 KB RAM, einer externen Winchester-Festplatte und einem internen Diskettenlaufwerk von 800 KB.

Positiv anzumerken ist Folgendes: Alle Mitarbeiter unserer Firma und Familienmitglieder, die den Mac getestet haben, um diese Beurteilung zu unterstützen, waren vom Design des Rechners und der Benutzeroberfläche begeistert. Je länger man ihn benutzt, desto mehr erkennt man, wie gut er ist... Apple hat mit dem Macintosh einen Treffer gelandet. Der Mac verkörpert in vielerlei Hinsicht die Richtung, die Desktop-Computer einschlagen werden (oder zumindest sollten):

- Der Computer als Gebrauchsgegenstand. Elektronische Kenntnisse sind nicht erforderlich.
- Ein System, das sich wirklich einfach anwenden lässt. Jeder hat seinen Spaß, ob computerscheu oder Computerfreak.

«Zur Erinnerung, Lisa war der Erste. Ich schätze, dass ich die Mac-Leute dazu ermutige, sich für die besten der Welt zu halten. Also neigen sie – wie ich auch – dazu, andere Sachen zu kritisieren und das ist ok. Aber man muss auch verstehen, dass die meisten Leute [im Mac-Team] auf den Schultern der Lisa-Leute sitzen und vielleicht den einen oder anderen Fehler vermeiden konnten. Die Lisa-Leute wollten was Großartiges machen und die Mac-Leute wollten was wahnsinnig Großartiges machen. Den Unterschied kann man sehen.»

***Steve Jobs***

- Ein kompaktes, tragbares Paket.
- Eine schöne Bildschirmdarstellung und sehr schnelle Grafik.
- Ein kostengünstiger Kommunikationsbus als Schreibtisch-Netzwerk und für den Anschluss weiterer Peripheriegeräte.
- Attraktive Preisgestaltung.
- Ausdruck von Persönlichkeit und Anreiz für den User.

Apple hat aber auch einiges falsch gemacht. Unsere größte Enttäuschung ist die unzureichende Konfiguration des Mac… Aber die allergrößte Dummheit des ganzen Entwicklungsaufwands besteht darin, den Mac und den Lisa mit völlig verschiedenen Betriebssystemen auszuliefern.»

***Jonathan und Andrew M. Seybold***

*(The Seybold Report on Professional Computing, Bd. 2, Nr. 6, PC-25 bis PC-27)*

# Die Mac-Modelle im Wandel der Zeit

«Wir waren zu müde, zu arrogant, zu dumm, ich weiß nicht, was alles.»

***Guy Kawasaki** in seiner Erklärung, warum Apple so lange brauchte, um die Probleme bei Geschwindigkeit und Arbeitsspeicher des ersten Mac zu beheben*

Als der Mac-Markt noch in den Kinderschuhen steckte, warteten Käufer, Konkurrenten und Kommentatoren ungeduldig auf jede neue Produktankündigung von Apple. Oft erschien das Warten unerträglich lang. Die Fertigstellung des ursprünglichen 128-KB-Mac war eine derart große Kraftprobe, dass die Entwickler nach der Auslieferung im Januar 1984 kaum noch dazu gebracht werden konnten, sich mit Upgrades zu beschäftigen. Sie ruhten sich jedoch nicht auf ihren Lorbeeren aus, sondern waren ganz einfach erschöpft.

Der 512-KB-Mac wurde erst acht Monate nach der Einführung des ersten Mac ausgeliefert, und der Mac Plus kam erst 1986 auf den Markt. Power-User, die auf ein «offenes» Modell hofften, mussten bis 1987 warten, als der Mac II aus der «klassischen» Mac-Schiene ausbrach. Apple brachte neue Mitglieder der Mac-Familie so langsam auf den Markt, dass man sich leicht an jedes einzelne richtig gewöhnen konnte.

All das änderte sich 1992 mit der Einführung der unübersichtlich nummerierten Performa-Produktlinie. Um Marktanteile zu gewinnen, hatte Apple entschieden, in jeder Marktnische ein eigenes Mac-Modell zu platzieren. Wie man den folgenden Seiten mit allen jemals hergestellten Macintosh-Modellen (nach letztem Stand mehr als 250) entnehmen kann, zog die beschleunigte Einführungspolitik eine Produktpalette nach sich, die aus einer verwirrenden Vielfalt geringfügig verschiedener Modelle bestand.

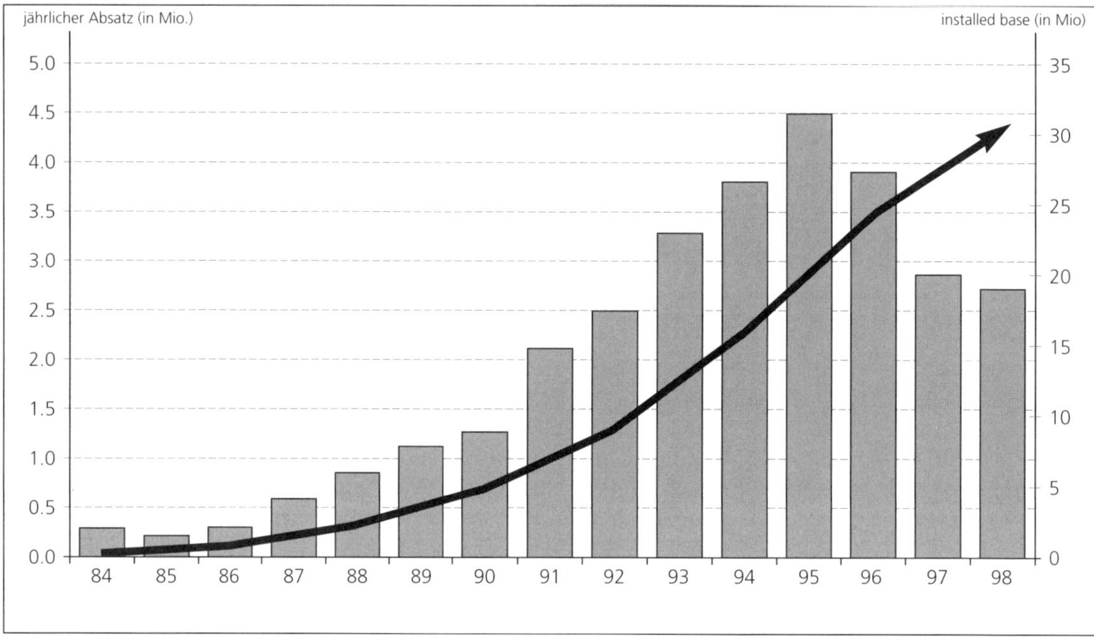


**Die Verkaufszahlen des Mac (Balken, linke Achse, in Millionen Stück) stiegen von 1985 bis 1995 beständig an. Trotz rückläufiger Absatzzahlen übertraf die Anzahl der total verkauften Macintosh-Modelle (= installed base) im Geschäftsjahr 1998 erstmals die Grenze von 30 Millionen (Linie, rechte Achse).**

# Chronik der Mac-Modelle

| | | |
|---|---|---|
| 1984 | Mac 128 KB<br>Mac 512 KB | verkaufte Geräte: 300 000 |
| 1985 | Mac XL | verkaufte Geräte: 500 000 |
| 1986 | Mac Plus<br>Mac 512Ke | verkaufte Geräte: 800 000 |
| 1987 | Mac II<br>Mac SE | verkaufte Geräte: 1 360 000 |
| 1988 | Mac IIx | verkaufte Geräte: 2 250 000 |
| 1989 | Mac SE/30<br>Mac IIcx<br>Mac SE FDHD<br>Mac Portable<br>Mac IIci | verkaufte Geräte: 3 370 000 |
| 1990 | Mac IIfx<br>Mac Classic<br>Mac IIsi<br>Mac LC | verkaufte Geräte: 4 650 000 |

«Ich denke, dass wir 1985 die kumulierte Zwei-Millionen-Grenze durchbrechen werden. Ganz sicher.»

***Steve Jobs** in einer Prognose über die Absatzzahlen des Mac vor dessen Einführung*

Ende 1985 hatte Apple nur 500 000 Macs verkauft und durchbrach die Zwei-Millionen-Grenze erst 1988.

Der Mac Plus war von allen Modellen am längsten lieferbar: 1719 Tage.

Der Mac II war der erste Macintosh, der sich vom Anwender leicht öffnen und erweitern ließ.

Wenn Apple die Namenskonvention beibehalten hätte, die mit dem Mac IIx als Nachfolger des Mac II entstanden war, dann hätte das Nachfolgemodell des Mac SE/30 den Namen Mac SEx bekommen.

«Wir denken nicht daran, unsere Computer zu kastrieren, damit sie billiger werden. Wir machen Hondas, keine Yugos.»

*President von Apple Products **Jean-Louis Gassée** in einer Rechtfertigung des Preises von 4369 Dollar für den Mac SE/30*

Mit 9870 Dollar war der Mac IIfx das teuerste Modell aller jemals verkauften Macs.

«[Jobs] war ursprünglich der Überzeugung, dass wir innerhalb der ersten zwei Jahre fünf Millionen Macintoshs verkaufen könnten. Diese Zahl ist so verrückt, dass es schon lächerlich erscheint. Das ist noch niemandem mit irgendeiner Maschine gelungen.»

***Trip Hawkins,*** *ehemaliger Manager of Marketing Planning bei Apple*

Erst nach sieben Jahren waren fünf Millionen Macs verkauft.

«Wir müssen unseren Usern puren Sex bieten. Wie bei einem Rendezvous mit einem schönen Mädchen auf dem Rücksitz des Autos. Mit dem Personal Computer sollte man Erfahrungen machen, die den besten Orgasmus übertreffen.»

***Jean-Louis Gassée,*** *ehemaliger President von Apple Products*

Im Februar 1993 lieferte Apple seinen zehnmillionsten Macintosh aus – einen Color Classic.

## 1991

- Mac Portable (Display mit Hintergrundbeleuchtung)
- Mac Classic II; PowerBook 100, 140, 170; Quadra 700, 900

**verkaufte Geräte: 6 740 000**

## 1992

- Mac LC II
- Quadra 950
- PowerBook 145
- Performa 200, 400, 600, 600CD
- Mac IIvi, Mac IIvx; PowerBook 160, 180; PowerBook Duo 210, Duo 230, Duo Dock, Duo MiniDock

**verkaufte Geräte: 9 240 000**

## 1993

- Centris 610, 650; Mac Color, Classic, Mac LC III, Performa 250, PowerBook 165c, Quadra 800
- Performa 405, 430, 450
- Workgroup Server 80, 95
- Mac LC 520, Performa 520, PowerBook 145B, 180c
- Centris 660AV, Quadra 840AV, Workgroup Server 60
- PowerBook 165
- Mac Color Classic II, Mac LC 475, Mac LC III+, Mac TV, Performa 275, 410, 460, 466, 467, 475, 476, 550; PowerBook Duo 250, PowerBook Duo 270c, Quadra 605, 610, 650, 660AV; Workgroup Server 60 (50/25 MHz)

**verkaufte Geräte: 12 550 000**

## 1994

Performa 560

Mac LC 550, LC 575; Performa 575, 577, 578;
Quadra 610 DOS Compatible

Power Mac 6100/60, 7100/66, 8100/80

Workgroup Server 6150, 8150, 9150

PowerBook 520, 520c, 540, 540c;
PowerBook Duo 280, 280c, Duo Dock II

Mac LC 630
Performa 630, 635CD, 636CD, 637CD, 638CD;
PowerBook 150, Quadra 630

Performa 6110-Serie

Performa 6110CD, 6112CD, 6115CD, 6117CD, 6118CD
Power Mac 475, 575, 605, 630, 8100/110

**verkaufte Geräte: 16 400 000**

## 1995

Power Mac 6100/66, 7100/80, 8100/110

Power Mac 8115/110

Mac LC 580, 630 DOS Compatible;
Performa 588CD, Power Mac 580, 5200/75 LC;
Workgroup Server 6150/66, 8150/110, 9150/120

Performa 5200CD, 5210CD, 5220CD, 580CD, 6200CD, 630CD DOS Compatible, 640CD, DOS Compatible; PowerBook 550c, Duo Dock Plus; Power Mac 6200/75, 9500/120, 9500/132

Performa 5215CD, 6116CD, 6216CD, 6218CD, 6220CD, 6230CD, 631CD

Performa 6205CD, 6214CD; Power Mac 7200/75, 7200/90, 7500/100, 8500/120, 5300/100LC, PowerBook 500 mit PowerPC, 190/66, 190cs/66, 5300/100, 5300c/100, 5300ce/117, 5300cs/100, Duo 2300c/100

Performa 6210CD, 6300CD, 5300CD;
Power Mac 9515/132

Performa 5320CD

**verkaufte Geräte: 20 900 000**

«Ich denke, sie würden eher Kühlschränke herstellen.»

***Aaron Goldberg,*** *Analyst der International Data Corporation, 1984 auf die Frage, ob Apple jemals ein IBM-kompatibles Produkt anbieten würde*

Es dauerte ganze zehn Jahre, bis Apple den Quadra 610 DOS Compatible auslieferte – einen voll ausgestatteten Mac, auf dem MS-DOS und Windows liefen. Im fairen Gegenzug kündigte IBM im Juli 1995 an, dass es in seiner Produktionsstätte in Charlotte, North Carolina, Mac-Klones für Radius produzieren würde.

Gegen Ende 1994 hatte Apple mehr als eine Million Power Macs und PowerPC-Upgrades ausgeliefert – drei Monate früher als im Unternehmensziel vorgesehen.

**Die ersten neuen Macs von Apple aus dem Jahr 1995 waren geringfügig schneller als die Power Macs, die knapp als ein Jahr zuvor eingeführt worden waren.**

## 1996

Performa 6290CD; Power Mac 7215/90, 8515/120

Performa 6310CD;
Network Server 500/132, 700/150;
Workgroup Server 7250/120, 8550/132

Performa 5260CD, 5270CD, 5400CD, 5410CD, 5420CD, 6320CD;
Power Mac 5260/100, 5400/120, 7200/120, 7600/120, 8200/100, 8200/120, 8500/132, 8500/150, 9500/150

Performa 6260CD, Power Mac 6300/120

Performa 5400/160, 5400/180, 6400/180, 6400/200;
Power Mac 7600/132, 8500/180, 9500/180MP, 9500/200

Network Server 700/200, Workgroup Server 8550/200

Performa 5260/120, 6360;
PowerBook 1400c/117, 1400c/133, 1400c/117;
Power Mac 5260/120, 5400/180, 6400/200

Performa 5280, 5430, 6410, 6420;
Power Mac 4400/160

**verkaufte Geräte: 24 880 552**

## 1997

PowerBook 3400c/180, 3400c/200, 3400c/240;
Power Mac 4400/200, 5400/200, 5500/225, 6500/225, 6500/250, 7220/200, 7300/166, 7300/180, 7300/200, 7600/200, 8600/200, 9600/200, 9600/200MP, 9600/233

Power Mac 4400/200 PC Compatible, 6500/275, 6500/300, 7220/200 PC Compatible, 7300/180 PC Compatible;
Workgroup Server 7350/180, 9650/233

PowerBook 1400cs/133, 2400c/180

Power Mac 8600/300, 9600/300, 9600/350

Power Mac 8600/250, 6500/300 Home Edition, 6500/275 Home Edition und 6500/275 Small Business Edition

PowerBook 1400cs/166

PowerBook G3/250, 3400/250;
Power Mac 7600/200, 9600/350,
G3/233 Desktop, G3/266 Desktop, G3/266 Minitower

**verkaufte Geräte: 27 762 300**

**Apple gab die auf dem superschnellen PowerPC G3-Chip basierenden Macs am 10. November 1997 frei.**

## 1998

- Macintosh Server G3 266/233;
  Power Mac G3/300;
  Power Mac G3 All-in-one 266/233
- PowerBook G3/233, G3/250, G3/292
- Power Mac G3/300 Minitower, G3/333 Minitower,
  Rev A. iMac/233: Bondi Blue
- Macintosh Server G3/333
- Rev B. iMac/233: Bondi Blue

**Apple entwickelte den 1 299 Dollar-iMac als Computer des Internetzeitalters «den etwas anderen Computer». Wie der ursprüngliche NeXT-Computer besitzt auch der iMac ein radikal neues Industriedesign und hat kein eingebautes Diskettenlaufwerk.**

**verkaufte Geräte: 30 000 000**

## 1999

- Blau-weisser Power Mac G3/300 mit einem Chip auf Kupferbasis,
  G3/350, G3/400 Minitower,
  Rev C. iMac/266: Blueberry, Grape, Lime, Strawberry und Tangerine
- Rev D. iMac/333: Blueberry, Grape, Lime, Strawberry und Tangerine
- PowerBook G3/333, G 3/400
- Power Mac G3/450
- Power Mac G4/350
- Blueberry & Tangerine iBook/300
- Power Mac G4/450
- Rev. E iMac/350, iMacDV,
- iMac DV, Special Edition

**Apple weitete das durchsichtige Gestaltungskonzept des iMac auf den überarbeiteten Minitower Power Mac G3 aus, der auf der Macworld Expo in San Francisco vorgestellt wurde.**

**2000**

- PowerBook G3/500
- Power Mac G4/500
- iBook Special Edition/366

# 1985 ist eben nicht 1984

Als sich 1984 dem Ende neigte, konnte Apple kein tolles neues Produkt aus dem Ärmel schütteln wie den Macintosh im Jahr zuvor. Deshalb bemühte es sich, um «The Macintosh Office» etwas öffentlichen Rummel zu produzieren. Dabei handelte es sich im Wesentlichen um das Konzept, eine Reihe von Macs an einen LaserWriter anzuschließen und über ein File Server genanntes Gerät den Austausch von Informationen zu ermöglichen. Es gab nur ein kleines Problem: Der File Server – eine Schlüsselkomponente – war noch lange nicht reif für die Auslieferung. Jean-Louis Gassée, der damalige General Manager von Apple Frankreich, wollte diese Scharade nicht auf sein Land abfärben lassen und bezeichnete das Pseudo-Produkt nicht nur in vertrauten Kreisen als «The Macintosh Orifice» [Das Macintosh-Loch]. Doch obwohl Apple erst 1987 einen File Server ausliefern konnte, setzte es 1985 die Werbung für «The Macintosh Office» in den USA fort.

Wegen des fehlenden Servers verhöhnte Jean-Louis Gassée The Macintosh Office mit der Bezeichnung «The Macintosh Orifice» [das Macintosh-Loch].

The Macintosh Office verband einzelne Macs mit LaserWritern und einem nicht vorhandenen File Server.

Wie über Regisseur Tony Scott erzählt wird, hatte er an den Wolken über England ständig etwas auszusetzen. Deshalb flog er nach Schweden, wo er genau die richtigen Wolken für den Hintergrund seines Werbespots fand.

Um die faszinierende Wirkung des phänomenalen Werbespots *1984* zu wiederholen (vgl. «Ein Werbe-Hit beinahe für die Schublade»), wandte sich Apple erneut an die Kreativen seiner Werbeagentur und bat sie, für den bevorstehenden Super Bowl XIX etwas Tolles auf die Beine zu stellen. Chiat/Day wollte erneut mit Ridley Scott arbeiten, der schon *1984* gedreht hatte, aber er war bereits ausgebucht, und so entschieden sie sich stattdessen für seinen Bruder Tony.

Das Ergebnis war ein düsterer, 60 Sekunden langer Werbespot mit dem Titel *Lemmings*, in dem Geschäftsleute mit verbundenen Augen in langen Schlangen mühsam hintereinander herstapfen – eine Hand auf der Schulter der vorausgehenden Person, in der anderen eine Aktentasche – und über den Rand einer Klippe wie Lemminge ins Meer fallen. Schließlich jedoch hebt der letzte Mann der ersten Schlange, vermutlich ein zum Mac Konvertierter, seine Augenbinde hoch und hält vor dem Abgrund inne, anstatt sich in den Tod zu stürzen.

**In *Lemmings* wurden DOS-Anwender mit dummen Nagetieren gleichgesetzt, die massenweise Selbstmord begehen.**

**Texter Steve Hayden warnte Apple, «sich nicht ins eigene Fleisch zu schneiden».**

Natürlich war *Lemmings* kein typischer Werbespot. Er zwang zum Nachdenken, aber die befreiende Wirkung von *1984* fehlte. John Sculley hasste ihn und wies Chiat/Day wie bereits im Jahr zuvor an, die bei ABC gebuchte Sendezeit während des Super Bowl zum Preis von 1 Million Dollar zurückzugeben, was auch gelang. Die Kreativleute bei Chiat/Day versuchten mit allen Mitteln, Sculley zur Rücknahme seiner Entscheidung zu bewegen und erinnerten ihn daran, dass Apple ursprünglich auch den Spot *1984* nicht mochte, der sich dann aber zu einem wahren Triumph entwickelt hatte.

Obwohl Texter Steve Hayden von seiner Arbeit überzeugt war, warnte er Apple: «Ihr werdet euch ins eigene Fleisch schneiden, wenn ihr *Lemmings* ausstrahlt, ohne The [Macintosh] Office auch tatsächlich liefern zu können.» Sculley überließ Marketingmanager Mike Murray die Entscheidung, der jedoch einfach die Daumen drückte und alles auf eine Karte setzte.

**Diese einfache Zeitungsanzeige machte die Leser neugierig und steigerte ihre Erwartungen an den Werbespot.**

Es gelang Chiat/Day, zum reduzierten Preis von 900000 Dollar eine Minute Sendezeit zurückzukaufen (was für ein Schnäppchen!), und so lief der Werbespot am 20. Januar 1985 während des vierten Quarters des Super Bowl XIX. Obwohl die San Francisco 49er drauf und dran waren, die Miami Dolphins 38 : 16 zu schlagen, verharrte der größte Teil des Landes vor dem Fernseher, weil Apple eine Teaser-Anzeige in den Zeitungen geschaltet hatte, die warnte: «Wenn Sie während des vierten Quarters aufs Klo gehen, werden Sie es bereuen.» Im Nachhinein war es jedoch Apple, das die Sache bereute.

Steve Jobs und John Sculley erlebten das Desaster aus der ersten Reihe, denn sie waren für den Super Bowl selbst ins Stanford Stadium gekommen. Apple hatte die berüchtigt unbequeme hölzerne Zuschauertribüne mit weichen, logo-geschmückten Kissen ausgestattet und einen riesigen Stadionbildschirm aufgestellt. Um die 90000 Zuschauer einzustimmen, spielte Apple vor Beginn des Spiels *1984* ab und erntete dafür tosenden Beifall. Als jedoch *Lemmings* gezeigt wurde, saßen die Massen still und stumm. Kein gutes Zeichen.

«Wir stehen am Anfang von Macintosh Office. Ich sage Anfang, weil es hier um etwas anderes geht als um 100 Tage Macintosh Office. Es wird uns zwei Jahre kosten, in die Büros hineinzukommen.»

***Steve Jobs** auf der Aktionärsversammlung am 23. Januar 1985 (Hatte er damit unbeabsichtigt eingestanden, dass der Server erst in zwei Jahren verfügbar sein würde?)*

The Macintosh Office war aber nicht nur ein Flop, denn es führte gleichzeitig auch das Networkingtool AppleTalk ein. Im Mai 1985 hatte Apple mehr als 2 500 LaserWriter-Drucker zum Preis von je 6 995 Dollar verkauft.

Der Werbespot sollte die 43 Millionen Fernsehzuschauer eigentlich davon überzeugen, dass Macintosh Office von den herkömmlichen und gewohnten Wegen, Geschäfte zu betreiben (z.B. IBM PCs zu kaufen) befreite. Stattdessen verletzte er aber gerade jene Leute, die er eigentlich gewinnen sollte. Die meisten Leute waren der Meinung, dass *Lemmings* gescheitert sei – und zwar jämmerlich.

Um den negativen Auswirkungen entgegen zu steuern, schlug Murray vor, im *Wall Street Journal* eine öffentliche Entschuldigung zu publizieren. Creative Director Jay Chiat drohte, in einem solchen Fall die gegenüberliegende Seite zu kaufen und sich für die Entschuldigung zu entschuldigen. Daraufhin ließ Murray seine Idee sofort wieder fallen.

Im Rückblick fällt es leicht, den Werbespot *Lemmings* für die darauf folgenden Schwierigkeiten auf dem Markt verantwortlich zu machen, aber «man stellt mit einer Werbekampagne keinen Scheck aus, den das Produkt nicht einlösen kann», betont Hayden. « Macintosh Office ist wahrscheinlich gescheitert, weil der File Server nichts anderes war als ein leerer Plastikkasten.» Wie wahr. Stellen wir uns für einen Moment mal vor, der Macintosh wäre mit *Lemmings* und nicht mit *1984* eingeführt worden. Vielleicht hätte man dem Werbespot verziehen, weil Apple ihn durch ein Produkt von durchschlagender Bedeutung untermauern konnte. Mit Macintosh Office war das jedoch leider nicht der Fall. Außerdem schien *Lemmings* darauf hinzuweisen, dass Apple das Gefühl für den Markt verloren hatte, wenn nicht sogar die Kontrolle.

# Von einem Fettnäpfchen ins nächste

Wie die meisten Unternehmen verbreitet Apple seine Erfolge in weit gestreuten Presseveröffentlichungen und versteckt die Fehler in klein gedruckten Fußnoten. Zu Ihrem Lesevergnügen können Sie hier ein paar dieser Patzer nachlesen, die Apple wohl lieber eingeäschert hätte.

## Testen Sie einen Macintosh

John Sculley hatte sich bei Pepsi-Cola USA mit seiner enorm erfolgreichen Kampagne, «Pepsi Challenge», einen Namen gemacht. Darin stellten Konsumenten mit verbundenen Augen unter Beweis, dass sie Pepsi dem Konkurrenten Coca-Cola vorzogen. Sein Ansehen als Meister des Event-Marketing erlebte durch die überwältigend positive Kritik für den Werbespot *1984*, der während des Super Bowl XVIII gesendet wurde, einen weiteren Aufschwung. Als der Medienrummel um die Einführung des Mac allmählich abflaute, musste sich Apple wieder der Realität stellen. Das Unternehmen hatte 15 Millionen Dollar in eine 100-tägige Werbekampagne gesteckt, aber jetzt gingen die Absatzzahlen des Mac dramatisch auf etwa 20 000 Stück pro Monat zurück.

Beim nächsten großen Promotion-Kick für den Mac griff Sculley auf seine «Pepsi Challenge»-Masche zurück und dachte sich die Kampagne «Test drive a Macintosh» [Testen Sie einen Macintosh] aus. Weil er von der Überlegenheit des Mac absolut überzeugt war, meinte er, Apple müsste die Computer nur unters Volk bringen – die Leute würden sich dann schon von selbst dafür begeistern. Also kaufte Apple für 2,5 Millionen Dollar alle 40 Anzeigenseiten einer Sonderausgabe der Zeitschrift *Newsweek* zu den Wahlen im November 1984.

Am 8. November 1984 äußerte Sculley gegenüber dem *San Francisco Chronicle:* «Es ist nicht ganz klar, ob Apple in *Newsweek* wirbt oder ob *Newsweek* eine Einlage in einer Broschüre von Apple publiziert.» Die letzte, ausklappbare Anzeige der Ausgabe gab den Startschuss für die innovative Promotion «Testen Sie einen Macintosh».

Die Aktion funktionierte so: Jede Person, die im Besitz einer Kreditkarte war, konnte zu einem Apple-Händler gehen, musste ein paar Formulare ausfüllen und durfte dann für 24 Stunden einen Mac zur Probe mit nach Hause nehmen. Zunächst sah es so aus, als ob Sculley einen weiteren Marketingcoup gelandet hatte, denn mehr als 200 000 Personen machten von dem Angebot Gebrauch und schleppten für einen Tag eifrig nagelneue Macs nach Hause. Selbst die Zeitschrift *Advertising Age* war beeindruckt und zeichnete «Testen Sie einen Macintosh» als eine der zehn besten Promotions des Jahres 1984 aus.

Die Außenwelt konnte Apple vielleicht täuschen, aber in Cupertino selbst war klar, dass die Testaktion eher einem Schiffbruch glich. Die Apple-Händler hassten sie. Sie hatten nicht genug Macs zur Verfügung, um sie an ernsthafte Kunden zu verkaufen, und schon gar nicht dafür, sie über Nacht an Schnäppchenjäger zu vermieten. Und sie ärgerten sich über den zusätzlichen Papierkram zur Hauptgeschäftszeit am Ende des Jahres. Apple war davon ausgegangen, dass sich die Interessenten direkt zum Kauf entschließen würden, weil sie ihrem neuen Spielzeug verfallen waren, anstatt es nach 24 Stunden zurückzubringen. Diese Annahme erwies sich jedoch als falsch. Schließlich kamen die meisten der ausgeliehenen Macs auch noch mit leichten Benutzungsschäden zurück.

**Die meisten, die auf den «Test Drive» angesprochen hatten, erwiesen sich im Nachhinein bloß als Neugierige und nicht als Käufer.**

# Lotus Jazz

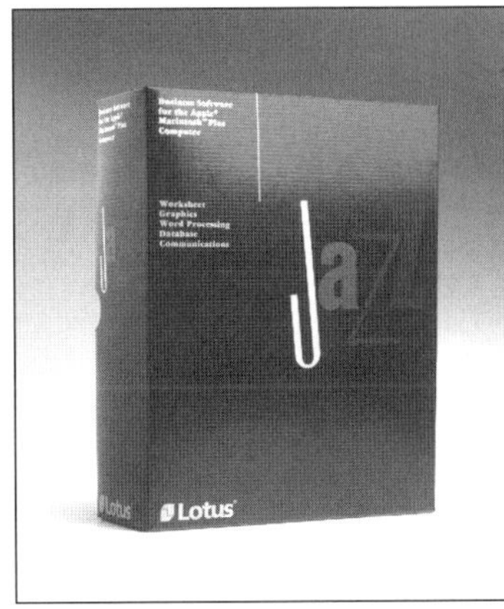


Trotz der hohen Erwartungen konnte Lotus Jazz nicht dazu beitragen, den Mac auf dem Businessmarkt zu etablieren.

Nach der eindrucksvollen Einführung verkaufte sich der Mac sehr gut an einzelne Personen, aber im entscheidenden Business-Sektor fand er keine Akzeptanz. Im September hatte Apple den Mac 512K eingeführt, aber es gab einfach noch nicht genügend gute Geschäftsanwendungen. Als die Lotus Development Corporation (www.lotus.com) am 12. November 1984 Jazz ankündigte, erhoffte sich Apple darin eine «Killer-Anwendung», die dem Mac aus seinem Absatztief heraushelfen würde. Mit Jazz schienen die Gebete Apples erhört worden zu sein, denn es kam von Lotus, das sich damals mit seinem Programm 1-2-3 zum Marktführer im Bereich Tabellenkalkulation für den PC entwickelt hatte. Jazz war ein integriertes Softwarepaket für 595 Dollar, das im März 1985 ausgeliefert werden sollte und das Gegenstück bildete zum Symphony-Paket für den IBM PC. Es umfasste eine Textverarbeitung, ein Tabellenkalkulationsprogramm, einen Datenbank-Manager, einen Grafikeditor sowie Software für Telekommunikation.

Bei einem persönlichen Auftritt während der Einführung im November wies Sculley Jazz «strategische Bedeutung für Apple» zu. «Heute ist ein sehr wichtiger Tag für Lotus, aber auch für Apple und die Industrie überhaupt.» Als der Chairman von Lotus, Mitchell Kapor, voraussagte, dass Jazz von etwa der Hälfte aller Käufer eines Mac 512K erworben würde, korrigierte Sculley: «Ich würde von einer durchaus höheren Zahl ausgehen.»

Jazz kam erst im August 1985 heraus, eroberte den Mac-Markt jedoch in keinster Weise. Man konnte es nur mit dem besten Modell, dem Mac 512K, sowie einem zweiten Diskettenlaufwerk benutzen – Voraussetzungen, die nur wenigen Anwendern zur Verfügung standen. Außerdem fehlten die Makros, die Leistung und die Geschwindigkeit, die Lotus 1-2-3 und Symphony auf dem PC zu wahren Rennern gemacht hatten. Die Textverarbeitung stürzte zudem nach nur 17 Seiten eingegebenem Text ab. Kein Wunder, dass sich Lotus mit der Klage auseinander setzen musste, es wolle die Leute mit Jazz nur an der Nase herumführen. Im Juni 1988 wurde das Produkt schließlich eingestellt.

# Macintosh Portable

In den frühen Zeiten der PC-Industrie machte sich Steve Jobs gerne mit folgenden Worten über Großrechner lustig: «Traue niemals einem Computer, den du nicht hochheben kannst.» Jef Raskin nahm Steve beim Wort und sah den Mac ursprünglich als tragbaren All-in-one-Computer vor. Als Jobs das Projekt übernahm, verschob sich das Konzept des Industriedesigns von der Tragbarkeit auf die verkleinerte Stellfläche. Er forderte das Team 1986 aber dennoch auf, den Mac als einen Übergang zum «Mac in Buchform» anzusehen. Das einzige Zugeständnis an die Tragbarkeit bestand beim ersten Mac in einem vertieften Griff an der Oberseite, sodass der User den rund 8 Kilo schweren Computer mit einer Hand umher tragen konnte.

«[Kleinere tragbare Computer] sind ok für einen Reporter, der unterwegs Aufzeichnungen machen will. Für den durchschnittlichen Anwender sind sie aber gar nicht so nützlich, und außerdem fehlt die Software. Wenn man gerade mit der Software fertig geworden ist, kommt ein anderer mit einem etwas größeren Display raus und man kann die Software vergessen. Also beschäftigt sich erst gar keiner mit der Software. Warten Sie ab, bis wir das übernehmen – die Power eines Macintosh in der Größe eines Buches oder so.»

***Steve Jobs** in einem Playboy-Interview aus dem Jahr 1985*

«Wir verfolgen das Ziel, den Mac irgendwann in einem Buch unterzubringen, um ihn so klein zu machen wie ein Notizheft, das man auf dem Schoß hält», erläuterte Barbara Koalkin, Managerin für Produktmarketing, gegenüber *USA Today* nur vier Monate nach der Einführung des Mac. «Wir wollen dafür aber kein einziges Feature aufgeben. Unserer Meinung nach braucht man ein gutes Display, eine Maus, reichlich Arbeitsspeicher und eine Festplatte. Wir müssen herausfinden, wie man das alles in einem sehr kleinen Paket unterbringen kann. In allernächster Zukunft wird das sicherlich nicht passieren, weil die Technik einfach noch nicht so weit ist.» Tatsächlich dauerte es mehr als fünf Jahre, bis Apple seinen ersten Laptop-Computer auf den Markt brachte. Vielleicht hätte man besser noch ein bisschen länger damit gewartet.

Im April 1985 lehnte das Apple-Direktorium Jobs Vorschlag ab, einen batteriebetriebenen BookMac – wie er das Projekt nannte – mit einem neu entwickelten Flachbildschirm zu bauen. Jobs verließ die Firma im September, und seine Idee musste bis zum Herbst des folgenden Jahres in den Labors schmachten, als Jean-Louis Gassée das Laguna-Projekt ins Leben rief. «Wir wollten den Mac SE auf einen tragbaren Computer mit den Maßen 21,6 x 28 x 3,8 cm und einem Gewicht von 2,6 kg übertragen», erklärt Terry Christensen, der die Entwicklung des Produktdesign des Mac SE geleitet hatte. «Aber wir hatten ja gar keine Erfahrung mit tragbaren Computern und wussten nicht, wo wir anfangen sollten.» Das konnte Apple aber nicht aufhalten.

Am 20. September 1989 erblickte der 5 799 Dollar teure Macintosh Portable das Licht der Welt. Im Geschäftsbericht von 1989 verkündete Apple stolz, dass «wir im vierten Quartal ein Produkt eingeführt haben, auf das die ganze Welt gewartet hat: den innovativen, kompromisslosen Macintosh Portable.» Der entscheidende Begriff hier ist «kompromisslos». Jobs hatte dem Mac-Team die Ehrfurcht vor dem Perfektionismus eingeimpft, und Gassée setzte diese Tradition fort: Er nährte das Selbstwertgefühl der Ingenieure, indem er ihnen freien Lauf ließ, alles von Grund auf neu zu entwerfen, anstatt Teile zu kaufen, die dem Standard der Industrie entsprachen. Heraus kam ein Produkt mit zahlreichen innovativen Merkmalen und Funktionen, das für den angestrebten Zweck jedoch nahezu unbrauchbar war.

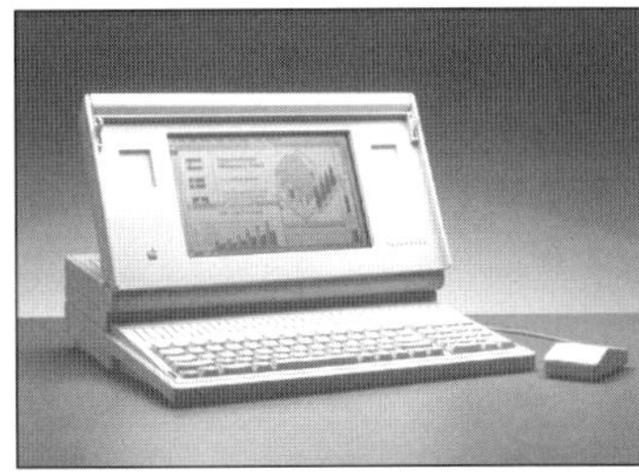

**Der Macintosh Portable bot zahlreiche innovative Features, wie z.B. eine richtige Tastatur, einen Trackball (oben ersetzt durch einen optionalen Zahlenblock) und eine Festplatte, aber er wird wohl vor allem wegen seines Gewichts immer in Erinnerung bleiben.**

Der Mac Portable besaß einen 68000-Mikroprozessor mit 16 MHz, 1 MB statischen Arbeitsspeicher, der sich auf 4 MB erweitern ließ, sowie ein 1,4 MB Diskettenlaufwerk. In der Performance glich er weitestgehend dem MacSE, der mehr als 2 Jahre zuvor für die Hälfte des Preises auf den Markt gekommen war. Warum war er dann so teuer? Der Mac Portable war voll gestopft mit Funktionen, von denen die damals gängigen PC-Notebooks keinen leisen Schimmer hatten. Er hatte eine richtige Tastatur, einen Trackball, den man rechts oder links anbringen konnte, um Rechts- und Linkshändern gerecht zu werden, Tonwiedergabe sowie optional eine 40-MB-Festplatte von Conner.

Auch der Bildschirm gehörte zu den innovativen Merkmalen. Gassée hatte auf einem kostspieligen Bildschirm mit Aktivmatrix bestanden, auf dem jeder Pixel von einem eigenen Transistor gesteuert wird. So konnte eine gestochen scharfe Monochromanzeige gewährleistet werden, die im Unterschied zu den billigeren Displays mit Passivmatrix nicht unter gelegentlichen Doppelbildern oder U-Boot-Effekten litt. Die ursprünglichen Spezifikationen hatten einen Bildschirm aus Flüssigkristallen (liquid crystal display: LCD) mit 640 x 480 Pixel vorgesehen, obwohl zum damaligen Zeitpunkt LCDs in dieser Größe noch gar nicht hergestellt wurden. Später wurde der Bildschirm auf 640 x 400 Pixel reduziert, und Sharp richtete eigens eine Produktionsstätte dafür ein. Der Mac Portable besaß schließlich die größte und schärfste Anzeige aller damals am Markt verfügbaren tragbaren Computer, aber er war nicht voll-

«Von einem bestimmten Moment an war allen klar, dass der Mac Portable keine große Bedeutung erlangen würde. Von solchen Projekten geht ein gewisser Geruch aus und die Leute versuchen, sich von diesem Geruch fern zu halten.»

***Jim Stewart,** Industriedesigner*

Wie der ursprüngliche Mac wies auch der Portable mehr als 60 Unterschriften des Design-Teams auf, die unterhalb der Tastatur in das Gehäuse geprägt worden waren.

kommen. Sharp hatte bei der Produktion eines fehlerfreien Displays mit Aktivmatrix einige Probleme, und so segnete Apple einfach jeden Mac Portable als den Spezifikationen genügend ab, wenn er nur sechs oder weniger tote Pixel aufwies.

Das größte Problem des Mac Portable aber war sein Gewicht. Die Marketingleute hatten darauf bestanden, eine zuverlässige Batterie mit langer Lebensdauer zu nehmen. Deshalb entschied sich Apple nicht für die auf dem PC-Markt üblichen Nickelkadmiumzellen, sondern wählte Batterien mit Bleisäure, die auch in Autos verwendet werden. Diese Batterien konnten bis zu 12 Stunden ohne zusätzliches Aufladen betrieben werden, aber sie waren sperrig und schwer – ziemlich schwer sogar. Der Mac Portable wog mit seinen mehr als 7 kg fast so viel wie der ursprüngliche Mac – während die Konkurrenzprodukte weniger als 4,5 kg auf die Waage brachten. So kam der Mac Portable unter Industrieexperten rasch zu seinem Spitznamen «Mac Luggable» (von Luggage: das Gepäck). Er war zu breit, um ihn im Flugzeug auf das herunter klappbare Tischchen stellen zu können. Und selbst wenn man ihn auf den Knien balancierte, war er während eines Fluges nur schwer zu gebrauchen, da das Display nur bei direktem Oberlicht zu lesen war. Erst am 11. Februar 1991 führte Apple einen überarbeiteten Portable ein, dessen Display von hinten beleuchtet wurde. Trotz all dieser Probleme verkaufte sich der Mac Portable jedoch vergleichsweise gut, was vermutlich auf den Nachholbedarf der Mac-User zurückzuführen war.

## PowerBook 5300

Nach dem Desaster mit dem Portable gelang Apple schließlich im Oktober 1991 mit dem leichtgewichtigen PowerBook der Durchbruch. Im ersten Jahr wurden mehr als 400 000 Stück verkauft, und sie trugen mit mehr als 1 Milliarde Dollar bedeutend zu den Gesamteinnahmen des Unternehmens bei. Im November 1993 hatte Apple mittlerweile mehr als eine Million PowerBooks abgesetzt, konnte seine Marktführung aber nicht behaupten. Die Produktlinie der PowerBooks begann im Hinblick auf ihre Performance den Desktop-Macs hinterher zu hinken. Im März 1994 kamen die ersten Power Macs auf den Markt, aber die treuen Anhänger mussten bis zum 25. August 1995 warten, um sich ein Notebook mit PowerPC anschaffen zu können. Das PowerBook 5300 wurde unter dem Codenamen

Anvil [Amboß] entwickelt, eine treffende Bezeichnung, falls es je eine gegeben hat. Es warf so viele Probleme auf, dass es schließlich erheblich zum Rückgang der Geschäftsergebnisse beigetragen hatte.

**Das PowerBook 5300, Apples erstes Laptop mit PowerPC-Chip, wurde von endlosen Klagen begleitet.**

Apple hatte gerade 1000 PowerBooks 5300 an ungeduldig wartende Händler im ganzen Land geliefert, als zwei früh produzierte Exemplare Feuer fingen – eins im Haus eines Programmierers, das andere in Apples Produktionsstätte in Singapur. Ursache waren die von Sony hergestellten Lithium-Ionen-Batterien (LiIon), die sich während der Stromversorgung überhitzten und infolge des Drucks in den Zellen explodierten. Glücklicherweise wurde niemand verletzt, aber das Ansehen Apples nahm Schaden, weil die Medien diesen Vorfall als weiteres Indiz für den Niedergang des Unternehmens interpretierten. Am 14. September rief Apple deshalb alle PowerBooks 5300 zurück und behauptete, dass bis zu diesem Zeitpunkt nur 100 Stück an Endanwender verkauft worden seien. Weniger als zwei Wochen nach dieser Rückrufaktion tauschte Apple die LiIon-Batterien durch Nickel-Metallhydrid (NiMH)-Batterien aus, die ursprünglich für das PowerBook 190 vorgesehen waren. Die neuen Batterien besaßen eine Kapazität von 26-Watt-Stunden, während die ursprünglichen LiIon-Batterien 36-Watt-Stunden leisteten. Deshalb war Apple gezwungen, den Preis um etwa 100 Dollar pro Modell zu reduzieren.

Die Ironie der Geschichte wollte, dass Sonys Produktionsstätte im japanischen Koriyama, wo die mangelhaften LiIon-Batterien hergestellt wurden, selbst durch ein Feuer zerstört wurde.

Explodierende Batterien waren aber nicht das einzige Problem des PowerBook 5300. Das Plastikgehäuse bekam leicht Sprünge, der Stecker für die Stromversorgung war zu dünn und brach häufig ab, und die Stromversorgung reichte nicht aus, um bestimmtes Zubehör in den Erweiterungsschächten und über die PC Card gleichzeitig auszuführen. Außerdem gab der Schaltkreis, der den reduzierten Stromverbrauch im Sleepmodus steuerte, den Geist auf, bevor er diesen aktiviert hatte. Die maximal mögliche Pause wurde dadurch von zehn Tagen auf vier Tage reduziert. Wenn man den Reset-Knopf und den Knopf zum Einschalten gleichzeitig drückte, hängten sich manche Rechner gleich völlig auf. Am 10. Mai 1996 stellte Apple die Produktion des PowerBook 5300 vorübergehend ein und bot für alle Geräte, die von diesen Problemen betroffen waren, den Austausch der Motherboards an. Durch den Rückruf gingen Dataquest zufolge die Einnahmen aus dem Notebook-Verkauf von 1,5 Milliarden Dollar im Jahr zuvor auf 1 Milliarde Dollar im Jahr 1996 zurück.

«Wir haben es ganz klar vermasselt.»

***Marco Landi,*** *COO bei Apple, über das problematische PowerBook 5300*

In dem Film *Mut zur Wahrheit (Courage Under Fire)* benutzt die von Denzel Washington gespielte Figur mehrmals ein PowerBook 5300. Der Film spielt kurz nach dem Golfkrieg im Jahr 1991, das PowerBook 5300 kam jedoch erst im August 1995 auf den Markt. Der einzige damals verfügbare Mac-«Laptop» war der Mac Portable, ein sieben Kilo schweres Monstrum, das Denzel zum Kandidaten für das Verwundetenabzeichen Purple Heart nominiert hätte, wenn er es ständig mit sich herumgetragen hätte.

Nur wenige Wochen vor diesem Rückruf gab Apple am 18. April bekannt, dass es mit Paramount Pictures eine gemeinsame Werbeaktion für den Film *Mission: Impossible* mit Tom Cruise in Höhe von 15 Millionen Dollar abgeschlossen hatte. Die Promotion umfasste Fernseh- und Printwerbung, eine eigene Website sowie Co-Sponsoring der Filmpremiere. Dass die Wahl auf einen Film mit dem Titel *Mission: Impossible* fiel, wirkt besonders ironisch, da Apple gerade erst bekannt gegeben hatte, im zweiten Quartal die bisher höchsten Verluste von 740 Millionen Dollar eingefahren zu haben. Manche Spötter meinten, dass der neu eingesetzte Geschäftsführer, Gilbert F. Amelio, Aufgaben zu erwarten habe, die beängstigender seien als jede Mission, die Mr. Phelps jemals angenommen hatte.

Tom Cruise, auch im wirklichen Leben ein Mac-User, benutzt im Film ein PowerBook 5300c, aber Apple hatte keinerlei Einfluss auf das Script, weil es sich zu spät als Sponsor eingebracht hatte. Deshalb muss sich die Figur von Cruise mit einem unkomfortablen Befehlszeilen-Interface abfinden, anstatt die grafische Benutzeroberfläche des Mac nutzen zu können. Noch schlimmer: Als Cruise und seine Leute in das Computersystem der CIA einbrechen wollten, merkte der Computerexperte an, dass sie «Thinking Machines Laptops» bräuchten. Es ist natürlich unerheblich, dass Thinking Machines (www.think.com) niemals etwas Kleineres hergestellt hat als Supercomputer und schon gar keinen Laptop. Aber das ist eben Hollywood. Apple hatte 15 Millionen Dollar locker gemacht und konnte dann noch nicht mal dafür sorgen, dass im Film auch der richtige Computer eingesetzt wird, nämlich der, der im Drehbuch vorgesehen war. Der Höhepunkt der Geschichte kommt aber noch, denn mit der Werbeaktion wurde die Nachfrage nach einem Produkt stimuliert, das die Händler wegen der Rückrufaktion längst nicht mehr am Lager hatten – eine Situation, die sich über vier Monate hinzog.

## Theater mit der Telekommunikation

Durch die Geschichte von Apple ziehen sich zahlreiche Versuche, neu entstehende Märkte zu erobern, die man viel früher erkannt hatte als die Konkurrenz. Ein ausgezeichnetes Beispiel bieten Apples Erfahrungen mit der Telekommunikation.

Apple betrat 1984 die Online-Welt, weil es die Unterhaltskosten für das weltweite Händler-Netzwerk reduzieren wollte. Dazu wurde auf dem Apple II zunächst ein Demo-Onlinesystem namens Apple Shared Knowledge entwickelt. John Ebbs, Leiter des Support bei Apple und ehemaliger Senior Executive bei General Electric, überzeugte das Management davon, verschiedenen Unternehmen die Möglichkeiten des Mac vorzuführen. Dazu sollte er für die Verbreitung von Preislisten und Produktdatenbanken eingesetzt werden. Er wollte die Timesharing-Fähigkeit der General Electric Information Services Co. (die den Kundenservice GEnie betrieb) mit der Benutzerfreundlichkeit des Mac kombinieren.

Am 28. August 1991 sendete die Mannschaft des Spaceshuttles STS-43 Atlantis mit einem Mac Portable und speziell konfigurierter AppleLink-Software die erste echte E-Mail-Nachricht aus dem Weltraum: «Hallo Erde! Viele Grüße von der Mannschaft des STS-43. Dies ist der erste AppleLink aus dem Weltraum. Uns geht es GROSSARTIG, wünschten ihr wärt auch hier... Senden Cyro und RCS! Hasta la vista, Baby,... wir kommen bald zurück!»

AppleLink kam im Juli 1985 heraus – der erste Onlinedienst mit leicht anzuwendender Grafik, Fenstern und Symbolen an Stelle eines textbasierten Interfaces mit Befehlszeilen. Die Übertragung der Desktop-Metapher auf die Onlinewelt war genauso revolutionär wie der Macintosh selbst. Obwohl ursprünglich nur als sicheres Informations- und Supportsystem für die Händler gedacht, entwickelte es sich in wenigen Wochen zum E-Mail-System für Apple und seine Händler. Das System trug zwar den Namen von Apple, wurde aber in einem Gemeinschaftsprojekt von Apple und GE unterhalten und betrieben. Als im Laufe der Jahre auch externe Kunden darauf zugreifen konnten, lagen die Preise je nach in Anspruch genommenem Service und Wohnort zwischen 10 und 100 Dollar pro Stunde. Innerhalb kurzer Zeit musste Apple jährlich mehr als

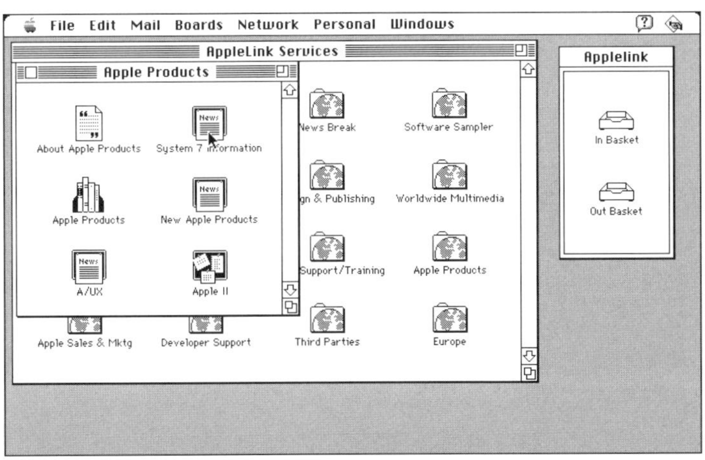


**AppleLink war Apples interner Onlinedienst, der jedoch von GE betrieben wurde. Die Mac-Oberfläche wurde erfolgreich eingesetzt, um die Online-Kommunikation einfacher und benutzerfreundlicher zu gestalten.**

30 Millionen Dollar an GE bezahlen. Eine Studie wies jedoch nach, dass das Unternehmen durch diesen Service gleichzeitig 100 Millionen Dollar anderer Kosten (Papier, Personal, Produktivität, Telefon, Reisen etc.) pro Jahr einsparte.

AppleLink war ausgesprochen erfolgreich, und Apple erwog, eine ähnliche Version anzubieten, um die Kosten der Kundenunterstützung zu reduzieren. Eine kleine Firma namens Quantum Computer Services betrieb damals QuantumLink, einen Onlinedienst für Anwender von Commodore-Computern. Apple liebäugelte zunächst mit der Idee, Quantum einfach für mehrere Millionen Dollar aufzukaufen. Dann entschied es sich aber, in gemeinsamer Arbeit einen grafisch ausgerichteten Dienst innerhalb des bereits integrierten AppleLink zu entwickeln. AppleLink war zwar ursprünglich für Apple-II-User gedacht, wurde jedoch im Hinblick auf den Macintosh konzipiert. Unter dem Codenamen Project Samuel entwickelten die Unternehmen dieses Projekt als Joint Venture: Apple brachte sein Fachwissen im Interface-Design, effektives Marketing, Kapital und das Logo ein, während Quantum für den Aufbau und Betrieb des Systems zuständig war.

Am 20. Mai 1988 wurde AppleLink – Personal Edition auf dem AppleFest in Boston eingeführt. Abonnenten konnten für 6 Dollar außerhalb und für 15 Dollar während der Hauptgeschäftszeiten auf Apple-spezifische Ressourcen – wie eine Bibliothek mit Dokumentationsmaterial, ein Software-Center und einen firmeneigenen Shop – zugreifen. Darüber hinaus standen allgemeine Dienste aus den Bereichen Unterhaltung, Wirtschaft, Online-Shopping und Ausbildung zur Verfügung. Bevor die Macintosh-Version auf den

**AppleLink – Personal Edition erschien erst für den Apple II und wurde eingestellt, bevor die Mac-Version ausgeliefert wurde.**

Markt kam, gerieten Apple und Quantum jedoch in eine Auseinandersetzung über die zukünftige Ausrichtung ihres Dienstes. Apple wurde außerdem ein weiteres Mal reorganisiert. Die neue Führung wollte alles abstoßen, was sie als externe Geschäftsverpflichtung ansah und zog die Unterstützung für AppleLink – Personal Edition zurück. Apple stellte Quantum jedoch die finanziellen Mittel bereit, um die Mac-Beta fertig zu stellen und ohne das Apple-Logo auf den Markt zu bringen. Im Oktober 1991 benannte sich Quantum in America Online um und machte seinen Dienst für jedermann zugänglich – nicht nur für die Anwender von Apple-Computern.

Das von General Electric betriebene AppleLink wurde weiterhin von etwa 14000 Angestellten bei Apple und seinen Vertragspartnern sowie von 20000 Händlern und Entwicklern in der ganzen Welt genutzt. Obwohl Apple von den externen Nutzern jährlich Gebühren in Höhe von 8 Millionen Dollar einstreichen konnte, machte es mit der Zugangsvermittlung immer noch Verluste. Deshalb übertrug es Peter Friedman die Leitung der Abteilung. Er sollte die Kosten senken und einen Plan entwickeln, der Apple den Einstieg in den Wirtschaftszweig der Onlinedienste erlauben würde. Im Jahr 1992 hatten sich die durch die Angestellten verursachten Nutzungskosten von AppleLink um mehrere Millionen Dollar jährlich vermindert. Mit den Gebühren der 50000 externen User ließ sich sogar ein kleiner Gewinn von 25 Millionen Dollar erwirtschaften. Der breiten Masse blieb der Dienst jedoch auch weiterhin verschlossen, und Apple zahlte immer noch enorme Summen an GE. Deshalb wollte es zwei Fliegen mit einer Klappe schlagen: Ein neu entwickelter Service sollte auch Verbrauchern zugänglich sein und das kostspielige AppleLink ersetzen.

Nach Verhandlungen mit Dutzenden von Anbietern wandte sich Apple an seinen alten Partner, America Online (ehemals Quantum). Im Dezember 1992 willigte Apple ein, für die Nutzung des Macintosh-Codes, den es für das eingestellte AppleLink – Personal Edition finanziert und mit entwickelt hatte, ein Honorar zu entrichten. Apple garantierte America Online für den Zeitraum von fünf Jahren min-

Am 9. November 1995 machte Apple von seiner Option Gebrauch und erwarb zwei Millionen Anteile des begrenzten Aktienvolumens von AOL zum Preis von 12,5 Millionen Dollar oder 5,1 Prozent des Unternehmens. Damals lag der Marktpreis bei 161,5 Millionen Dollar. Um sich gegen Marktschwankungen abzusichern, schloss Apple ein Derivatgeschäft ab, das den Mindestwert pro Aktie auf 40 Dollar festsetzte und nach oben einen Anstieg bis auf 120 Dollar pro Aktie erlaubte. Kurze Zeit später fand ein Aktiensplit statt, und das Unternehmen verkaufte einem ehemaligen Vorstandsmitglied zufolge seine Aktien im dritten Quartal 1996 mit einem Gewinn von etwa 39 Millionen Dollar. Apple hätte besser ein paar Jahre länger daran festgehalten, denn diese Aktien stiegen infolge der starken Marktpräsenz von AOL auf ein x-faches ihres ursprünglichen Wertes.

destens 15 Millionen Dollar an Tantiemen und erklärte sich bereit, 2,5 Millionen Dollar dafür zu zahlen, das System an die Spezifikationen von Apple anzupassen. Da Apple mit dem Ersatz von AppleLink jährlich 30 Millionen Dollar einsparen würde, erschien diese Abmachung als eine gute Investition. Der leitende Rechtsanwalt von Apple, Albert A. Eisenstat, schloss jedoch scharfsinnig, dass sich AOL mit diesem Deal sowohl die finanziellen Mittel als auch die Präsenz verschaffen würde, die es brauchte, um sich mit einem konkurrierenden Dienst durchzusetzen. Apple würde die Etablierung des eigenen Systems aber wahrscheinlich verpfuschen. Deshalb sorgte Eisenstat dafür, dass Apple der Erwerb eines substanziellen Anteils an AOL zu einem attraktiven Preis garantiert wurde. Auf diese Weise würde Apple wenigstens am Erfolg von AOL beteiligt.

Apple Online Services und AOL arbeiteten das ganze Jahr 1993 über gemeinsam an dem neuen Dienst. AOL passte seine Technologie an die Spezifikationen von Apple an, und die Software wurde daraufhin in Apples neuem Datenzentrum in Napa, Kalifornien, installiert. Apple erweiterte die Software durch eigene Modifikationen, änderte das gesamte Erscheinungsbild und trug Inhalte von mehreren Hundert Drittanbietern zusammen. Diese Maßnahmen dauerten jedoch länger als geplant, weil Apple den Versuch unternommen hatte, sich an AT&T zu verkaufen. Apple Online Services wurde durch die Fusionsgespräche abgelenkt und AOL reagierte missmutig, weil es mit mehreren Seiten – darunter auch AT&T – in Verhandlungen stand, um die eigene Firma aufzubauen. Ende April waren die Fusionsabsichten gescheitert, doch die beiden Unternehmen diskutierten noch bis November über ein Joint Venture auf dem Onlinesektor, bis sich Apple aus Furcht vor einer Dominanz AT&Ts gänzlich zurückzog.

Das gemeinsame Vorhaben von Apple und AOL trug erst am 5. Januar 1994 Früchte, als Apple ankündigte, seinen neuen Online-Service namens eWorld im Frühjahr verfügbar zu machen. Am 20. Juni öffnete eWorld offiziell seine elektronischen Tore für Mac-User, und der NewtonMail Messaging-Service folgte kurze Zeit später. Apple versprach, 1995 auch die Unterstützung von Windows anzubieten, doch diese Pläne fielen Budgetkürzungen zum Opfer, obwohl bereits 80 Prozent fertig gestellt waren. eWorld vermittelte einen starken Gemeinschaftssinn und basierte auf einer freundlichen, farbigen, grafischen Benutzeroberfläche. Die Metapher eines Stadtviertels machte die verschiedenen Aktivitäten in Gestalt von vertrauten Gebäuden anschaulich.

Die seltsamen glockenförmigen Einwohner von eWorld hießen ePeople.

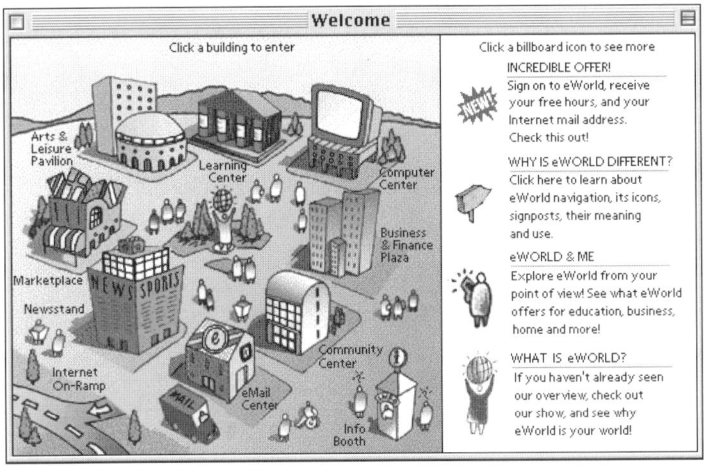


**eWorld besaß wie AOL, auf dem es aufbaute, eine freundliche, farbige, grafische Benutzeroberfläche. Cleo Huggins war der Art-Director für eWorld, Mark Drury der Illustrator.**

Leider fand eWorld aus verschiedenen Gründen nur sehr langsam Anklang. Mitte 1994 setzte der meteoritenartige Siegeszug des Internet ein, und es gab bereits verschiedene eigenständige Onlinedienste wie America Online, CompuServe, Delphi und Prodigy. Da eine konsequente Strategie fehlte, wurde die Client-Software für eWorld erst Ende 1995 mit jedem verkauften Computer ausgeliefert. AppleLink wurde auf den PowerBooks vorinstalliert, und die Software verschiedener Online-Konkurrenten von Apple kam im Bundle mit Desktop-Macs, während eWorld außen vor blieb. Der Preis stellte ein weiteres Problem dar. Ein Abonnement kostete 8,95 Dollar, enthielt aber nur zwei Freistunden für die Nutzung am Abend oder an den Wochenenden. Alle weiteren Stunden wurden abends oder am Wochenende mit 4,95 Dollar, wochentags von 6 bis 18 Uhr gar mit 7,90 Dollar pro Stunde berechnet. Apple hielt den Preis absichtlich hoch, um die Nachfrage einzuschränken, versäumte jedoch die Anpassung nach unten, als die erwartete Nachfrage ausblieb.

Nach einjährigem Bestehen hatte eWorld erst 90 000 Mitglieder. Christopher Escher, Marketingdirektor für eWorld, bemerkte: «Unsere Mitgliederzahlen haben sich halbjährlich etwa verdoppelt.

> «Wenn man erst den Leitbullen erschießen muss, um der restlichen Herde eine Nachricht übermitteln zu können, sollte man sich besser darauf vorbereiten, es auch zu tun.»
>
> ***Gil Amelio**, Apple CEO, über seine Entscheidung, eWorld einzustellen*

Das ist unserer Meinung nach eine ziemlich erfolgreiche Wachstumsrate.» Um seinen Service aufzupeppen, erweiterte Apple eWorld 1.1 (Codename Golden Gate) im Juni 1995 um begrenzte Unterstützung für das Internet und drängte seine Angestellten, an Stelle von AppleLink jetzt eWorld zu benutzen. Im September hatte eWorld 115 000 Mitglieder, AOL dagegen 3,5 Millionen. Mit dem Aufstieg des Internet wurde klar, dass eWorld als eigenständiger Onlinedienst nicht überleben würde, und so kündigte Apple im Oktober 1995 an, eWorld in ein internetbasiertes System zu überführen. Die Angestellten würden direkt auf ein firmeneigenes Intranet mit Zugangsberechtigung wechseln (Codename DeLink).

Als Gil Amelio im Februar 1996 die Führung von Apple übernahm, fragte er in *The Wall Street Journal* rhetorisch: «Braucht die Welt wirklich noch einen Computer- [Online-] Service?» Wenn eWorld einen Hinweis auf die Antwort gab – dann offensichtlich nicht. Nach 1 1/2 Jahren hatte eWorld nur 147 500 Mitglieder. Deshalb gab Apple am 1. März 1996 bekannt, dass am Ende des Monats für immer die Sonne über eWorld untergehen würde. «Eine Strukturierung der [Internet-] Präsenz [von Apple] sollte sich auf eine Auswahl von Websites und -services für bestimmte Zielgruppe beschränken, anstatt einen allgemeinen Dienst wie eWorld anzubieten», erklärt Diane Keith, Direktorin für Internetproduktionen bei Apple. Alle Mitglieder von eWorld erhielten einen Rabatt von 15 Dollar auf das Apple Internet Connection Kit sowie 20 kostenlose Stunden für die Verbindung mit AOL. Genau ein Jahr nach der Einstellung von eWorld lief am 31. März 1997 mit dem Ende von General Electrics AppleLink auch die Operation DeLink aus.

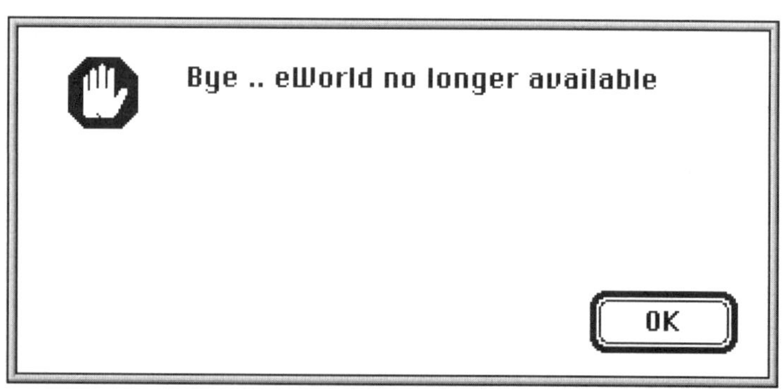


**Am 31. März 1996 ging um Mitternacht für immer die Sonne über eWorld unter.**

# Der steile Aufstieg und tiefe Fall des John Sculley

Wenn Sie zu den echten Mac-Gläubigen gehören, dann verbinden Sie mit dem Namen John Sculley wahrscheinlich jenen Mann, der Apple das Herz aus dem Leibe riss, als er 1985 den beim Publikum hochverehrten Gründer Steve Jobs vom Thron stieß. Sind Sie dagegen ein Investor, wird er Ihnen als scharfsinniger Geschäftsmann in Erinnerung sein, der Apple durch viele schwierige Jahre führte und zu Wachstum verhalf, obwohl ihn schließlich das gleiche Schicksal ereilte wie Jobs. Keine dieser beiden Darstellungen ist ganz richtig, aber auch nicht völlig falsch. Sculleys zehnjährige Herrschaft über Apple war geprägt von Versprechungen und Begeisterung, Intrigen und Verrat, Erholung und Triumph, Ärger und Ironie.

«Stellen Sie sich Silicon Valley wie das Florenz der Renaissance vor. Hier möchte jeder sein, der danach strebt, mit seinem Tun die Welt zu verändern.»

***Gerry Roche,*** *Headhunter von Heidrick & Struggles, beim Versuch, Sculley zur Annahme des Angebots von Apple zu bewegen*

Als Mike Markkula im Januar 1977 seinen bequemen frühen Ruhestand aufgab, um zu Apple zu gehen, hoffte er, sich nach ein paar Jahren elegant wieder verabschieden zu können. Er wollte der jungen Firma mit seiner finanziellen Unterstützung, seinen Erfahrungen als Manager und den Kontakten zur Industrie einfach nur auf die Sprünge helfen. Im Zuge eines Machtwechsels im Unternehmen übernahm Markkula im März 1981 jedoch widerwillig die Präsidentschaft von Mike Scott, der diese Position als Erster besetzt hatte, während sich Jobs den Vorsitz des Direktoriums sicherte, den Markkula bisher ausgeübt hatte. Damit war Markkula mittendrin – aber nur vorübergehend.

Zu den Personen, die für den Posten des CEO bei Apple in Erwägung gezogen wurden, gehörte auch Admiral Bobby Ray Inman, bis Juni 1982 stellvertretender Direktor des CIA. Aber Inman schloss richtig: «Sie brauchten jemand mit Marketing-Background und den hatte ich nicht.»

Die Suche nach einer neuen Unternehmensleitung begann schon bald, nachdem man Markkula die Präsidentschaft bei Apple aufgedrängt hatte. Jobs suchte jemanden, auf den er – im Unterschied zu Scott – Einfluss nehmen konnte, und der Vorstand hoffte, einen er-

Sculley war einst mit der Stieftochter des Chairman bei Pepsi, Donald Kendall, verheiratet.

«Willst du dein ganzes Leben damit verbringen, Zuckerwasser zu verkaufen, oder willst du die Welt verändern?»

***Steve Jobs*** *in dem Versuch, Sculley zum Wechsel von Pepsi zu Apple zu bewegen*

fahrenen Geschäftsführer auftreiben zu können, der das phänomenale Wachstum von Apple in den Griff bekommen würde. Ohne Erfolg versuchte Apple Don Estridge zu gewinnen, den Leiter des Teams, das am 12. August 1981 den IBM PC herausgebracht hatte. Als IBMs VP of Worldwide Manufacturing hatte er durch Gehalt und Prämienleistungen ein jährliches Einkommen von 250 000 Dollar. Deshalb bot ihm Apple als Anreiz dafür, die Mannschaft zu wechseln, bedeutend mehr Geld sowie ein großzügiges Paket mit Optionen auf den Erwerb von Aktien. Estridge stand jedoch zu IBM und lehnte Apples gewinnträchtiges Angebot ab. Ein anderer Kandidat konnte dieser Verführung jedoch nicht widerstehen, sodass Apple in John Sculley schließlich den passenden Mann fand – den hoch angesehenen Präsidenten von Pepsi-Cola USA, der Tochterfirma von PepsiCo.

Als Sculley nach Kalifornien umzog, kaufte er in der vornehmen Gegend Woodside an der Canada Road Nr. 1224 für 1,9 Millionen Dollar ein 63 Jahre altes Haus mit fünf Zimmern im Stil des English Tudor. Sculley taufte es Blackburn-Valley-Morgan-Anwesen: Blackburn war ein Familienname der Sculleys und Morgan der Name der Pferderasse, die seine dritte Ehefrau Leezy (Lee Adams) züchten wollte.

**John Sculley kam von Pepsi zu Apple.**

Nachdem Apple 18 Monate um Sculley geworben hatte, wurde der 44-jährige schließlich am 8. April 1983 zum Präsident und CEO des Unternehmens ernannt. Sculley erzählt gerne, dass ihn an Apple vor allem die intellektuelle Herausforderung gereizt hatte, die Welt zu verändern. Etwas so Banales wie Geld wird aber auch einen bescheidenen Teil dazu beigetragen haben, dass er von einer Küste zur anderen wechselte. Um ihn von seinem Job bei Pepsi und einem Jahresgehalt von 500 000 Dollar weg zu locken, bot ihm Apple jährliche Zahlungen in Höhe von 1 Million Dollar (halb Gehalt, halb Prämien), eine Unterzeichnungsprämie von 1 Million Dollar, 1 Million Dollar garantierte Abfindung, das Optionsrecht auf 350 000 Apple-Aktien sowie die Differenz der Kosten, eines in Kalifornien erworbenen Hauses und dem, das er in Connecticut besessen hatte.

«Pessimisten meinen, die Partnerschaft wird nicht lange halten – der starke, wechselhafte Jobs, der an die 12 Prozent aller Aktien von Apple besitzt, wird den starken, konzentrierten Sculley wieder gen Osten zurückdrängen.»

*(Fortune, 20. Februar 1984)*

Eine Weile lief für Sculley alles großartig. Er war gerade rechtzeitig in den Vorstand gekommen, um auf der Welle der Begeisterung mit zu reiten, die die Einführung des Mac ausgelöst hatte. Und er kam ausgezeichnet klar mit Jobs, was ja durchaus nicht selbstverständlich war. Sculley und Jobs gingen eine symbiotische Geschäftsbeziehung ein. Sculley sah sich dabei als Jobs' Marketing- und Management-Mentor, während Jobs Sculley in technischen Fragen zur Seite stand. In den erfolgreichen Jahren 1983 und 1984 waren die beiden so unzertrennlich, dass man sie in der Fachpresse häufig «Das dynamische Duo» nannte. Aber dieser Erfolg währte nicht lange.

«Apple hat einen Anführer, Steve und mich.»

***John Sculley** bei einem privaten Abendessen zur Feier seines ersten Jahres bei Apple*

Nach der erfolgreichen Einführung des Mac im Januar 1984 war Apple zuversichtlich. Jobs und Sculley riskierten den Bankrott und bauten ein enormes Lager für die Weihnachtssaison auf. Die entsprechende Nachfrage stellte sich jedoch nicht ein, und so blieb Apple auf einem Stapel unverkaufter Computer sitzen (die Vorausplanung der Nachfrage bringt Apple bis zum heutigen Tage regelmäßig aus der Fassung). Bei Apple stieg die Spannung, weil das Unternehmen erstmals in seiner Geschichte in ernsthafte Schwierigkeiten geraten war. In der Vergangenheit ließen sich sämtliche Fehler, die Apple unterlaufen waren (wie der Apple III und der Lisa), durch den Erfolg des Apple II mehr als wettmachen, von dem mehr als 2,3 Millionen Stück verkauft worden waren. Jetzt lagen die Dinge jedoch anders, da die gesamte Industrie rückläufige Zahlen verzeichnete und der Apple II nicht stark genug war, um die Firma allein zu tragen. Schon bald musste Apple in der Quartalsbilanz die ersten Verluste bekannt geben und war gezwungen, ein Fünftel seiner Angestellten zu entlassen.

**«Das dynamische Duo», Steve Jobs und John Sculley, bei der Einführung des Mac im Jahr 1984.**

«Ich habe in meinem Leben schon viele Entscheidungen getroffen, aber keine änderte mein Leben mehr und keine verschaffte mir ein besseres Gefühl, als mein Wechsel zu Apple. Hier arbeitet man nicht für eine Firma, sondern man engagiert sich mit Leuten, die Geschichte gemacht haben.»

***John Sculley** an seinem ersten Jahrestag bei Apple*

«Eine Sache hat mich bei Apple besonders beeindruckt: Während sich die Öffentlichkeit zwei Jungs vorstellt, die eine Firma gegründet haben, wird sie tatsächlich von einem Vorstand geleitet, der zu den anspruchsvollsten und erfahrensten gehört, die es gibt.»

***John Sculley***

In harten Zeiten kommt allerlei in Bewegung und den realistischen Köpfen bei Apple wurde klar, dass Jobs mehr eine Verpflichtung darstellte als einen Gewinn. Da er sich nicht auf die Rolle reduzieren lassen wollte, den Produkt-Visionär der Mac-Abteilung zu spielen, gefiel er sich auch in der Rolle des Managers und mischte sich in Bereiche des Unternehmens ein, für die er überhaupt nicht zuständig war. Wenn man jedoch zu vielen Leuten auf die Füße tritt, werden sie sich irgendwann zur Wehr setzen – das musste auch Jobs erfahren. Im Verlauf eines Marathon-Meetings des Direktoriums, das am 10. April 1985 begonnen hatte und über viele Stunden bis in den nächsten Tag hinein dauerte, drohte Sculley mit seinem Ausscheiden, wenn die Unterstützung des Vorstands bei seiner Entscheidung, Jobs von der Funktion als Executive VP und General Manager der Macintosh-Abteilung zu entbinden, ausblieb. Der Vorstand gab sein Einverständnis, Jobs von jeder ausführenden Funktion in der Firma auszuschließen, gestattete ihm jedoch, Vorstandsvorsitzender zu bleiben. Sculley, der Jobs wirklich mochte, handelte nicht unmittelbar, da er auf einen sanften Übergang hoffte. Das war ein Fehler. Ein großer Fehler.

«Steve war unwahrscheinlich nervenaufreibend. Er war arrogant, unverschämt, wechselhaft, fordernd – ein Perfektionist. Er war aber auch unreif, zerbrechlich, empfindlich, verletzbar. Er war dynamisch, hatte Visionen und Charisma, aber häufig war er auch stur, kompromisslos und geradewegs unmöglich.»

***John Sculley** in einer Demonstration seines meisterhaften Gebrauchs von Adjektiven*

Weniger als einen Monat später war Sculley auf einer Chinareise, um mit dem stellvertretenden Premierminister über den Gebrauch von Computern an Schulen zu sprechen. An einem dieser Abende deutete Jean-Louis Gassée, VP Product Development, an, dass Jobs ihn während seiner Abwesenheit stürzen wollte. «Ich war es, der Sculley darüber informierte, was ihm die [anderen Vorstandsmitglieder] hätten sagen sollen, weil ich der Letzte war, an den sich [Jobs] gewandt hatte. Das muss klargestellt werden. Mit einem Coup zerstört man die Firma und diese Firma war wichtiger als jeder Einzelne von uns», sagte Gassée Jahre später. Sculley brach seine Reise sofort ab und berief gleich am nächsten Tag, dem 24. Mai, eine Krisen-Vorstandssitzung ein. Als Sculley Jobs mit den Gerüchten von einem Coup konfrontierte, schoss dieser zurück: «Meiner Meinung nach bist du schlecht für Apple und nicht der Richtige, um dieses Unternehmen zu führen.»

Verletzt von Jobs' bösartigem Angriff fordert Sculley jedes Direktoriumsmitglied auf, Position zu beziehen. Einer nach dem anderen stellte sich hinter Sculley, und Jobs verließ den Tränen nahe den Raum. Trotz dieser eindeutig demonstrierten Unterstützung dachte Sculley über eine Kündigung nach, verwarf die Idee jedoch, nachdem er eine Nacht darüber geschlafen hatte. Zwei Tage nach diesem Meeting besaß Jobs die Frechheit, Sculley den Posten des Chairman vorzuschlagen, während er selbst Präsident und CEO werden wollte. Auf dieses Spielchen ließ sich Sculley jedoch nicht ein. Am 31. Mai, also eine Woche nach der brisanten Vorstandssitzung, setzte Sculley seine Unterschrift unter die Dokumente, die Jobs von allen ausführenden Verpflichtungen ausschlossen. Den dekorativen Titel des Chairman konnte er behalten, und er hatte sich jetzt in einem außerhalb liegenden Büro, das Siberia getauft worden war, um «globale Ideen» zu kümmern. An Stelle des Außenseiters Sculley war der Gründer Jobs in seine eigene Falle gegangen.

«Ich gab Steve mehr Macht, als er je zuvor besessen hatte und erschuf damit ein Monster.»

*John Sculley*

Wie Jobs sich geschworen hatte, Rache dafür zu üben, dass ihm Scott den Lisa weggenommen hatte, dachte er jetzt darüber nach, wie er Sculley und Apple packen konnte. So unterrichtete er das Direktorium am 12. September darüber, dass er mit ein paar «niedrigeren» Angestellten eine ungenannte Firma gründen wollte, die sich dem Bedarf an höherer Ausbildung widmen würde. Er erkundigte sich, ob bei Apple Interesse bestünde, ihm zu diesem Zweck eine Lizenz der Macintosh-Software zu erteilen und versicherte, dass das neue Unternehmen nicht in Konkurrenz zu Apple treten, sondern es vielmehr ergänzen würde. Dennoch bot er an, seinen Posten als Chairman aufzugeben. Der Vorstand lehnte die Kündigung ab und bat ihn, seine Entscheidung noch eine Woche aufzuschieben, in der man über die Möglichkeit nachdenken wollte, mindestens 10 Prozent der neuen Firma zu erwerben. Am nächsten Tag – Freitag, der 13. – präsentierte Jobs Sculley in einem Meeting um 7:25 Uhr morgens die Liste der fünf Angestellten, die er mitnehmen würde: Susan Barnes (Senior Controller für Verkauf und Marketing in den USA), George Crow (Technischer Manager), Dan'l Lewin (Marketing-Manager für höhere Ausbildung), Rich Page (Apple Fellow) und Bud Tribble (Manager für Softwaretechnik).

«[Jobs] kann die ihn umgebenden Leute dazu bringen, seine Wahrnehmung der Realität für wahr zu halten. Mit einer Kombination aus sehr schnellen Entgegnungen, Schlagworten und einer gelegentlichen, sehr originellen Einsicht wirft er ständig Bemerkungen ein, um einen aus dem Gleichgewicht zu bringen.»

***Guy L. Tribble III,*** *ehemaliger Manager für Mac-Softwaretechnik*

Sculley geriet in Rage. Diese Angestellten waren in sensitive Daten über Apples laufendes Big-Mac-Projekt eingeweiht (ein anderer Projektname war 3M, da es einen 17-Zoll-Bildschirm mit einer Million Pixel Auflösung und eine Million Bytes an Arbeitsspeicher [RAM] besitzen sollte und mit einem 68020-Prozessor und Unix-Software eine Million Anweisungen pro Sekunde ausführen würde).

«Unsere Köpfe sind so was wie elektrochemische Computer. Die Gedanken bilden ein gerüstartiges Muster. Eigentlich prägt man sich immer nur chemische Muster ein. In den meisten Fällen bleiben die Leute diesen Mustern verhaftet, wie die Rillen auf einer Schallplatte, und können sie niemals überwinden. In seltenen Fällen prägt eine Person Rillen, die eine andere Wahrnehmung der Dinge erlauben, eine besondere Art und Weise, Dinge in Frage zu stellen. Es kommt nur sehr selten vor, dass ein Künstler in seinem 30sten oder 40sten Lebensjahr etwas wirklich Erstaunliches von sich geben kann.»

***Steve Jobs***

Als Jobs Apple verließ, besaß er an die 6,5 Millionen Anteile oder etwa 11,3 Prozent des Unternehmens.

Das Direktorium hatte das Gefühl, dass Jobs jetzt zu weit gegangen war und erwog die Möglichkeit, Jobs als Chairman abzusetzen, aber er kam ihnen zuvor: Am 17. September reichte er sein offizielles Kündigungsschreiben ein. Anstatt jedoch Markkula stillschweigend über seine Kündigung zu unterrichten, schickte er gleichzeitig mehrere Kopien an die Presse und hoffte offensichtlich auf Sympathiebekundungen der Öffentlichkeit. Die Öffentlichkeit reagierte angemessen, aber nicht so, wie er sich das vorgestellt hatte: Die Nachricht von Jobs' Abschied ließ die Apple-Aktie an diesem Tag um einen ganzen Punkt nach oben schnellen.

## Steve Jobs Kündigungsschreiben

Hier eine wörtliche Kopie des Kündigungsschreibens von Chairman Jobs an den Vice Chairman des Unternehmens, A.C. «Mike» Markkula:

17. September 1985

Lieber Mike:

Heute Morgen entnahm ich der Presse Vermutungen, dass Apple erwägt, mich als Chairman abzusetzen. Ich weiß nicht, woher diese Berichte stammen, aber sie sind irreführend für die Öffentlichkeit und mir gegenüber unfair.

Du wirst dich erinnern, dass ich auf der Vorstandssitzung am vergangenen Donnerstag meine Entscheidung bekannt gegeben habe, ein neues Unternehmen zu gründen und dass ich bei dieser Gelegenheit auch die Aufgabe meines Postens als Chairman angeboten habe.

Der Vorstand hat meine Kündigung abgelehnt und mich gebeten, die Entscheidung noch eine Woche aufzuschieben. Angesichts der Unterstützung, die mir der Vorstand in Bezug auf das neue Vorhaben entgegen brachte und wegen der angedeuteten Investitionen durch Apple habe ich mich damit einverstanden erklärt. Nachdem ich John Sculley am Freitag darüber informiert hatte, welche Personen mit mir gehen würden, bestätigte er Apples Bereitschaft, eine mögliche Zusammenarbeit zwischen Apple und meinem neuen Unternehmen zu erörtern. Seitdem jedoch scheint das Unternehmen mir und meiner neuen Firma gegenüber feindlich gesinnt zu sein. Dementsprechend muss ich darauf bestehen, dass meine Kündigung umgehend anerkannt wird. Ich hoffe, dass das Unternehmen in jeder öffentlichen Stellungnahme, die es glaubt, abgeben zu müssen, klarstellt, dass die Entscheidung, den Posten als Chairman aufzugeben, von meiner Seite kam.

Die Vorgehensweise des Vorstands in dieser Angelegenheit betrübt und verwirrt mich, und sie scheint den besten Absichten des Unternehmens zu widersprechen. Diese Absichten bleiben für mich auch weiterhin von größtem Interesse, nicht nur wegen meiner bisherigen Verbindung zu Apple, sondern auch wegen des substanziellen Kapitals, das ich daran besitze.

Ich gebe die Hoffnung nicht auf, dass man den ruhigeren Stimmen des Unternehmens Gehör schenken wird. Manche Firmenmitglieder äußern die Furcht, dass ich in meiner neuen Firma proprietäre Technologien von Apple verwenden würde. Derartige Befürchtungen sind jedoch grundlos. Wenn diese Furcht den eigentlichen Kern für die Feindlichkeiten von Apple darstellt, dann kann ich alle beruhigen.

Wie du weißt, habe ich seit der letzten Reorganisation des Unternehmens nichts mehr zu tun, und ich kann noch nicht einmal mehr auf reguläre Berichte des Managements zugreifen. Ich bin erst 30 Jahre alt und will noch einen Beitrag leisten und etwas erreichen.

Nach allem, was wir gemeinsam erreicht haben, hoffe ich, dass wir in Freundschaft und mit Würde auseinander gehen können.

Mit freundlichen Grüßen,

steven jobs

Steven P. Jobs.

«Ich fühle mich, als hätte mir jemand in den Magen geboxt, sodass mir die Luft wegbleibt. Ich bin erst 30 Jahre alt und ich will auch in Zukunft noch Dinge erschaffen. Ich weiß, dass wenigstens noch ein großartiger Computer in mir steckt. Und Apple gibt mir keine Chance, das umzusetzen.»

***Steve Jobs,*** *nachdem er bei Apple seiner operativen Aufgaben entledigt worden war*

«Man kann kaum glauben, dass eine 2-Milliarden-Dollar-Firma mit mehr als 4300 Mitarbeitern nicht mit sechs Leuten in Jeans fertig wird.»

***Steve Jobs*** *über Apples Klage nach seiner Kündigung*

«[Sculley] holte sich ein paar Computerhacker, die in Sandalen und Jeans herumliefen und verband sie mit Wall Street. Man muss als Mensch schon ziemlich gerissen sein, um Kulturen auf diese Weise miteinander zu verschmelzen.»

***Andrew Seybold,*** *Herausgeber von Outlook on Mobile Computing*

Jobs' Kündigung konnte Apple jedoch nicht besänftigen. Am 23. September reichte das Unternehmen eine Klage gegen Jobs und Page ein, die ihnen untersagen sollte, jegliche proprietären Informationen zu nutzen und beschuldigten Jobs der Vernachlässigung seiner Pflichten als Chairman. Das Verfahren war einfach lächerlich. Vor seiner Kündigung hatte man Jobs für einen inkompetenten Manager mit beschränktem technischem Wissen gehalten, aber nach seinem Weggang sollte er zu einer der größten Bedrohungen der Firma geworden sein? Da Apple erkannte, dass das Verfahren Jobs nur Glaubwürdigkeit schenken würde, stellte es den Vorgang im Januar 1986 stillschweigend und außergerichtlich ein.

Nachdem Jobs aus dem Weg geräumt war, führte Sculley Apple durch die erfolgreichste Periode seines Bestehens. Die Nettoabsatzzahlen stiegen von 600 Millionen Dollar im Jahr seines Einstiegs 1983 auf nahezu 8 Milliarden Dollar im Jahr 1993. Während seiner Amtszeit wuchs die Zahl der verkauften Mac-Modelle auf mehr als 12 Millionen. Nebenbei begann er, sich für Politik zu interessieren und unterstützte die Wahlwerbung für Bill Clinton, der ihn Gerüchten zufolge jedoch als Mitkandidaten nur deshalb ausgeschaltet hatte, weil er bereits zweimal geschieden war. Nach der Wahl im Jahr 1992 wurde ihm im Clinton-Kabinett der Posten des stellvertretenden Handelsministers angetragen, den er jedoch ablehnte. Ebenso wenig ging er auf Topangebote von American Express und IBM ein, die beide in einer schwierigen Situation steckten. Er würde es jedoch schon bald bereuen, diese Gelegenheiten nicht ergriffen zu haben.

1990 übernahm Sculley eigenhändig die technische Leitung, obwohl er keinerlei profunde Kenntnisse von Technik besaß. Viele Apple-Entwickler verspotteten diesen Schritt und sahen darin eine maßlose Selbstüberschätzung. «Er war der totale Schauspieler», meint Andy Hertzfeld, Software-Genie bei Apple. Genauso, wie Jobs das Mac-Projekt herumkommandierte, nachdem er aus dem Lisa-Projekt gedrängt worden war, so wollte sich auch Sculley ständig unter Beweis stellen. «Ein leidenschaftliches Bedürfnis trieb ihn, allem Möglichen seinen Stempel aufzudrücken», erklärt Jean-Louis Gassée. Schließlich fand Sculley in den Labors von Apple das Newton-Projekt und machte es zu seinem Baby. Sculley engagierte sich im Januar 1992 auf der Consumer Electronics Show in Las Vegas für «Personal Digital Assistants» und führte auf der MacWorld Expo in Boston am 3. August 1993 das Newton MessagePad ein.

Kehren wir aber kurz noch einmal zum Ende des Jahres 1992 zurück. Apple hatte mittlerweile mehr Computer verkauft als irgendein anderer Hersteller auf der ganzen Welt, es machte von allen Unternehmen für Personal Computer den höchsten Gewinn und verfügte über finanzielle Reserven von mehr als 2 Milliarden Dollar. Und dennoch fürchtete Sculley, dass Apple ohne die Fusion mit einem größeren Unternehmen nicht überleben würde. Er war die mühseligen Kämpfe leid und wollte kündigen, aber der Vorstand von Apple bat ihn, noch so lange zu bleiben, bis die Firma verkauft war (vgl. «Zwischen ‹Diesel› und Doktor»). Der Wert der Apple-Aktie fiel in diesem Geschäftsjahr auf den Tiefststand von 4,33 Dollar und brach im nächsten Jahr infolge der verschlechterten Gewinnspannen wegen des harten Preiswettbewerbs auf 73 Cents ein. Viele Kritiker waren der Ansicht, dass sich Sculley zu viel mit Politik und seinem Lieblingskind – dem viel gescholtenen Newton MessagePad – beschäftigt hatte, anstatt sich effektiv auf den Mac zu konzentrieren. Der Vorstand verlor das Vertrauen in Sculley, der offensichtlich nicht mehr mit dem Herzen bei der Sache war. Am 18. Juni 1993 gab Sculley sein Amt als CEO auf. An seine Stelle trat Michael H. Spindler (damals Präsident, Kaufmännischer Leiter und Mitglied des Vorstands).

**Michael H. Spindler übernahm im Juni 1993 die Funktion des CEO von John Sculley, der seinen Posten als Chairman jedoch noch vier Monate beibehielt.**

«Ich hatte ein paar wunderbare Jahre bei Pepsi, war bei Apple auf einer ganz außergewöhnlichen Reise, und jetzt bin ich bereit, mich neuen Herausforderungen zu stellen. Ich bin für die Unterstützung durch so viele phantastische Leute bei Apple ungeheuer dankbar. Ich wünsche allen für die kommenden Jahre viel Erfolg. Ich werde euch von irgendwo da draußen stets anfeuern.»

***John Sculley** bei seiner Verabschiedung*

«Er platzte förmlich in [Spectrum] hinein. Er machte alles genauso, wie vorher bei Apple. Wenn John eine Gelegenheit erkannte, egal ob virtuelle oder tatsächliche Realität, dann versuchte er sie zu nutzen. Bei Apple gab es damals dieses riesige Sicherheitsnetz. Deshalb musste man Fehler machen und Dinge ausprobieren und lernen, aber im Ganzen war es positiv.»

***Jean-Louis Gassée,*** *CEO von Be*

Wie Jobs im Jahr 1985, so behielt auch Sculley seinen Titel als Chairman bei, erhielt die Aufgabe, sich um neu entstehende Geschäftsmöglichkeiten für Apple zu kümmern und wurde angewiesen, sich über nichts anderes auszulassen als über den Newton. Und nicht anders als Jobs fand auch er die Rolle der Galionsfigur abstoßend und bereitete während eines zweimonatigen Urlaubs seinen Ausstieg vor.

Sculley wollte zu seiner Ehefrau an die Ostküste zurückkehren. Am 1. Oktober 1993 hielt er auf seinem vier Hektar großen Grundstück in Greenwich, Connecticut, ein fünfstündiges Meeting mit Peter Caserta, dem Präsidenten von Spectrum Information Technologies in Manhasset, New York, ab. Caserta führte vor, wie das von seinem Unternehmen entwickelte AXCELL-Modem mit dem Newton betrieben werden konnte. Sculley war so beeindruckt von der Technik und den Patenten, die sich Spectrum gesichert hatte, dass er völlig vergaß, ein paar angemessene Nachforschungen über die zweifelhafte Vergangenheit von Caserta anzustellen, als der ihm die Herrschaft über eine 100-Millionen-Firma mit 38 Angestellten anbot. Am 15. Oktober, einen Tag, nachdem Apple für das vierte Geschäftsquartal einen Gewinnrückgang von 97 Prozent bekannt gegeben hatte, schlüpfte Sculley gerne in die Rolle des Opferlamms: Er kündigte seine Position als Chairman bei Apple und erhielt auf diese Weise 1 Million Dollar Abfindung, ein einjähriges Beraterhonorar in Höhe von 750000 Dollar, die Verpflichtung Apples, ihm seine Villa in Woodside für 4 Millionen und den Lear 55-Jet für 2 Millionen Dollar abzukaufen sowie 2,4 Millionen Dollar in Form von ausstehenden Einnahmen aus Aktienkapital – Gesamtwert mehr als 10 Millionen Dollar. Nur drei Tage später versetzte Sculley der Geschäftswelt einen Schock und gab bekannt, dass er als Chairman und CEO zu Spectrum wechseln würde. Sein Gehalt werde 1 Million Dollar betragen und er erhalte ein Vorkaufsrecht auf 18 Millionen Aktien (20 Prozent der ausgegebenen Stammaktien). Aber nicht die Höhe seiner Vergütung löste höchstes Erstaunen aus, sondern die Firma, zu der er gehen wollte.

Spectrum war von seinen Aktionären wegen übertriebener Gewinnprognosen, die Caserta im Mai von sich gegeben hatte, verklagt worden, und die Börsen- und Wertpapierbehörden überprüften den Verdacht auf Manipulation von Aktienkapital. Darüber hinaus betrieb Spectrum eine äußerst aggressive Buchhaltung, die das Unternehmen gewinnträchtiger aussehen ließ als es tatsächlich war. Sculley behauptete, nicht über die ganze Geschichte informiert gewesen zu sein, als er das Angebot von Spectrum annahm. Er besaß aber ausreichend Verstand, um sich einzugestehen, dass er ganz schön in die Klemme geraten war. So begann er, nach einem Ausweg zu suchen, bis er schließlich am 7. Februar 1994 kündigte. Gleichzeitig verklagte er Caserta auf 10 Millionen Dollar mit der Begründung, dass dieser die behördlichen Untersuchungen und die Buchhaltungspraktiken bei Spectrum verschleiert hätte. Er habe ihn, Sculley, täuschen und für die Firma gewinnen wollen, damit er auf diese Weise seine Aktien zu überhöhten Preisen abstoßen konnte. Spectrum reagierte umgehend und verklagte Sculley seinerseits wegen Vertragsbruch, Missmanagement und Diebstahl von Handelsgeheimnissen auf 300 Millionen Dollar. Im März zogen beide Parteien ihre Klagen jedoch zurück.

«Jetzt, da Sculley bei Kodak als Berater tätig ist, werden sie Probleme mit der Herstellung von Filmen bekommen.»

***Lawrence Ellison**, CEO von Oracle*

Obwohl man annehmen könnte, dass Sculleys Ansehen durch diese Vorgänge in der Geschäftswelt einen irreparablen Schaden erlitten hatte, war dem nicht so. Er scheint eine Teflonbeschichtung zu besitzen, die noch unverwüstlicher ist als die von Ronald Reagan. Am 24. Juni 1994 gab der neue Chairman von Eastman Kodak, George Fisher, bekannt, dass das Unternehmen Sculley auf Basis eines Teilzeitvertrags als «Marketing-Berater» gewinnen konnte, «um Kodak beim Aufbau der Marketingstrategien für Digital Imaging und einzelnen Marken Unterstützung zu leisten.» Ironischerweise kursierte in weiten Kreisen das Gerücht, dass Sculley selbst ein Kandidat für den Posten des Chairman und CEO von Eastman Kodak gewesen sei. Sculley hatte damals aber Spectrum den Vorzug gegeben. 1995 gründete Sculley mit seinen Brüdern Arthur und David eine private Investment- und Strategieberatungsfirma in New York. Sculley Brothers LLC (www.sculley.com) nennt sich ein «Venture-Katalysator»-Unternehmen, das sich vor allem in den Bereichen Finanzdienstleistung, Kommunikation und Medien-/Unterhaltungsindustrie engagiert. Zu den ersten Investitionen gehörte Live Picture (www.livepicture.com), eine Firma für Internet-Grafiksoftware in Soquel, Kalifornien. Da Sculley eine lediglich passive Investition nicht zufrieden stellte, wurde er im Februar 1995 zum Executive CEO von Live Picture ernannt. Inzwischen hat er diese Funktion wieder aufgegeben, bleibt aber auch weiterhin Chairman bei Live Picture.

## John Sculleys Voraussagen...

In der Septemberausgabe 1987 des *Playboy* gab Sculley dem angesehenen Computerjournalisten Danny Goodman ein Interview. Als einer der führenden Unternehmenschefs gab er gerne seine Einschätzung der kommenden Jahre zum Besten.

In den kommenden 20 Jahren ... werden die Sowjets eine bemannte Mission auf dem Mars landen.

Die Sowjets brachten noch nicht einmal einen Menschen auf den Mond und die UdSSR hat sich 1992 selbst aufgelöst.

Und im selben Zeitraum wird der Wert der japanischen Börse den Wert aller amerikanischen Börsen übersteigen.

Die japanische Börse hat eine Menge aufzuholen, um die «Asien-Krise» von 1997 wettzumachen.

Optische Speichermedien werden die Art und Weise des Gebrauchs von Computern revolutionieren.

Die AppleCD SC (1 199 Dollar) wurde im März 1988 ausgeliefert. Heutzutage sind CD-ROMs eine Hauptstütze der Computerindustrie.

In zwei oder drei Jahren werden wir die Computer nicht wiedererkennen, glaube ich, weil sie uns Zugang zu Bild-, Grafik-, Ton- oder Textinformationen verschaffen, die wir uns vor ein paar Jahren noch nicht einmal vorstellen konnten. Wir werden nicht länger mit groben und statischen Figuren vorlieb nehmen müssen, sondern reich gestaltete, farbenfreudige Animationen sehen.

Apple brachte QuickTime am 3. Juni 1991 heraus und konnte sich als führendes Multimedia-Unternehmen behaupten.

[Die Künstliche Intelligenz] wird den Personal Computer von einem Informationsgerät in ein Wissenssystem verwandeln, in dem der größte Teil der anstrengenden Arbeiten für niemanden sichtbar von Softwareagenten ausgeführt wird, die Datenbanken durchsuchen und ihnen Informationen entnehmen, die für den jeweiligen Nutzer relevant sind.

Am 3. August 1993 führte Apple das tragbare Newton MessagePad ein, das unter anderem über integrierte Intelligenz verfügte, um Routineaufgaben zu verwalten.

Das Erscheinungsbild des Computers wird sich verändern. Er wird der Form, an die wir uns mittlerweile gewöhnt haben, nicht einmal mehr ähnlich sehen. Wir werden ihn entweder am Handgelenk tragen oder in unseren Taschen mit uns nehmen. Durch die Nutzung von Funksignalen wird er auf Informationen zugreifen oder Informationen an Netzwerke verschicken.

Man wird kaum unterscheiden können, wo das Telefon aufhört und der Computer beginnt.

Das Newton MessagePad war das erste von Apple entwickelte Gerät, das Informationsaustausch über Infrarottechnologie ermöglichte. Heutzutage verfügen die meisten PowerBooks über diese Funktion.

Heutzutage ist das Internet in aller Munde – 1987 war es aber außerhalb wissenschaftlicher und bildungsorientierter Einrichtungen kaum bekannt und nur wenige ahnten, welches Potenzial in ihm steckt.

# Chronik von Sculley

**1983**
- Einführung des Lisa und des Apple IIe
- Sculley kommt zu Apple
- 1 000 000 verkaufte Geräte des Apple II
- Einführung des Apple III+

**1984**
- Einführung des Lisa 2 und des Macintosh
- Einführung des Mac 512K
- Start der Werbekampagne «Testen Sie einen Mac»

**1985**
- Einführung des Mac XL
- Sculley stimmt Ausschluss Jobs von allen operativen Ämtern zu
- Einstellung des Lisa; Jobs wird wegbefördert
- Apple verklagt Jobs nach dessen Kündigung
- Microsoft liefert Windows 1.01 aus, lizenziert Mac-Technologie

**1986**
- Apple lässt die Klage gegen Jobs fallen, Einführung des Mac Plus
- Einführung des Mac 512Ke
- Einführung des Apple IIGS

**1987**
- Einführung des Mac II und Mac SE
- Start des Newton-Projekts unter Sakoman

**1988**
- Microsoft liefert Windows 2.03 aus
- Apple verklagt Microsoft und HP
- Einführung von AppleLink – Personal Edition
- Einführung von Apple IIc Plus und Mac IIx
- Jobs stellt NeXT Computer vor

**1989**
- Einführung des Mac SE/30
- Einführung des Mac IIcx
- Vernichtung der restlichen Lisas, Jobs liefert NEXTSTEP 1.0 aus
- Einführung des Mac Portable und des Mac IIci

**1990**

- Spindler wird Geschäftsführer und Executive VP von Apple
- Einführung des Highend Mac IIfx
- Windows 3.0 erscheint auf dem Markt
- Apple spaltet General Magic ab
- Gassée reicht bei Apple seine Kündigung ein
- Einführung der Lowend Macs (Classic IIsi, LC)

**1991**

- Spindler wird ins Direktorium gewählt
- Sculley stützt Pocket Newt
- Sculley führt IBM Pink vor
- System 7 erscheint auf dem Markt
- Gericht begutachtet erneut die Originalität des Apple-Interface
- Einführung der ersten PowerBooks und des Quadra, Ankündigung der Partnerschaft mit IBM, Start der Projekte PowerPC, Taligent und Kaleida

**1992**

- Microsoft bringt Windows 3.1 auf den Markt, Gericht sieht die meisten Elemente von Windows als durch den Vertrag von 1985 abgedeckt
- Einführung der ersten Performas
- Apple bezahlt AOL für den Code von eWorld

**1993**

- NeXT stellt die Hardwareprodukte ein
- Fusionsverhandlungen mit AT&T scheitern
- Spindler tritt als Geschäftsführer an die Stelle von Sculley
- Einführung des MessagePad, Windows-Klage abgelehnt
- Sculley kündigt bei Apple und geht zu Spectrum
- Apple reicht eine Petition beim höchsten Gerichtshof ein

**1994**

- Sculley kündigt bei Spectrum, beide Parteien verklagen einander
- Verfahren wird auf beiden Seiten eingestellt
- Auslieferung der ersten PowerMacs
- Sculley wird Berater für Eastman Kodak, Einführung von eWorld
- Amelio tritt dem Vorstand von Apple bei
- Kaleida liefert ScriptX aus

**1995**

- Ankündigung des MessagePad 120
- Sculley geht zu Live Picture, der höchste Gerichtshof lehnt Apples Gesuch ab
- Microsoft liefert Windows 95 aus
- Kaleida wird eingestellt
- Auslieferung des Newton 2.0, Taligent wird eingestellt

**1996**

- Amelio tritt als CEO an die Stelle von Spindler
- eWorld wird eingestellt
- Apple kauft NeXT auf, Jobs kehrt zurück

«Apple war eine etwas funktionsgestörte Welt – arrogant auf der höchsten Welle des Erfolgs, aber wunderbar innovativ, als es mit dem Rücken zur Wand stand.»

***John Sculley,** ehemaliger CEO von Apple*

EVOLUTION DES APPLE MACINTOSH
EVOLUTION DES MANAGEMENTS VON APPLE
meyer

# Windows: Was ging schief...?

Microsoft und sein knabenhafter, mehrere Milliarden schwerer Chairman, William Henry Gates III, sind in der Macintosh-Gemeinde sehr schlecht angesehen. Viele Mac-Fanatiker sehen in Gates den Anti-Christen schlechthin, der den Computer-Usern weltweit minderwertige Produkte aufzwingt, um die Wirtschaft allein zu beherrschen und den Mac zu vernichten. Zweifellos will Gates alles (und er besitzt davon schon einen verdammt großen Brocken), aber ein Mac-Hasser ist er auf keinen Fall. Wahrscheinlich ist er sogar der größte Anhänger der macintosh-typischen Bedienung eines Computers. Gates Wandlung vom wohlwollenden Mitverschworenen zum geschmähten Konkurrenten und die Tatsache, dass Apple selbst für den Erfolg von Windows verantwortlich ist – das ist wirklich eine faszinierende Geschichte.

Bei Microsoft bekam der Macintosh von Jeff Harbors den Codenamen Sand und lehnte sich damit an Steve Jobs' großartige Vision von Apples Mac-Fabrik an, die am einen Ende der durchautomatisierten Produktion rohen Sand aufnahm, ihn in Silizium verwandelte und am anderen Ende schließlich fertige Computer ausgab. Sehr feinsinnig stand der Codename darüber hinaus auch für «Steve's Amazing New Device».

Steve Jobs erkannte, dass viele nützliche Anwendungen für den Mac angeboten werden mussten, wenn er Erfolg haben sollte. Der wichtigste aller Dritt-Entwickler war jedoch Microsoft und Jobs fürchtete, dass das Unternehmen seine Erfahrungen in der Entwicklung von Mac-Software dazu ausnutzen könnte, ähnliche Anwendungen für IBM PCs zu schreiben. Seine Angst war begründet, ging aber in die falsche Richtung. Am 22. Januar 1982 zwang er Gates, vertraglich zu bestätigen, dass Microsoft «keinen Versuch unternehmen werde, für irgendeinen nicht von Apple hergestellten Computer irgendein Finanz-, Geschäftsgrafik- oder Datenbank-Programm zu verkaufen, zu leasen, zu lizenzieren, zu publizieren oder anderweitig zu verbreiten, das mit einer Maus oder einem Trackball benutzt wird.» Es ist kaum zu glauben, aber der Vertrag schloss mit keinem Wort aus, dass Microsoft ein eigenes Betriebssystem entwickeln durfte, das dem Mac Konkurrenz machen könnte. Ein Versehen mit katastrophalen Auswirkungen.

«Wir haben alles auf Windows gesetzt und verdienen es, davon zu profitieren. Dieses Risiko hat sich wirklich bezahlt gemacht. Im Rückblick erscheint das Vertrauen in den Erfolg der grafischen Benutzeroberfläche so offensichtlich, dass man nur schwer das Lachen unterdrücken kann.»

***Bill Gates** in einem Interview des Playboy im Juli 1994*

Als Gegenleistung für Gates Versprechen, mausbasierte Anwendungen ausschließlich für den Mac zu entwickeln und zwar innerhalb von 12 Monaten nach dessen Einführung (oder bis zum 1. Januar 1983, je nachdem, was zuerst eintreten würde), stellte Jobs Microsoft wertvolle Prototypen des Mac zur Verfügung. Microsoft stand zu seinem Wort und setzte die umfassendste Software-Entwicklung in Gang, die jemals außerhalb von Apple betrieben worden war. Aber Microsoft begann auch mit den Arbeiten an Windows für den IBM PC und dessen Klone. Gates ging einfach auf Nummer sicher. Obwohl er mit dem Befehlszeilen-Interface von MS-DOS bereits ein Vermögen gemacht hatte, erkannte er – wie Jobs auch –, dass die Zukunft der Industrie in der grafischen Benutzeroberfläche lag.

Um Jobs den Wind aus den Segeln zu nehmen, kündigte Gates am 10. November 1983 im Helmsley Palace Hotel in New York Windows an und sagte voraus, dass Windows Ende 1984 auf mehr als 90 Prozent aller IBM PC-kompatiblen Rechnern laufen werde. Als Apple ein paar Monate später den Mac einführte, verkündete Gates als treuer Unterstützer der Aufsteiger aus Cupertino, dass MultiPlan und Microsoft BASIC unmittelbar zur Verfügung stehen würden. Microsoft hatte umfassend in seine Abteilung für Mac-Software investiert und konnte es kaum erwarten, mit den wichtigsten, demnächst erscheinenden Anwendungen als Erster auf den Markt zu kommen und die Belohnung für die Investitionen abzukassieren.

Obwohl Gates dem Macintosh in der Öffentlichkeit nur das Beste wünschte, segelte das eigene Windows-Projekt von Microsoft mit voller Kraft voraus. Zu der schwierigen Aufgabe, dem textbasierten MS-DOS eine grafische Benutzeroberfläche überzustülpen, gesellte sich noch die Sorge, verklagt zu werden, falls das Ergebnis dem Mac zu ähnlich sehen sollte.

Wenige Wochen vor dem Erscheinen von Windows 1.01 im Jahr 1985 fürchtete Microsoft wirklich, dass Apple wegen der Entsprechungen zwischen dem Interface von Windows und dem Mac eine Klage einreichen würde. Deshalb bluffte Gates den CEO von Apple, John Sculley, mit einem Ultimatum: Ruft die Anwälte zurück oder Microsoft stellt sofort sämtliche Entwicklungen von Word und Excel für den Macintosh ein.

Für Apple war diese Zeit wirklich hart. Vom Mac wurden nur 20 000 Stück pro Monat verkauft, und damit weit weniger als die prognostizierten 100 000 Stück pro Monat. Obwohl Apple zehnmal mehr Einnahmen verbuchte als Microsoft, war es von der fortgesetzten Unterstützung quasi abhängig – und das wusste Gates genau. Doch die hohen Tiere bei Apple waren der Überzeugung, dass Microsoft den Markt für Mac-Anwendungen auf keinen Fall aufgeben würde, da es ihn bereits in der Hand hatte. Sie drängten Sculley, hart zu bleiben, doch er gab klein bei. Am 24. Oktober 1985, vier Tage vor dem 30. Geburtstag von Gates, übergab ihm Sculley das schönste Geschenk, das er je bekommen hatte: Apple gestattete Microsoft, in Windows einen Teil der Mac-Technik zu nutzen, während Microsoft als Gegenleistung die Auslieferung der Windows-Version von Excel ein wenig hinausschieben würde, um dem Mac eine Chance zu geben, im Businessmarkt Fuß zu fassen.

«Wenn der Macintosh scheitert, übernimmt der PC den Markt allein. Aber wir sind äußerst zuversichtlich. Wenn Apple seine Produktionsziele erreicht, wird 1984 die Hälfte des Händler-Absatzes auf Macintosh-Produkten beruhen.»

***Bill Gates***

Microsoft lieferte Windows am 20. November aus. Zwei Tage später unterzeichneten Gates und Sculley auf der Herbst-COMDEX (einer riesigen Industriemesse) in Las Vegas einen vertraulichen, dreiseitigen Vertrag, der Microsoft eine «nicht-exklusive, weltweite, tantiemenlose, ewige, nicht-übertragbare Lizenz» gewährte, «diese abgeleiteten Arbeiten in aktuellen und zukünftigen Softwareprogrammen zu nutzen und sie an und durch Drittanbieter für

«Hey Steve, nur weil du früher bei Xerox eingebrochen bist als ich und den Fernseher geklaut hast, kannst du nicht ausschließen, dass ich später auch rein gehe, um die Stereoanlage zu holen.»

***Bill Gates*** *in einer Reaktion auf Jobs' Anschuldigung, dass Windows so aussähe wie der Mac*

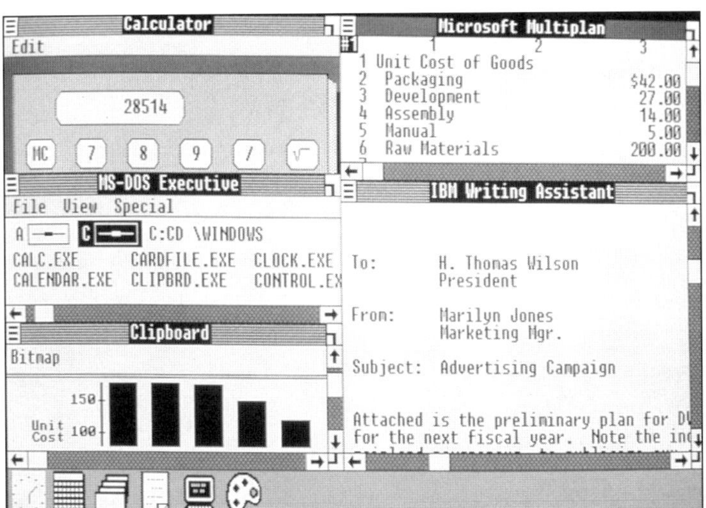


**Mit den nebeneinander angeordneten Dokumenten und den grobschlächtigen Schriften hatte Windows zwar kein besonderes Erscheinungsbild, übertraf MS-DOS jedoch um Längen und war dem Mac ähnlich genug, um Apple nervös zu machen.**

«Ich weiß nicht, was mit Windows passieren wird, oder mit VisiOn, aber IBMs Fenstertechnik-Paket wird zum Standard werden. Es soll nicht besonders toll sein, aber es wird der Standard.»

***Steve Jobs** setzte im April 1984 auf das falsche Pferd*

den Gebrauch in ihren Softwareprogrammen zu lizenzieren.» Als Gegenleistung verpflichtete sich Microsoft Apple gegenüber dazu, Word für den Macintosh verfügbar zu machen, Excel für Windows bis zum 1. Oktober 1986 zurückzuhalten und fügte die Erklärung hinzu, dass «die visuelle Bildschirmanzeige in [Excel, Windows, Word und MultiPlan] von Apples grafischen Benutzeroberflächen des Lisa und Macintosh abgeleitet» sei. Anders ausgedrückt: Microsoft zog sich Apples Kronjuwelen an Land und Apple selbst über den Tisch. Seit der britische Premierminister Neville Chamberlain Adolf Hitler mit dem Münchner Pakt 1938 besänftigte, hat die Welt keine solche Demonstration von Verhandlungskunst mehr gesehen.

**Bei der Geburt getrennt? John Sculley von Apple (links) und Großbritanniens Neville Chamberlain**

«Uns war nicht klar, dass wir einen Vertrag unterschrieben hatten, der später unsere Rechte gefährden könnte. Unsere Rechtsanwälte waren einfach nicht gut genug. Wir hatten niemals die Absicht, Microsoft die Rechte für mehr als Version 1.0 zu geben.»

***John Sculley** über den Vertrag mit Microsoft im Jahr 1996*

Wie Ihnen jeder führende Manager in der Computerindustrie bestätigen wird, ist das Softwaregeschäft eine relativ sichere Angelegenheit: Man verkauft ein Produkt einmal und verschafft sich im Laufe der Zeit zusätzliche Einnahmen durch regelmäßige Upgrades. Ein Upgrade des fehlerhaften Word ließ sich nicht vermeiden, weil Microsoft ein finanzielles Interesse daran hatte. Außerdem war sich Gates im Klaren darüber, dass Microsoft Excel für Windows ohnehin nicht vor dem Aufschubdatum ausliefern konnte – der Gedanke war also rein fiktiv. Tatsächlich kam es dann erst im Oktober 1987 auf den Markt. Und was riskierte Microsoft denn schon, wenn es in einem vertraulichen Dokument den Einfluss des Mac auf Windows eingestand?

Die erste Version von Windows fand keinen besonderen Anklang, aber Microsoft ist nichts mehr als hartnäckig. Sobald es ein Ziel ins Auge gefasst hat, setzt es alles in Bewegung, um dort auch anzukommen, überarbeitet und verändert beharrlich ohne Unterlass. Gates liebte den Mac und passte Windows jetzt langsam aber sicher an sein Erscheinungsbild an. Im Januar 1988 kam Windows 2.03 heraus, das Mac-ähnliche Symbole benutzte und die nebeneinander angeordneten Fenster durch überlappende ersetzte. Das Ergebnis kam dem Mac gefährlich nahe, zumindest aus der Sicht von Apple, und so reichte es am 17. März (Saint Patrick's Day) 1988 beim staatlichen Gerichtshof von San Jose eine 11-seitige Klageschrift ein. Sie warf Microsoft die Verletzung seiner Urheberrechte vor, da es Computerprogramme entwickelte, die die audiovisuellen Funktionen des Lisa/Mac imitierten. Auch Hewlett-Packard wurde in der Anklage genannt, weil dessen NewWave auf Windows lief. Apple forderte damit Schadenersatzzahlungen in Höhe von 5,5 Milliarden Dollar.

1983 gewann Apple eine Klage gegen Franklin Computer Corporation, die den Code für den Read-only-Arbeitsspeicher kopiert hatten, um Apple II-Klone zu verkaufen. Gates lobte dieses Urteil in einer Kommentarspalte des Wirtschaftsteils in der *New York Times* ironischerweise selbst: «Stellen Sie sich doch nur mal vor, wie abschreckend es auf die Software-Entwicklung wirken würde, wenn nach Monaten harter Arbeit einfach eine andere Firma daher kommen, deine Arbeit kopieren und das Ganze unter ihrem eigenen Namen vermarkten kann... Ohne gesetzliche Vorkehrungen gegen solche Kopiererei könnten es sich Unternehmen wie Apple gar nicht leisten, die technische Entwicklung voranzutreiben.»

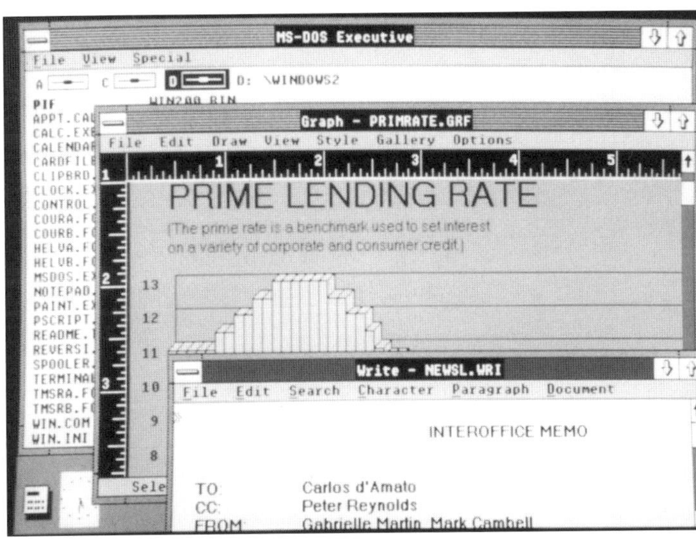


**Mit seinen überlappenden Dokumenten erschien Windows 2.03 dem Mac ähnlicher als je zuvor. Apple fühlte sich durch die Imitation keineswegs geschmeichelt und reichte eine «Look-and-feel»-Klage gegen Microsoft und dessen Partner Hewlett-Packard ein, in der es 5,5 Millarden Dollar Schadenersatz forderte.**

«Das entspricht nicht dem, was der Mac kann. Ich will den Mac auf dem PC, ich will den Mac auf dem PC!»

***Bill Gates,*** *in seiner Argumentation zu Gunsten überlappender anstatt nebeneinander angeordneter Fenster bei Microsoft Windows*

Microsoft erwiderte die Klage und behauptete, der Vertrag mit Apple aus dem Jahr 1985 habe ihnen das Recht zugestanden, die in Frage stehenden Funktionen in Windows zu nutzen, doch Apple stellte klar, dass sich diese Vereinbarung nur auf die erste Version von Windows bezogen habe. Der Vorgang hatte die gewünschten Nebenwirkungen und löste in der Gemeinde der Windows-Entwickler Sorge, Unsicherheit und Zweifel aus. Philippe Kahn von Borland schrieb, es sei gewesen wie «wenn man aufwacht und feststellt, dass der Partner AIDS haben könnte.» Am 25. Juli 1989 erteilte der Amtsrichter, William W. Schwarzer, das Urteil, dass nur 10 der 189 in Frage stehenden visuellen Anzeigeelemente in Windows 2.03 nicht durch den Lizenzvertrag von 1985 abgedeckt seien. Microsoft setzte also zuversichtlich seine Windows-Updates fort und brachte am 22. Mai 1990 im City Center Theater in New York seine Version 3.0 auf den Markt.

Später traf das Gericht die Entscheidung, dass der Vertrag von 1985 nicht als vollständige Rechtfertigung für Microsoft gelten konnte, bestätigte die Originalität der urheberrechtlich geschützten Werke von Apple, weitete die Klage auf Windows 3.0 aus und wies zahlreiche Forderungen der Gegenseite zurück. Am 14. August 1991 wendete sich das Blatt jedoch erneut, als das Gericht ein weiteres Mal über die Originalität der audiovisuellen Anzeige von Apple zu entscheiden hatte. Der Amtsrichter Vaughn R. Walker verkündete am 14. April 1992 in einer vierminütigen Rede ein Urteil, das den Spielraum in dieser Angelegenheit ganz entscheidend einengte. Er legte fest, dass der größte Teil der Interface-Elemente von Windows und NewWave entweder durch die Lizenz von 1985 abgedeckt sei oder urheberrechtlich überhaupt nicht geschützt werden könnte. Am 24. August 1993 entschied das Gericht schließlich zu Gunsten von Microsoft und wies alle weiteren Maßnahmen von Apple zurück. Daraufhin ging Apple im September 1994 vor dem amerikanischen Berufungsgericht in die Revision, doch das bestätigte nur das alte Urteil. In einem letzten Ausweg reichte Apple am 19. Dezember beim höchsten amerikanischen Gerichtshof eine Petition – genannt Aktenanforderungs-Verfügung – ein, um die Richter den Fall begutachten zu lassen. Der Gerichtshof lehnte die Anhörung des Falles jedoch am 21. Februar 1995 ab und setzte einen Schlusspunkt unter den sieben Jahre währenden Kampf, der 10 Millionen Dollar gekostet hatte.

«Bei der Entwicklung des Macintosh haben wir uns an ein berühmtes Zitat von Picasso gehalten: ‹Gute Künstler kopieren, großartige Künstler stehlen›. Was halten Sie von der Klage? Ich persönlich kann sie nicht begreifen. Kann man Schwerkraft mit einem Copyright schützen? Nein.»

***Steve Jobs**, CEO von NeXT*

«Apple sagt: ‹Hey, Win 3.1 ist miserabel und es war immer schon miserabel.› Und wir sagen: ‹Nein, es ist gerade erst miserabel geworden. Bis Donnerstag war es echt toll.›»

***Bill Gates** nach der Auslieferung von Windows 95.*

«Windows 95 ist seit langem das Beste, was Apple passiert ist, weil es uns wie ein 2-zu-4 genau zwischen die Augen getroffen hat.»

***Guy Kawasaki**, Apple-«Evangelist»*

**Apple behauptete, der Vertrag von 1985 habe sich allein auf Windows 1.0 bezogen, aber Microsofts Interpretation ging davon aus, dass er alle folgenden Upgrades abdecken würde. Ermutigt durch eine Folge günstiger Gerichtsurteile glich Microsoft sein Windows mit jeder neuen Version mehr an den Mac an.**

Der richterliche Spruch war zum damaligen Zeitpunkt nur eine technische Einzelheit, da das bedeutend verbesserte Windows 3.1 mittlerweile den Markt für Personal Computer für sich gewonnen hatte und dem Mac von Apple gerade mal 15 Prozent vom Kuchen übrig ließ. Und selbst dieser Bruchteil des Marktes schien Apple noch zu entgleiten, als Microsoft am 24. August 1995 Windows 95 (Codename Chicago) einführte.

Wie verlautet soll Microsoft 12 Millionen Dollar an die Rolling Stones gezahlt haben, um deren Song *Start Me Up* für die Einführungskampagne von Windows 95 benutzen zu dürfen.

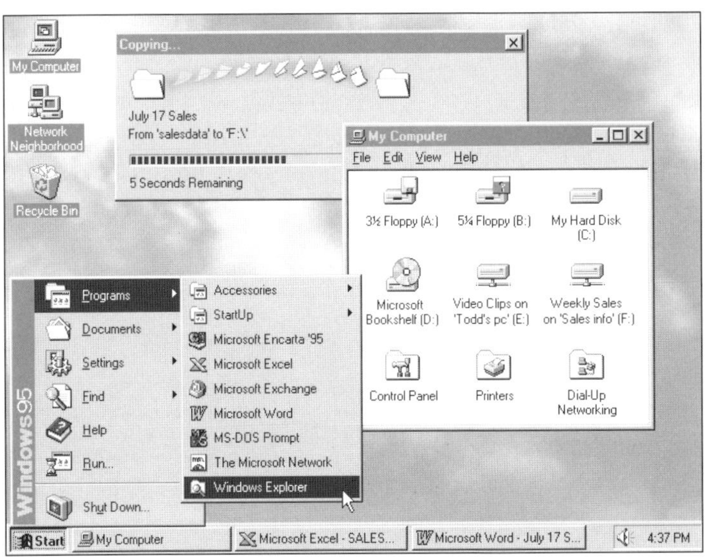


**Nur sieben Monate, nachdem der Oberste Gerichtshof Amerikas Apples Berufungsklage abgewiesen hatte, brachte Microsoft Windows 95 auf den Markt, dessen Benutzeroberfläche bei oberflächlicher Betrachtung nicht mehr von der des Betriebssystems auf dem Macintosh zu unterscheiden ist.**

«Um Win 95 wird mehr Rummel gemacht als um jedes andere Produkt in der Geschichte der PC-Industrie, sogar mehr als um den Newton.»

***Michael Mac,*** *Direktor für Marketing der Mac-Plattform bei Apple*

«In fünfzig Jahren wird man in den Geschichtsbüchern lesen, dass Bill Gates den Computer gebaut hat. Apple wird vergessen sein.»

***Steve Capps,*** *Co-Autor des Mac Finder, heute Angestellter bei Microsoft*

«Apples Problem besteht darin, dass es erfolgreicher wurde als es sich in den kühnsten Träumen ausgemalt hatte. Wir hatten so viel Erfolg, dass wir alle dazu bringen konnten, denselben Traum zu träumen. Die übrige Welt wurde genauso. Das Problem ist aber, dass sich der Traum nicht weiter entwickelt hat. Apple hat aufgehört, Dinge zu erschaffen.»

***Steve Jobs***

«DOS-Computer, die von Firmen wie IBM, Compaq, Tandy und Millionen anderer hergestellt werden, sind mit etwa 70 Millionen Rechnern weltweit bei weitem die beliebtesten. Macintosh-Fans werden wahrscheinlich anmerken, dass Schaben in bedeutend größerer Zahl vorkommen als Menschen und dass es nicht die Menge allein ist, die eine höhere Lebensform auszeichnet.»

***New York Times,*** *26. November 1991*

Die 200 Millionen teure Einführung von Windows 95 war ein Medienereignis wie bei keinem anderen Computerprodukt zuvor. Sie wurde auf den Titelseiten der Zeitungen besprochen, dominierte die Abendnachrichten auf allen Fernsehkanälen und brachte die Leute dazu, mitten in der Nacht Schlange zu stehen, um das eingeschweißte Paket bei Einzelhändlern zu erwerben, die Einführungspartys veranstalteten. Apple reagierte umgehend und platzierte im *Wall Street Journal* eine doppelseitige Anzeige, die in riesigen Blockbuchstaben verkündete: «C:\ONGRTLNS.W95». Darunter erschien ein kleines Apple-Logo. Die von MWW/Savitt konzipierte Anzeige hatte die gleiche selbstgefällige Tonlage wie «Welcome IBM, seriously», die Apple einige Jahre zuvor veröffentlicht hatte, als IBM seinen PC einführte (vgl. Kapitel «Aus Feind wird Freund»). Aber es gelang ihr genauso wenig, die heftige Wintel-Attacke einzudämmen, wie die damalige Anzeige die Käufer davon abhalten konnte, IBM PCs zu kaufen. Der Einzelhandel setzte allein in den ersten fünf Wochen mehr als 3 Millionen Exemplare von Windows 95 ab, während Apple im gesamten Jahr nur 4,5 Millionen Macs verkaufen konnte – in Bezug zum Stückabsatz übrigens der Höchststand des Unternehmens.

Das Ausmaß des gesamten Schadens, der durch den Vertrag von 1985 entstanden ist, lässt sich nur schwer beurteilen. Wenn sich Apple behauptet hätte, wäre Microsoft vielleicht nicht so mächtig geworden, wie es jetzt ist. Und heute, mehr als 14 Jahre nachdem Sculley Gates Forderungen nachgegeben hatte, muss Apple mit Hunderten von Einzelhändlern konkurrieren, die auf Intel basierende PC-Klone mit Microsoft Windows 95, Windows 98 und Windows NT verkaufen – und alle sehen dem Mac ähnlicher als je zuvor.

# Chronik von Windows

**1979**

- Beginn des Lisa-Projekts unter Rothmuller
- Beginn des Mac-Projekts unter Raskin
- Erster der beiden Besuche von Jobs im Xerox PARC

**1980**

**1981**

- Einführung des IBM PCs
- Beginn der Mac-Entwicklung bei Microsoft

**1982**

- Einführung des Lisa und des Apple IIe

**1983**

- Ankündigung von Windows
- Apple bringt System 1.0 mit dem Macintosh heraus

**1984**

**1985**

- Apple bringt System 2.0 heraus
- Erscheinen von Windows 1.01, Microsoft lizenziert Mac-Technologie

«An dem Tag, an dem ich Apple verließ, waren wir Microsoft um 10 Jahre voraus. Im technischen Business ist es wirklich schwer, sich einen 10-Jahres-Vorsprung zu verschaffen... Aber Apple hatte ihn mit seiner grafischen Oberfläche. Apples Problem war nur, dass es seine innovative Haltung aufgegeben hat.
Der heutige Mac unterscheidet sich nur in 25 Prozent von dem, der aktuell war, als ich von Apple weg ging. Und das reicht eben nicht für 10 Jahre und Milliarden Dollar in Forschung und Entwicklung. Es lag nämlich nicht daran, dass Microsoft so clever war, den Mac zu kopieren, sondern Apple saß 10 Jahre lang still wie eine Ente. Apples Problem ist, dass sich sein Anderssein in Luft aufgelöst hat.»

***Steve Jobs***

**1986**
- Apple bringt System 3.0 heraus

**1987**
- Apple bringt System 4.0 heraus
- Ankündigung von Windows 2.0

**1988**
- Erscheinen von Windows 2.03
- Apple verklagt Microsoft und HP

**1989**
- Apple bringt System 6.0.2 heraus

**1990**
- Erscheinen von Windows 3.0

**1991**
- Apple bringt System 7.0 heraus
- Gerichtshof erörtert erneut die Originalität der grafischen Benutzeroberfläche von Apple

**1992**
- Erscheinen von Windows 3.1; der Gerichtshof hält die meisten Elemente von Windows durch den Vertrag von 1985 abgedeckt
- Apple bringt System 7.1 heraus

«Windows [3.1] entspricht einem Mac wie der Transvestit einer wirklichen Frau. 95 Prozent sind gleich und tatsächlich auch das, was manche Leute bevorzugen würden, aber eben nicht ganz gleich für jene, die Wert legen auf die kleinen Unterschiede.»

***John Dvorak,*** *Kolumnist von PC Magazine*

«Microsoft hat wahrscheinlich zehn Jahre gebraucht, um den Mac zu kopieren, weil es ihn gar nicht richtig verstanden hat.»

***Steve Jobs***

**1993**

- Erscheinen von Windows NT 3.1
- Apples Klage wird abgewiesen, Apple reicht Berufung ein
- Apple reicht beim Obersten Gerichtshof der USA eine Petition ein

**1994**

- Apple bringt System 7.5 heraus

**1995**

- Der Oberste Gerichtshof schenkt der Petition von Apple kein Gehör
- Erscheinen von Windows 95

**1996**

- Apple bringt System 7.6 heraus

**1997**

- Apple bringt Mac OS 8.0 heraus
- Apple bringt Mac OS 8.1 heraus

**1998**

- Windows 98 wird ausgeliefert

**1999**

- Apple bringt Mac OS 9 heraus
- Windows 2000 wird ausgeliefert

«Wir werden von Bill Gates und seinen Partnern beschummelt. Nehmen Sie Windows 95. Das ist 'ne Menge Mumpitz, wissen Sie... Dieses Windows-Ding wird nicht von Frauen gekauft. Wenn Sie sich die Absatzzahlen anschauen, dann wette ich, dass 80 Prozent der Käufer Männer sind. Verrückte junge Männer oder verrückte ältere Männer, die vernarrt sind in Spielzeug.»

***Ray Bradbury,*** *Science-Fiction-Autor*

«Der Mac hat sich im Hinblick auf seine Oberfläche seit 1985 nicht weiterentwickelt. Und Windows ist immer noch eine Art Karikatur des Mac. Windows 95 hat nicht wirklich begriffen, worum es geht. Die Benutzeroberfläche ist nicht besonders gut.»

***Steve Jobs***

# Newton ohne Happy End

Die Geschichte des Newton ähnelt in vielerlei Hinsicht derjenigen des Macintosh. So wie der Mac wurde der Newton hauptsächlich dazu entwickelt, den Anspruch der Entwickler zu befriedigen, ein ganz einmaliges und revolutionäres Gerät hervorzubringen. Wie der Mac begann auch der Newton als kleines, schlecht definiertes Projekt und wuchs sich in eine ganze Abteilung aus, von der manche hofften – und viele befürchteten –, dass sie das Gesicht von Apple für immer verändern würde. Der Newton basierte weitgehend auf unerprobter Technik und sprach neue Märkte an, so wie auch der Mac vielen Computerinnovationen zur Beliebtheit verhalf, weil er dem Anspruch genügen sollte, «der Computer für den Rest von uns» zu werden. Und so wie der sinkende Absatz der Mac-Rechner eine Rolle bei Steve Jobs' Weggang gespielt hatte, trug auch die enttäuschende Resonanz auf den Newton dazu bei, John Sculleys Schicksal zu besiegeln. Apple hatte aus der Mac-Erfahrung nichts gelernt und kümmerte sich wenig um die Kinderkrankheiten des Newton. Dadurch hatten die Konkurrenten leichtes Spiel, rasch eigene Personal Digital Assistants (PDA) herauszubringen und den von Apple geschaffenen Markt zu beherrschen. Schließlich musste sich das geschwächte Unternehmen dazu durchringen, die Newton-Entwicklung einzustellen.

So wie der Anstoß zum Macintosh-Projekt letztlich auf einen Mitarbeiter zurückging, nämlich Jef Raskin, war der Newton das geistige Kind des Hardware-Entwicklers Steve Sakoman. Sakoman war schon an der Entwicklung und Markteinführung des Mac Plus, Mac SE und Mac II beteiligt gewesen und fühlte sich im März 1987 ziemlich ausgebrannt. Er liebäugelte mit der Idee, Apple zu verlassen, um eine eigene Firma zu gründen. Er wollte etwas Neues und Aufregendes tun und verspürte kein Verlangen, immer neue Macintosh-Modelle hervorzubringen. Er sprach mit Jean-Louis Gassée,

«In spätestens fünf Jahren werden Computer wahrscheinlich Handschriften lesen können. Wir werden einen Schritt nach vorne gemacht haben, was das Rätsel der Schriftmustererkennung angeht. Niemand weiß heute, welcher geistige Vorgang oder Algorithmus es uns ermöglicht, das Gesicht, die Stimme oder die Handschrift eines anderen zu erkennen. Es gibt komplexe Muster, die wir recht gut beschreiben können, aber wir schaffen es nicht, die zugrunde liegenden Vorgänge eindeutig nachzubilden.»

***Jean-Louis Gassée***,
*Senior Vice President für F&E, 1985*

«Vermutlich hat man die Bezeichnung Newton gewählt, weil das Gerät leicht aus der Hand fällt (und wahrscheinlich leicht zerbricht), und weil es damit bestimmte Newtonsche Gesetze der Schwerkraft bestätigt.»

***John C. Dvorak,*** *Kolumnist*

Senior Vice President der F&E-Abteilung, über seine Pläne und ließ sich von diesem mit dem Versprechen zum Bleiben verführen, dass er ein kleines Sonderprojekt leiten könne, das sich mit drahtlosen Netzen und Handschriftenerkennung befasse. Sakomans Interesse war geweckt, doch er bestand darauf, das Projekt als reine «Ideenschmiede» zu betreiben, auf die weder das Management noch die Marketing-Abteilung Einfluss oder gar Druck ausüben dürften. Gassée war einverstanden, und Sakoman begann sich der Frage zu widmen, unter welchen Voraussetzungen eine neue Generation von tragbaren Informationsgeräten geschaffen werden konnte, bei denen die Eingabe durch einen Stift und nicht durch eine Tastatur erfolgte.

Nun gibt es bei Apple kein Projekt ohne einen Codenamen, und Sakoman nannte sein neues Unterfangen «Newton», zum einen deshalb, weil das ursprüngliche Apple-Logo den englischen Wissenschaftler aus dem siebzehnten Jahrhundert unter einem Apfelbaum sitzend zeigte, zum anderen aber, weil er glaubte, dass «Newton die Vorstellung der Menschen über ihre Welt erschütterte». Sakoman wollte ein Gerät entwickeln, das sich so radikal vom Personalcomputer unterschied, dass es die ganze Branche revolutionierte, so wie es mit dem Macintosh drei Jahre zuvor gelungen war.

**Steve Capps, eines der ersten Mitglieder im Mac-Team, spielte in der Anfangsphase des Newton-Projekts eine wichtige Rolle.**

Ende 1987 hatte sich Sakoman im Gebäude eines alten Chipunternehmens in der Bubb Road in Cupertino eingerichtet und begonnen, ein kleines Entwicklerteam zusammenzustellen. Seinen ersten Superstar gewann er, als er Steve Capps überzeugen konnte, zu Apple zurückzukehren und dem in jenem November entstehenden Newton-Team anzugehören. Capps, der mit seiner Lieblingskluft aus Shorts und schachbrettgemusterten Van-Tennisschuhen oft genug auffiel, war 1985 aus Apple ausgeschieden, um seine eigene Musiksoftwarefirma zu gründen, und hatte gerade den Jaminator, die ultimative Luftgitarre, erfunden. Er hatte gemeinsam mit Bruce Horn den Mac-Finder geschrieben und kannte das Gefühl sehr gut, in der Anfangsphase eines viel versprechenden Projekts mit dabei zu sein. Capps hatte Bedenken, dass der Newton als weiteres teures Yuppie-Spielzeug enden würde, aber Sakoman versicherte ihm, dass das nicht geschehen würde.

Sakoman stellte sich ursprünglich einen kleinen, leichten Computer und ein Kommunikationsgerät vor, das Ideen und Informationen organisieren und 2495 Dollar kosten sollte, so viel wie der erste Mac. Frei von jeglicher Einmischung von oben, beluden die Entwickler das Gerät mit immer mehr Funktionen und Features, und es geschah, was Capps befürchtet hatte: Das Produkt entwickelte sich zu einem «Monster in einem Gehäuse». Die Newton-Gruppe bot den Entwicklern traumhafte Bedingungen: Sie konnten forschen, ohne dem Druck ausgesetzt zu sein, ein reales Produkt hervorbringen zu müssen, das eines Tages Gewinne abwerfen sollte. Wenn eine neue Technik nur cool genug aussah, fand sie auch den Weg in die Spezifikation. Das Gerät wuchs sich schließlich zu einem 20 cm mal 27 cm großen Modell mit dem Codenamen Figaro aus, besaß einen berührungssensitiven Bildschirm mit Aktivmatrix, einen Stift für die Benutzereingabe, eine Festplatte und einen Infrarotport zur Übertragung von Daten über große Entfernungen. Geschätzter Preis: 6000 bis 8000 Dollar.

Der Apple Fellow Steve Capps, der in der Newton-Gruppe arbeitete, machte Cupertino in einem roten Honda Civic SI unsicher, der das persönliche Kennzeichen «NOOTOON» trug.

1989 zog die Newton-Gruppe allmählich Unmut auf sich. So wie die Apple II-Division sich über die Verhätschelung des Macintosh-Entwicklungsteams geärgert hatte, als der Apple II das Unternehmen noch trug, fühlte sich nun das Mac-Team zurückgesetzt. Obwohl die Einnahmen von Apple im Wesentlichen dem Mac zu verdanken waren, flossen die Ressourcen in das Newton-Team, das im Gegenzug nicht viel dafür vorwies. Die Geheimhaltung des Newton-Projekts steigerte den allgemeinen Groll, da kaum jemand außerhalb der Gruppe wirklich verstand, woran sie arbeitete. Manche Kritiker befürchteten, der Newton werde mit dem Macintosh Portable konkurrieren, dessen Markteinführung für den 20. September 1989 geplant war. Viele Apple-Mitarbeiter sahen im Figaro-Modell des externen Industriedesigners Giorgetto Giugaro nichts weiter als einen tragbaren Computer mit einem Stift als Eingabegerät. Trotz der Zusicherungen, mit denen Sakoman von Gassée ins Team gelockt worden war, fand er sich immer öfter gezwungen, den Newton vor dem Management zu verteidigen, denn Gassées Stern begann allmählich zu verblassen.

Gassée war im August 1988 zum President of Apple Products ernannt worden, so dass er nun in der Firmenhierarchie Sculley direkt unterstellt war. Als es immer häufiger zu Auseinandersetzun-

Sakoman und Gassée gründeten nach ihrem Weggang von Apple die Firma Be, Inc. (siehe «Die Copland-Krise»).

gen zwischen den beiden kam – etwa über die Frage der Lizenzvergaben (Gassée verabscheute den Gedanken) – betrieb Sculley schließlich Gassées Degradierung, indem Michael H. Spindler am 29. Januar 1990 zum Geschäftsführer ernannt wurde. Die weltweiten Produktions- und Marketingeinheiten, die bisher Gassée unterstellt waren, wurden nun Spindler zugeordnet. Welche Macht auch immer Gassée einst gehabt hatte, um sich schützend vor die Newton-Gruppe zu stellen – sie nahm nun rapide ab. Irgendwann war es Sakoman leid, für das Projekt zu kämpfen. Aus Protest gegen die Behandlung Gassées reichte Sakoman am 2. März 1990 seine Kündigung ein, am selben Tag, als Gassée bekanntgab, dass auch er das Unternehmen zum 30. September verlassen wolle.

Nach dem plötzlichen Weggang ihres Leiters war das Weiterbestehen der Newton-Gruppe in Frage gestellt. Am Abend des 11. März lud Bill Atkinson, der Erfinder der HyperCard, Capps, Sculley, Marc Porat, Andy Hertzfeld und Susan Kare zu einem Treffen zu sich nach Hause ein, um über die Gründung eines neuen Unternehmens zu sprechen. Porat hatte das vergangene Jahr bei der Advance Technology Group (ATG) von Apple mit dem Versuch zugebracht, die zukünftige Richtung des Unternehmens zu bestimmen. Er sprach sich dafür aus, Apple von seiner Abhängigkeit vom Mac zu befreien, indem mit Telekommunikationsunternehmen ein neuer Intelligent-Agent-Netzwerkservice entwickelt werden sollte, auf den man mit einem kleinen Handheld-Gerät zugreifen konnte. Die Codenamen der Projekte lauteten Paradigm und Pocket Crystal. Capps fragte Sculley, was es für das Newton-Projekt bedeuten würde, wenn diese Projekte nun bei Apple richtungsweisend seien. Sculley räumte ein, er wisse nicht genau, was es mit dem Newton auf sich habe, und bat Capps, einen Newton-Prototyp zu bauen, den er dem Vorstand bei der nächsten Sitzung im April vorstellen konnte.

Capps hatte Sculleys Interesse geweckt. Sculley bat Larry Tesler, den damaligen Vice President von ATG, der von Xerox PARC gekommen war, um sich an der Entwicklung der Lisa-Oberfläche zu beteiligen, das Newton-Projekt zu prüfen und herauszufinden, ob es Bestandteile enthalte, die man auch noch verwenden könnte, falls die Newton-Gruppe aufgelöst würde. Auf Drängen Sculleys schuf das Newton-Team schnell ein Hardware-Modell mit einem Display, das auf einem Mac lief. Durch HyperCard-Stacks, welche die zukünftigen Leistungen des Newton simulierten, sollten Außenstehende sein Potenzial erkennen, von dem das Newton-Team schon die ganze Zeit überzeugt gewesen war. Tesler war vom Newton restlos begeistert und bat Sculley, ihn an Sakomans Stelle als neuen Projektleiter einzusetzen.

Als Capps Sculley den Prototyp zeigte, war er ebenso begeistert wie Tesler. So wie Jobs das Mac-Projekt am Anfang als Chance sah, dem Lisa-Team etwas zu beweisen, das ihn verstoßen hatte, sah Sculley im Newton-Prototyp eine Chance, seine technischen Verdienste zu beweisen, da er hier ein mögliches Sprungbrett für den Knowledge Navigator sah, den er in seiner 1987 erschienenen Autobiografie *Odyssee – Von Pepsi zu Apple* beschrieben hatte. «Man könnte ihn benutzen, um durch Bibliotheken, Museen, Datenbanken oder Archive von Institutionen zu reisen», schrieb Sculley. Ein später entwickeltes Video zeigt, wie der tragbare Knowledge Navigator die Spracherkennung, drahtlose Kommunikation und aktive Assistenten nutzte, um Informationen zu sammeln und zu organisieren. In den Branchenpublikationen wurde der Knowledge Navigator als Luftschloss verspottet, da die erforderlichen Technologien noch nicht existierten, aber Sculley blieb vom Nutzen des Gerätes überzeugt, und der Newton-Prototyp bestätigte ihn in seinem Glauben.

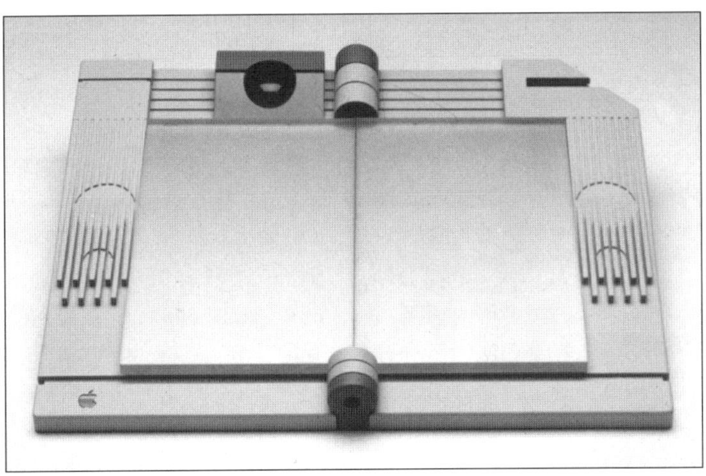

**Anfänglich sah Sculley im Newton-Projekt viele Ideen verkörpert, die er schon Jahre zuvor in seinem Knowledge-Navigator-Konzept vorgeschlagen hatte.**

Am wichtigsten war jedoch die Einsicht Sculleys, dass Apple ein neues bahnbrechendes Produkt benötigte, um die sinkenden Bruttogewinne des Mac aufzufangen und sich im schärferen Wettbewerb zu behaupten, der Apple mit der Auslieferung von Windows 3.0 im Mai 1990 durch Microsoft drohte. Sculley stellte sich vor, dass eines Tages verschiedene digitale Medien zusammenwachsen würden und der Newton eine Möglichkeit darstelle, Einnahmen mit Hardware, Softwarelizenzen und damit zusammenhängenden Telekommunikationsdiensten zu erzielen. Mit der Rückendeckung des Vorstands sicherte Sculley dem Newton-Team schließlich seine volle Unterstützung zu, er nannte eine Preisvorgabe und setzte einen Termin. Das Produkt sollte am 2. April 1992 zu einem Preis von 1500 Dollar auf den Markt kommen. Dem Newton-Team bleiben also nur noch zwei Jahre, um den Prototyp zur Marktreife zu bringen.

**Larry Tesler übernahm das Newton-Projekt, nachdem Steve Sakoman Apple verlassen hatte. Er sprach sich für die Entwicklung des größeren Newton Plus aus.**

Sculley übertrug Tesler im Mai 1990 die Verantwortung für das Newton-Team. Die Entwickler erstellten Pläne für drei verschiedene Newton-Versionen: ein kleines Handheld-Gerät, ein mittelgroßes Gerät und ein großes Gerät, das einem Tablett ähnelte. Tesler und die alte Garde sprachen sich für die letztere Lösung, den Newton Plus, aus, der dem Figaro ähnelte. Es handelte sich um ein 22 cm langes und 30 cm breites Gerät mit penbasierter Handschriftenerkennung und einer brandneuen höheren Programmiersprache. Der mittelgroße, 15 cm lange und 22 cm breite Newton hatte nur wenig Befürworter, während viele der jüngeren Entwickler, darunter auch Capps, glaubten, der Handheld-Computer, der 11 cm lang und 17 cm breit war und Pocket Newt genannt wurde, sei der richtige Weg. Am vehementesten setzte sich Michael Tchao, der neue Produktmarketingmanager der Newton-Gruppe, für den Pocket Newt ein. Er hatte geholfen, den unseligen Mac Portable im vorangegangenen September auf den Markt zu bringen, und wollte alles tun, um die Fehler zu vermeiden, die in der Auslieferung dieses Monstrums «ohne Kompromisse» geendet hatten. Tchao versuchte verzweifelt, Tesler davon zu überzeugen, dass das Team sich auf das kleinere, preisgünstigere Gerät konzentrieren sollte, mit dem der Massenmarkt der Computer-Skeptiker angesprochen werden sollte. Der Vollblut-Entwickler Tesler sprach sich jedoch entschieden gegen den Pocket Newt aus, weil er es für eine Dummheit hielt, einen ohnehin leistungsschwachen Handheld-Computer von Grund auf neu zu entwickeln, wenn doch im Newton Plus schon vier Jahre Arbeit steckten und das Figaro-Konzept schon geschaffen war. Natürlich würde der Newton Plus 5 000 Dollar kosten, aber wenn er erst einmal auf dem Markt wäre, könnte Apple ein abgespecktes Modell anbieten, argumentierte Tesler. Tchao, Capps und Michael Culbert betrieben den Pocket Newt als eine Art Untergrundprojekt weiter, und der Rest des Teams konzentrierte sich auf den Newton Plus.

Während in Cupertino die Arbeit an der Hardware und Software des Newton voranschritt, arbeitete ein kleines ATG-Team in Cambridge, Massachusetts – in Zusammenarbeit mit Wissenschaftlern der Harlequin Group Plc, der Carnegie Mellon University und anderen Einrichtungen – im Geheimen fieberhaft an einer revolutionären Programmiersprache für den Newton. Die Sprache sollte die Effizienz von C++ mit der Einfachheit von Smalltalk vereinen. Laut Sculley hatte sie «einen sehr kleinen Kernel und eine effiziente Speicherbereinigung, und sie eignete sich ideal für Kommunikationsdienste und Produkte wie die [Personal Digital Assistants], Set-Top-Boxen, digitale Telefone, sogar die PCs der nächsten Generation. Es sollte ein völlig offenes und lizenzierbares objektorientiertes Betriebssystem werden», so wie Java von Sun Microsystem (damals unter dem Codenamen Oak). Da das Projekt als so geheim betrachtet wurde, dass die Abteilung nicht einmal im Firmenverzeichnis auftauchte, erhielt die Sprache den Codenamen Ralph, nach Ralph Ellison, dem Autor von *Invisible Man*. Unter Führung von Isaac R. «Ike» Nassi, Direktor von Eastern U.S. Research for Apple Products, wurde Ralph schließlich in Dylan – für «dynamic language» – umbenannt. Diese Entscheidung sollte allerdings noch eine Klage von Bob Dylan nach sich ziehen (siehe «Teure Namen»).

«[Sculley] hat mir einen großen Gefallen getan: Er hat mich eingestellt, er hat mich befördert, und er hat mich dann mit genug Geld wieder gehen lassen, um meine eigene Firma zu gründen.»

***Jean-Louis Gassée,*** *der ein Abfindungspaket im Wert von 1,7 Millionen Dollar erhielt.*

Der Newton-Entwickler Mike Culbert, der in seiner Jugend ein Tolkien-Fan war, wählte den Codenamen Hobbit für den AT&T-Chip. Bezeichnenderweise beschloss AT&T, Hobbit selbst dann noch als endgültigen Produktnamen beizubehalten, als die Newton-Gruppe sich für den ARM 610 und gegen Hobbit entschied.

Die folgenden Monate waren für die Newton-Gruppe nicht einfach. Im Juli 1990 kündigte Apple an, dass die unter Porats Ägide entstandenen Projekte Paradigm und Pocket Crystal ausgegliedert und im Unternehmen General Magic (www.genmagic.com) weitergeführt werden sollten. General Magic sollte von den beiden Mac-Superstars Atkinson und Hertzfeld geleitet werden, die beide vergeblich Capps zu gewinnen versuchten. Im Newton-Team verstand niemand, warum Apple plötzlich Projekte unterstützte, die es als Konkurrenz begriff. Die Stimmung verdüsterte sich weiter, als Gassée, ihr größter Gönner und Unterstützer, seine Ankündigung, am 30. September aus dem Unternehmen auszuscheiden, wahrmachte.

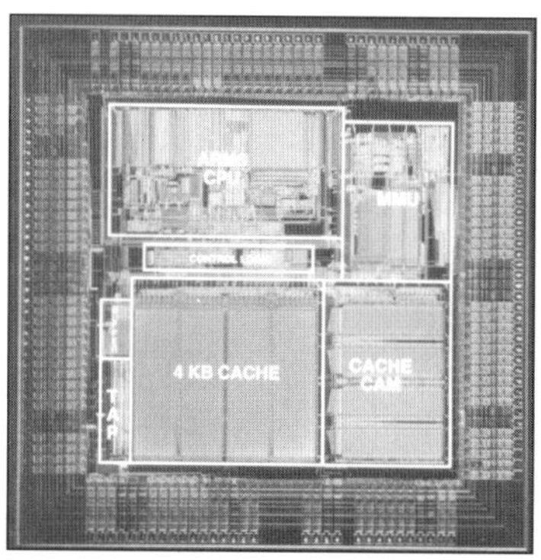


**Teslers Entscheidung, auf den RISC-basierten ARM 610 umzusteigen, verursachte eine Menge zusätzlicher Arbeit.**

Auch der Engineering-Bereich befand sich im Umbruch. Das Newton-Team hatte begonnen, die Entwicklung auf einen wenig bekannten AT&T- Chip abzustellen, der optimiert worden war, um unter in C geschriebenem Code und nicht unter der neuen Sprache Ralph von Apple zu laufen. Apple hatte die Entwicklung des Chips schon mit einer Million Dollar unterstützt, als AT&T um eine weitere Million Dollar bat, um die Entwicklung abschließen zu können. Nach einer Untersuchung der preisgünstigen RISC-Prozessoren (Reduced Instruction Set Computing) kam Tesler zur Schlussfolgerung, dass der AT&T-Chip inhärente Preis-Leistungsnachteile hatte. Deshalb gab er den AT&T-Chip am 8. September offiziell auf und entschied sich für den ARM 610 von Advanced Reduced Instruction Set Chip Machines (ARM Ltd.) aus Cambridge, England. Wenige Monate später erwarb Apple 43 Prozent der Anteile von ARM und brachte Tesler als Apple-Vertreter im Vorstand unter. Mit dem Wechsel des Chips musste der größte Teil des Codes, der bis dahin fertiggestellt worden war, neu geschrieben werden, damit er auf dem RISC-Prozessor ARM 610 funktionierte.

Tchao, den der Verlauf des Newton-Projets unter Tesler in immer größere Verzweiflung stürzte, beschloss, alles auf eine Karte zu setzen und sich über seinen Chef hinwegzusetzen. Am 10. Februar 1991 unternahm Tchao einen leidenschaftlichen Vorstoß bei Sculley an Bord von Mike Markkulas Privatjet Falcon 900 auf dem Weg zur Macworld Expo in Tokio. Er trug vor, dass der ehrgeizige Newton Plus zu groß, zu teuer und zu kompliziert sei, um rechtzeitig fertiggestellt werden zu können. Er sprach sich dafür aus, sich auf den Pocket Newt zu konzentrieren, der kleiner, preisgünstiger und machbarer war. Der Schachzug funktionierte. Sculley gab Tchaos Plan seinen Segen und wies Tesler an, sich auf den Pocket Newt zu konzentrieren, der unter der Bezeichnung Junior bekannt wurde. Das Newton-Plus-Projekt (umbenannt in Senior) wurde in abgespeckter Form unter der Annahme weitergeführt, dass es ernsthaft weiterverfolgt würde, sobald der Junior auf den Markt gebracht worden sei.

Am 17. März 1998, kurz nachdem Apple die Newton-Entwicklung einstellte, gab ARM Holdings Plc (www.arm.com) Pläne für einen Börsengang bekannt, bei dem Apple einen Teil der 37,4 Prozent der im Umlauf befindlichen Aktien verkaufen würde. Apple erzielte beim Börsengang am 16. April mit dem Verkauf eines Pakets von 18,9 Prozent einen Gewinn von 23,4 Millionen Dollar vor Steuern.

Sculleys Frist lief nun in über einem Jahr ab, und es blieb noch viel zu tun. Apple hatte sich vorgenommen, eine völlig neue Kategorie von Verbraucherprodukten zu schaffen, die einen noch nicht bewährten RISC-Chip, bahnbrechende Software zur Handschriftenerkennung und eine völlig neue Programmiersprache beinhalteten. Und als wären das noch nicht genug Erschwernisse, verfolgte Apple mit dem Newton auch ein neues Geschäftsmodell. In der Vergangenheit war Apple als Einzelgänger aufgetreten und hatte auf proprietärer Software und Hardware bestanden. Der wachsende Erfolg des auf breiter Ebene lizenzierten Windows von Microsoft hatte die Unzulänglichkeiten der Apple-Strategie schmerzhaft offengelegt. Apple musste lernen, wie man Lizenzvereinbarungen aushandelte, wenn es den Newton in ein neues Profit Center verwandeln wollte. Im September trat Apple in offizielle Verhandlungen mit Sharp ein.

Ende 1991 hatte ein Apple-Team unter Leitung von Paul Mercer ein funktionierendes Handheld-Gerät für 400 Dollar entwickelt. Es trug den Codenamen Swatch und basierte auf dem Mac-Betriebssystem. Tesler war außer sich vor Zorn, während Sculley sich sehr interessiert zeigte. Mercers Fehler bestand darin, Sony zu einem Zeitpunkt als Hersteller ins Gespräch zu bringen, an dem Apple gerade mit Sonys Konkurrent Sharp über die Newton-Produktion verhandelte. Swatch verschwand daraufhin erst einmal in der Versenkung.

Am 7. Januar schwärmte Sculley in seiner Eröffnungsrede auf der Consumer Electronics Show (CES) in Las Vegas vom «digitalen Zusammenwachsen» der Computer-, Kommunikations- und Content-Branchen und vom Bedarf nach einer neuen Art von Geräten, die er Personal Digital Assistants nannte. Er berief sich auf Studien der Harvard University und des Unternehmens Doug Solomon bei Apple, aus denen er schloss, dass die neuen Geräte Anfang des 21. Jahrhunderts einen Markt von drei Billionen Dollar darstellen würden. Obwohl Sculley später behauptete, dass er damit das Volumen des gesamten zusammenwachsenden digitalen Marktes gemeint habe, interpretierten viele Zuhörer an jenem Tag seine Aussagen so, dass der PDA-Markt innerhalb von zehn Jahren ein Umsatzvolumen von 3 Billionen Dollar erreichen würde. Die sehr erfolgreiche Einführung der PowerBook-Produktlinie im Oktober verlieh Sculleys Voraussage beträchtliche Glaubwürdigkeit und machte Apples Konkurrenten sehr nervös. Wenn Sculley Recht hatte, würde der Markt riesig sein, und niemand wollte den Anschluss verpassen.

# Die Evolution des Newton

Hier finden Sie die Spezifikationen für alle von Apple gelieferten Newton-Geräte.

| | | | | |
|---|---|---|---|---|
| **NAME** | MessagePad | MessagePad 100 | MessagePad 110 | MessagePad 120 |
| Codename | Junior | Wedge | Lindy | Gelato |
| Auslieferungssdatum | 2.8.93 | 4.3.94 | 4.3.94 | 30.1.95 |
| Preis | $699 | $499 | $599 | $599 |
| **INTERN** | | | | |
| CPU | ARM 610 | ARM 610 | ARM 610 | ARM 610 |
| Taktrate | 20MHZ | 20MHZ | 20MHZ | 20MHZ |
| ROM | 4MB | 4MB | 4MB | 4MB |
| RAM | 640K | 640K | 1MB | 1MB (max. 2MB) |
| **VIDEO** | | | | |
| Pixel | 240x336 | 240x336 | 240x320 | 240x320 |
| Hintergrundbeleuchtung | nv | nv | nv | nv |
| Graustufen | s/w | s/w | s/w | s/w |
| Rotation | nv | nv | nv | nv |
| **EINGABE/AUSGABE** | | | | |
| Serielle Schnittstelle | eine | eine | eine | eine |
| InterConnect | nv | nv | nv | nv |
| Infrarot | 9600 baud | 38.4kbps | 38.4kbps | 38.4kbps |
| PCMCIA-Steckplätze | ein Typ II | ein Typ II | ein Typ II | ein Typ II |
| Tastatur | nv | nv | nv | nv |
| Mikrofon | nv | nv | nv | nv |
| **GEHÄUSE** | | | | |
| Abdeckung | nv | nv | ja | ja |
| Länge (in Zoll) | 7.25 | 7.25 | 8.00 | 8.00 |
| Breite (in Zoll) | 4.50 | 4.50 | 4.00 | 4.00 |
| Höhe (in Zoll) | 0.75 | 0.75 | 1.20 | 1.20 |
| Gewicht (in kg) | 0.45 | 0.45 | 0.64 | 0.64 |
| **BATTERIEN** | | | | |
| Typ | 4AAA | 4AAA | 4AA | 4AA |
| Lebensdauer | 14 Stunden | 14 Stunden | 28 Stunden | 28 Stunden |
| **SOFTWARE** | | | | |
| Newton OS | 1.0 | 1.2 | 1.3 | 1.3 |
| Wortliste | nv | 13 000 | 13 000 | 13 000 |
| Eigene Wortliste | nv | 1 000 | 1 000 | 1 000 |
| Verzögerte Erkennung | nv | ja | ja | ja |

# Die Evolution des Newton (Fortsetzung)

| | | | | |
|---|---|---|---|---|
| **NAME** | MessagePad 130 | MessagePad 2000 | eMate 300 | MessagePad 2100 |
| Codename | nv | Q | Project K, Shay | nv |
| Auslieferungsdatum | 14.3.96 | 24.3.97 | 17.2.97 | 20.10.97 |
| Preis | $799 | $949 | $800 | $1000 |
| **INTERN** | | | | |
| CPU | ARM 610 | StrongARM SA-110 | ARM 710a | StrongARM SA-110 |
| Taktrate | 20MHZ | 162MHZ | 25MHZ | 162MHZ |
| ROM | 8MB | 8MB | 8MB | 8MB |
| RAM | 2.5MB | 5MB | 3MB (max. 5MB) | 8MB |
| **VIDEO** | | | | |
| Pixel | 240x320 | 320x480 | 320x480 | 320x480 |
| Hintergrundbeleuchtung | ja | ja | ja | ja |
| Graustufen | s/w | 16 Graustufen | 16 Graustufen | 16 Graustufen |
| Rotation | ja | ja | ja | ja |
| **EINGABE/AUSGABE** | | | | |
| Serielle Schnittstelle | eine | keine | eine | keine |
| InterConnect | nv | eine | eine | eine |
| Infrarot | 38.4kbps | 115kbps (IrDA) | 115kbps (IrDA) | 115kbps (IrDA) |
| PCMCIA-Steckplätze | ein Typ II | zwei Typ II | ein Typ II | zwei Typ II |
| Tastatur | keine | optional ($100) | eingebaut | optional ($100) |
| Mikrofon | nv | ja | ja | ja |
| **GEHÄUSE** | | | | |
| Abdeckung | ja | ja | ja | ja |
| Länge (in Zoll) | 8.00 | 8.30 | 12.00 | 8.30 |
| Breite (in Zoll) | 4.00 | 4.70 | 11.40 | 4.70 |
| Höhe (in Zoll) | 1.20 | 1.10 | 2.10 | 1.10 |
| Gewicht (in kg) | 0.64 | 0.70 | 2.00 | 0.70 |
| **BATTERIEN** | | | | |
| Typ | 4AA | 4AA | NiMH | 4AA |
| Lebensdauer | 28 Stunden | 24 Stunden | 28 Stunden | 24 Stunden |
| **SOFTWARE** | | | | |
| Newton OS | 2.0 | 2.1 | 2.1 | 2.1 |
| Wortliste | 93000 | 93000 | 93000 | 93000 |
| Eigene Wortliste | 1000 | 1000 | 1000 | 1000 |
| Verzögerte Erkennung | ja | ja | ja | ja |

Sculley stellte den Newton nicht auf der Consumer Electronics Show im Winter vor, sondern wollte dies nur vier Monate später auf der Sommerkonferenz in Chicago tun. Das war traditionell die Gelegenheit, um die Produkte für das Weihnachtsgeschäft vorzustellen. Das einzige Problem war, dass der Newton auch noch nicht annähernd fertig war. Deshalb stand das Newton-Projekt plötzlich unter enormem Zeitdruck. Werbematerial musste entwickelt werden, die Verpackung stand noch nicht fest, und es gab noch keine Verkaufsstrategie. Das Produkt hatte noch nicht einmal einen Namen. Externe Berater schlugen für den Newton Namen vor wie BrainAmplifier, KnowPad, PowerEnabler und ZippyPad. Während sich die Marketingmitarbeiter mit diesen Fragen herumschlugen, arbeitete die Industrial Design Group (IDG) fieberhaft an der Vollendung des Formfaktors und der Festlegung der Abmessungen des Handheld-Geräts. Sculley bestand darauf, dass es klein genug sein müsse, um in die Tasche seines Jacketts zu passen. Als die Entwickler schließlich keine Möglichkeit mehr sahen, das Gehäuse auch nur um einen weiteren Millimeter zu verkleinern, «hatten wir vor, uns mit Nadel und Faden in Sculleys Büro zu schleichen und seine Jacketttaschen zu ändern, damit sie ein kleines bisschen größer wurden», gab Bob Brunner von der IDG später zu. Aber es gelang ihnen auch ohne Tricks, Sculleys «Taschentest» zu bestehen, indem sie einige Rundungen abflachten und die Gehäusestärke reduzierten.

**Sculleys öffentliche Voraussagen über das Potenzial des PDA-Markts zwangen die Newton-Entwickler, ihr Produkt überstürzt auf den Markt zu bringen.**

Die Aufregung, die Sculley mit seiner Rede auf der CES hervorgerufen hatte, kam Apple in den Verhandlungen mit Sharp zugute. Im März gaben die beiden Unternehmen den Abschluss eines gemeinsamen Lizenz- und Entwicklungsvertrages für den Newton bekannt. Als erster Lizenznehmer sollte Sharp den Newton für Apple herstellen und eine leicht abgewandelte Version unter der Bezeichnung Sharp ExpertPad verkaufen. Im April gelang es dem Newton-Team schließlich, die Software auf einem Hardware-Prototypen zum Laufen zu bringen, aber es kam häufig zu Abstürzen. Zu diesem Zeitpunkt war klar, dass das ursprüngliche Auslieferungsdatum nur noch eine Wunschvorstellung war. Sculley trieb das Team an, Tausende von Softwarefehlern auszumerzen, damit der Newton wenigstens stabil genug wäre, um auf der bevorstehenden CES im Sommer vorgeführt zu werden. Capps und seine Mannschaft verbrachten viele lange Arbeitstage und schlaflose Nächte damit, den Newton auf seinen großen Auftritt vorzubereiten.

«Im Nachhinein war Sculleys Entscheidung, den Newton vorher anzukündigen, ein Fehler: Er schraubte damit die Erwartungen nur unnötig in die Höhe und zwang uns, uns schon Monate vor der Auslieferung auf ein Design festzulegen.»

***Tim Parsey,** Industriedesigner bei Apple*

**Das Betriebssystem von General Magic enthielt Symbole aus der vertrauten Umgebung eines jeden Nutzers, wie Flure, Straßenszenen und Schreibtische.**

Am 29. Mai um zehn Uhr morgens drängten sich über 600 Journalisten und Insider der Computerbranche im Park West Nightclub in Chicago. Sie warteten gespannt auf den ersten Blick auf den Newton. Es knisterte vor Spannung, als Sculley das Podium betrat und begeistert verkündete, beim Newton gehe es «nicht nur um ein Produkt oder eine Technologie. Es geht um nichts weniger als eine Revolution». Nachdem es Apple mit dem Macintosh immerhin schon einmal gelungen war, die Branche zu revolutionieren, war die skeptische Presse durchaus bereit zu glauben, dass seine Worte nicht nur eitle Prahlerei waren. Der Newton stellte die erste große neue Produktlinie von Apple dar, seit der Mac acht Jahre zuvor auf den Markt gekommen war, und alle waren gespannt, ob dem Unternehmen noch einmal ein solches Kunststück gelingen würde.

Dann betrat Tchao das Podium, um voller Stolz einen Handheld-Newton zu demonstrieren, doch er ließ sich nicht anschalten. Tchao ließ sich durch dieses unkooperative Verhalten nur kurz aus dem Konzept bringen und hielt dann eine gelungene Rede, in der er erklärte, wie es der Newton seinen Besitzern ermöglichte, «Daten einzugeben, zu organisieren und zu kommunizieren.» Danach führte Capps, der keine weitere Panne in der Öffentlichkeit riskieren wollte, eine Demonstration durch, bei der er einen Newton-Prototyp auf einer Karte in einem Mac benutzte. Das Publikum schien beeindruckt, und als Tchao mit einem funktionierenden Prototyp mit neuen Batterien auf das Podium zurückkehrte, waren sie bereit, die vorherige Panne zu vergeben. Der Newton schien eine brandheiße Sache zu sein, und bald hörte man überall, dass Apple ein weiteres potenzielles Siegerprodukt in petto hatte. Wie sich herausstellte, war die gute Presse das Schlimmste, was dem Newton passieren konnte. Sie steigerte die Erwartungen der Öffentlichkeit und rüttelte die Konkurrenz unnötig früh wach.

Apple hatte nun den Newton-Protopyp vorgestellt, aber es blieb noch viel Arbeit zu tun, bevor er ausgeliefert werden konnte. Aus Angst davor, den Anschluss zu verpassen und von einem neuen lukrativen Markt ausgeschlossen zu werden, begann die Konkurrenz sofort mit der Entwicklung eigener PDAs. AT&T überließ den Hobbit-Chip GO zur Verwendung in dessen neuem Modell, und Casio gab Pläne bekannt, wonach es ein verbessertes Modell des beliebten Taschen-Organizers B.O.S.S. mit Tandy unter dem Namen

Zoomer herausbringen wolle. Microsoft, das ohnehin nie eine Gelegenheit verpasste, sein Terrain abzustecken, kündigte ein eigenes WinPad-Gerät an (das nie auf den Markt kam). Selbst General Magic, das von Apple ausgegliederte Unternehmen, stellte sein Magic-Cap-Betriebssystem zur Nutzung auf dem drahtlosen Envoy von Motorola und dem MagicLink von Sony zur Verfügung. Der Wettlauf um die besten Startpositionen in diesem Geschäft war in vollem Gang.

**Als Leiter der neuen Abteilung Personal Interactive Electronics von Apple hatte Gaston Bastiaens große Pläne, und er sparte nicht beim Budget für die Newton-Entwicklung.**

Im Sommer 1992 erfolgte eine weitere Umstrukturierung bei Apple. Die Newton-Gruppe wurde Teil der neu gebildeten Abteilung Personal Interactive Electronics (PIE) unter Leitung von Vice President und General Manager Gaston Bastiaens. Der gebürtige Belgier Bastiaens hatte bis zum 15. Juli bei Philips Electronics im niederländischen Eindhoven das Geschäftsfeld Verbraucherelektronik geleitet und war General Manager der Interactive Media Systems Group gewesen, wo er an der Einführung des CD-Interactive-Players von Philips mitgearbeitet hatte.

Im Herbst war es nicht mehr zu übersehen, dass bei Calligrapher, der Handschriftenerkennungssoftware des Newton, die von Stephan Pachikov von ParaGraph (www.paragraph.com) in Moskau entwickelt worden war, noch erhebliche Probleme bestanden. Im Vertrag wurde eine Genauigkeit von 95 Prozent gefordert, die der Code jedoch nicht einmal annähernd gewährleistete. Also trat Apple auf diesem Feld den Rückzug an und stellte nun die Kommunikation und nicht mehr die Dateneingabe in den Mittelpunkt des Produktes. Gleichzeitig wurden die Entwicklungsaktivitäten für das Senior-Projekt eingestellt. Da der Junior weder über die Rechenleistung noch den Speicher verfügte, wie sie für eine hochent-

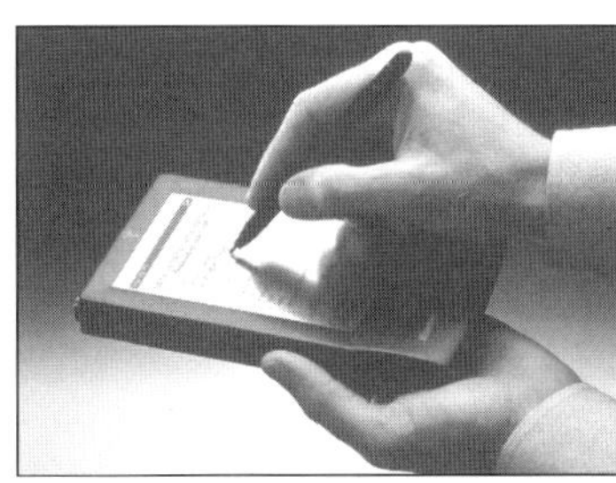

**Bereits ein Jahr vor Einführung des Newton wusste Apple, dass die vielgepriesene Handschriftenerkennung Probleme bereiten würde.**

wickelte Programmiersprache wie Dylan erforderlich waren, wurde ein Ersatz benötigt. Wieder musste ein Großteil der Software neu geschrieben werden, dieses Mal für die neue C-Sprache, die im Junior verwendet wurde. Die resultierende Arbeitsbelastung erreichte nie gekannte Ausmaße, und schließlich wurde ein Mitglied des Newton-Teams nicht mehr damit fertig.

Der Programmierer Ko Isono arbeitete an der Software für die Anzeige von Text und Grafik auf dem Newton. Nachdem er im Mai von einer Reise in seine Heimat Japan zurückgekehrt war, verkündete er seinen überraschten Kollegen, dass er geheiratet habe. Wie alle anderen Mitglieder des Teams arbeitete auch Isono unglaublich hart, und seine japanische Frau war oft allein in einem Land, das sie nicht kannte. Am 12. Dezember forderten Eheprobleme und beruflicher Stress ihren Tribut: Isono schloss sich im Schlafzimmer seines Hauses in Fremont ein, nahm eine Pistole und erschoss sich. Die Nachricht vom tragischen Tod Isonos schockierte das Newton-Team und zerstörte die Moral. Um ihren Schmerz zu betäuben, vergruben sich viele noch tiefer in ihrer Arbeit.

Als am 8. Januar 1993 in Las Vegas die CES eröffnet wurde, konnte Bastiaens eine Alpha-Version des Newton vorstellen. Obwohl er keine öffentlichen Aussagen über ein neues Auslieferungsdatum machte, drängte Apple intern dazu, den Newton am 29. Juli auszuliefern. Auf der CeBIT am 25. März in Hannover zeigte sich die Presse, entnervt von den endlosen Ankündigungen Apples, sehr feindselig. Ein Reporter belästigte Bastiaens unaufhörlich mit Fragen: «Wird er je auf den Markt kommen? Oder wird Apple immer nur weiter ankündigen, dass er auf den Markt kommt?» Bastiaens schoss zurück: «Ich wette meinen Weinkeller darauf: Der Newton wird in diesem Sommer für unter 1000 Dollar ausgeliefert.» Er schockierte das Newton-Team außerdem mit der öffentlichen Ankündigung, dass Apple die Betaversion sofort einfrieren werde, was bedeutete, dass keine neuen Merkmale in das Produkt aufgenommen wurden, die nicht schon im Code enthalten waren. Der Endspurt hatte begonnen, bei dem auf jedem Schritt Fehler ausgemerzt werden mussten.

Während das Newton-Team also versuchte, die letzten Bugs zu beheben, nahm die Entwicklung an anderen Fronten ihren Lauf. Da er seinen Einfluss in der Newton-Gruppe schwinden glaubte, kehrte Tesler am 9. April zu ATG zurück. Dann traf am 3. Juni die schockierende Nachricht ein, dass Casio und Tandy den Newton überholt und den Zoomer PDA auf den Markt gebracht hatten. Apple reagierte, indem das Einführungsdatum des Newton vom 29. Juli auf den 2. August verlegt wurde. Der Vorstand war es nun leid. Trotz Sculleys Behauptungen, weniger als 2 Prozent seiner Zeit für den Newton aufgewendet zu haben, hatten die Vorstandsmitglieder das Gefühl, seinen Forderungen nicht länger nachgeben zu können. Immerhin stand Apple kurz davor, den größten bisherigen Quartalsverlust bekanntzugeben, nämlich 188,3 Millionen Dollar für das dritte Quartal 1993. Am 18. Juni zwang der Vorstand Sculley, als CEO zurückzutreten und ernannte Spindler, der bis dahin Präsident, Geschäftsführer und Mitglied des Vorstands war, zu seinem Nachfolger. Um ihm zu ermöglichen, das Gesicht zu wahren, durfte Sculley als Chairman bleiben. Die einzige gute Nachricht in jenem Sommer aus Cupertino war Sculleys Ankündigung auf der Digital World am 23. Juni 1993: «In der vergangenen Woche ist unser erster Newton PDA in die letzte Testphase vor der Produktion eingetreten. Dieses Produkt befindet sich im Terminplan und ist auf dem besten Weg dazu, die Art und Weise zu revolutionieren, wie die Menschen Informationen eingeben, organisieren und kommunizieren.» Am 27. Juni schaffte es Apple, die «Golden Master»-Software an Sharp zu liefern, so dass die Produktion beginnen konnte – ein volles Jahr nach dem ursprünglichen Zeitplan.

Das ursprüngliche Newton MessagePad war eine elegante schwarze Schreibtafel, die mit viel mehr Features als nur der Handschriftenerkennung aufwartete.

Im Gegensatz zur Markteinführung des Mac im Jahr 1984 verlief das Debüt des Newton am 2. August 1993 auf der Macworld Expo in Boston relativ bescheiden. Nach sechseinhalb Jahren Entwicklungszeit schienen Sculley und Bastiaens eher erschöpft denn aufgeregt, als sie in der Boston Symphony Hall auf das Prodium traten und den ersten Newton vorstellten. Das Gerät mit dem soliden schwarzen Plastikgehäuse und dem Namen MessagePad war 11 cm breit und 18 cm lang und wog weniger als ein Pfund. Das berührungssensitive monochrome LCD-Display hatte eine Auflösung von 240 mal 336 Pixel. Das Gerät war mit einem ARM 610 Prozessor mit 20 MHz, 4 MB ROM und 640 K RAM ausgerüstet. Ein LocalTalk-Port ermöglichte den Anschluss an andere serielle Geräte, und der PCMCIA-Type-II-Steckplatz akzeptierte zusätzlichen Speicher, eine optionale Wireless Messaging Card oder ein Modem. Es gab auch einen Infrarot-Transceiver, der Daten mit einer Geschwindigkeit von 9600 Baud über eine Entfernung von einem Meter an andere Newtons übertragen konnte. Das Ganze wurde mit vier 6-Volt AAA Batterien bis zu 14 Stunden betrieben.

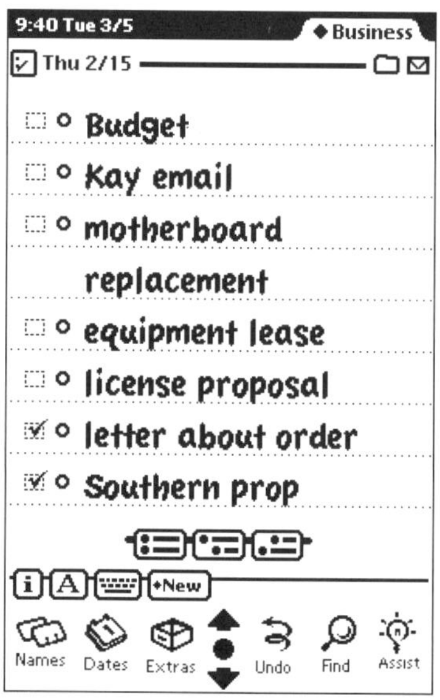


**Der Newton bot einige eingebaute Features für die Bewältigung von Alltagsaufgaben.**

Apple versuchte, die Merkmale des MessagePad als Kommunikations- und Organisationsgerät hervorzuheben. Mit optionalen Karten konnte das MessagePad Seiten empfangen und Fax-Mitteilungen sowie E-Mails austauschen, und es konnte Namen, Daten und Telefonnummern in einer «Data Soup»-Architektur organisieren. Aber ein Schwachpunkt überschattete alle anderen Merkmale: die Handschriftenerkennung. Laut Apple konnte man mit einem mitgelieferten Stift z.B. «Morgen Lunch mit Bob» auf das Display schreiben, und das MessagePad verwandelte diese Eingabe dann in Textdaten. Daraufhin sollte das Gerät seine Intelligenz unter Beweis stellen und im Kalender einen Termin zum Mittagessen am folgenden Tag eintragen, mit der zuletzt genannten Person namens Bob. Wenn dieses Feature funktionierte, war es höchst beeindruckend. Leider blieb die Handschriftenerkennung sehr unvollkommen und führte oft zu merkwürdigen Interpretationen der Begriffe auf dem Display. Apple versprach, dass die Zuverlässigkeit sich im Lauf der Zeit verbessern würde, weil der Newton die Eigenheiten der Handschrift des Nutzers erlerne, aber das tat dem öffentlichen Spott keinen Abbruch. Garry B. Trudeau nahm den Newton sogar in seinen *Doonesbury*-Cartoons in der Woche vom 23. August aufs Korn.

**Auszeichnungen für den Newton**

| | |
|---|---|
| «Products of the Year» | *Fortune* |
| «Most Promising Portable» | *PC LapTop Computers* |
| «Technical Excellence: Design» | *PC Magazine* |
| «Award of Excellence» | *Byte* |
| «Product of the Week» | *PC Week* |

Trotz der Probleme mit der Handschriftenerkennung erhielt das Newton MessagePad eine Reihe begehrter Auszeichnungen in der Branche. Apple verkaufte in den ersten zehn Wochen nach der Einführung 50 000 Newtons. Das ist kein schlechtes Ergebnis, wenn man bedenkt, dass Apple 73 Tage benötigte, um dieselbe Anzahl von Macs zu verkaufen. Aber trotzdem war Apple weit entfernt von

**Obwohl der Cartoonist Garry B. Trudeau das MessagePad nie selbst benutzt hatte, entwarf er in seinen *Doonesbury*-Cartoons ein dem Newton ähnliches Gerät. Die Serie wurde einen Monat nach der Markteinführung veröffentlicht. Als langjähriger Mac-Fan hatte Trudeau nie vorgehabt, den Newton zu kritisieren, sondern wollte seine Cartoons als Satire auf «Männerspielzeuge» verstanden wissen.**

jenem bahnbrechenden Erfolg, der notwendig gewesen wäre, um die Abhängigkeit vom Mac zu reduzieren. Nach dem ersten Umsatzhoch, das dem technikbegeisterten Publikum und loyalen Apple-Fans zu verdanken war, verlangsamte sich der Umsatz deutlich (auf 7 500 Einheiten pro Monat), so wie es auch beim Mac gewesen war, und zwar weitgehend aus denselben Gründen. Die Branchengurus feierten die einmaligen und innovativen Merkmale des Newton, kritisierten aber die unzuverlässige Handschriftenerkennung und den hohen Preis von 699 Dollar. Außerdem fehlten noch überzeugende Anwendungsprogramme, hauptsächlich deshalb, weil die Entwickler das Newton Toolkit von Apple erst im vorangegangenen Mai auf der Worldwide Developers Conference erhalten hatten. Außerdem waren die Modem- und Pagerkarten nicht sofort lieferbar, obwohl Apple den Newton als Kommunikationsgerät anpries, und der NewtonMail-Service war erst im Januar 1994 voll funktionsfähig.

«Newton hat die ganze Kategorie der PDAs um zwei Jahre zurückgeworfen.»
***Bill Gates,*** *CEO von Microsoft*

Die lauwarmen Marktreaktionen auf den Newton besiegelten die Schicksale von Sculley und Bastiaens. Seit er die laufenden Geschäfte am 18. Juni an Spindler übergeben hatte, hatte sich Sculley auf die Markteinführung des Newton konzentriert. Nun blieb ihm als Chairman wenig mehr zu tun als seinen Abgang zu planen, den er offiziell am 15. Oktober bekanntgab. Drei Tage später ließ er verlauten, dass er zu Spectrum Information Technologies gehen würde, einem winzigen Mobilfunkunternehmen in Manhasset, New York. Apple hatte gerade einen Ertragsrückgang um 97 Prozent für

Gaston Bastiaens verließ Apple im März 1994, gründete eine eigene Firma, arbeitete kurz bei Quarterdeck und wurde im Oktober 1996 zum CEO und Präsident von Lernout & Hauspie Speech Products (www.lhs.com) in Burlington, Massachussetts, ernannt.

das vierte Quartal ausgewiesen, und so weinte man Sculley kaum eine Träne nach. Auch der Abschied von Bastiaens im April 1994 rief keine große Trauer hervor.

Wie schon beim Mac, ließ sich Apple sehr viel Zeit, die Mängel des Newton zu beheben. Das Team war einfach ausgebrannt, nachdem es über einen so langen Zeitraum so hart gearbeitet hatte. Die erste Produktverbesserung wurde am 4. März 1994 mit der Einführung des MessagePad 100 und 110 realisiert. Das MessagePad 100 unterschied sich vom ursprünglichen Newton nur durch die ROM-Erweiterung, mit der auch das Modell 110 ausgerüstet war. Dazu waren die im Lager vorhandenen MessagePads von Hand auseinandergebaut worden, und das ROM war aufgelötet und aufgerüstet worden. Um diese verbesserten Geräte vom Original zu unterscheiden, wurde der Modellname MessagePad 100 im Siebdruckverfahren aufgebracht. Das MessagePad 110, dessen Codename Lindy der Markenname eines Stifts war, stellte dagegen ein völlig neues Gerät dar. Es wurde in Taiwan von Inventec – und nicht von Sharp – hergestellt und hatte ein neues Design mit einem abnehmbaren Deckel zum Schutz des Displays erhalten, dessen Größe auf 240 mal 320 Pixel geschrumpft war. Die Lebensdauer der Batterien verdoppelte sich fast mit dem Wechsel zu AA-Zellen, und Apple bot nun eine optionale Ladestation an (Codename Crib). Durch den neuen Deckel und die Batterien wurde das MessagePad 110 ein wenig schwerer, aber darüber beklagte sich niemand, zumal es nun 1 MB RAM hatte, womit sich der dem Nutzer zur Verfügung stehende Speicher praktisch verdreifachte.

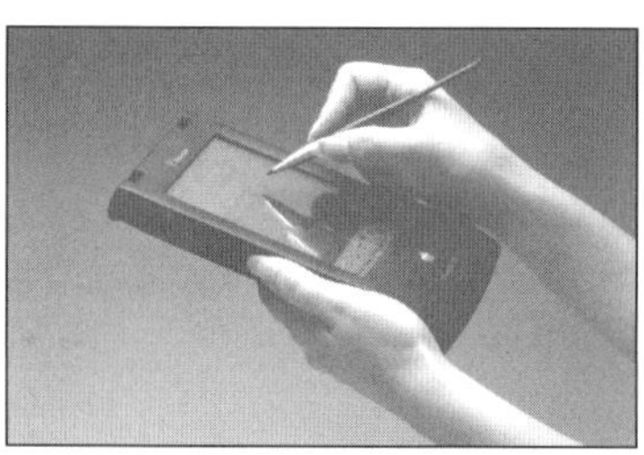

**Das MessagePad 120 wurde mit Graffiti von Palm Computing ausgeliefert.**

Apple brachte das nächste Mitglied der Newton-Familie im Oktober 1994 in Deutschland heraus: das MessagePad 120 (Codename Gelato, weil es in zwei «Geschmacksrichtungen» geliefert wurde: 1MB und 2MB). Die US-Kunden mussten sich bis zum 30. Januar 1995 gedulden. Als es soweit war, konnten die Newton-Besitzer unter mehr als 100 kommerziellen Anwendungsprogrammen von Drittentwicklern und StarCore, Apples Software-Publishing- und Vertriebseinheit für den Newton, wählen. Das MessagePad 120 wurde mit einigen Anwendungsprogrammen sowie mit Graffiti, der bekannten Dateneingabesoftware von Palm Computing ausgeliefert, die präziser als die urspüngliche Handschriftenerkennung von Newton funktionierte. Das Update 1.3 für das Betriebssystem von Newton verbesserte die Fähigkeit, PCMCIA Flash Cards zu entfernen und sich an individuelle Vorlieben der Nutzer zu erinnern. Außerdem konnten die Benachrichtigungsfenster geöffnet bleiben, wenn das MessagePad gerade nicht benutzt wurde, und die Telefoneinwahlroutinen konnten Sternchen- und Pfundzeichen verarbeiten. «Insgesamt ist das MessagePad 120 ein Beweis für das anhaltende Engagement Apples für die Hardware-Produkte der Newton-Linie, und es stellt eine Antwort auf das Kundenfeedback dar», stellte Shane Robison, Vice President und General Manager von PIE, fest.

Die Kritik, welche das Newton-Projekt von Anfang an immer begleitet hatte, legte sich erst, als Apple im November auf der Comdex-Herbstmesse das Newton 2.0-Betriebssystem vorstellte (Codename Dante, weil es seine Schöpfer durch die Stufen der Hölle geführt hatte). Es erhielt prompt den begehrten «Best of COMDEX»-Preis von Byte. Zunächst war Newton 2.0 im Dezember als Upgrade für das MessagePad 120 für 109 Dollar lieferbar (der Support für andere Modelle folgte in der ersten Hälfte 1996). Es stellte die erste wirklich wesentliche Verbesserung gegenüber dem gebeutelten PDA dar. Das neue Betriebssystem zeichnete sich durch bessere Organisations- und Kommunikationsmerkmale sowie die Fähigkeit aus, Daten unter Windows- und Mac-OS-Anwendungen zu synchronisieren. Außerdem konnten die Anwender durch Bildschirmrotation vom Porträt- zum Landschaftsmodus wechseln. Aber am meisten Beifall erhielten die überarbeitete Handschriftenerkennung (ursprünglich von ATG unter den Codenamen Rosetta und Mondello für den Mac entwickelt) und eine verbesserte Schrifterkennung von ParaGraph, die beide sehr zuverlässig waren. «Newton 2.0 könnte den Wendepunkt für die Plattform markieren», sagte Kimball Brown, Vice President für mobile Datenverarbeitung bei Dataquest. «Die neuen Fähigkeiten des Newton 2.0 stellen eine bedeutende Verbesserung gegenüber den Vorgängerversionen dar und eröffnen den Entwicklern neue Wege, den Kunden mehr Funktionalität anzubieten.»

Zum Beweis dafür, dass Apple Garry Trudeau die *Doonesbury*-Cartoons, die viele als Attacke auf den Newton interpretiert hatten, nicht übelgenommen hatte, bat Marie D'Amico, Steve Capps Frau und Rechtsanwältin bei Apple, Garry Trudeau um eine Zeichnung, die als Osterei im Newton 2.0 des MessagePad 120 verwendet werden sollte. Um es anzuzeigen, muss man «egg freckles» eingeben und dann auf Assist drücken.

Doch während sich der Himmel über dem Newton Ende 1995 aufzuklären begann, zogen bei Apple dunkle Wolken herauf, und in ganz Silicon Valley kursierten Übernahmegerüchte. Nach einem peinlichen und demoralisierenden Auftritt auf der Hauptversammlung der Apple-Aktionäre wurde Spindler am 5. Februar 1996 als

Bevor er seinen Sessel für Amelio räumen musste, hatte Spindler Sandy Benett, Vice President der Newton Systems Group, gebeten, externe Investoren oder Käufer für die Newton-Abteilung zu finden.

Chairman und CEO von Gilbert F. Amelio abgelöst. Amelio eilte ein Ruf als kompromissloser Sanierer voraus, und viele erwarteten, einer seiner ersten Schritte werde darin bestehen, sich von der verlustbringenden Newton-Abteilung zu trennen, damit sich Apple voll auf den Macintosh-Markt konzentrieren könne. Ken Dulaney, Analyst bei The Gartner Group Inc., schätzte, dass Apple Anfang 1996 schon fast eine halbe Milliarde Dollar in Entwicklung und Marketing der Newton-Produkte gesteckt hatte – ohne große Aussichten auf Gewinne. So war es am 16. Februar eine Überraschung, als Amelio öffentlich verkündete: «Wir werden den Newton fast sicher behalten». Nur Monate zuvor hatte Spindler Sandy Benett aus der Newton Systems Group angewiesen, externe Investoren zu suchen. Nun betrachtete Amelio den Newton als «eine von Apples Kronjuwelen», und war entschlossen, ihnen Glanz zu verleihen.

Einen knappen Monat später, am 14. März in Hannover, kündigte Apple auf der CeBIT, der größten Computermesse der Welt, das MessagePad 130 an. Das 799 Dollar teure Gerät war der erste Newton mit einer an- und abschaltbaren Hintergrundbeleuchtung und einem entspiegelten Display, das bei allen Lichtverhältnissen ein angenehmes Arbeiten ermöglichte. Außerdem hatte es 512 K mehr Arbeitsspeicher, was insbesondere den neuen Internet-Lösungen zugute kam, und ein verbessertes Multitasking. «Als Pioniere auf dem PDA-Markt orientieren wir uns eng am Markt, um Produkte zu liefern, mit denen wir die Bedürfnisse unserer Kunden erfüllen», erklärte Benett. «Das MessagePad 130 ist das Ergebnis dieses Feedbacks und der Beweis dafür, dass Apple die Entwicklung der eigenen Newton-Produkte vorantreibt.»

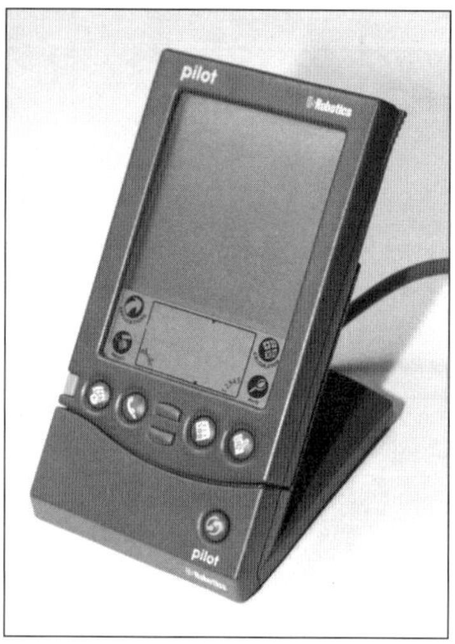


Palm Computing (www.palm.com) wurde 1992 von Jeff Hawkins gegründet und vom Modemhersteller U.S. Robotics im September 1995 gekauft. Das Unternehmen ging mit dem Pilot 1000 und mit dem Pilot 5000 im April 1996 auf den PDA-Markt. Anstatt zu versuchen, den Newton in seinen einzelnen Merkmalen nachzuahmen, schuf Palm einen kleineren, preiswerteren, «verbundenen Organizer», der als Zubehör zu einem Desktop-Computer eingesetzt werden konnte und die One-Button-HotSync-Technologie verwendete, die bei den Verbrauchern auf große Resonanz stieß. Im März 1997 wurden die Personal- und Professional-Versionen des PalmPilot und im April 1998 der Palm II (399 Dollar) ausgeliefert. Nach Angaben der International Data Corp. (www.idc.com) hatte Palm in der ersten Hälfte 1998 schon 41,4 Prozent des PDA-Markts erobert.

Apple hatte den Traum schon lange aufgegeben, Millionen Newtons als Allzweck-«Organizer» an die Massen zu verkaufen, und sprach nun gezielt die mobilen Berufstätigen sowie spezialisierte vertikale Märkte an. Die Analysten warfen Apple vor, die beim Mac begangenen Fehler zu wiederholen: Apple habe sich in die eigene Technologie verliebt und halte an hohen Preisen fest, während es den Nischenmarkt der wohlhabenden Selbstständigen und Freiberufler anspreche. Apple rechtfertigte seine Vorgehensweise damit, dass der Newton ein Computer mit allen Funktionen sei, der einen Laptop ersetzen könne. Dagegen schickte sich Palm Computing an, den Pilot 1000 (299 Dollar) und Pilot 5000 (369 Dollar) auf den Markt zu bringen, zwei preisgünstige Geräte, die von Anfang an dafür entwickelt worden waren, mit den Desktop-Computern zusammenzuarbeiten, nicht aber, sie zu ersetzen.

Das MessagePad 2000 war dank seines 160 MHz StrongARM-Prozessors deutlich schneller als seine Vorgänger.

Das MessagePad 130 mit Hintergrundbeleuchtung war eine willkommene Ergänzung der Newton-Familie, aber erst am 28. Oktober stellte Apple Hardware vor, die so überzeugend war wie das Newton 2.0-Betriebssystem: das MessagePad 2000 (Codename Q). Es war laut Apple «der erste einer neuen Generation von mobilen Handheld-Internet-Computern». Das eineinhalb Pfund schwere Gerät stellte einen kompletten mobilen Computer für den Geschäftsmann dar und wurde mit einem umfangreichen Anwendungspaket, auch für die Verbindung zum Desktop-PC, angeboten. Als das 949 Dollar teure MessagePad 2000 am 24. März 1997 ausgeliefert wurde, wartete es mit Dates (Kalenderfunktion), Notepad (To-do-Liste), Names (Kontakt-Manager), Faxfunktion, EnRoute i-NET (E-Mail-Client), Newton Connection Utilities, NetHopper (Webbrowser), NewtonWorks (Textverarbeitung), QuickFigure Pro (Tabellenkalkulation für 50 Dollar zusätzlich) und sogar eingebauter Tonaufzeichnung auf, um Sprachmitteilungen oder ein Meeting aufzunehmen – bis zu eine Stunde auf einer 4MB PC-Speicherkarte. Das neue Modell war mit dem hintergrundbeleuchteten, rotierenden Bildschirm des MessagePad 130 ausgerüstet und hatte 16 Graustufen für eine verbesserte Grafik. Den größten Vorteil jedoch sah man dem Gerät nicht an, spürte ihn aber sofort, wenn man es verwendete: Das MessagePad 2000 war dank des StrongARM-Prozessors mit 160MHz erstaunlich schnell. «Der StrongARM-Prozessor macht einen echten Unterschied», sagte Benett, Vice President der Newton Systems Group. «Anwendungen aller Art laufen deutlich schneller und effizienter als auf einem konventionellen Gerät. Die Handschrift wird fast sofort in digitalen Text übersetzt, und man kann schnell und nahtlos zwischen Anwendungen wechseln und Daten gemeinsam nutzen.»

**Obwohl er wie ein futuristisches PowerBook aussah, war der eMate 300 im Wesentlichen ein Newton mit eingebauter Tastatur.**

Mit dem MessagePad 2000 wurde auch der eMate 300 (Codenamen Project K, Schoolbook und Shay) eingeführt, ein Newton-Produkt, das durch sein transparentes grünes ABS-Plastikgehäuse in Form einer Muschelschale zum Schutz der eingebauten Tastatur auffiel. Apple befürchtete, die Nachfrage nach dem eMate 300 könne das Angebot übersteigen, und beschloss deshalb, ihn zunächst nur an Bildungseinrichtungen zu liefern. Als die neuen Geräte eine gute Presse erhielten, gewann der Newton-Umsatz an Fahrt, und es schien, als hätte Apple mit den neuen Produkten endlich die Versprechen, mit denen schon der erste PDA angekündigt worden war, eingelöst. «Das MessagePad 2000 ist ein Knüller», sagte Steve Elms, Präsident von Newton Source, einer Kette von Fachgeschäften mit Filialen in Los Angeles, New York und San Francisco. «Wir brauchen sie erst gar nicht in die Regale zu räumen». Benett nannte keine genauen Zahlen, ließ aber verlauten, dass der Newton-Umsatz gegenüber dem vorangegangenen Quartal um das Dreifache gestiegen war und damit die Prognosen weit übertroffen hatte. Apple erzielte also kräftige Gewinne, doch insgesamt zeigte der Markt eine entschiedene Vorliebe für weniger teure, weniger leistungsfähige Geräte. Palm hatte gerade den PalmPilot Personal (299 Dollar) und Professional (399 Dollar) herausgebracht und war auf dem besten Weg, innerhalb von 18 Monaten eine Million Einheiten zu verkaufen.

«Ob ich der Ansicht bin, dass der Newton einen absolut überzeugenden Wert bietet? Nein.»

***Marco Landi,***
*Geschäftsführer von Apple*

An der Produktfront fuhr Apple mit dem Newton nun endlich mit voller Kraft voraus, doch hinter den Kulissen versuchte das Management, die Abteilung zu verkaufen, um Geld zu beschaffen und sich ganz auf den Macintosh zu konzentrieren. Laut Amelio «hatte es Apple etwa 15 Millionen Dollar pro Quartal gekostet, den Newton-Bereich am Leben zu erhalten... aber mit dem MessagePad 2000 erreichte Newton endlich den Break-even-Punkt und versprach sogar, Gewinne abzuwerfen». Auf der im April in New York stattfindenden Seybold-Konferenz gab Ellen M. Hancock, Chief Technology Officer, zu, dass Apple auf der Suche nach einem Investitionspartner für die Newton Systems Group sei. Gerüchten zufolge hatte sich Apple schon an Acorn Computer Group, Ericsson, Oracle, Samsung, Sony, Sun Microsystems und UMAX gewandt. Amelio war insgeheim bereit, den Bereich für nur 50 Millionen Dollar zu verkaufen, aber jeder Kandidat lehnte schließlich aus dem einen oder anderen Grund ab.

Nachdem sich kein Käufer gefunden hatte, verkündete Apple am 22. Mai, dass die Newton-Abteilung als hundertprozentige Tochtergesellschaft mit dem Namen Newton Inc. abgespalten würde, um Support, Vertrieb und Marketing des MessagePad 2000 zu übernehmen. Die Tochterfirma übernahm auch den eMate 300, obwohl sich Apple die ausschließliche Lizenz sicherte. «Im vergangenen Jahr hat die Newton Systems Group überzeugende Produkte auf den Markt gebracht, die auf dem Newton-Betriebssystem basierten», erklärte Amelio. «Wir glauben, dass es an der Zeit ist, die Aktivitäten der Gruppe in einer Einheit zu bündeln. Diese Entscheidung ermöglicht es der neuen Tochter, die Strategien für das Marketing und das operative Geschäft zu entwickeln, die sie für den Erfolg braucht.» Etwa 130 Apple-Mitarbeiter wurden in das neue Unternehmen übernommen, das von Geschäftsführer Benett geführt wurde (die Position des CEO war frei und würde es auch bleiben.).

Fred Anderson, CFO von Apple, erklärte, dass Apple die neue Tochter Newton Inc. zunächst noch finanzieren werde, dann aber auf externe Investoren oder einen Börsengang innerhalb von zwei Jahren hoffe. Er überraschte mit seiner Prognose, dass Newton Inc. innerhalb von 12 Monaten schwarze Zahlen schreiben werde. «Wir erwarten ein deutliches Wachstum und Gewinne im ersten Jahr des Bestehens», sagte Anderson. Während Apple es ablehnte, Marktzahlen zu liefern, schätzten Analysten die installierte Basis der auf Newton OS 2.0 basierenden Geräte auf etwa 150000. Angeblich hatte das Unternehmen in den ersten sechs Wochen nach der Produkteinführung im März über 10000 MessagePads 2000 verkauft und rechnete mit weiteren 50000 bis 75000 Geräten im Jahr 1997. «Wir brauchen nicht sehr viel erfolgreicher als heute zu werden, um in die Gewinnzone zu kommen», bekräftigte Benett.

Am 6. August verkündete Benett stolz: «Newton Inc. ist nun völlig eigenständig. Wir haben unseren eigenen Vorstand, ein eigenes

Newton Inc. war kaum von Apple abgespalten und hatte ein eigenes Logo, da holte Jobs die Firma wieder unter das Dach von Apple.

Finanzmodell und einen eigenen Geschäftsplan, der sich auf die Entwicklung von Produkten und lizenzfähigen Technologien konzentriert, um die Computer- und Kommunikationsbedürfnisse der heutigen mobilen Geschäftskunden zu erfüllen.» Newton Inc. hatte schon ein neues Unternehmenslogo und war dabei, in alte Apple-Büros in Santa Clara in Kalifornien umzuziehen. Es sah aus, als erhielte Newton endlich doch eine Chance, sich zu beweisen, unbelastet von der Politik in Cupertino. Dann geschah das Undenkbare: Apple gab bekannt, dass es sich von der Newton-Abteilung doch nicht trennen wolle.

Der Plan zur Gründung von Newton Inc. war auf Amelio zurückgegangen, doch nach dessen Rücktritt am 9. Juli übernahm Steve Jobs das Ruder. Die Ausgliederung gehörte offensichtlich zu den vielen Entscheidungen Amelios, von denen er nichts hielt. Am 4. September traf Jobs die Manager von Newton Inc. und sagte ihnen, dass sie sich den Umzug sparen könnten. Fünf Tage später gab Apple bekannt, dass die Newton-Tochter wieder an Bord komme. Für den eMate 300 sollte eine eigene Abteilung gegründet werden. Der eMate 300 wurde als eine «große strategische Chance» bezeichnet und sollte nun weit über den Bildungsmarkt hinaus verkauft werden. Obwohl er sich auf den eMate 300 zu konzentrieren schien, sagte Jobs in der Öffentlichkeit ausdrücklich: «Wir werfen das MessagePad nicht in den Mülleimer.»

Das 1000 Dollar teure MessagePad 2100 war das letzte Newton-Gerät, das Apple auf den Markt brachte.

Wie zum Beweis dafür, dass man Jobs beim Wort nehmen konnte, brachte Apple am 20. Oktober das 1000 Dollar teure MessagePad 2100 auf den Markt. Das MessagePad 2100 war das erste Newton-Produkt, das eine Ethernet-Karte unterstützte und damit viel schnellere Netzwerkverbindungen ermöglichte. E-Mail- und Internet-Browser waren leichter zu handhaben dank des grafischen Webbrowsers NetHopper 3.2 von AllPen Software und des Newton Internet Enabler 2.0, der TCP/IP-Software von Apple, die Internet- und Intranet-Verbindungen ermöglichte, sowie AppleTalk und Ethernet-Support. Die wichtigste Verbesserung waren die 4 MB RAM (gegenüber 1 MB im MessagePad 2000) und die damit verbundene Systemheap-Steigerung, so dass die Anwender bequem mehrere Programme nutzen konnten, ohne sie jedes Mal neu starten zu müssen. Das MessagePad 2100 stand kurz vor der Auslieferung, als Apple die Newton-Gruppe wieder an Bord holte. Die Einführung durch Apple bewies also weniger das Engagement des Unternehmens für das MessagePad, sondern stellte wohl eher einen Versuch dar, einen Teil der Entwicklungskosten wieder hereinzuholen.

Nach drei Jahren Entwicklungszeit kündigte Microsoft am 17. November 1996 das Betriebssystem Windows CE 1.0 für Handheld-Computer an. Das «CE» in Windows CE stellt nach Firmenaussage keine konkrete Abkürzung dar, sondern steht für eine ganze Reihe von Ideen, etwa «Compact, Connectable, Compatible, and Companion.»

Ende 1997 hatte Apple alle Arbeiten an Newton-Produkten eingestellt, und viele wichtige Mitarbeiter der Abteilung waren zu Palm Computing, einer Tochter von 3Com, gewechselt, die den erfolgreichen PalmPilot herstellte. Andere waren in die Apple-Abteilungen für tragbare Geräte versetzt worden, die laut Gerüchten an PDAs arbeiteten, die auf einer abgespeckten Version des Mac-Betriebssystems beruhten, so wie Microsoft mit Windows CE ein spezielles Betriebssystem für Handheld-Computer entwickelte. In einer Reaktion auf diese Gerüchte sagte ein Apple-Sprecher gegenüber CNET NEWS.COM am 29. Dezember: «Wir sind zufrieden mit dem Erfolg der Newton-Gruppe. Der eMate behauptet sich gut, ebenso wie das MessagePad – wir haben einen Lieferrückstand.» Aber die von Dataquest in San Jose erstellten Informationen sprachen eine andere Sprache. Nach den Daten dieser Marktforschungsfirma verkaufte Apple im Jahr 1996 63 000 MessagePads, gegenüber 88 000 im Vorjahr. Alles wies darauf hin, dass Apple in der ersten Hälfte 1997 lediglich 43 000 Geräte abgesetzt hatte, und der Umsatz ging noch einmal drastisch zurück, als Gerüchte im Umlauf waren, dass Apple einen auf dem Mac-Betriebssystem basierenden eMate entwickle.

«Steve Jobs leitete das Unternehmen wie ein kleiner Diktator. Er mochte den Newton nie, weil er Sculleys Idee war, und deshalb hat er ihm den Todesstoß versetzt.»
***Edward Martin,*** *Newton-Entwickler*

Am 27. Februar 1998, nur wenige Wochen nach der Umwandlung von Claris in eine selbstständige Tochter namens FileMaker Inc., gab Apple bekannt, dass es die weitere Entwicklung des Newton-Betriebssystems und der Newton-Geräte einstelle und nicht vorhabe, die laufenden Lizenzprogramme zu verlängern. Obwohl manche das als Steve Jobs' Rache dafür interpretierten, dass Sculley ihn 1985 entthront hatte, erklärte er: «Diese Entscheidung entspricht unserer Strategie, all unsere Ressourcen in der Softwareentwicklung auf den Ausbau des Macintosh-Betriebssystems zu konzentrieren. Zur Umsetzung unserer ehrgeizigen Pläne müssen wir unsere Kräfte bündeln.» Apple wies darauf hin, dass es sich langfristig im Bereich der mobilen Computer engagieren wolle und hoffe, dass die Newton-Kunden und -Entwickler den Wechsel zu den Mac-OS-Produkten mitmachten, die für Anfang 1999 versprochen wur-

«Schwerpunkte zu setzen heißt immer, nein zu sagen. Darauf müssen wir uns konzentrieren, wenn wir wieder auf Wachstumskurs kommen wollen. Der Newton ist zwar eine großartige Technologie, aber er hat leider nicht zu dieser Aufgabe gepasst.»

***Fred Anderson,** CFO von Apple*

«Ob das Produkt nun erfolgreich war oder nicht, wir haben jedenfalls dazu beigetragen, eine neue Kategorie zu schaffen. Wir haben den ganzen Formfaktor vorgegeben. Man muss kühn sein, um große Sprünge machen zu können. Wenn man Erfolg hat, ist man ein Held, wenn man keinen Erfolg hat, ist man eben der Sündenbock.»

***Steve Capps,** leitender Entwickler im Newton-Projekt, der im Juni 1996 von Apple zu Microsoft wechselte*

den. Apple schwor, den vorhandenen Newton-Nutzern weiterhin Support zu bieten und sagte, es werde den Bestand an MessagePad 2100- und eMate 300-Geräten weiterhin verkaufen, auch wenn zunächst aus unverständlichen Gründen die Preise nicht gesenkt wurden. Es ist nicht bekannt, ob Großkunden das Angebot Apples nutzten und Bestellungen für 1000 oder mehr MessagePads 2100 oder eMate-Geräte aufgaben.

Während Newton Inc. bei der Ausgliederung sechs Monate zuvor noch 130 Mitarbeiter gehabt hatte, blieben im Februar, als die Würfel gefallen waren, nur 30 in der Gruppe übrig. Apple gab schließlich zu, was viele schon vermutet hatten: Die meisten Mitarbeiter waren in eine Hardware-F&E-Gruppe versetzt worden, die an einem neuen tragbaren Low-End-Gerät auf Mac-OS-Basis arbeitete. Apple verkaufte die Newton-Einheit nicht, weil sich kein Interessent fand, der einen angemessenen Preis bezahlte, und die Firma ihre wichtigsten Ingenieure nicht verlieren wollte. CFO Anderson sagte, Apple erwarte sogar, «einige Millionen Dollar» pro Quartal zu sparen, weil nun ein Bereich geschlossen worden sei, der «in der Vergangenheit nicht gerade für seine Gewinne berühmt war.»

Fast elf Jahre nach dem Start des Newton-Projekts und nach Ausgaben von etwa einer halben Milliarde Dollar für Entwicklung und Marketing hatte Apple in den viereinhalb Jahren, in denen die Newton-Linie auf dem Markt war, nicht mehr als 150000 bis 300000 Geräte verkauft. Das verlustträchtige Produkt zog Kritik von allen Seiten auf sich, trieb einen Entwickler in den Selbstmord und kostete einen CEO und zahlreiche Vice Presidents ihre Stellen. Es wird wahrscheinlich als ein weiterer Flop in die Apple-Geschichte eingehen, der in der Tradition des Lisa und Mac Portable steht – wobei man nicht vergessen sollte, dass aus diesen Fehlschlägen letztlich die Erfolge des Macintosh und des PowerBook hervorgingen. Selbst wenn Apple nie die Befriedigung erlangte, dass auch aus dem Newton-Fiasko noch ein erfolgreiches Produkt hervorging, kommt dem Unternehmen das Verdienst zugute, der Pionier auf dem PDA-Markt gewesen zu sein.

# Chronik des Newton

**1987**

- Start des Newton-Projekts unter Sakoman
- Capps stößt zum Newton-Projekt
- Newton-Team zieht in das Bubb Road Gebäude um

**1988**

**1989**

- Mac Portable wird ausgeliefert

**1990**

- Sakoman tritt zurück
- Sculley unterstützt Newton nach Capps Demo
- Tesler übernimmt das Projekt, favorisiert den Newton Plus (Figaro)
- Apple löst sich von General Magic
- Tesler läßt Hobbit zugunsten von ARM 610 fallen;
- Gassée tritt zurück
- Apple kauft 43 Prozent von ARM Ltd.

**1991**

- Tchao überzeugt Sculley sich auf den Pocket Newt (Junior) zu konzentrieren
- Apple und Sharp starten formelle Verhandlungen
- Erste PowerBooks und Quadras eingeführt

**1992**

- Voraussage von Sculley bei CES: 3 Billionen Dollar
- ursprünglicher Newton-Ausliefertermin (verpasst)
- Sculley führt Newton Prototyp auf der CES vor
- Bastiaens zum VP und GM von PIE ernannt
- Newton Plus (Senior) Entwicklung beendet
- Isono verübt Selbstmord

**1993**

- Apple führt den Alpha-Newton auf der CES vor
- Tesler kehrt zu ATG zurück
- Zoomer ausgeliefert; Sculley ersetzt Spindler als CEO; Sharp übernimmt GM
- Newton MessagePad (699 Dollar) auf der Macworld Expo ausgeliefert
- Sculley tritt zurück, geht zu Spectrum
- 50000 Newtons in Betrieb

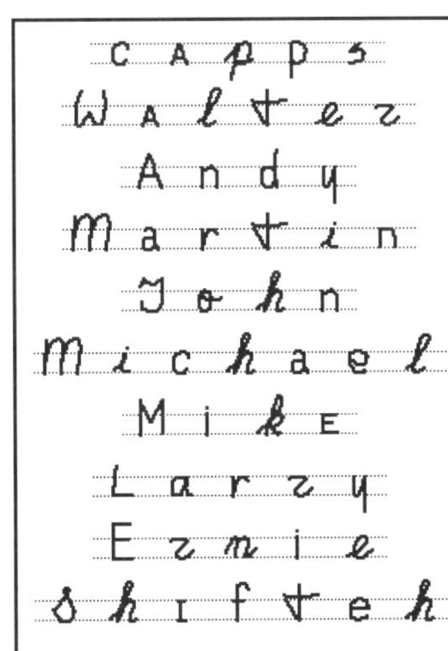


Um ein Osterei aufzurufen, das die einzelnen Entwickler auflistet, schreiben Sie «About Newton» und drücken dann auf Assist.

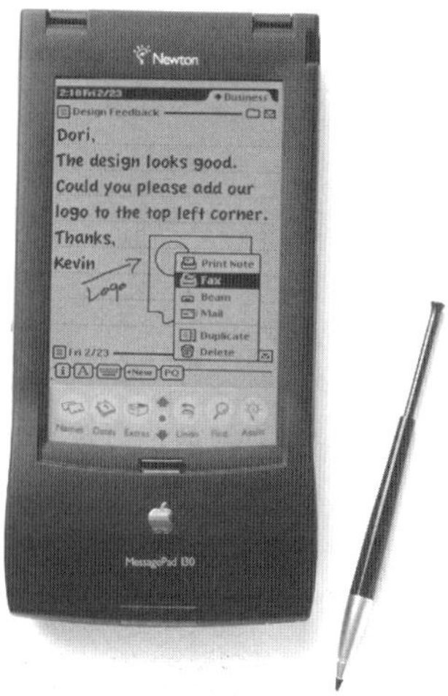


Das MessagePad 139 war das erste Produkt der Newton-Linie mit hintergrundbeleuchtetem Display.

«Der Newton des Jahres 1998 unterscheidet sich bemerkenswert wenig vom Newton des Jahres 1993, mit der Ausnahme, dass die handschriftliche Eingabe nun funktioniert und das Display tatsächlich lesbar ist. Warum wurde er nicht verkleinert, warum wurde der Preis nicht reduziert, warum hat [Apple] aus dem großen Erfolg des PalmPilot nicht gelernt, dass so einfache Dinge wie die Datensynchronisierung mit dem Desktop-PC wirklich nützlich sind, und so weiter?»

***John Sculley,*** *ehemaliger CEO von Apple*

**1994**

- NewtonMail geht in Betrieb
- Erste Power Macs ausgeliefert, Bastiaens verläßt Apple
- Bob Dylan verklagt Apple wegen Dylan (ehemals Ralph)

**1995**

- MessagePad 120 (599 Dollar) angekündigt
- Apple bietet bis zu 100 Dollar Rabatt um die Newton Verkäufe anzukurbeln
- Newton 2.0 angekündigt
- Newton 2.0 (109 Dollar) ausgeliefert

**1996**

- Spindler wird als CEO durch Amelio ersetzt
- MessagePad 130 (799 Dollar) ausgeliefert; USR liefert Palm Pilot 1000 (299 Dollar) und 5000 (369 Dollar) aus
- eMate 300, MessagePad 2000 und Newton 2.1 angekündigt
- Microsoft liefert Windows CE 1.0 aus
- Apple kauft NeXT; Jobs kehrt zurück

**1997**

- eMate 300 (700 Dollar), MessagePad 2000 (949 Dollar) ausgeliefert; 3Com liefert PalmPilot (299 Dollar) aus
- Apple kündigt die Abspaltung von Newton an
- Newton Inc. offiziell abgespalten
- Apple integriert Newton Inc. wieder; Microsoft liefert Windows CE 2.0 aus
- MessagePad 2100 (1000 Dollar) ausgeliefert

**1998**

- Apple stellt die Entwicklung des Newton ein; 150 000 bis 300 000 Newtons in Betrieb; 500 000 Windows CE Handheld PCs in Betrieb

**1999**

**2000**

# Ein Leben ohne Apple: NeXT und andere Abenteuer

Nachdem Jobs am 31. Mai 1985 seiner operativen Aufgaben enthoben worden war, gab es für ihn bei Apple wenig zu tun. So begann er, die Colleges des Landes zu besuchen, um von ihnen zu erfahren, wie sie sich den idealen Computer für die Universität vorstellten. Anfang September war Jobs mit Paul Berg, Nobelpreisträger und Biochemiker an der Stanford University, zum Essen verabredet. Als Berg darüber klagte, wie schwierig es sei, bestimmte gentechnologische Experimente durchzuführen, schlug Jobs vor, die Versuche auf einem Computer zu simulieren. Berg zeigte sich angeblich so begeistert von der Idee, dass Jobs klar wurde, dass er einer großen Sache auf der Spur war. Jobs brauchte nur wenige Wochen, um sich zu einer erneuten Firmengründung zu entschließen, gemeinsam mit fünf anderen Apple-Mitarbeitern: Susan Barnes (Senior Controller für US-Vertrieb und Marketing), George Crow (Engineering Manager), Dan'l Lewin (Higher Education Marketing Manager), Rich Page (Apple Fellow) und Guy «Bud»-Tribble (Manager für Software Engineering).

Als Jobs den Vorstand von Apple über seine Pläne informierte, zeigte das Gremium sich zunächst interessiert, in das neue Unternehmen Next Inc. (später NeXT Computer, Inc.) zu investieren, machte aber einen Rückzieher, als Jobs die Namen der fünf Mitarbeiter preisgab, die er mitnehmen wollte. Jobs legte sein Amt als Chairman von Apple nieder, und Apple verklagte ihn wegen Vernachlässigung seiner Pflichten. Im Januar 1986 zog Apple die Klage schließlich zurück, als Jobs sich mit einem sechsmonatigen Aufschub der Einstellung der Apple-Mitarbeiter einverstanden erklärte. Merkwürdigerweise bestand Apple auf einer Wettbewerbsklausel, nach der alle von Jobs' neuer Firma geschaffenen Computer leistungsfähiger als diejenigen in der Apple-Palette sein sollten.

Als Jobs Apple verließ, besaß er etwa 6,5 Millionen Aktien oder etwa 11,3 Prozent des Unternehmens. Im Lauf des Jahres begann Jobs seine Anteile zu verkaufen – wie sich herausstellen sollte, zu Schleuderpreisen. Nach den Aufzeichnungen der Börsenaufsichtsbehörde SEC verkaufte Jobs im Jahr 1985 4,028 Millionen Anteile für 70,5 Millionen Dollar. Im Februar 1986 behauptete Jobs, alle Aktien bis auf eine verkauft zu haben, damit er die Jahresberichte von Apple noch zugeschickt bekomme. Hätte er im Februar zum damals höchstmöglichen Kurs verkauft, hätte er 135 Millionen Dollar erzielen können. Wie sich herausstellte, hätte Jobs keinen schlechteren Zeitpunkt für den Verkauf seiner Apple-Aktien erwischen können.

Natürlich benötigte Jobs Startkapital, um Pixar zu kaufen und NeXT zu gründen, aber dazu hätte es gereicht, wenn er nur einen kleinen Teil seiner Apple-Aktien verkauft hätte (Pixar kostete 10 Millionen Dollar, und in NeXT investierte Jobs am Anfang nur 7 Millionen Dollar). Jobs' Erklärung, er habe verkauft, weil er das Vertrauen in die Apple-Führung verloren habe, war sicherlich richtig. Aber hätte er seine Anteile bis zum 2:1-Split im April 1987 behalten, hätte er 13 Millionen Aktien besessen, die 952 Millionen Dollar wert gewesen wären, als der Kurs am 12. April 1991 seinen historischen Höchststand von 73,25 Dollar erreichte. Einschließlich Dividenden ließ Jobs also über 836 Millionen Dollar auf dem Tisch liegen, als er sich von seinen Anteilen trennte.

Jobs lag weit daneben, als er voraussagte, dass NeXT im Frühjahr 1987 einen Computer auf den Markt bringen werde. Tatsächlich stellte Jobs den NeXT Computer erst am 12. Oktober 1988 vor, als ein neugieriges Publikum von 4500 Menschen in der Louise M. Davies Symphony Hall in San Francisco gespannt wartete. Und selbst das war noch zu früh, denn die endgültige Version des NEXTSTEP Betriebssystems (ursprünglich NeXTstep) wurde erst am 18. September 1989 ausgeliefert. Jobs fand allerdings nicht, dass der NeXT Computer spät dran war. Er wies darauf hin, dass er «seiner Zeit fünf Jahre voraus» sei.

**Der NeXT Computer erhielt hervorragende Kritiken, konnte die Kunden aber nicht überzeugen.**

«Dafür entwickeln? Ich spucke drauf.»

***Bill Gates,*** *Chairman von Microsoft, auf Peggy Watts Frage in InfoWorld, ob Microsoft vorhabe, Anwendungen für den NeXT Computer zu entwickeln.*

Die Spezifikationen waren sicherlich beeindruckend: 68030-Prozessor mit 25 MHz von Motorola, 8MB Hauptspeicher, erweiterbar auf 16 MB, 250 MB optisches Laufwerk von Canon, mathematischer Coprozessor 68882 von Motorola und digitaler Signalprozessor 56001 für Echtzeit-Sound von Motorola, Array-Processing, Modem, Fax und Verschlüsselungsfunktionen. Das Gehäuse hatte eine Länge und Breite von jeweils 30 Zentimetern, und der Rechner wurde mit einem monochromen 17-Zoll-Monitor von Sony, Tastatur und Maus geliefert. Der NeXT Computer hatte ein Unix 4.3-basiertes Mach-Betriebssystem und eine leistungsstarke objektorientierte Entwicklungsumgebung. Im Lieferumfang waren außerdem das Gesamtwerk von Shakespeare, ein Lexikon, ein Thesaurus, ein Zitatenwörterbuch, die Dokumentation, WriteNow, Mathematica, ein relationaler Datenbankserver, eine Programmiersprache für Expertensysteme, ein C-Compiler, ein persönlicher Informationsmanager und grafische E-Mail mit integrierten Sprachfähigkeiten enthalten.

NeXT gab bekannt, dass es das gesamte Paket direkt an Colleges und Universitäten verkaufen werde, die es wiederum für 6500 Dollar an Studierende und Lehrende weiterverkaufen sollten. Damals war der beste Apple-Computer der MacIIx mit einem 16 MHz 68030-Prozessor, der auch in abgespeckter Version noch 7769 Dollar kostete.

In den ersten vier Monaten des Bestehens der Firma operierte NeXT von Jobs' Haus in Woodside, 460 Mountain Home Road, aus (das eiserne Eingangstor geht auf den Robles Drive hinaus). Die ersten offiziellen Büros befanden sich im Stanford University Industrial Park in Palo Alto, nicht weit vom Xerox PARC entfernt. NeXT zog schließlich in ein Bürogebäude in Redwood City und blieb dort bis zur Übernahme durch Apple im Jahr 1996.

## Die Spur des Geldes

Jobs gründete NeXT im Jahr 1985 mit einem Kapital von 7 Millionen Dollar. Aber das Unternehmen schluckte das Geld mit einer solcher Geschwindigkeit, dass es schon Ende 1986 ohne einen Penny dastand. Anstatt erneut in die eigenen Taschen zu greifen, verteilte Jobs eine Werbebroschüre unter den potenziellen Risikokapitalgebern, die er bei der Gründung des Unternehmens noch verschmäht hatte. Jetzt war Jobs nur allzu bereit, ihre Investitionen zu akzeptieren. Er forderte allerdings 3 Millionen Dollar für 10 Prozent der Anteile an NeXT, was bedeutete, dass er dem Unternehmen, das weder Produkte noch Einnahmen vorweisen konnte, einen Wert von 30 Millionen Dollar zuschrieb. Er fand keine Interessenten.

Wie der Zufall es wollte, sah eines Abends im November 1986 H. Ross Perot im Fernsehen John Nathans Sendung *The Entrepreneurs*, eine Dokumentation, in der NeXT vorgestellt wurde. Perot war so fasziniert von dem Bericht über das neue Unternehmen, dass er am nächsten Tag Jobs anrief und beiläufig erwähnte: «Sollten Sie einmal Investoren brauchen, rufen Sie mich an.» Jobs wahrte eine Anstandsfrist von einer Woche, um nicht allzu eifrig zu wirken, und lud dann Perot ein, sich seine Firma anzusehen und seine Mitarbeiter kennen zu lernen. Anstatt sich auf die nackten Zahlen zu konzentrieren, die niemals einer ordnungsgemäßen Prüfung standgehalten hätten, ließ sich

«Er sagte mir, dass wir einmal alle Erwartungen übertreffen würden».

***Steve Jobs**, nach der Entscheidung des zukünftigen Präsidentschaftskandidaten Ross Perot, in NeXT zu investieren.*

Perot von den immateriellen Vermögenswerten beeindrucken, die Jobs in seine Zahlen einbezog. Perot gefiel diese Methode, er zückte sein Scheckbuch und fragte Jobs, wie viel es denn sein dürfe.

Jobs schien an jenem Tag einen Sonderverkauf für texanische Milliardäre zu veranstalten. Er verlangte 20 Millionen Dollar für 16 Prozent an NeXT, womit er seine Firma mit unglaublichen 125 Millionen Dollar bewertete. Perot akzeptierte im Februar 1987, ohne mit der Wimper zu zucken, und wurde damit zum größten Investor des Unternehmens und ein Mitglied im Vorstand. «Man braucht nur nachzurechnen», sagte ein Risikokapitalgeber, «und es wird deutlich, dass Perot sich mehr von seinem Herzen als von seinem Hirn leiten ließ.» Perot rechtfertigte den Preis mit dem lapidaren Satz: «Ich investiere in Qualität.»

Verglichen mit Canon, machte Perot aber noch ein Schnäppchen. Im Juni 1989 zahlte der japanische Konzern 100 Millionen Dollar für eine Beteiligung von 16,67 Prozent an NeXT, was einen Unternehmenswert von 600 Millionen Dollar implizierte. Als NeXT das Hardware-Geschäft im Februar 1993 einstellte, hatte Perot seine Beteiligung auf 11 Prozent gesenkt, Canon war bei 16,67 geblieben und Jobs war mit 46 Prozent Mehrheitsaktionär.

Im Jahr 1994 wies NeXT seinen ersten Jahresgewinn von 1,03 Millionen Dollar bei einem Umsatz von 49,6 Millionen Dollar aus. Im September 1995 behauptete Jobs, dass NeXT konstante Gewinne erwirtschafte. Im darauffolgenden Jahr versuchten Goldman, Sachs & Company, NeXT an die Börse zu bringen, aber der Börsengang wurde nie verwirklicht. Das war nicht schlimm, da ohnehin bald Apple mit dem Scheckbuch in der Hand vor der Tür stehen sollte (siehe «Die Copland-Krise»).

Bei der Beschreibung des NeXT Computers versäumte es die Presse nie, die mattschwarze Oberfläche des 12-Zoll-Gehäuses hervorzuheben und sprach von einem mutigen neuen Design. Tatsächlich hatte Jobs schon vor Jahren eine Rolle beim Design eines anderen schwarzen Computers gespielt. Im Sommer 1981 stellte Apple ein Sondermodell des Apple II für das Audio- und Videounternehmen Bell & Howell her. Es unterschied sich vom Standardmodell durch zusätzliche Audio- und Video-Stecker auf der Rückseite sowie ein schwarzes Kunststoffgehäuse. Ebenfalls interessant ist, dass dieselbe Firma für Industriedesign – Hartmut Esslingers frogdesign (www.frogdesign.com) – die für den großen schwarzen NeXT Computer verantwortlich zeichnete, auch den 1984 eingeführten «Snow White» Apple IIc entworfen hatte.

So wie beim Macintosh zuvor dauerte auch die Entwicklung des NeXT Computers länger als erwartet, er war teurer als ursprünglich geplant, das Diskettenlaufwerk entsprach nicht dem Standard, und er hatte keine Farbanzeige. Trotzdem fielen die ersten Pressereaktionen enorm positiv aus. Stewart Alsop, Herausgeber von *P.C. Letter*, prognostizierte, dass NeXT innerhalb von 18 Monaten 25 000 Rechner verkaufen werde. Michael Murphy, Herausgeber des *California Technology Stock Letter*, rechnete sogar mit 50 000 Computern innerhalb von zwei Jahren. Louise Kohl, Chefredakteurin von *MacUser*, sagte gar voraus: «Dieser Computer wird Sex ersetzen.»

Als sich das Tohuwabohu der Markteinführung gelegt hatte, wurde deutlich, dass die Bildungseinrichtungen die Dinge etwas anders als die wohlwollende Presse sahen. Der NeXT Computer bot ihnen nicht das, was sie verlangt hatten. Für einen Personal Computer war er zu teuer, und für eine Workstation bot er zu wenig Leistung, was die Marketingmitarbeiter von NeXT prompt veranlasste, den Begriff der «persönlichen Workstation» zu prägen. Sie wollten Führer in einem Marktsegment sein, das bislang nicht existierte.

Nachdem klar war, dass der NeXT Computer keinen Erfolg haben konnte, wenn er nur den Universitäten angeboten wurde, schloss das Unternehmen einen Vertrag mit Businessland, dem größten Computereinzelhändler des Landes, und räumte ihm das Recht ein, 100 000 Rechner in drei Jahren zu verkaufen. Bei der Bekanntgabe

Niemand hat Steve Jobs je der Knauserigkeit bezichtigt. Auch als es um die Auswahl eines Logos für sein neues Unternehmen ging, scheute Jobs keine Kosten. Er traf sich mit vier bekannten Designern, aber keiner wurde der Aufgabe für würdig befunden. Schließlich beauftragte Jobs den 71 Jahre alten Yale-Professor Paul Rand mit dem Entwurf des NeXT-Logos. Rand galt als der große Meister der amerikanischen Grafik und hatte zuvor Logos für Konzerne wie ABC, IBM, UPS und Westinghouse geschaffen. Rand hatte in den sechziger Jahren International Business Machines überredet, den vollen Namen fallen zu lassen und nur die Initialen zu verwenden. Rand blieb Berater für IBM und lehnte es deshalb zunächst ab, für Jobs zu arbeiten, weil er darin einen Interessenskonflikt sah. Erstaunlicherweise konnte Jobs den Vice Chairman von IBM, Paul Rizzo, dazu bewegen, Rand grünes Licht zu geben.

Vielleicht hatte Rand davon gehört, wie schnell Jobs seine Meinung ändern konnte, denn bevor er den Auftrag annahm, bestand er darauf, 100000 Dollar im Voraus für einen einzigen Entwurf zu erhalten. Außerdem schloss er eine Überarbeitung seines Entwurfs für den Fall aus, dass er Jobs nicht gefiel. Jobs akzeptierte die Bedingungen, und im Juni 1986 legte Rand ein Logo vor. Es erinnerte an einen Holzbaustein, der auf einer Spitze in einem Winkel von 28 Grad stand und die Buchstaben des Unternehmens trug, jeder in einer anderen Farbe. Vielleicht hatte sich Rand durch Robert Indianas Bild *Love* anregen lassen, das im Jahr 1973 durch den Abdruck auf einer Briefmarke weithin bekannt wurde. Die bizarre Verwendung der Groß- und Kleinbuchstaben im Firmennamen war Rands Idee. Er erklärte, der Kleinbuchstabe «e» steche besonders hervor und stehe für «education, excellence, expertise, exceptional, excitement, $e = mc^2$».

«Wir wussten, dass wir entweder das letzte Hardware-unternehmen wären, das es schaffte, oder das erste, das es nicht schaffte. Wir waren das erste, das es nicht schaffte.»

***Steve Jobs,*** *über die Aufgabe des Computergeschäfts von NeXT.*

des Vertrags im März 1989 sagte David Norman, Chairman, Präsident und CEO von Businessland, kühn voraus: «Die NeXT-Umsätze werden in den kommenden zwölf Monaten so hoch sein wie die Compaq-Umsätze in den vergangenen zwölf Monaten. Das Compaq-Geschäft hatte ein Volumen von 150 Millionen Dollar.»

In Anbetracht der Tatsache, dass Businessland den NeXT Computer für 9995 Dollar ohne jeglichen Rabatt verkaufen wollte, musste Norman im nächsten Jahr etwa 10000 Rechner samt Peripheriegeräten verkaufen, um die Prognose zu erfüllen. Das klingt nicht unrealistisch, aber Ende 1988 setzte NeXT mitleiderregende 400 Geräte pro Monat zum Preis von 6500 Dollar ab. Der Produktionsleiter von NeXT ließ sich allerdings von den Marktsignalen nicht beeindrucken und legte die Produktionskapazitäten auf eine Produktion von 120000 Rechnern jährlich aus.

Enttäuscht von der schwachen Nachfrage machten sich Jobs und seine Mitarbeiter daran, einige der wesentlichen Mängel zu beheben, die mit der Geschwindigkeit, dem Preis, der fehlenden Farbanzeige, der Festplatte und dem Diskettenlaufwerk zusammenhingen. Am 18. September 1990 führte NeXT vier neue Workstations ein, die auf dem brandneuen 25 MHz 68040-Prozessor von Motorola basierten. Die 4995 Dollar teure NeXtstation hatte die Form einer Pizzaschachtel, ein 3,5-Zoll-Diskettenlaufwerk mit 2,88 MB, eine 105 MB Festplatte, 8 MB Speicher, erweiterbar auf 32 MB, und einen monochromen Bildschirm.

**In der NeXTstation waren viele Fehler des Vorgängermodells behoben worden, doch sie fand noch immer keine Käufer.**

Die 7995 Dollar teure NeXTstation Color wurde mit einem 16-Zoll MegaPixel Trinitron Monitor ausgeliefert, der 4096 Farben anzeigen konnte, einer Soundbox und einem von 12 MB auf 32 MB erweiterbaren Speicher. Der ebenfalls 7995 Dollar teure NeXTcube hatte ein ähnliches Gehäuse wie der erste NeXT Computer und wurde standardmäßig mit dem Display, dem Speicher und der Plattenkonfiguration der NeXTstation ausgeliefert, aber da er als Netzwerkserver ausgelegt war, bot er mehr Erweiterungsmöglichkeiten. Für zusätzliche 3995 Dollar gab es die 32-Bit NeXTdimension Videokarte, die dem NeXTcube 16,7 Millionen Farben in Display PostScript spendierte. Dagegen war das Beste, was Apple damals anbieten konnte, der 8969 Dollar teure Mac IIfx mit einem 68030-Prozessor mit 40 MHz.

Es sah also so aus, als wäre NeXT auf einem guten Weg, doch der Schein täuschte. Die Geräte mit den -040-Prozessoren wurden erst Monate nach der Markteinführung ausgeliefert, weil die neuen Prozessoren von Motorola knapp waren. Außerdem stellte das Unternehmen, das den Komprimierungs-Chip für NeXTdimension liefern sollte, die Entwicklung des Chips ein, was einen leeren Sockel auf der Platine und einen schlechten Nachgeschmack bei jenen Getreuen hinterließ, die immerhin schon fast 12000 Dollar für das hochwertige Farbsystem ausgegeben hatten. Im April 1991 verließ eine der Gründerinnen, Susan Barnes, das Unternehmen. Am 14. Mai wurde NeXT gezwungen, die im März 1989 mit Businessland geschlossene Vertriebsvereinbarung zu beenden, weil der Einzelhändler seine Filialen schloss. Zu allem Überfluss legte der respektierte Investor H. Ross Perot im Juni seinen Posten im Vorstand von NeXT nieder und klagte: «Ich hätte euch Jungs nicht so viel Geld geben sollen. Es war mein größter Fehler.»

Auf der nächsten NeXTWORLD-Messe am 22. Januar 1992 in San Francisco kündigte Jobs billigere, schnellere «Turbo»-Versionen der Modelle NeXTstation, NeXTstation Color und NeXTcube an, die alle mit einem 68040-Prozessor mit 33 MHz von Motorola ausgerüstet werden sollte. Noch wichtiger, er kündigte NEXTSTEP 3.0 und NEXTSTEP 486 an, eine 995 Dollar teure Version, die auf Intel 80486-Prozessoren mit Unix, MS-DOS und Windows laufen sollten. NEXTSTEP 3.0 sollte im zweiten Quartal 1992 ausgeliefert werden, kam aber erst Ende September auf den Markt. NEXTSTEP 486 war ursprünglich für September versprochen worden,

«Wir brauchen auch bei der Systemsoftware eine Alternative zu Microsoft. Und die einzige Hoffnung lautet meiner Meinung nach NeXT.»

***Steve Jobs***

«Ich glaube, Ross wäre ein hervorragender Präsident. Meiner Meinung nach hat er echte Chancen, und ich helfe ihm, wo ich nur kann.»

***Steve Jobs,*** *über Perots gescheiterte Bewerbung für die US-Präsidentschaft.*

«In meinen 20 Jahren in dieser Branche habe ich noch keine Revolution erlebt, die so weitreichend wie das objektorientierte Programmieren war. Damit kann man Software buchstäblich fünf- bis zehnmal schneller entwickeln, und diese Software ist viel zuverlässiger, viel leichter zu warten und viel leistungsfähiger.»

***Steve Jobs***

«Eines Tages wird jede Software mit der Objekttechnologie geschrieben. Das steht außer Zweifel.»

*Steve Jobs*

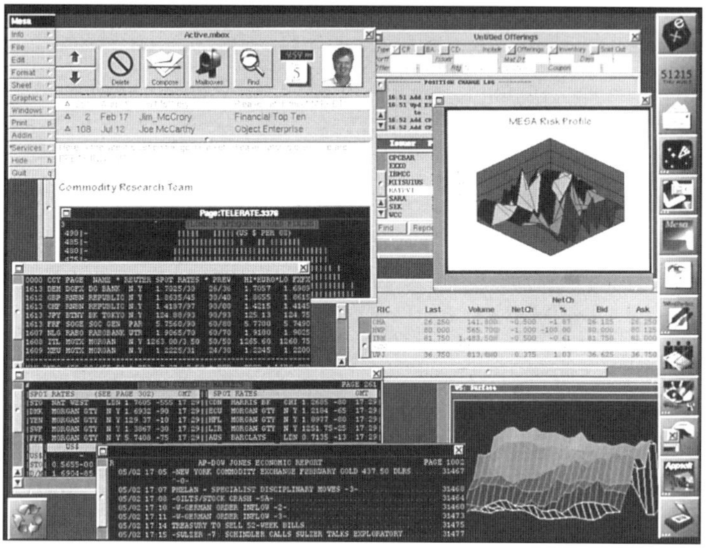

1992 konzentrierte NeXT alle Hoffnungen auf das objektorientierte Betriebssystem für Intel-Rechner, NEXTSTEP.

«Man kann ein gutes Produkt haben, das gut durchdacht ist - ein richtig einleuchtendes Produkt -, und trotzdem darauf sitzen bleiben. Man braucht auch Glück. Der NeXT ist ein guter Rechner, der einfach nicht das notwendige Quäntchen Glück hatte.»

*Steve Wozniak*

Apple brauchte nur 73 Tage, um 50000 Macintosh-Rechner zu verkaufen. Jobs brauchte für dieselbe Anzahl von NeXT-Computern sieben Jahre.

wurde aber erst im Mai 1993 ausgeliefert. Bis dahin war der Name in NEXTSTEP For Intel Processor umgewandelt worden, da das Betriebssystem auf 486er und Pentium-Prozessoren laufen konnte.

Nachdem er 250 Millionen Dollar verbraten hatte, sah Jobs ein, dass ihm nie das Kunststück gelingen würde, das nächste Apple Computer von Silicon Valley zu schaffen – und er beschloss, das nächste Microsoft zu werden. Am 10. Februar 1993 – «dem schwarzen Dienstag» – entließ NeXT 280 seiner 530 Mitarbeiter und gab bekannt, dass es sein Hardwaregeschäft an Canon verkaufen werde, um sich darauf zu konzentrieren, NEXTSTEP For Intel Processor als erstes objektorientiertes Betriebssystem für Computer mit Intel-Prozessoren zu verkaufen.

Das objektorientierte Programmieren ermöglicht es Unternehmen, große, komplexe, maßgeschneiderte Anwendungen wie im Baukastensystem aufzubauen, wobei sie kleine, vorgefertigte Objekte verwenden, die jeweils auf spezifische Aufgaben ausgelegt sind. Dabei galt NEXTSTEP zwar weithin als hervorragendes Produkt, doch es war nicht konkurrenzlos auf dem Markt. Microsofts eigene objektorientierte Version von Windows NT (Codename Cairo) wurde 1994 freigegeben, und sowohl IBM wie Apple setzten große Hoffnungen auf das Betriebssystem Pink, das sie in ihrem

Joint Venture Taligent entwickelten. Pink erblickte nie das Licht der Welt und schied am 19. Dezember 1995 aus dem Rennen, als Taligent eine hundertprozentige Tochtergesellschaft von IBM wurde. Dagegen hatte Windows NT in der Geschäftswelt großen Erfolg. Das proprietäre NEXTSTEP wurde gemeinsam mit Sun Microsystems zu einem offenen Betriebssystem namens OPENSTEP entwickelt, aber dieses stieß nie auf große Akzeptanz, wenn man von sehr kleinen Nischenmärkten wie den Finanzdienstleistungen absieht. Deshalb begann NeXT im Frühjahr 1996, sich auf ein Internet-Entwicklungstool namens WebObjects zu konzentrieren, das sich als mäßig erfolgreich erwies.

Diese Hardware-Pleiten hatten Steve Jobs' Image in Silicon Valley als Unternehmer, in dessen Händen sich alles in Gold verwandelte, zwar angekratzt, aber kaum jemand wollte ihn völlig abschreiben, und viele wünschten insgeheim, dass er ein weiteres Wunder aus dem Ärmel zauberte, das dem Mac gleichkam. Die Wünsche erfüllten sich Ende 1996, als Jobs bei seiner triumphalen Rückkehr zu Apple Computer auch NeXT mitbrachte (siehe «Die Copland-Krise»).

## Pixar

Am 7. Februar 1986 zahlte Steve Jobs 10 Millionen Dollar für einen Mehrheitsanteil an Pixar (www.pixar.com), der Computerdivision des Unternehmens LucasFilm Ltd., das *Star Wars* und andere Kassenschlager produziert hatte. Damals beschäftigte Pixar 43 Mitarbeiter. Jobs ließ sich zwar zum Chairman ernennen, bezog aber kein Gehalt und hatte auch nichts mit dem Tagesgeschäft des Unternehmens zu tun.

Das wichtigste Pixar-Produkt im Jahr 1986 war ein Computer, der 3D-Grafiken mit einer Geschwindigkeit von 40 Millionen Befehlen pro Sekunde verarbeitete. Er sollte ursprünglich an andere Computerhersteller zur Integration in ihre Systeme verkauft werden. Damals gab der Präsident Edwin Catmull zu, dass die Nachfrage nach dem 120 000 Dollar teuren Computer bei den Firmen der Unterhaltungsbranche «minimal» sei, doch Jobs glaubte: «Die Bildbearbeitung wird in den nächsten vier Jahren explodieren, so wie Supercomputer in den vergangenen Jahren in der Geschäftswelt allgegenwärtig geworden sind.»

Alan Kay, damals Apple Fellow, machte Jobs im Jahr 1984 zum ersten Mal auf Pixar aufmerksam, als Lucas versuchte, die Abteilung zu verkaufen. Im Mai 1985 versuchte Jobs, den Vorstand von Apple zum Erwerb von Pixar zu bewegen, stellte aber fest, dass «niemand dort Interesse zeigte».

«Wir glauben, dass es der größte Fortschritt in der Geschichte der Animation ist, seit Walt Disney vor über fünfzig Jahren *Schneewittchen* zeichnete.»

***Steve Jobs*** *über Toy Story*

«Die Tatsache, dass Jobs das Unmögliche möglich machte und zweimal einen Volltreffer landete – zuerst mit Apple und jetzt mit Pixar –, bekräftigt unsere Überzeugung, dass er ein echter Visionär ist.»

***Tim Bajarin,*** *Präsident von Creative Strategies Consulting*

Jobs forderte Catmull auf, sich auf die Entwicklung technischer Produkte zu konzentrieren, die sich schnell in bare Münze verwandeln ließen. Jahrelang war die wichtigste Einnahmequelle von Pixar *RenderMan* gewesen, ein Programm, das es Computergrafikern ermöglichte, die Oberflächen von 3D-Objekten mit Strukturen und Farben zu versehen. RenderMan lief auf Workstations von Silicon Graphics und wurde etwa dazu eingesetzt, um die Dinosaurier für *Jurassic Pac* zu schaffen. Pixar verkaufte etwa 100 000 Exemplare von RenderMan, aber Jobs fand, dass Pixar sich auf die Produktion von Inhalten in Form von Kurzfilmen (*Tin Toy* gewann 1988 einen Oskar) und TV-Werbespots (wie die animierten Spots für Listerine) konzentrieren sollte.

Im Jahr 1991 wandte sich Pixar an die Walt Disney Company wegen eines Auftrags für ein einstündiges computeranimiertes Special. Disney schockierte Pixar jedoch mit der Bitte um einen Film in voller Länge. Am 3. Mai 1991 trafen die beiden Unternehmen eine Vereinbarung über drei Spielfilme, wobei Disney die Verantwortung für Marketing und Lizenzen und Pixar für die Drehbücher übernahm, für die es an den Bruttoeinnahmen aus dem Kinofilm und den Videoverkäufen beteiligt wurde. Pixar stand allerdings kein Penny aus den Merchandising-Aktivitäten zu, und dort wird heute das meiste Geld verdient.

Jobs pumpte im Lauf der Jahre mindestens 50 Millionen Dollar in Pixar. «Wenn ich 1986 gewusst hätte, wie viel es kosten würde, um Pixar am Laufen zu halten, hätte ich die Firma wohl nicht gekauft», gibt Jobs zu. Er investierte weit mehr Geld in Pixar als in NeXT. Ende 1994 überlegte Jobs, ob er das Zuschussgeschäft Pixar an Microsoft verkaufen sollte. Aber Microsoft zahlte stattdessen 6,5 Millionen Dollar für eine Patentlizenz und verhalf Pixar damit zum ersten rentablen Quartal. Obwohl Pixar zum 30. September 1995 einen Nettoverlust von 46,9 Millionen Dollar auswies, sollte sein Schicksal sich bald wenden.

Pixars proprietäre 3D-Animationstechnik ermöglichte den ersten computererzeugten Film in Spielfilmlänge, nämlich *Toy Story* von Walt Disney. Die 140 Pixar-Mitarbeiter arbeiteten vier Jahre am Drehbuch, der Regie und der Produktion von *Toy Story* und verwendeten 70 Rechner von Silicon Graphics und 117

Rechner von Sun Microsystems (allein die Hardware kostete 6 Millionen Dollar), während Disney sich um Finanzen, Marketing und Vertrieb kümmerte. *Toy Story* kam am 22. November 1995 in die Kinos und spielte in den inländischen Kinos über 184 Millionen Dollar ein. Damit landete es auf Platz drei der erfolgreichsten animierten Spielfilme aller Zeiten, nach den beiden Disneyfilmen *König der Löwen* und *Aladdin*.

Pixar Animation Studios nutzte die Publicity um *Toy Story* und gab am 29. November 6,9 Millionen Aktien aus. Ursprünglich wurde der Preis auf 22 Dollar pro Aktie festgesetzt, doch Pixar (an der NASDAQ unter PIXR gehandelt) begann den Handel bei 47 Dollar, erreichte einen Höchststand von 49,50 Dollar und schloss bei 39 Dollar bei einem Volumen von 4,8 Millionen Anteilen. Plötzlich waren Jobs' 30 Millionen Anteile auf dem Papier erstaunliche 1,17 Milliarden Dollar wert, mehr als seine Apple-Aktien jemals während seiner Amtszeit in Cupertino wert gewesen waren. Danach fiel der Kurs im dritten Quartal 1996 auf einen Tiefstand von 12,25 Dollar und kletterte im Juli 1998 wieder auf einen Höchststand von 66 Dollar, so dass Jobs wieder Milliardär war.

Nach dem Erfolg von *Toy Story* setzte Jobs Nachverhandlungen mit Disney durch, weil er Pixar an den Merchandising-Einnahmen beteiligen wollte. Die Interactive Division von Pixar gab zunächst auf dem Film basierende CD-ROM-Spiele heraus, aber nach der neuen Vereinbarung mit Disney wurde der Verbrauchersoftwarebereich am 31. März 1997 aufgelöst, und die Mitarbeiter wurden für die Produktion von *A Bug's Life* (dt. Das große Krabbeln) eingesetzt. Der Film kam am 25. November 1998 in die Kinos und erhielt begeisterte Kritiken. Er erzielte am fünftägigen verlängerten Thanksgiving-Wochenende die Rekordzahl von 46,1 Millionen Besuchern, was den letzten Rekord an einem Thanksgiving-Wochenende von 45 Millionen Besuchern brach, der 1996 von Disneys *101 Dalmatiner* aufgestellt worden war. *Toy Story 2*, die zweite Folge des Kassenknüllers von 1995, sollte ursprünglich direkt als Video veröffentlicht werden, aber Pixar und Disney überlegten es sich anders und brachten den Film Anfang 2000 in die Kinos.

Bei 24 Einzelbildern pro Sekunde erfordert ein 77 Minuten langer animierter Film wie *Toy Story* etwa 110 000 Einzelbilder.

«Es hat etwas Ironisches und Idiotisches gleichzeitig, dass Jobs den größten Treffer bei der Firma landete, mit der er eigentlich am wenigsten zu tun hatte.»

**David Coursey,** *Herausgeber von PC Letter*

«Ohne Jobs ist Apple nur eines von vielen Unternehmen im Silicon Valley, und ohne Apple ist Jobs nur einer von vielen Millionären in Silicon Valley.»

***Nick Arnett,*** *Journalist*

# NeXT-Chronik

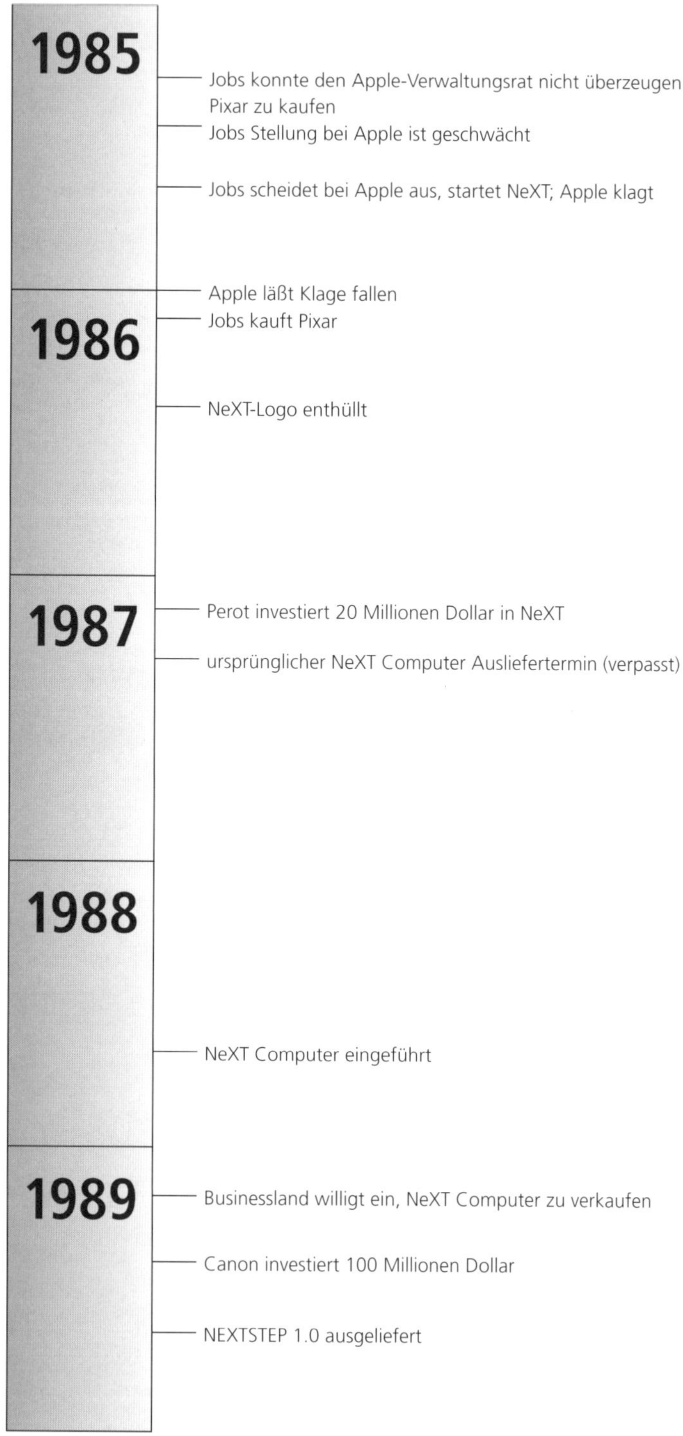

## 1990

- Dan'l Lewin, VP Marketing, tritt zurück
- NEXTSTEP 2.0, NeXTstation, NeXTstation Color, NeXTcube und NeXTdimension ausgeliefert
- NeXTstation und NeXTcube ausgeliefert

## 1991

- NeXTstation Color ausgeliefert
- Susan Barnes, CFO, tritt zurück
- NeXTdimension wird ohne Kompressionschip ausgeliefert; Vereinbarung mit Businessland beendet
- Perot tritt vom NeXT-Aufsichtsrat zurück

## 1992

- Turbo Modelle NeXTSTEP3.0, NeXTSTEP 486 eingeführt
- Windows 3.1 ausgeliefert
- Bud Tribble, VP Software, tritt zurück
- NEXTSTEP 3.0 ausgeliefert

## 1993

- Rich Page, VP Hardware, tritt zurück
- «Schwarzer Dienstag», NeXT stellt Hardware ein
- George Crow, VP Analog Engineering, tritt zurück
- NeXTSTEP für Intel Prozessoren ausgeliefert
- Sculley tritt bei Apple zurück

## 1994

- Amelio tritt dem Apple-Vorstand bei

Dan'l Lewin ging von NeXT zu GO und dann zu KidSoft. 1998 wurde er Präsident von Aurigin Systems (www.smartpatents.com), einem neu gegründeten Unternehmen, das betriebliche Software zur Nutzung von Patentinformationen für strategische Entscheidungen entwickelt.

«Eher wird die Medizin den Tod überwinden und die Regierung auf Steuern verzichten, bevor Steve Pleite macht. Sie können mich gern zitieren.»

***Guy Kawasaki,** ehemaliger Apple-«Evangelist» auf der NeXTWORLD im Herbst 1992, als er erklärte, warum NeXT den Workstation-Hersteller Sun Microsystems übertrumpfen werde.*

«Viele Menschen leisten etwas Unglaubliches, und dann hört man nie wieder von ihnen. J. D. Salinger hat *Der Fänger im Roggen* geschrieben, aber was hat er dann gemacht?»

***Deborah Coleman,*** *ehemalige Controllerin der Mac-Division, über Steve Jobs*

**1995**

- NeXT verkündet den ersten Jahresgewinn
- Microsoft liefert Windows 95 aus
- NeXT bleibt in den schwarzen Zahlen
- *Toy Story* ausgeliefert, Pixar geht an die Börse

**1996**

- Spindler wird von Amelio als Apple CEO ersetzt
- WebObjects ausgeliefert
- Apple kauft NeXT; Jobs kehrt zurück

**1997**

- Jobs verkauft 1,5 Millionen Apple-Aktien
- Amelio tritt als Chairman und CEO zurück
- Jobs zum Interim-CEO ernannt

**1998**

- Jobs überarbeitet die Apple OS Strategie, läßt die NeXT Technologie zugunsten von Mac OS X fallen
- Pixar bringt *A Bug's Life* in die Kinos

**1999**

**2000**

- Jobs wird definitiv CEO bei Apple
- Pixar bringt *Toy Story 2* in die Kinos

# Projekt Star Trek

Die Idee, das Mac-Betriebssystem auf Intel-Prozessoren zu portieren, war nicht neu, sondern schon 1985 von Dan Eilers, zuständig für strategische Investitionen bei Apple, vorgeschlagen worden. Aber sie gewann eine neue Dringlichkeit, nachdem Apple im Mai 1991 System 7 ausgeliefert hatte, dieses sich aber nicht gegen Windows 3.0 von Microsoft behaupten konnte. Bezeichnenderweise waren es weder entschlossene Apple-Entwickler noch einsichtige Manager, die den Ball ins Rollen brachten. Diese Ehre gebührt einem Unternehmen, von dem nur wenige außerhalb der Branche je gehört haben: Novell aus Provo, Utah.

DR-DOS war eine Entwicklung des Unternehmens Digital Research Inc., das 1985 von Apple verklagt worden war, weil es GEM Desktop auf den Markt gebracht hatte, ein Betriebssystem, das eine Mac-ähnliche Benutzeroberfläche auf PC-Klonen ermöglichte. Digital Research Inc. war zu klein, um sich gegen Apple zur Wehr zu setzen und legte den Rechtsstreit bei, indem es die Oberfläche veränderte. Schließlich wurde es von Novell gekauft.

Der Netzwerkriese Novell (www.novell.com) wollte eine Alternative zu Windows bieten, indem er eine Mac-ähnliche Benutzeroberfläche für sein DR-DOS schuf, das auf IBM-PC-Klonen mit Intel-Prozessoren lief. Er befürchtete jedoch, von Apple verklagt zu werden, zumal damals Apples Copyright-Klage gegen Microsoft noch in vollem Gang war. Anstatt einen kräftezehrenden Rechtsstreit zu riskieren, wollte Novell lieber herausfinden, ob Apple nicht an der Zusammenarbeit an einem solchen Projekt interessiert war. Am Valentinstag 1992 traf Darrell Miller, Vice President für strategisches Marketing bei Novell, mehrere Apple-Software-Manager, um über diese Pläne zu sprechen. Die Apple-Delegation war so fasziniert von den neuen Chancen, die sie zu erkennen glaubte, dass es ihr gelang, den Segen von CEO John Sculley zu erhalten. Die beiden Unternehmen fingen sofort mit der Arbeit an einem Projekt an, das Star Trek genannt wurde, weil es in völlig neue Galaxien vorstoßen sollte, in die kein Mac bisher gedrungen war: die Intel-Plattform. Als Bill Gates von Apples Plan hörte, das Mac-Betriebssystem auf einem Intel-Computer laufen zu lassen, sagte er: «Genauso gut könnte man einem Huhn Lippenstift auftragen».

«Kein Manager der Welt kann mich davon überzeugen, dass das eine gute Idee ist.»

***Roger Heinen,*** *Manager der Mac-Softwarearchitektur im März 1992 auf die Frage, ob System 7 auf Intel-Prozessoren laufen solle.*

Gifford Calenda stellte ein Team zusammen, in dem vier Entwickler von Novell und 14 Entwickler von Apple vertreten waren. Sie arbeiteten bei Novell in Suite 400 im Marketingbüro Regency One in Santa Clara, direkt gegenüber der Intel-Zentrale. Das war kein Zufall. Sculley hatte Andy Grove, den CEO von Intel getroffen. Grove – bekannt für gewisse paranoide Züge – hatte dem Star-Trek-Team seine Unterstützung zugesichert, weil er seine Abhängigkeit von Microsoft abbauen wollte. Jeder Star-Trek-Entwickler erhielt ein Büro mit einem Mac und einen 486 PC-Klon, der von Intel gestiftet wurde.

Am 17. Juli 1992 erhielt das Trekkie-Team eine Frist bis Halloween, um einen «Beweis für das Konzept» vorzulegen. Apple war das Projekt so wichtig, dass jedem Entwickler eine Prämie zwischen 16 000 und 25 000 Dollar in Aussicht gestellt wurde, falls sie Erfolg hatten. «Wir arbeiteten wie verrückt. Es hat mir selten so viel Spaß gemacht», erinnert sich Fred Monroe. Frei von der Einmischung des Managements gelang es dem kleinen Team nicht nur, den Mac-Finder auf den PC-Klonen zum Laufen zu bringen, sondern sie schafften es auch, QuickTime und einige Elemente von QuickDraw GX zum Funktionieren zu bringen. Selbst die Begrüßung beim Start «Welcome to Macintosh» erschien auf dem Bildschirm. Nachdem die Trekkies die Frist eingehalten hatten, kassierten sie ihre Prämien und verbrachten einen wohlverdienten Urlaub im mexikanischen Cancun. Sie hatten die Grundlagen für ein Produkt gelegt, das Apple möglicherweise retten würde, indem es mit dem unterlegenen Microsoft Windows Kopf an Kopf auf eigenem Terrain konkurrierte: den Intel-Computern.

Nun lag es an Teamleiter Chris DeRossi und Roger Heinen, Vice President für Software Engineering, die Führung von Apple zu überzeugen, dass es sich lohnte, Star Trek weiter zu verfolgen. Am 4. Dezember stellten sie den Star-Trek-Prototypen vor, und viele der Anwesenden wollten ihren Augen nicht trauen. Allem Anschein nach lief das bekannte Mac-Betriebssystem auf einem Intel-Rechner – Star Trek hatte es geschafft, weit auf feindliches Gelände vorzustoßen. Fred Forsyth, Leiter für Produktion und Hardware Engineering, hatte das Gefühl, seine Karriere löse sich vor seinen Augen in Luft auf. Wenn es Apple gelänge, das Mac-Betriebssystem auf dem Intel-Prozessor zum Laufen zu bringen, würde die Nachfrage nach Apple-Hardware wahrscheinlich in den Keller fallen. Außerdem hatte das

Unternehmen beschlossen, die PowerPC-Architektur zu forcieren, und das Star-Trek-Projekt galt auch dafür als Bedrohung. Wie würde es vor den Partnern IBM und Motorola aussehen, wenn Apple das Mac-Betriebssystem auf die Intel-Prozessoren portierte, gleichzeitig aber mit ihnen am PowerPC zusammenarbeitete? Trotz dieser Einwände erhielten Heinen und sein Team grünes Licht, die Detailarbeiten für das Star-Trek-Projekt in Angriff zu nehmen.

Mit dem Plazet der Führung in der Tasche machte sich Mark Gonzales, der Projektmarketingmanager, auf zu den PC-Klon-Anbietern, um ihr Interesse daran zu sondieren, Star Trek auf ihren Systemen auszuliefern. Die meisten waren sehr interessiert, wiesen aber darauf hin, nicht viel dafür bezahlen zu können, weil sie unter ihren Verträgen für Windows 3.1 für jeden ausgelieferten Computer eine Lizenzgebühr an Microsoft entrichten mussten – unabhängig davon, mit welchem Betriebssystem der Rechner tatsächlich ausgeliefert wurde. (Diese wettbewerbsfeindliche Praxis brachte Microsoft schließlich Schwierigkeiten mit dem Justizministerium ein.)

**Das Star-Trek-Projekt erhielt einen schweren Schlag, als Roger Heinen, Manager für die Mac-Softwarearchitektur, zu Microsoft wechselte.**

Schlimmer noch als die zögerliche Aufnahme von Star Trek bei den Klon-Herstellern war, dass Heinen Anfang 1993 Apple verließ und zu Microsoft ging. Ohne Heinen, der sich immer schützend vor die Trekkies gestellt hatte, wurde das Projekt im Februar wieder auf den Apple-Campus in Bandley 5 verlagert und David C. Nagel unterstellt, dem damaligen Leiter der Advanced Technology Group. Nun arbeiteten nicht mehr 18, sondern 50 Entwickler im Team, und die meisten waren gezwungen, detaillierte Spezifikationen und Berichte zu verfassen, anstatt sich auf das Schreiben von Code zu konzentrieren. Dann läutete Geschäftsführer Michael Spindler eine Kostensenkungsrunde ein. Nachdem Nagel den Etat für die Überarbeitung des Betriebssystems für den PowerPC und die Aktualisierung von System 7 fest-

Nachdem sie zusammen an Star Trek und QuickTime gearbeitet hatten, gründeten Fred Monroe und Fred Huxham in San Francisco die Firma fredlabs.inc (www.fredlabs.com). Auf der Macworld-Messe im Januar 1997 erregte fredlabs großes Aufsehen mit VirtualMac, das es Nutzern ermöglichte, Mac-Anwendungen innerhalb des BeOS auf dem Power Mac zu starten.

gesetzt hatte, blieb nicht mehr genug Geld für den Abschluss von Star Trek übrig, das noch 18 Monate Zeit und 20 Millionen Dollar erfordert hätte. Nagel überlegte, ob er Star Trek mit einem anderen Projekt verschmelzen sollte, das gerade in Gang kam. Es trug den Codenamen Raptor und war eine Alternative zum Pink-Betriebssystem, das den Querelen um Taligent zum Opfer gefallen war, und sollte auf jeder CPU, nicht nur Intel- oder Motorola-Prozessoren, laufen. Aber dann wurde die Verschmelzung beider Projekte für undurchführbar erklärt, und Star Trek verschwand im Juni 1993 in der Versenkung. Aus dem Projekt Raptor, das weiterverfolgt wurde, ging schließlich Copland hervor, der lange versprochene und nie ausgelieferte Nachfolger des Mac-Betriebssystems (siehe «Die Copland-Krise»).

Selbst wenn es den Entwicklern gelungen wäre, Star Trek zu vollenden, hätte das noch längst nicht bedeutet, dass nun jede Mac-Anwendung auf einem Intel-Rechner funktioniert hätte. Star Trek sollte auf Quellebene kompatibel sein, nicht aber binär kompatibel mit dem Mac-Betriebssystem. Das bedeutete, dass Mac-Anwendungen von ihren Entwicklern erneut kompiliert werden mussten, um auf den Intel-Prozessoren zu laufen. Alle Programme, welche die Mac-Hardware direkt ansprachen, hätten umgeschrieben werden müssen. Es ist überflüssig zu sagen, dass viele Softwarehersteller in Anbetracht des nötigen Aufwands zur Portierung ihrer Produkte auf PCs mit Star Trek sehr skeptisch waren. Außerdem war eine funktionierende Demonstration von Star Trek noch nicht mit einem fertigen Produkt gleichzusetzen. Immerhin waren bei Apple auch von Copland und Pink sehr beeindruckende Demonstrationen vorgeführt worden, und trotzdem erblickten die Produkte nie das Licht der Welt.

Die Aufgabe des Star-Trek-Projekts bedeutet aber nicht, dass Mac-Anwendungen nicht doch auf anderen Rechnern laufen könnten. Im Oktober 1995 hieß es bei Apple, dass die Anpassung des Mac OS an die PowerPC Reference Platform (auch PreP genannt) von IBM eine technische Herausforderung sei und deshalb eine Abwandlung davon, nämlich CHRP (Common Hardware Reference Platform) gefördert werden sollte. Das hielt jedoch Quix Computer (www.quix.ch) in Luzern nicht davon ab, mit nur einem halben Dutzend Entwicklern das Mac-Betriebssystem auf PreP-Systemen zum Laufen zu bringen. Trotz der potenziell großen Nachfrage nach einem solchen Produkt weigerte sich Apple, das Mac-Betriebssystem an Quix zu lizenzieren, und folglich beschäftigte sich Quix lieber damit, Technologien für aufgeschlossenere Firmen zu entwickeln. Mit Executor konnte Apple dagegen nicht so umspringen. Ein kleines Unternehmen namens ARDI (www.ardi.com) in Albuquerque, New Mexico, schaffte es, Mac OS und Toolbox zurückzuentwickeln und eine Executor genannte Version von System 7.0 zu schaffen, die auf dem Intel 486, Pentium und Alpha-Prozessor von DEC läuft. Executor ist weit von einer perfekten Portierung entfernt. Es unterstützt keinen seriellen Port-Zugang (so dass AppleTalk und Modems nicht funktionieren), die Toneingabe/-ausgabe ist primitiv, es enthält keine Vorkehrungen für eine Internationalisierung, und weder Erweiterungen noch Control Panels sind möglich. Trotzdem können unter Executor viele Standard-Mac-Programme auf PCs betrieben werden. Man kann sich ausmalen, was alles möglich wäre, wenn Apple das Produkt unterstützen würde!

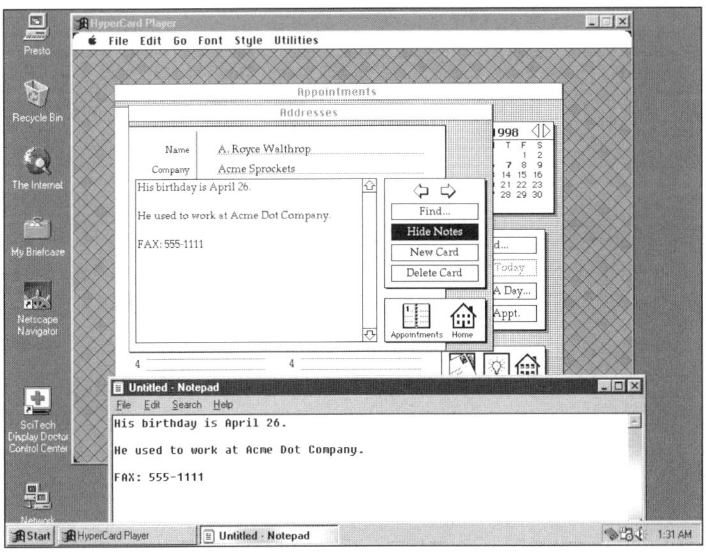


**Ohne Hilfe von Apple hat ARDI den größten Teil des Mac-Betriebssystems zurückentwickelt und es PC-Nutzern ermöglicht, viele Mac-Programme unter dem Executor zu betreiben.**

Ende 1997, nach dem Ablauf ihrer für fünf Jahre geltenden Geheimhaltungsvereinbarungen, trafen sich viele Star-Trek-Entwickler in Cupertino. Gerüchten zufolge gibt es ein neues Star-Trek-NG (Next Generation)-Projekt, zu dem ein Emulator gehört, der es Mac-OS-Anwendungen ermöglicht, unter Rhapsody auf Intel-Hardware zu laufen. Die Zeit wird zeigen, ob Star Trek NG Apple zurück ins Rampenlicht bringt oder ob es erneut in den Tiefen des Weltraums verschwindet.

# Zwischen «Diesel» und Doktor

Obwohl Michael H. Spindler bei Apple schon im September 1980 als Marketingmanager für das Europageschäft anfing, machte der gebürtige Berliner die meisten Applebeobachter erst am 29. Januar 1990 auf sich aufmerksam. Damals ging er nach Cupertino, um das Amt des Geschäftsführers (COO) und gleichzeitig die Verantwortung für die weltweiten Produktions- und Marketingeinheiten zu übernehmen, die bislang Jean-Louis Gassée unterstellt gewesen waren. Spindlers Spitzname «Diesel» rührte daher, dass er in der Lage war, komplexe Probleme ohne Umschweife und Kompromisse anzugehen. Unaufhaltsam trug ihn der Motor seiner Energie zum höchsten Führungsamt bei Apple. Ganz im Gegensatz zu Steve Jobs und John Sculley hält sich Spindler nach Möglichkeit im Hintergrund, so dass ein ehemaliger Manager sagte: «Er hat seine Position ganz gewiss nicht dadurch erreicht, dass er sich ins Rampenlicht gespielt hat.» Deshalb würde es den meisten Menschen schwer fallen, auch nur eine einzige herausragende Leistung zu nennen, die er in seiner Zeit als Lenker von Apple vollbracht hatte.

**Fast vom Augenblick seiner Ankunft in Cupertino an versuchte Michael Spindler, Apple mit verschiedenen Unternehmen zu fusionieren.**

Damit widerfährt ihm nun auch keine Gerechtigkeit, denn hätte er sein Endziel erreicht, wäre die Wirkung viel weitreichender gewesen als irgendetwas anderes, was jemand bei Apple je vollbrachte: Das Unternehmen hätte aufgehört zu existieren.

`«Das ist nichts Neues. Wir führen seit 1986 Gespräche mit DEC, Kodak, Sony, Sun, Compaq, IBM und einigen anderen Firmen, deren Namen ich jetzt lieber nicht nennen möchte. Es waren sehr ernste Gespräche. Wir haben dabei alles in Betracht gezogen, von der einfachen technischen Zusammenarbeit bis hin zur Fusion.»`

***Mike Markkula,** Chairman, über Fusionsspekulationen im Jahr 1996*

«Wir haben uns früher immer darüber lustig gemacht, dass man bei einer Rede von Spindler nicht in den ersten zehn Reihen sitzen dürfe, weil man sonst in Schweiß und Spucke ertrinken könnte.»

***John Ziel**, Vertriebsmanager bei Apple*

Gleich nach seiner Ankunft in Cupertino wurde Spindler von CEO John Sculley angewiesen, in aller Verschwiegenheit nach einem Weg zu suchen, um den Markennamen und die überlegenen Softwareprodukte mit der Marktposition und Glaubwürdigkeit eines größeren Unternehmens zu paaren. Sculley hatte den Eindruck, dass der Mac-Markt langsam ausgereizt sei, und er sah Apples einzige Hoffnung darin, neue Einnahmequellen mit Produkten wie Newton und Pippin zu schaffen. Aber bis sich diese Produkte selbst tragen konnten, benötigte man die Ressourcen eines größeren Unternehmens.

**Scott McNealy, CEO von Sun Microsystems, wollte schon 1988 mit Apple fusionieren.**

Sun Microsystems, ein aufstrebender Workstation-Hersteller, hatte seit 1988 versucht, mit Apple zu fusionieren, und im Herbst 1990 war eine entsprechende Vereinbarung schon unterschriftsreif, als Jack Kuehler, IBM-Präsident, Spindler anrief und ihm vorschlug, sich an der Entwicklung des RISC-Chips (Reduced Instruction Set Computing) zu beteiligen. Die Fusion mit Sun hätte Spindler vermutlich seinen Posten gekostet, wenn der CEO von Sun, Scott McNealy, Geschäftsführer der verschmolzenen Unternehmen geworden wäre. Die Zusammenarbeit mit IBM jedoch bot Spindler eine Möglichkeit, seinen Spitzenjob zu behalten, und so hatte Sun das Nachsehen.

Bald nachdem Spindler im November 1990 Präsident von Apple wurde, konnte Sculley IBM, die größte Computerfirma der Welt, zu einer Zusammenarbeit mit Apple und Motorola am PowerPC Chip sowie am Taligent-Projekt (Betriebssystem Pink) und Kaleida-Projekt (ScriptX-Multimedia-Tools) bewegen. Am 3. Juli 1991 gaben Apple und IBM eine vorläufige Presseerklärung heraus, unterzeichneten die Verträge aber erst am 2. Oktober auf einer Pressekonferenz im Fairmont Hotel in San Francisco (siehe «Aus Feind wird Freund: Apple und IBM»).

Obwohl sich die Apple-Manager nun schon auf eine Allianz von wahrhaft historischer Bedeutung mit dem bisherigen Erzfeind eingelassen hatten, fürchteten sie sich immer noch vor einer Fusion. Den ganzen Sommer 1992 hindurch führte Apple Fusionsgespräche mit dem Fotokonzern Eastman Kodak, doch sie scheiterten letztlich an kulturellen Unterschieden. Anfang 1993 sah es aus, als hätte Apple in AT&T den perfekten Partner gefunden. Die Führungskräfte beider Firmen trafen sich häufig und führten intensive Gespräche darüber, wie man die beiden Firmen verschmelzen könnte, und es sah ganz danach aus, als stünde der Fusion nichts mehr im Weg. Aber Ende April scheiterte der Plan, weil AT&T immer noch Schwierigkeiten hatte, den Erwerb von NCR zu verdauen und außerdem vorhatte, McCaw Cellular Communications für 11,5 Milliarden Dollar zu schlucken.

«Ich stehe nicht zur Verfügung und bin auch nicht daran interessiert, CEO von IBM zu werden.»

***John Sculley**, gegenüber dem Wall Street Journal am 11. März 1993*

In der Zeit, als Apple die Gespräche mit AT&T führte, überlegte Sculley, ob er die Seiten wechseln und das Amt des CEO bei IBM übernehmen sollte. Es war der letzte Strohhalm für den Vorstand von Apple. Dessen Mitglieder hatten das Gefühl, dass sich Sculley, weil er so viel Zeit in das Newton-Projekt und die Unterstützung der Clinton-Kampagne investiert hatte, so weit von seinen wesentlichen Aufgaben entfernt hatte, dass Apple der größte Quartalsverlust seiner Geschichte bevorstand. Am 18. Juni 1993 musste Sculley von seinem Amt als CEO zurücktreten, und er wurde durch Spindler abgelöst. Noch vor Jahresende sollte Sculley als Chairman zurücktreten und Apple ganz verlassen.

**In Spindlers Amtszeit fiel die erfolgreiche Umstellung des Mac von der 68000-Prozessorfamilie auf die neue PowerPC-Technologie.**

Spindler machte sich sogleich an die Arbeit und entließ 2 500 Mitarbeiter (16 Prozent der Belegschaft), stellte viele unrealistische Projekte ein und senkte die F&E-Kosten um über 100 Millionen Dollar pro Jahr. Das Unternehmen verzeichnete daraufhin vier Quartale starken Wachstums, und der Aktienkurs verdoppelte sich auf über 40 Dollar pro Aktie. Es war Spindler gelungen, Apple wieder zu einem potenziell attraktiven Fusionskandidaten herauszuputzen, und er hatte den Übergang des Mac von den 68000-Prozessoren von Motorola zur neuen RISC-basierten PowerPC-Technologie, die gemeinsam mit IBM und Motorola entwickelt worden war, erfolgreich bewerkstelligt.

Aus der Sicht der Verbraucher vollbrachte Apple eine großartige Leistung, denn dieser Übergang wurde relativ reibungslos gestaltet, indem ein hohes Maß an Abwärtskompatibilität gewahrt blieb. Aber die Lorbeeren verdient eigentlich das Unternehmen Metrowerks (www.metrowerks.com), das Mac-Tools entwickelte. Apple hatte sich so sehr darauf konzentriert, die neue Hardware-Generation herzustellen und die Systemsoftware abzustimmen, dass die Schaffung von PowerPC-Programmiertools für Entwickler nicht gerade hohe Priorität hatte (tatsächlich war diese Aufgabe unter dem Codenamen Rainbow an Symantec vergeben worden). Glücklicherweise füllte Metrowerks die Lücke mit dem erstaunlich schnellen CodeWarrior und hielt auf diese Weise viele Mac-Entwickler davon ab, zu Windows abzuwandern.

Der Power Mac wurde am 14. März 1994 im Lincoln Center for the Performing Arts in New York vorgestellt und innerhalb von zehn Monaten eine Million Mal verkauft. Ian W. Diery, damaliger Executive Vice President und General Manager der Personal-Computer Abteilung, versprach, dass Power Macs immer preiswerter als konkurrierende Wintel-Modelle sein würden. Aber er konnte sich nicht gegen das Management von Apple durchsetzen, das auf einem hohen Preis bestand, um mit den Gewinnen andere Projekte zu finanzieren. Spindler gab bekannt, dass er den Marktanteil des Mac innerhalb von fünf Jahren verdoppeln wollte. Zu seiner Strategie gehörte es auch, in den sauren Apfel zu beißen und schließlich doch Lizenzen für die Produktion von Mac-Klonen zu vergeben (siehe «Der Kampf um die Klone»), sowie in noch kürzerer Zeit noch mehr Mac-Modelle an die Einzelhändler zu liefern. Es dauerte natürlich nicht lange, bis die daraus resultierende überstürzte Produktentwicklung zu Problemen in der Qualitätskontrolle, zur Verwirrung der Verbraucher, zu logistischen Problemen und zu falschen Prognosen und Planungen führte. Die erfolgreiche Einführung der Power Macs auf der Basis des gemeinsam entwickelten PowerPC war Beweis dafür, dass die Zusammenarbeit zwischen Apple und IBM funktionierte. Im Oktober 1994 zogen sich Führungskräfte beider Unternehmen zwei Wochen lang in das Summerfield Suites Hotel nahe des San Francisco International Airport zurück, um an den Bedingungen einer Fusion zu arbeiten. Im November trafen sich Markkula, Spindler und Joseph Anthony Graziano, damaliger Finanzchef von Apple, mit dem CEO von IBM, Louis V. Gerstner Jr., und dessen Team im

Westin Hotel nahe dem O'Hare International Airport in Chicago, um die Details eines Plans zu Papier zu bringen, der noch vor einem Jahrzehnt undenkbar gewesen wäre: Das junge, von frischem Unternehmergeist geprägte Apple sollte an das konservative IBM verkauft werden. Nach kurzen Präsentationen beider Seiten nahm Gerstner Spindler und Markkula beiseite und bot ihnen 40 Dollar pro Aktie bei einem damaligen Kurs von 35 Dollar an (womit das Geschäft ein Volumen von etwa 4,5 Milliarden Dollar gehabt hätte). Die Apple-Delegation lehnte das Angebot ab. Spindler forderte für sich selbst und andere Topmanager von Apple ein üppiges Abfindungspaket und verlangte 60 Dollar pro Aktie, in der Hoffnung, ein Gegenangebot zu erhalten. Er sollte es nie erhalten. IBM verließ den Ort des Geschehens auf der Stelle.

Joseph A. Graziano erhielt 1989 den Spitznamen «The Million Dollar Man», nachdem Apple ihn mit einem Bonus von 1,5 Millionen Dollar von Sun Microsystems abgeworben hatte, wo er zwei Jahre lang CFO gwesen war. Bei Apple bekleidete er von 1981 bis 1985 das Amt des CFO und verließ das Unternehmen dann, um sich um seinen krebskranken Bruder Anthony zu kümmern. Als sich die Kunde von dem Bonus bei Apple verbreitet hatte, begannen die Mitarbeiter, ihre Budgets und Erträge in einer neuen Währungseinheit namens Graz zu zählen. Wurde ein Budget etwa um 6 Millionen Dollar gekürzt, so sprachen sie von «vier Grazs».

Spindler irrte sich nicht nur in seiner Einschätzung, dass IBM mit einem besseren Angebot an den Verhandlungstisch zurückkehren würde, sondern er verschätzte sich noch ein weiteres Mal in jenem September schwer. Während der Planung für das Geschäftsjahr 1995 unterschätzte er das Umsatzwachstum grob. Die Zukunft sah zwar vielversprechend aus – mit einer sich erholenden Inlandskonjunktur, einer starken Nachfrage nach Power Macs und Microsofts Verspätung bei der Auslieferung der Nachfolgeversion für Windows 3.0 –, doch Spindlers Mitarbeiter waren auf einer Flut von PowerBooks aus dem vergangenen Jahr sitzen geblieben. Diery prognostizierte eine Wachstumsrate von 15 Prozent. Graziano drängte auf eine höhere Prognose, um Marktanteile zu gewinnen. Spindler war auf Dierys Seite, und der Rest ist Geschichte. Im Weihnachtsgeschäft 1994 war Apple nicht in der Lage, die Nachfrage zu befriedigen, weil es Probleme mit Teilelieferungen gab. Apple wurde von einer doppelt so hohen Nachfrage als vorhergesagt überwältigt. Doch damit nicht genug: Nun sollten sich die Veränderungen in den Verbraucherwünschen doppelt rächen. Im vorangegangenen Jahr wollten die meisten Verbraucher Mac-Rechner aus dem unteren Preissegment. Jetzt verlangten sie die teuren, lukrativen Power Macs, aber diese waren knapp. Apple reduzierte daraufhin den Preis für Performas und verbuchte später eine Lagerabwertung von 80 Millionen Dollar.

«In unseren Lagern türmten sich Yugos, während jeder einen Mercedes kaufen wollte.»

***Satjiv Chahil,*** *Senior Vice President für Konzernmarketing bei Apple*

Nach dem katastrophalen Weihnachtsgeschäft begann Apple verzweifelt, einen Retter zu suchen. Angeblich bot Canon im April 1995 54,50 Dollar pro Apple-Aktie bei einem damaligen Kurs von

«Ich glaube nicht, dass die Fortführung von Apple als Rechtseinheit so wichtig ist wie die Fortführung unserer Organisation, Philosophie, Markennamen, Mitarbeiter, Kundenbasis und Technologie.»

*Mike Markkula*

rund 35 Dollar. In der Hoffnung, noch ein besseres Angebot zu erhalten, wandte sich Spindler im Mai wieder an IBM und behauptete, Gerstner habe seine früheren Forderungen missverstanden. Wieder lehnte IBM ab. Damals war der Erwerb der Lotus Development Corporation für 3,52 Milliarden Dollar durch IBM schon beschlossene Sache, und die Nachfrage nach den lukrativen Mainframe-Rechnern hatte angezogen. Verzweifelt darum bemüht, einen Interessenten zu finden, der einen in seinen Augen angemessenen Preis bezahlte, wandte sich Spindler an Compaq, Hewlett-Packard, Philips, Sony und Toshiba, aber niemand war ernsthaft am Kauf von Apple interessiert. Spindler fädelte dann über den legendären Risikokapitalgeber L. John Doerr, der auch Mitglied im Vorstand war, Gespräche mit Sun ein. Spindler befürwortete zwar aus Vernunftgründen eine Fusion, doch in seinem Herzen genoss er es, als CEO eines Fortune-500-Unternehmens im Rampenlicht zu stehen, und es widerstrebte ihm, all das gegen eine Position als gesichtsloser Vice President in irgendeinem größeren Unternehmen einzutauschen.

Während Spindler versuchte, Interessenten für Apple zu finden, verschlechterte sich die Lage in Cupertino. Im Juni erreichten die Auftragsrückstände eine Milliarde Dollar, was 500 000 Macs entsprach. Am 24. August startete Microsoft eine 200-Millionen-Dollar-Kampagne für Windows 95, wie sie die Computerwelt wohl nie wieder erleben wird. Anfang September fingen zwei Produktmodelle des PowerBook 5300 Feuer, was eine ebenso teure wie peinliche Rückrufaktion nach sich zog (siehe «Von einem Fettnäpfchen ins nächste»). Als wäre das noch nicht genug, brach in Japan, einem der lukrativsten Auslandsmärkte Apples, ein Preiskrieg aus.

**Das in Flammen aufgegangene PowerBook 5300 war symptomatisch für Apples Probleme unter Spindlers Ägide.**

Es sah ganz danach aus, als gebe es nicht mehr viel zu verkaufen, wenn Apple nicht schnell handelte. Graziano hatte genug von Spindlers Unentschlossenheit. Bei einem Meeting des Vorstands, das am 2. Oktober in Austin, Texas, begann, drängte er die Direktoren dazu, das Unternehmen entweder sofort zu verkaufen oder es in einzelne Hardware- und Softwareeinheiten aufzuteilen, die sich besser verkaufen ließen (mit dieser Idee hatte sich auch Sculley in seinen letzten Amtstagen beschäftigt), und behauptete, dies sei die einzige Art und Weise, um Apples Überleben zu sichern. Er schob Spindler die Schuld für Apples Dahinsiechen in die Schuhe. Er hielt dessen Prognose, dass die Mac-Einheit ein Wachstum von 30 Prozent vor sich habe, in Anbetracht des Riesenerfolgs von Windows 95 für unrealistisch. Spindler beschäftigte sich zwar immer noch halbherzig mit Fusionsplänen, schien sich aber damit abgefunden zu haben, den verbleibenden Mac-Markt als unabhängiges Unternehmen zu bedienen. Er wehrte sich gegen Grazianos Attacke, und der Vorstand stellte sich hinter ihn. Markkula sagte dem *Wall Street Journal:* «Der Vorstand war sehr zufrieden mit Michaels Leistung. Er ist der beste Denker bei Apple. Er ist wirklich ein sehr brillanter Mann.» Enttäuscht und angewidert von der Haltung des Vorstands, der «nur dasaß und Däumchen drehte», trat Graziano zurück.

«Wir brauchen nur ein einziges gutes Quartal, und dann sind wir unsere Sorgen los.»

***Michael Spindler,*** *gegenüber der New York Times am 5. Oktober 1995*

Im Dezember 95 hatte die gemeinsame Angst vor Microsoft den CEO von Sun Microsystems, Scott McNealy, dazu getrieben, sich mit dem Vorstand von Apple im St. Regis Hotel in New York zu treffen. Dort begannen sie, die Einzelheiten eines Aktientausches festzulegen, der auch beinhaltete, dass McNealy schließlich das Ruder in der fusionierten Firma übernehmen würde. Bezeichnenderweise hatte es Apple fünf Jahre zuvor abgelehnt, Sun zu kaufen, und nun waren die Vorzeichen genau umgekehrt: Der einst verschmähte McNealy stand kurz davor, Apple zu übernehmen. Es sah aus, als könnte Apple seinen Aktionären doch noch ein Geschenk unter den Weihnachtsbaum legen, aber die Verhandlungen wurden abgebrochen, als Apple einen Quartalsverlust von 69 Millionen Dollar ankündigte.

«Ich war in China und in der ehemaligen Sowjetunion, und ich habe gesehen, wie staatlich gelenkte Volkswirtschaften aussehen. Sie stinken zum Himmel. Wenn Microsoft die Computerbranche so dominieren würde, wie es Bill [Gates] gerne hätte, würde auch unsere Branche zum Himmel stinken.»

***Scott McNealy,*** *CEO von Sun*

Aus dem Sun-Geschäft war nichts geworden, doch es gab noch den Kandidaten Philips. Gleichzeitig mit den Verhandlungen mit Sun waren auch Gespräche mit Philips geführt worden, und das holländische Unternehmen hatte signalisiert, 36 Dollar pro Aktie zu bezahlen. Aber die Hoffnungen zerschlugen sich, als der Vorstand den Vorschlag aufgrund einer einzigen fehlenden Stimme ablehnte.

Während der Fusionsspekulationen um Apple Ende 1995 bestand die sehr reale Möglichkeit, dass der verlorene Sohn den Weg nach Cupertino zurückfand. Auf der Technologiemesse Upside am 12. Februar 1996 in Carefree, Arizona, gab der CEO von Oracle, Lawrence J. Ellison zu, dass er und sein bester Freund Steve Jobs während eines gemeinsamen Urlaubs im vergangenen Dezember

«Wissen Sie, ich habe einen Plan, um Apple zu retten. Ich kann dazu nur sagen, dass es das perfekte Produkt und die perfekte Strategie wäre. Aber bei Apple wird niemand auf mich hören.»

***Steve Jobs,*** *CEO von NeXT und Pixar*

auf Hawaii darüber nachgedacht hätten, ein Angebot für das Unternehmen vorzulegen. «Steve und ich haben lange darüber geredet», verriet Ellison. «Bis vor einer Woche haben wir ernsthaft daran gedacht, Apple zu kaufen, aber Steve und ich konnten uns nicht genau darauf einigen, wie man das am besten machen könnte... Ich denke, ich hätte ihn unterstützt, wenn er seine Firma hätte wiederhaben wollen.» Damals waren Jobs' 30 Millionen Aktien an Pixar 600 Millionen Dollar wert, und Ellison besaß 100 Millionen Oracle-Aktien im Wert von 4,7 Milliarden Dollar, so dass es am Geld offensichtlich nicht scheiterte, aber Jobs ließ die Idee, eine feindliche Übernahme zu versuchen, schließlich fallen.

Auf der Hauptversammlung der Aktionäre am 23. Januar 1996 trat ein ausgelaugter Spindler vor ein Publikum verärgerter Aktionäre und begieriger Wirtschaftsreporter, die Blut rochen. Er gab zu, dass die Lizenzvergabe für die Mac-Hardware hinter dem Terminplan lag, versprach aber, dies im kommenden Jahr aufzuholen. Er erklärte, Apple leide unter einer branchenweit hinter den Erwartungen zurückgebliebenen Nachfrage, und die Vorliebe der Kunden für Geräte im unteren Preissegment bedeute, dass Apple sich mit noch niedrigeren Bruttogewinnspannen abfinden müsse. Die außerordentlich erbitterten Preiskriege in Japan täten ein Übriges, da Apple auf dem japanischen Markt zwischen 15 und 20 Prozent des Gesamtumsatzes erzielte. Spindler gab außerdem die Entlassung von 1300 Mitarbeitern bekannt (also noch einmal 8 Prozent zusätzlich zu den 20 Prozent, die in 1995 entlassen worden waren) und kündigte an, die Zahl der Mac-Modelle zu senken, um das Angebot für die Kunden überschaubarer zu machen und die Kosten zu senken. Außerdem versprach er, eWorld in einen Internet-Service zu umzuwandeln (siehe «Von einem Fettnäpfchen ins nächste»).

Spindlers Zusammenfassung der Probleme und seine Lösungsvorschläge trugen wenig dazu bei, die versammelten Aktionäre zu besänftigen, von denen einige offen seinen Rücktritt forderten. Um seine Unterstützung zu demonstrieren, legte Markkula auf einer Pressekonferenz nach der Versammlung seine Hand auf Spindlers Schulter und erklärte: «Ich mag diesen Mann. Er ist ein sehr guter Mensch.» Das Unternehmen gab sogar eine Presseerklärung mit dem Wortlaut heraus: «Der Vorstand von Apple unterstützt Michael Spindler und arbeitet mit dem Management zusammen, um

**Ein in die Defensive gedrängter Spindler (links) hatte große Mühe, den Aktionären von Apple Rede und Antwort zu stehen, trotz der Zusicherungen Markkulas, dass der Vorstand mit ihm als CEO zufrieden war.**

Apples Probleme zu lösen und das Unternehmen wieder in die Gewinnzone zu führen.» Weiterhin hieß es: «Das Unternehmen steht nicht zum Verkauf. Aber der Vorstand und das Management des Unternehmens waren und sind sich ihrer Pflicht bewusst, den Shareholder Value zu maximieren.»

Nach der Hauptversammlung trat der Vorstand zusammen, um über das neueste Kaufangebot von Sun zu sprechen. Sun schlug einen Aktientausch vor, wobei die Apple-Aktien mit 23 Dollar bewertet wurden, weit unter den 31,625 Dollar zum Schlusskurs an jenem Tag. Dem Vorstand war klar, dass die Aktionäre dieses Geschäft niemals gutheißen würden. Die Lage verdüsterte sich weiter, als Details über dieses niedrige Angebot durchsickerten und Berichte bekannt wurden, nach denen angeblich umfangreiche Mac-Bestellungen wegen der allgemeinen Unsicherheit aufgeschoben wurden, was zu einem Umsatzrückgang führen würde. Markkula berief eine Krisensitzung des Vorstands am 31. Januar im St. Regis Hotel in Manhattan ein. McNealy wurde persönlich eingeladen, um sein Fusionsangebot vorzulegen, aber er blieb bei seinem Angebot von 23 Dollar, und der Vorstand lehnte ab.

Der nächste Punkt auf der Tagesordnung war die Lage des CEO. Spindler forderte mehr Zeit, aber die Mitglieder des Vorstands lehnten ab. Sie enthoben Spindler seines Amtes und seines Sitzes im Vorstand. Jürgen Hintz, ehemaliger Marketingmanager bei Procter

«Sein Spitzname war ‹Diesel›. Das ‹Zugwrack› hätte besser gepasst.»

***Steven Levy,*** *Kolumnist der Newsweek*

«Ich habe keine Selbstkritik von Ihnen gehört. Sie haben das Firmenvermögen schlecht verwaltet, Sie haben wertvolle Chancen verstreichen lassen, und Sie haben ein großartiges Unternehmen herabgewirtschaftet. Mr. Spindler, es ist Zeit zu gehen!»

***Orin McCluskey,*** *Apple-Aktionär*

Sun microsystems

| | |
|---|---|
| Frage: | Was bekommt man, wenn man Sun und Apple fusioniert? |
| Antwort: | Snapple [ein US-Softdrink] |

**Dr. Gilbert F. Amelio, Mitglied im Vorstand, löste Spindler, «The Diesel», ab.**

& Gamble, bat darum, als CEO in Betracht gezogen zu werden, was höflich abgelehnt wurde. Ohne sich mit einer traditionellen Suche nach einem neuen Chef aufzuhalten, ernannte der Vorstand ein anderes Vorstandsmitglied, Dr. Gilbert F. Amelio, Chairman, President und CEO des viertgrößten Halbleiterherstellers, National Semiconductor, zu Spindlers Nachfolger. Amelio wurde nicht nur CEO, sondern auch Vorstandsvorsitzender und ersetzte in dieser Funktion Markkula, der aber Vice Chairman blieb. Der neue Chef von Apple flog in Markkulas Falcon 900 an die Westküste zurück und unterrichtete die Führung von National Semiconductor über seine Pläne. Am nächsten Morgen gab National Semiconductor den Rücktritt Amelios in einer schroffen Presseerklärung bekannt. Wie zur Demonstration der verfahrenen Lage in Cupertino brauchte Apple bis spät an jenem Abend des 2. Februar, um offiziell zu bestätigen, dass Amelio tatsächlich Spindler ersetzt hatte (siehe «Die Rosskur des Doktors»). Die Herrschaft von «The Diesel» war vorbei.

Nach den Informationen der SEC erhielt Spindler eine Abfindung von 3,7 Millionen Dollar, mehr als das Zweieinhalbfache seines Gehaltes für 1995, das einschließlich des Bonuspaketes 1,42 Millionen Dollar betrug. Apple bezahlte Spindler auch 50 000 Dollar für Umzugskosten, 150 000 Dollar, um sein Haus in Atherton abzubezahlen, und die Krankenversicherungskosten für zwei Jahre.

Nach seiner Zeit bei Apple hat man von Spindler nicht mehr viel gehört. Er hat einen Sitz im Aufsichtsrat des deutschen Medienkonzerns Bertelsmann AG (www.bertelsmann.de).

«Es ist also Zeit für mich zu gehen!», schrieb Spindler in einer E-Mail, die er im ganzen Unternehmen verbreitete. «Habe ich mir Fehler oder Fehlurteile zu Schulden kommen lassen? Oh ja, viele sogar. In geschäftlicher wie in persönlicher Hinsicht. Ich übernehme die persönliche Verantwortung für Dinge, die nicht funktioniert haben und hätten funktionieren sollen. Ich habe versucht, mein Bestes zu geben – geistig und körperlich, wo auch immer ich mich auf der Welt aufgehalten habe, um dieses Ziel zu verfolgen. Ich habe versucht, mit Ihnen offen, ehrlich und direkt umzugehen. Denjenigen von Ihnen, die mir in all diesen Jahren geholfen haben, die mich unterstützt und sogar geleitet haben, danke ich von ganzem Herzen für ihre Freundschaft und das Zusammensein mit ihnen. Wenn ich den Ort verlasse, den ich geliebt und gefürchtet habe, werde ich wieder eins – ich werde hoffentlich wieder mehr Vater, mehr Ehemann und mehr Privatmann sein.»

## Chronik von Spindler

**1980**

Spindler kommt zu Apple als European marketing manager

**1984**

Spindler wird zum VP und General Manager Europe befördert, Lisa 2 und Macintosh eingeführt

**1985**

Spindler zum VP International ernannt

Apple erhebt Klage gegen Jobs, nachdem er zurückgetreten ist

Microsoft liefert Windows 1.01 aus, lizenziert die Mac-Technologie

**1986**

Spindler zum Senior VP Sales and Marketing befördert

**1987**

Spindler zum Senior VP International ernannt

**1988**

Spindler Senior VP Apple Europe ernannt

Diskussionen über einen Zusammenschluss mit Sun von Apple zurückgewiesen

Spindler zum President Apple Europe befördert

**1989**

Spindler zum VP Apple ernannt

**1990**

- Spindler zum Geschäftsführer und Executive VP Apple befördert, zieht nach Cupertino
- Microsoft liefert Windows 3.0 aus
- Gassée verläßt Apple
- Spindler als Präsident gewählt

**1991**

- Spindler in den Aufsichtsrat gewählt
- Mac System 7.0 ausgeliefert
- Partnerschaft mit IBM verkündet; PowerPC, Taligent und Kaleida-Projekte starten

**1992**

- Microsoft liefert Windows 3.1 aus

**1993**

- AT&T-Gespräche über einen Zusammenschluss brechen ab
- Spindler ersetzt Sculley als CEO
- Sculley tritt bei Apple zurück

**1994**

- Erste Power Macs eingeführt
- IBM bietet 40 Dollar pro Aktie; Spindler verlangt 60 Dollar
- Amelio tritt dem Aufsichtsrat von Apple bei

**1995**

- Canon bietet 54.50 Dollar pro Aktie (abgelehnt)
- Lieferrückstände erreichen 1 Milliarde Dollar
- Microsoft liefert Windows 95 aus
- PowerBook 5300 zurückgerufen
- Graziano tritt zurück
- Erste Lizenz für Klone erteilt

**1996**

- Sun bietet 23 Dollar pro Aktie (abgelehnt)
- Amelio ersetzt Spindler als CEO

> «Wissen Sie, dass dieses Unternehmen im Jahr 1985 am Rand des Bankrotts stand? Nicht anders war es in den Jahren 1988, 1990 und 1992. Es wird überleben. Es hat immer überlebt.»
>
> ***Michael Spindler,** ehemaliger CEO von Apple*

# Der Kampf um die Klone

Apples größter strategischer Fehler war vielleicht die Weigerung, Lizenzen für die Hardware und das Macintosh-Betriebssystem zu vergeben. Viele Beobachter meinten, dass der Mac bei seiner Einführung 1984 jedem anderen Konkurrenzprodukt haushoch überlegen war. Das Einzige, was Apples Herrschaft über die PC-Branche verhindert habe, sei die eigene sture Unternehmenspolitik gewesen.

«Hätte Apple Lizenzen für das Mac-Betriebssystem vergeben, als es auf den Markt gebracht wurde, würde Windows heute nicht existieren.»

***Jon van Bronkhorst,** Analyst bei Robertson Stephens*

Mac-Rechner basieren weitgehend auf dem proprietären Read-Only-Memory (ROM) von Apple und speziellen, ASIC (Application-Specific Integrated Circuits) genannten Chips. Deshalb können Unternehmen ohne den Segen von Apple keine Mac-Klone herstellen. Manche Anbieter (wie Colby, Dynamac und Outbound Systems Inc.) haben versucht, dieses Problem zu umgehen, indem sie MacOS-kompatible Systeme mit Hauptplatinen bauten, in welche die Anwender ein ROM einfügten, das von einem Original-Mac stammte, und sich dann das notwendige Betriebssystem beschafften und installierten. Natürlich setzte sich diese Methode nie durch. Wer auf legale Weise Mac-Klone bauen wollte, benötigte die Erlaubnis von Apple, und Apple erteilte sie nicht.

Nachdem der Absatz der Macs Ende 1984 nachließ, stand Apple vor einem ernsten Problem, denn das Management hatte die Zukunft des Unternehmens im Wesentlichen auf den neuen Rechner gesetzt. Was den Verkauf bremste, war die Tatsache, dass Apple als sehr junges Unternehmen galt. Wenn Apple der einzige Mac-Lieferant blieb, gingen die potenziellen Käufer ein Risiko ein. Dieses Argument gab den Anstoß dafür, dass die Lizenzvergabe auf dem Apple-Campus in Cupertino überhaupt diskutiert wurde. Wenn mehrere Anbieter die Mac-Rechner verkauften, hätten die Kunden eine größere Auswahl und sie wären nicht von einem einzigen Unternehmen abhängig, argumentierten die Befürworter. Zu den größten

Unterstützern einer Lizenzvergabe gehörte merkwürdigerweise Bill Gates, CEO von Microsoft. Am 25. Juni 1985 schickte Gates eine detaillierte Aktennotiz an John Sculley, den CEO von Apple, und Jean-Louis Gassée, President Apple Products, und legte ihnen nahe, Lizenzen für das Mac-Betriebssystem zu vergeben.

«Als der Mac im Jahr 1984 auf den Markt kam, schrieben wir Briefe an Sculley und nannten ihm sogar die Ansprechpartner bei HP und bei AT&T, an die er sich wegen der Lizenzen wenden sollte, weil wir unsere Zukunft auf den Mac setzen wollten. Wir hörten auf, DOS-Anwendungen zu entwickeln und konzentrierten uns auf die grafische Umgebung...

## Die wohl erstaunlichste Aktennotiz des Bill Gates

An: John Sculley, Jean-Louis Gassée
Absender: Bill Gates, Jeff Raikes
Datum: 25. Juni 1985
Betr.: Lizenzierung der Mac-Technologie durch Apple
cc: Jon Shirley

**Hintergrund:**

Apple spielt im Personalcomputerbereich eine unumstrittene Rolle als innovativer Technologieführer. Diese Rolle bedeutet auch, dass Apple einen Standard für neue Technologien setzen muss. Es muss eine «revolutionäre» Architektur durchsetzen, die mit den vorhandenen Architekturen nicht mehr kompatibel sein kann.

Apple muss den Macintosh zum Standard machen. Aber keine PC-Firma, nicht einmal IBM, kann völlig auf sich allein gestellt einen Standard durchsetzen. Apple hat das zwar eingeräumt, war aber bisher nicht in der Lage, sich die unabhängige Unterstützung zu sichern, die notwendig ist, um mit einem Standard anerkannt zu werden.

Die bedeutenden Investitionen (vor allem in Form unabhängiger Unterstützung) in einen «Standard-Personalcomputer» stellen einen unglaublichen Motor für dessen Architektur dar. Insbesondere in die IBM-PC-Architektur wird weiterhin enorm investiert, und sie gewinnt zusätzlichen Schwung. (Auch wenn die unabhängige Investition in den Apple II und der resultierende Schwung ein weiteres hervorragendes Beispiel ist.) Zu den Investitionen in die IBM-Architektur gehören die Entwicklung von kompatiblen Rechner-Modellen, Softwareprogrammen und Peripheriegeräten, die Schulung der Anwender und der Vertriebsvertreter, und – das ist das Wichtigste – Einstellungen und Wahrnehmungen, die nicht leicht zu ändern sind.

Mögliche Mängel in der IBM-Architektur werden schnell durch unabhängigen Support beseitigt. Hardwaremängel werden auf zwei Wegen behoben:

- Erweiterungskarten, möglich durch den Zugang zum Bus (etwa die hochauflösende Hercules-Grafikkarte für monochrome Bildschirme)
- Herstellung verschiedener kompatibler Modelle (etwa der tragbare Compaq oder der schnellere DeskPro).

Eine ähnliche unabhängige Investition in den Macintosh wird durch seine geschlossene Architektur verhindert. Verglichen mit dem Macintosh, ist in die IBM-Architektur wahrscheinlich schon mehr als das Hundertfache der Entwicklungsressourcen geflossen, wenn man die Investitionen der Hersteller kompatibler Geräte dazu rechnet. Die Zahl wird noch höher, wenn die Hersteller von Erweiterungskarten dazugerechnet werden.

**Schlussfolgerung:**
Während die unabhängigen Investitionen in eine «Standard»-Architektur zunehmen, entwickelt diese Architektur eine Eigendynamik. Die Branche hat einen Punkt erreicht, an dem es für Apple unmöglich ist, aus seiner innovativen Technologie ohne Unterstützung und ohne die Glaubwürdigkeit anderer Personalcomputerhersteller einen Standard durchzusetzen. Deshalb muss Apple die Macintosh-Architektur öffnen. Es braucht Unterstützung von außen, um die notwendige Schlagkraft zu gewinnen und den Standard zu etablieren.

**Der Mac ist nicht zum Standard geworden.**
Der Macintosh konnte die kritische Masse nicht erreichen, die notwendig ist, damit sich eine Technik langfristig behaupten kann:

...Deshalb waren wir natürlich beunruhigt, als der Mac-Absatz im Jahr 1985 gegenüber dem Vorjahr nachließ, und wir versuchten, Sculley mit unseren Vorschlägen zu helfen. Jetzt dürfte es viel zu spät sein für ein funktionierendes Lizenzprogramm.»

***Bill Gates,** CEO von Microsoft, in einer Rede am 30. Januar 1996*

a. Da es keine «Konkurrenz» für Apple durch Hersteller von «Mac-kompatiblen» Rechnern gibt, sehen die Unternehmen ein Risiko darin, sich auf den Mac festzulegen – aus Gründen des Preises UND der Auswahl.
b. Apple hat die Befürchtungen, dass es gefährlich sein könnte, sich auf einen Macintosh festzulegen, selbst noch verstärkt: Verbesserungen der Software und Hardware wurden nur sehr zögernd vorgenommen (z.B. Festplatte, Fileserver, größerer Bildschirm, bessere Tastatur, größerer Speicher, neues ROM, Betriebssystem mit verbesserter Leistung). Außerdem wurde mit der Einstellung des Macintosh XL (Lisa) auch das Alternativmodell abgeschafft, das viele Unternehmen als notwendig betrachtet hatten.
c. Die jüngste negative Berichterstattung über Apple schadet dem Image des Macintosh als langfristigem Konkurrenzprodukt auf dem Personalcomputermarkt.
d. Unabhängige Software- und Hardwarehersteller haben den Eindruck verstärkt, dass es riskant sei, einen Macintosh zu kaufen, weil sie nur langsam wichtige Software- und Peripherieprodukte auf den Markt gebracht haben.
e. Apples Vertriebsorganisation für Firmenkunden ist zu klein, so dass es nicht gelungen ist, die Präsenz, die Schulungsangebote und den Support in dem Maßstab aufzubauen, wie ihn große Unternehmen erwarten.
f. Nationalistischer Druck in europäischen Ländern zwingt die Unternehmen häufig dazu, lokale Hersteller zu wählen. In Europa gibt es zwar lokale Lieferanten für die IBM-Architektur, nicht aber für Apple. Apple wird in Europa an Boden verlieren, wie jüngst schon in Frankreich deutlich wurde.

**Empfehlung:**
Apple sollte Lizenzen für die Macintosh-Technologie an drei bis fünf wichtige Hersteller vergeben, die «Mac-kompatible Rechner» entwickeln.

Hersteller und Kontakte in den Vereinigten Staaten:
Ideale Unternehmen – neben der Glaubwürdigkeit verfügen sie über eine Vertriebsorganisation für Großkunden, mit de-

«Die Rechner waren nie das Problem. Das Problem war die Unternehmensstrategie. Apple sah sich selbst als Hardwareunternehmen; und aus Angst, unsere Gewinne mit der Hardware dahinschwinden zu sehen, vergaben wir keine Lizenzen für das Betriebssystem. Wir hatten ein wunderbares Betriebssystem, aber wer es haben wollte, musste unsere Hardware zu einem doppelt so hohen Preis kaufen. Das war ein Fehler...

ren Hilfe es gelingen kann, die Mac-Architektur in größeren Unternehmen zu etablieren:

- AT&T, James Edwards
- Wang, An Wang
- Digital Equipment Corporation, Ken Olsen
- Texas Instruments, Jerry Junkins
- Hewlett Packard, John Young

Andere Unternehmen (aber vielleicht realistischere Kandidaten):

- Xerox, Elliott James oder Bob Adams
- Motorola, Murray A. Goldman
- Harris/Lanier, Wes Cantrell
- NBI, Thomas S. Kavanagh
- Burroughs, W. Michael Blumenthal und Stephen Weisenfeld
- Kodak
- 3M
- CPT

Europäische Hersteller:

- Siemens
- Bull
- Olivetti
- Philips

Apple sollte die Macintosh-Technologie an US-amerikanische sowie europäische Firmen in der Form vergeben, dass es ihnen möglich ist, die Produktion anderen Firmen zu übertragen. Sony, Kyocera und Alps sind gute Kandidaten für die OEM-Produktion von Mac-kompatiblen Rechnern.

Microsoft ist jedenfalls bereit, Apple bei der Umsetzung dieser Strategie zu helfen. Wir kennen die wichtigsten Hersteller und sind mit ihren Strategien und Stärken vertraut. Wir haben außerdem viel Erfahrung im OEM-Vertrieb der Systemsoftware.

**Argumente:**

1. Die Lizenznehmer würden zur Zuverlässigkeit der Macintosh-Architektur beitragen.

...Wir hätten stattdessen eine angemessene Lizenzgebühr festsetzen sollen. Wir waren so naiv zu glauben, dass die beste Technologie sich durchsetzen würde. Oft ist das nicht der Fall.»

***Steve Wozniak,*** *Mitbegründer von Apple*

«Wären wir früher ins Lizenzgeschäft eingestiegen, wären wir das Microsoft von heute.»

***Ian W. Diery****, Executive Vice President von Apple*

2. Sie würden die verfügbaren Produktangebote durch ihre «Mac-kompatiblen» Produktlinien erweitern:
   - Sie würden das Basissystem durch Innovationen und neue Merkmale erweitern: verschiedene Speicherkonfigurationen, Bildschirme und Tastaturen, etc.
   - Apple würde davon profitieren, dass die wichtigsten Partner sehr schnell eine breite Palette von Peripheriegeräten herstellen könnten.
   - Die Kunden würden den Wettbewerb sehen und wirkliche Auswahlmöglichkeiten im Hinblick auf Preis und Leistung haben.
3. Apple wird von den Distributionskanälen dieser Unternehmen profitieren.
4. Mit einer deutlich größeren installierten Basis geht auch der unabhängige Hardware-, Software- und Marketingsupport einher, den der Macintosh benötigt.
5. Apple wird wichtigen zusätzlichen Marketingsupport erhalten. Jede Werbeanzeige eines Herstellers von Mac-kompatiblen Rechnern ist eine Werbung für die Apple-Architektur.
6. Die Lizenzierung von Mac-kompatiblen Rechnern verstärkt Apples Image als technischer Innovator. Ironischerweise gilt IBM als technischer Innovator. Das liegt daran, dass die Hersteller der Kompatiblen sich davor fürchten, zu innovativ zu sein und vom Standard abzuweichen.

Nachdem Gates keine Antwort von Sculley und Gassée erhielt, verfasste er am 29. Juli ein zweites Schreiben, in dem er drei weitere möglicherweise an Lizenzen interessierte Firmen nannte, und fügte hinzu: «Ich möchte auf jede nur mögliche Weise meine Unterstützung in der Frage der Lizenzen anbieten. Bitte rufen Sie mich an.» Gates Avancen stießen auf taube Ohren. Sculley verstand nichts von den Details einer Lizenzvergabe, und Gassée scheute vor der Aussicht zurück, die Gewinne aus dem Mac-Geschäft teilen zu müssen.

Gates war nicht der Einzige, der Apple zur Lizenzvergabe drängte. William V. Campbell, Vice President bei Apple, hatte etliche Firmen überzeugt, sich um eine Lizenz zu bewerben, darunter auch AT&T und Sony. Wenige Monate nach Eingang von Gates' Aktennotiz bat Sculley Dan Eilers, den damals erst 30 Jahre alten Leiter für strategische Investitionen, einen Vorstoß wegen der Lizenzierung des Betriebssystems zu machen. Eilers glaubte zu Recht, dass andere Anbieter die Benutzeroberfläche des Mac im Lauf der Zeit ohnehin kopieren würden und Apples Vorteil dann schwinden würde. Damit würde Apples Marktanteil sinken und auch die Bereitschaft der Entwickler, für den Mac zu entwickeln, was wiederum die Verbraucher davon abhalten würde, einen Mac zu kaufen. Eilers sprach sich dafür aus, das Mac-Betriebssystem auf Computer mit Intel-Prozessoren zu portieren und die Lizenzierung des Mac-Betriebssystems energisch voranzutreiben, solange es noch einen deutlichen Vorsprung vor der Konkurrenz hatte und die Chance bestand, den Standard zu setzen. Gassée war wütend. Er hielt es für unmöglich, das Mac-Betriebssystem auf die Intel-Hardware zu portieren, und fürchtete, dass die Lizenzvergabe Apple um seine Einnahmen bringen würde. Er drohte damit, dass seine Entwickler kündigen würden, sollte Apple das Betriebssystem lizenzieren. Sculley gab Gassées Drohungen nach, und die Idee wurde ad acta gelegt.

«Ich weiß, dass ich als erbitterter Gegner von Lizenzen gelte... Aber ich war weder für noch gegen Lizenzen. Ich habe einfach nie begriffen, wozu sie gut sein sollten. Das war falsch. Wir haben gedankenlos von einem Geschäft gelebt, das keine Konkurrenz hatte.»

***Jean-Louis Gassée,*** *CEO von Be, als er einen strategischen Fehler zugab*

Sculley erkannte nicht, oder wollte nicht erkennen, was für viele andere so offensichtlich war. Alan Kay, ehemaliger Xerox-PARC-Mitarbeiter (siehe «Von Xerox – mit herzlichen Grüßen») und ehemaliger Apple-Fellow, erinnert sich: «Als ich bei Apple anfing, sagte ich: ‹Jetzt, wo Sie den Macintosh verkaufen, sind Sie ein Softwareunternehmen, kein Hardwareunternehmen mehr. Was den Mac von all den anderen Computern unterscheidet, hat nichts mit der Hardware zu tun, sondern steckt im ROM. Und was Sie verkaufen, sind Dienstleistungen, Kommunikationsdienstleistungen zwischen Mensch und Computer›. Und ich habe auch gesagt: ‹Wenn Sie im Softwaregeschäft sind, muss Ihr System auf jeder Plattform laufen, und deshalb müssen Sie das Mac-Betriebssystem auf den PC und auf die Sun Workstations und auf alles andere portieren, denn so ist das im Softwaregeschäft, nicht wahr?› Die Softwarehersteller wollen doch immer auf allen Plattformen vertreten sein. Es war ein Riesenkampf, wahrscheinlich der größte Kampf, den ich hier bei Apple verloren habe.»

Im Januar 1987 stand Apple kurz vor dem Abschluss einer Lizenzvereinbarung mit Apollo Computer aus Shelmsford, Massachusetts, dem damals führenden Workstation-Anbieter. Die beiden Unter-

In letzter Minute ließ Apple eine Lizenzvereinbarung mit Apollo Computer platzen.

nehmen hatten seit April 1986 zusammengearbeitet, um den Mac II von Apple und das Domain-Betriebssystem von Apollo in einer Workstation im unteren Preissegment zu bündeln. Die Manager von Apollo wollten schon das Flugzeug nach Silicon Valley besteigen, um den Vertrag zu unterzeichnen, in dem sie sich zum Kauf von 40000 Mac IIs verpflichteten. Doch Sculley machte im letzten Augenblick einen Rückzieher, weil er den Eindruck hatte, dass Apollo vom aufsteigenden Rivalen Sun Microsystems bald ausgestochen würde. Er hatte Recht. Sun dominierte bald den Workstation-Markt, und Apollo wurde schließlich von Hewlett-Packard gekauft.

Als Apple am 17. März 1988 wegen Ähnlichkeiten zwischen den audiovisuellen Merkmalen von Windows und Lisa/Mac gegen Microsoft klagte, war das Thema Lizenzen so gut wie gestorben. «Der Vorstand von Apple war absolut überzeugt, dass wir diese Klage gewinnen würden», erinnert sich Sculley. Es herrschte der allgemeine Eindruck vor, dass sich weitere Lizenzverhandlungen nachteilig auf den Rechtsstreit auswirken würden, weil Apple damit möglicherweise Schwäche suggerierte. Außerdem schien der Erfolg des Macintosh in der Desktop-Publishing-Branche – dank der Kombination aus LaserWriter und Aldus PageMaker – ein Zeichen dafür zu sein, dass Apple doch die richtige Strategie verfolgt hatte. Apple hatte zwar immer noch nur einen geringen Marktanteil in der gesamten PC-Branche, doch die Bruttogewinne (durchschnittlich 51 Prozent von 1986 bis 1990) waren Gegenstand allgemeinen Neides. Eilers blieb aber weiter davon überzeugt, dass diese Gewinne nicht aufrechterhalten werden konnten. Und er hatte Recht. Am 30. August empfohl Eilers – damals Vice President für Strategie und Unternehmensentwicklung – in einem 112 Seiten langen vertraulichen Dokument, dass Apple endlich über den eigenen Schatten springen solle. Er schlug vier Optionen vor: Entweder sollte nur das Mac-Betriebssystem lizenziert werden, oder das Betriebssystem und die Hardware, oder es sollte eine zweite Macintosh-Marke geschaffen werden, oder – das war die radikalste Alternative – es sollte ein kleines Unternehmen mit dem Codenamen Macrosoft abgespalten werden, dessen Aufgabe die Portierung des Mac-Betriebssystems auf den Intel-Prozessor sein sollte (siehe «Projekt Star Trek»). Eilers schätzte, dass diese Aufgabe in weniger als einem Jahr zu bewältigen wäre und das Mac-Betriebssystem innerhalb von drei Jahren einen Marktanteil von 30 Prozent erreichen könnte. Dieses Mal war es Geschäftsführer Michael Spindler, der Sculley zur Ablehnung der Vorschläge drängte, indem er sagte: «Es ist zu spät für Lizenzen. Es spielt keine Rolle mehr. Die Chance ist vorbei.» Die Manager teilten Eilers Ansicht nicht, dass dringender Handlungsbedarf bestehe, und gingen auf seine Vorschläge nicht ein.

**Apple glaubte, dass IBM selbst Mac-Klone auf der PowerPC-Plattform herstellen werde.**

Nach Beginn der Zusammenarbeit mit IBM und Motorola am PowerPC-Mikroprozessor im Jahr 1991 ging Apple davon aus, dass IBM eine eigene Linie von Mac-Klonen auf den Markt bringen würde, um den Markt für den PowerPC-Chip zu erweitern. Folglich war Apple nicht sonderlich eifrig darum bemüht, Hersteller zu finden, die es für weniger prestigeträchtig hielt. Außerdem hofften Spindler und Sculley insgeheim, IBM zu einem Kauf von Apple bewegen zu können und dann die Verantwortung für das Personalcomputergeschäft beider Firmen übertragen zu bekommen.

Eilers übernahm schließlich im Januar 1991 von Campbell das Amt des CEO von Claris, der Softwaretochter von Apple, gab aber die Idee der Lizenzvergabe nie auf. Nur ein Jahr später überzeugte er Sculley, Claris zu erlauben, Mac-OS-kompatible Systeme herzustellen und sie nach dem Vorbild des erfolgreichen Unternehmens Dell Computer (www.dell.com) per Katalog zu verkaufen, womit er im Wesentlichen seine vorherigen Empfehlungen zur Schaffung einer zweiten Mac-Marke umgesetzt hätte. Im Juli 1992 hatte Claris funktionierende Prototypen entwickelt, aber dann legte Spindler energisch sein Veto ein, und Sculley weigerte sich erneut, seinem Untergebenen dazwischenzufunken.

«Apple hat meiner Meinung nach viele Fehler bei der Microsoft-Klage gemacht. Apple hätte Microsoft vielmehr deshalb verklagen sollen, weil es den Mac nicht gut genug kopiert hat. Wären wir zu Microsoft gegangen und hätten gesagt: ‹Macht alles genau so, wie wir es schon für gut befunden haben, und zahlt uns 25 Cents dafür›, dann hätte Apple davon ebenso profitiert wie Microsoft. Wenn man sich an ein gutes Betriebssystem gewöhnt hat, fürchtet man sich vor einem Wechsel. Wären die beiden Plattformen sehr ähnlich gewesen, hätte das Bedürfnis nach dem Gewohnten die Mac-Nutzer oder PC-Nutzer nicht auf ihre vertrauten Rechner festgenagelt.»

*Steve Wozniak*

«Die Lizenzvergabe war nie eine Priorität im Unternehmen. Sie wurde nicht als strategisch wichtige Aktivität betrachtet. Als trotzdem Lizenzen vergeben wurden, geschah das nur widerwillig.»

***Russ Irwin,*** *ehemaliger Direktor für OEM-Produktlizenzierung bei Apple*

**Nachdem er die Idee jahrelang bekämpft hatte, freundete sich Spindler zögernd mit dem Gedanken einer Lizenzerteilung an, als er CEO von Apple wurde.**

Als Spindler am 18. Juni 1993 Sculleys Nachfolge antrat, hatte er seine Meinung geändert und räumte dem Thema der Lizenzgewährung hohe Priorität ein. Er sah ein, dass Apple seinen isolationistischen Standpunkt nicht mehr lange halten konnte. Aber als er das Thema anschnitt, sah er sich mit seiner eigenen Arznei behandelt. Dieses Mal leistete Ian W. Diery, Executive Vice President, erbitterten Widerstand, weil er befürchtete, dass der Absatz der Macs zurückgehen und der Marktanteil nicht steigen werde. In diesem August, in dem auch der Newton eingeführt wurde, wandte sich IBM mit der Bitte um die Lizenzerteilung für das Mac-Betriebssystem an Apple. IBM wollte das Mac OS auf einem Common Hardware Reference Platform-Computer mit Power PC-Technologie nutzen und Standardbauteile anstelle der speziellen, proprietären Chips verwenden. Ein weiterer Vorteil wäre gewesen, dass die sogenannten CHRP-Systeme mit einer Vielzahl von Betriebssystemen zusammenarbeiteten, darunter dem Mac OS, IBM OS/2, Microsoft Windows NT und dem Unix-basierten AIX. IBM arbeitete schon an Workstations auf PowerPC-Basis und wollte CHRP als Personalcomputer anbieten. Als Apple darauf drängte, das Betriebssystem und die neue Power Mac-Hardware im Bündel zu lizenzieren, konterte IBM mit dem Vorschlag, bei der neuen CHRP-Spezifikation zusammenzuarbeiten. Apple war daran jedoch nicht interessiert, und so verfolgte IBM eine modifizierte Form der CHRP-Plattform, die sogenannte PowerPC Reference Platform (PreP) – im Wesentlichen nichts anderes als die CHRP-Spezifikation, außer dass sie nicht mit dem Mac-Betriebssystem arbeitete. IBM gab die PReP-Pläne auf der COMDEX-Herbstmesse 1993 bekannt, und Spindler war außer sich, dass Apple übergangen worden war. Er forderte eine Besprechung im kommenden Frühjahr, um die Differenzen aus der Welt zu schaffen, und IBM war einverstanden.

Auf der Hauptversammlung der Aktionäre am 26. Januar 1994 gab Spindler bekannt, dass Apple damit rechne, bis zum Jahresende einen großen PC-Hersteller als Lizenznehmer für die neuen Power Macs zu gewinnen. Spindler dachte an ein etabliertes Unternehmen wie Compaq, Dell, Gateway oder IBM. Als Apple und IBM an den Verhandlungstisch zurückkehrten, war Spindler bereit, IBM eine Lizenz für das Mac OS zu erteilen, wenn IBM sich bereit erklärte, die CHRP-Spezifikation, die mit dem Mac zusammenarbeitete, und nicht die PReP-Spezifikation zu verfolgen. IBM konnte damit leben, doch Apple bestand auch darauf, dass die CHRP-Rechner mit dem Mac-Betriebssystem ausgeliefert werden sollten, während IBM die Wahl des Betriebssystems den Verbrauchern überlassen wollte. Apple erwies sich als so schwieriger Verhandlungspartner, dass IBM in Betracht zog, das Unternehmen schlichtweg zu kaufen, um zum Ziel zu kommen. Als Spindler selbst eine Fusion vorschlug, war IBM durchaus zu Gesprächen bereit. Aber als im Herbst eine Einigung schon in greifbare Nähe gerückt schien, wurde sie im letzten Augenblick doch wieder zerschlagen (siehe «Zwischen ‹Diesel› und Doktor»).

«Wenn jemand den Mac preiswerter als wir anbietet, dürften wir mit unserem Volumen von einigen Millionen Geräten tot sein.»

***Michael Spindler***

Am 19. September 1994 gab Apple bekannt, dass es zunächst mit höchstens sechs Mac-Lizenznehmern Verträge abschließen wolle und diese in keiner Weise einschränken werde. Selbst mit diesem Vorschlag hatte Apple Schwierigkeiten, auch nur einen einzigen Lizenznehmer zu finden. Potenzielle Klon-Hersteller zweifelten an Apples langfristigem Engagement für die Lizenzvergabe und fragten sich, wie sie überhaupt gegen Apple konkurrieren konnten, das massive Größenvorteile beim Kauf der zahlreichen proprietären Komponenten genoss, die man für die Produktion eines Mac brauchte. Apple sah schließlich ein, dass es andere Bedingungen einräumen musste, wenn die Lizenzvergabe funktionieren sollte. Es beschloss, Lizenzen für das vorhandene Mac-Betriebssystem und die Hardware zu vergeben und gleichzeitig darauf hinzuarbeiten, dass beide Komponenten nicht mehr so eng integriert wären. Dazu gaben Apple, IBM und Motorola am 7. November ihre Absicht bekannt, gemeinsam die Common Hardware Reference Platform zu entwickeln, die Big Blue im Vorjahr vorgeschlagen hatte. Apple hoffte, dass die Hardwarehersteller eher bereit seien, Lizenzen für Mac OS zu erwerben, wenn sie CHRP-Rechner mit Standardteilen bauen konnten, anstatt mit der Mac-Hardware und dem Betriebssystem von Apple abhängig zu sein. IBM und Motorola hofften, mehr Anbieter zu ermutigen, auf dem PowerPC-Chip basierende Systeme zu entwickeln, damit sie mit steigendem Volumen ihre Kosten senken konnten.

**Power Computing, ein kleines, von Stephen Kahng geleitetes Start-up-Unternehmen, das ehemalige Apple-Entwickler beschäftigte, war der Macintosh-Lizenznehmer.**

Nachdem es Apple auch dann nicht gelang, das Interesse eines großen potenziellen Partners zu wecken, als es sich für CHRP ausgesprochen hatte, erteilte Apple die erste Mac-Lizenz einem neu gegründeten Unternehmen namens Power Computing. Das Unternehmen war von Stephen S. «King» Kahng im November 1993 mit Unterstützung des europäischen PC-Anbieters Ing. C. Olivetti & Compagnia SpA gegründet woden. Der Entwickler Kahng hatte in den achtziger Jahren die beliebte Leading-Edge-Linie von IBM-PC-Klonen entworfen und gründete Power Computing mit dem Zweck, Mac-Klone per Katalog zu verkaufen. Im April 1994 begannen offizielle Gespräche mit Apple, doch erst am 16. Dezember erhielt Kahng die erste Mac-Lizenz, wie er stolz zwei Tage nach Weihnachten bekanntgab. Apple war nicht gerade begeistert, die erste Lizenz an ein so kleines und junges Unternehmen zu erteilen, aber Spindler hatte nun einmal versprochen, am Jahresende mit einem Lizenznehmer aufwarten zu können, und Power Computing war das einzige Unternehmen, das in Frage kam. Am 5. Januar 1995 gewährte Apple dem Unternehmen Radius, das schon seit Jahren Mac-Monitore lieferte, ebenfalls eine Lizenz. Sowohl Radius als auch Power Computing waren relativ kleine Unternehmen, die nicht in der Lage waren, eine hohe Anzahl von Geräten herzustellen. Trotzdem verkündete Apple, dass bis Ende 1995 eine Million Mac-OS-kompatible Systeme verkauft würden. Spindlers Ziel lautete, den Marktanteil von Apple von 10 auf 20 Prozent zu verdoppeln, indem er 5 Jahre lang jährlich um 1 Prozent gesteigert würde, wobei den Klon-Herstellern ermöglicht werden sollte, mit diesem Wachstum mitzuhalten. Apples größte Sorge war die, dass die

«Wir glauben, dass ein offensiv lizenziertes Mac-OS-Betriebssystem, das mit einer offenen RISC-Hardware-Plattform zusammenarbeitet, eine echte Gefahr für die dominierende Wintel-Plattform darstellt und uns sehr dabei helfen kann, die Präsenz des Macintosh auf allen Märkten deutlich zu steigern. Anders ausgedrückt: Wir glauben, dass die heutige Ankündigung eine gute Nachricht für all diejenigen ist, die an Innovationen, Wettbewerb und Kundennähe glauben.»

***Michael Spindler,** CEO von Apple, bei der Bekanntgabe der CHRP-Vereinbarung*

Klon-Anbieter den Markt nicht erweitern, sondern Apples Umsätze einfach nur schlucken würden.

Als Gateway 2000, ein großer Kataloganbieter von Wintel-Systemen, sah, dass Apple nun doch Lizenzen vergab, wandte es sich mit der Bitte um eine Mac-Lizenz an Spindler. Gateway 2000 wollte 200 Beschäftigte für das Mac-Geschäft abstellen, in der Hoffnung, damit ein Umsatzvolumen von 300 Millionen Dollar zu erreichen. Im Mai waren die Verträge unterschriftsreif, doch dann bekam Apple kalte Füße. Im Februar hatte Power Computing eine Produktionsanlage in Austin, Texas, eröffnet und im Mai den ersten Mac-Klon ausgeliefert – mit Unterstützung vieler ehemaliger Apple-Entwickler, welche die ersten Power Macs entwickelt hatten und sich später mit der Unternehmenskultur in Cupertino nicht mehr abfinden wollten. Die Power-Klone waren preiswerter und schneller als die Apple-Macs, verkauften sich gut und erhielten überschwängliche Kritiken. Power sprach die oberen Marktsegmente an, wo die höchsten Gewinne zu erzielen waren, und Apple sah seine Befürchtungen bestätigt, dass Power Computing den Mac-Markt nicht erweiterte, sondern Apple nur Marktanteile abknöpfte. Wenn ein kleines, neues Unternehmen wie Power Computing Apple schon schaden konnte, was konnte dann ein etablierter Anbieter wie Gateway anrichten? Anstatt sich Sorgen um den schwindenden Marktanteil der Mac-Rechner am gesamten PC-Markt in Anbetracht der Konkurrenz der Wintel-Klone zu machen, blickte Spindler nur auf Apples Anteil am Mac-Markt im Verhältnis zu den Mac-Klonen. So entschied er sich schließlich gegen den Deal mit Gateway.

Ein Jahr nach der Ankündigung von CHRP gaben Apple, IBM und Motorola die Spezifikationen am 13. November 1995 auf der COMDEX-Messe in Las Vegas bekannt. Damals wurde CHRP in PowerPC Microprocessor Common Hardware Reference Platform, oder einfach PowerPC Platform (PPCP), umbenannt. Die PowerPC-Partner hofften, die PPCP-Systeme in der zweiten Hälfte 1996 auszuliefern. Am 31. Januar 1996, kurz vor Spindlers Rücktritt, präsentierte Apple auf der Demo 96 das erste Mac-Betriebssystem, das mit PPCP arbeitete.

Spindler, der die Mac-Klone stets nur widerwillig unterstützt hatte, wurde im Februar 1996 von Gilbert F. Amelio als Chairman und

Spindlers Bedenken gegenüber der Lizenzvergabe werden am besten in den Unterlagen zusammengefasst, die Apple bei der Börsenaufsichtsbehörde vorlegte: «Niemand kann garantieren, dass durch die Lizenzierung des Betriebssystems die installierte Basis erweitert wird, das Angebot an Anwendungsprogrammen steigt oder die Anbieter die Anwendungssoftware schneller auf den Markt bringen. Außerdem wird das Unternehmen durch die Lizenzvergabe in eine Konkurrenz mit anderen Unternehmen gezwungen, die Computer auf Mac-OS-Basis herstellen. Die Vorteile der Lizenzierung werden möglicherweise durch die Nachteile der neuen Konkurrenzsituation völlig zunichte gemacht.»

Power Computing griff den Mac-Markt mit High-Performance-Modellen an, in denen möglichst viele Standardteile verwendet wurden, um einen konkurrenzfähigen Preis anbieten zu können. Kahng, der CEO von Power Computing und ein begeisterter Golfspieler, schwor, keine einzige Runde Golf mehr zu spielen, bis er 30 000 Mac-Klone verkauft hatte. Er musste nicht lange warten. Apple verkaufte im Jahr 1995 4,5 Millionen Mac-Rechner, während die Lizenzpartner – zu denen bald auch DayStar Digital, Pioneer Electronics und Umax gehörten – insgesamt nur 200 000 Geräte verkauften, aber davon entfiel immerhin ein Viertel auf Power Computing.

«Wir werden uns mit allem Nachdruck darum bemühen, ernst zu nehmende Lizenznehmer für das Mac-Betriebssystem zu finden.»

*CEO **Gilbert Amelio** auf der Entwicklerkonferenz WWDC im Mai 1996*

**Gil Amelio sprach sich nachdrücklich für die Vergabe von Mac-Lizenzen aus.**

CEO abgelöst. Innerhalb von zwei Wochen kündigte Apple an, dass es Lizenzen für System 7.5.X und das seit langem verzögerte Copland (siehe «Die Copland-Krise») an die Motorola Computer Group vergeben habe. Motorola erwarb das Recht, das Mac OS mit den eigenen Computersystemen (die in China Ende 1996 eingeführt werden sollten) zu vertreiben und anderen Herstellern, die Motorolas Hauptplatinen kauften, Unterlizenzen für das Betriebssystem zu erteilen. Das stellte einen deutlichen Bruch mit der bisherigen Politik dar. Nun konnten potenzielle Klon-Hersteller mit Dritten verhandeln, anstatt sich mit den arroganten, willkürlichen Forderungen Apples abfinden zu müssen. Apple behielt sich jedoch vor, alle mit dem Mac OS verkauften Systeme zu zertifizieren, um die Kompatibilität zu gewährleisten. Am 6. Mai erteilte Apple IBM eine Lizenz für das Mac OS unter ähnlichen Bedingungen, wie sie Motorola eingeräumt worden waren – mit dem Unterschied, dass IBM die Mac-OS-kompatiblen Systeme weltweit vertreiben wollte. Jesse Parker, zuständig für Segmentmarketing im Geschäftsfeld Mikroelektronik bei IBM, meinte: «IBM hat mehrfach über die Möglichkeit gesprochen, eine Lizenz für das Mac OS von Apple zu erwerben. Aber erst als Gil Amelio zu Apple kam, begannen die Gespräche konkreter zu werden. Gil Amelio war zwar nicht direkt an den Verhandlungen beteiligt, aber mir war klar, dass er die Entwicklung maßgeblich beeinflusste.» Amelio seinerseits sagte: «Unser wichtigstes Motiv lautet, die Plattform zu erweitern», und er schwor: «Wir werden uns als Lizenzgeber mit allem Nachdruck engagieren.»

Ende Mai gab UMAX Data Systems Inc., ein taiwanesischer Scanner-Hersteller bekannt, dass es die Mac-Lizenz von Radius erworben habe, nachdem dessen Klone bei den Kunden keinen großen Zuspruch gefunden hatten. Im Juni lieferte UMAX (www.umax.com) die ersten preiswerten SuperMac-Klone aus (ursprünglich der Name eines von Radius gekauften Herstellers von Mac-Monito-

UMAX® Computer Corporation

UMAX kaufte die Mac-Lizenz von Radius und begann, die überarbeitete Super-Mac-Linie zu vertreiben.

ren.) Frank C. Huang, Chairman von UMAX, prognostizierte, dass in der zweiten Hälfte des Jahres 150 000 bis 200 000 Geräte ausgeliefert werden sollten, und für das Jahr 1997 sprach er von 400 000 bis 500 000 kompatiblen Systemen.

Obwohl die Mac-Klon-Anbieter bislang nur bescheidenen Erfolg gehabt hatten, starrte Apple weiterhin ängstlich auf die möglichen Auswirkungen auf die Erträge. Apple verdiente an jedem verkauften Mac-OS-kompatiblen System 50 Dollar, doch der Finanzchef Fred D. Anderson schätzte, dass Apple etwa das Zehnfache bei jedem verkauften Klon im oberen Segment verlor. Apples Finanzlage erlaubte es nicht, die Klon-Hersteller weiter in diesem Ausmaß zu subventionieren. Als Amelio die Lizenzvereinbarungen noch einmal las, entdeckte er ein mögliches Schlupfloch. Der Vertrag räumte den Lizenznehmern das Recht an System 7.5 und dessen Updates ein. Das Update von System 7.6 hatte den Codenamen Tempo und sollte bei der Freigabe im Juli 1997 System 7.7 genannt werden. Nannte man es aber stattdessen MacOS 8, konnte Apple die Lizenzverträge neu aushandeln und günstigere Bedingungen durchsetzen, und genau so lautete Amelios Plan. Die Klon-Hersteller gaben Informationen über diese Taktik an die Presse weiter, in der Hoffnung, den Druck der empörten Öffentlichkeit nutzen zu können, aber schließlich erklärten sie sich zu einem Kompromiss bereit, um ihre Geschäfte weiterführen zu können.

Apple benannte Tempo in Mac OS 8 um und verschaffte sich dadurch einen Vorwand, um die Lizenzvereinbarungen neu auszuhandeln.

Im November 1996 stellte Power Computing Joel J. Kocher als Präsident und Geschäftsführer ein. Kocher hatte das phänomenale Wachstum von Dell Computer Anfang der neunziger Jahre überwacht, und Kahng hoffte, er könne dasselbe für Power Computing erreichen. Kocher gab grünes Licht für den Bau von PowerTown, einer schon lange geplanten Zentrale in Georgetown, Texas, die 6000 Hektar groß war und 28 Millionen Dollar kostete. Am 27. Dezember unterzeichnete Kocher eine neue Vereinbarung mit Apple, die eine höhere Lizenzgebühr vorsah und Power Computing die Rechte am neuen Mac OS 8 einräumte – zumindest glaubte Kocher das. Da Kocher auch danach strebte, die Abhängigkeit von Apple zu reduzieren, legte er 1998 den Grundstein für die Produktion von Wintel-Klonen. Um die notwendigen finanziellen Mittel zu beschaffen, plante er einen Börsengang für den kommenden Mai.

Aber anstatt im Ruhm eines überzeichneten Börsengangs zu baden, begann Power Computing im Frühjahr 1997 um sein Überleben zu fürchten. Apple hatte gerade NeXT Software gekauft, um die Konzentration auf das Betriebssystem zu verstärken, und damit auch Steve Jobs, den Gründer der neu erworbenen Firma, als Berater an Bord geholt. Bei einem Kamingespräch auf der Worldwide Developers Conference (WWDC) von Apple am 16. Mai erklärte Jobs, dass die Lizenznehmer höhere Gebühren für das Privileg der Herstellung von Macs entrichten müssten. Anstelle einer Pauschalgebühr von 50 Dollar pro Gerät sollten nun das Volumen und der Preis der verkauften Computer als Berechnungsgrundlage herangezogen werden, meinte er. Er bezeichnete die Lizenznehmer als «Parasiten» und verspottete sie, weil sie ein solches Aufhebens um die Neuverhandlung ihrer Lizenzverträge machten. Es war klar, dass Jobs kein Fan der Lizenzen war, aber immerhin war damals Amelio noch CEO.

Am 4. Juni einigte sich Kocher von Power Computing mit Amelio über die grundsätzlichen Lizenzbedingungen für Mac OS 8, Rhapsody und PPCP, die zwei Wochen später unterzeichnet wurden. Mit dem Vertrag in der Hand leitete Power Computing bei der SEC am 30. Juni die ersten offiziellen Schritte zum Börsengang ein, der aus damaliger Sicht nur ein Erfolg werden konnte: Power Computing war immerhin das am schnellsten wachsende PC-Unternehmen der neunziger Jahre, es hatte einen Anteil von fast 10 Prozent am Mac-Markt erobert, es erzielte im Jahr 1996 11 Millionen Dollar Gewinn bei einem Umsatz von 246 Millionen Dollar, und im ersten Quartal 1997 waren es schon 84 Millionen Dollar. Aber der überraschende Rücktritt Amelios am 9. Juli und Jobs' Übernahme der Rolle des strategischen Beraters bei Apple stellte alles wieder in Frage.

Am 22. Juli lieferte Apple Mac OS 8 aus, weigerte sich aber, den Klon-Herstellern die Rechte daran einzuräumen. Die Manager bei Power Computing waren außer sich, hatten sie doch bis dahin noch geglaubt, auch die Lizenz für das neue Betriebssystem erhalten zu haben. Am Vorabend der Macworld in Boston am 5. August kritisierte

Kocher Jobs und Apple wegen ihrer Feindseligkeit gegenüber den Lizenznehmern und warnte: «Wenn die Plattform wieder geschlossen wird, ist es vorbei. Das ist das Ende. Der Todesstoß.» Er drängte die Anwesenden, Apple zu zwingen, das Thema der Lizenzen in der Öffentlichkeit anzusprechen. Um sie für seine Sache zu gewinnen, demonstrierte Kocher einen neuen Desktop-Klon mit 275 MHz, der auf dem PowerPC 750-Chip der neuesten Generation basierte (der Codename war Arthur, und Apple gab ihn unter der Bezeichnung G3 frei), sowie ein Notebook mit demselben Chip. Als das Publikum begeistert applaudierte, schnappte Kocher: «Klatschen Sie nicht, denn ich glaube nicht daran, dass Sie das hier jemals kaufen können, weil Apple noch keine Lizenz für das PowerBook-Design erteilt hat.»

Steve Jobs, der die Hersteller von Mac-Klonen einmal «Parasiten» genannt hatte, machte dem Lizenzierungsprogramm schnell ein Ende, nachdem er Amelio abgelöst hatte.

In der Woche nach der Macworld Expo deutete Apple in einem Antrag gemäß 10-Q-Form bei der Börsenaufsichtsbehörde SEC an, dass die Vorteile einer Öffnung des Markts für Lizenznehmer durch die Nachteile des daraus entstehenden Wettbewerbs zunichte gemacht werden könnten. Einige Tage später teilte Apple den Klon-Herstellern mit, dass es keine PPCP-Systeme mehr zertifizieren werde. Apple schuf ein absurdes Dilemma für die Lizenznehmer, indem es sich weigerte, Mac OS 8 an sie zu liefern, wenn ihren Geräten die Zertifizierung fehlte. Guerrino De Luca, Executive Vice President für Marketing bei Apple, beharrte: «Wir möchten weiterhin Lizenzen erteilen, aber nicht unter Bedingungen, welche die Plattform zerstören.» Unter den laufenden Verträgen wurden separate Gebühren für das Mac OS und die Hardware fällig. Gingen die Klon-Hersteller zu den PPCP-Geräten über, nahm Apple nur für Mac OS Geld ein. Motorola wies darauf hin, dass es seine PPCP-Pläne weiterverfolgen würde, ob mit oder ohne Apples Segen. «Wir glauben, das wir die Lizenz zur Auslieferung unseres [PPCP]-Modells haben, und wir werden es ausliefern», sagte Jürgen Reinold, Cheftechnologe und Architekt des StarMax 6000 von Motorola. Ein erboster Kocher versuchte den Vorstand von PowerComputing zu überzeugen, Apple wegen Vertragsbruches zu verklagen. Als seine Forderung kein Gehör fand, trat Kocher am 19. August zurück, und die meisten seiner Kollegen auf der Führungsebene folgten ihm.

Power Computing belebte den Mac-Markt durch respektlose Marketingkampagnen, die an die großen Tage des Mac erinnerten. Kocher, President von Power Computing, wollte auch Jobs aufs Korn nehmen, erhielt dafür aber keine Unterstützung aus den eigenen Reihen.

Power Computing hatte beschlossen, lieber aufzugeben, als sich in einem ohnehin aussichtslosen Kampf aufzureiben. Am 2. September gab Apple bekannt, dass es die Kundendatenbank von Power Computing, die Lizenz für den Mac-OS-Vertrieb und bestimmte Schlüsselmitarbeiter gegen Apple-Aktien im Wert von 100 Millionen Dollar und etwa 10 Millionen Dollar zur Deckung der Schulden und der Abschlusskosten übernehmen werde. Power Computing dagegen erklärte sich einverstanden, Apple nicht wegen Vertragsbruchs zu verklagen. «Power Computing war ein Pionier im Direktmarketing und Direktvertrieb auf dem Macintosh-Markt und hat erfolgreich ein 400 [Millionen]-Dollar-Geschäft aufgebaut», sagte Jobs. «Wir freuen uns darauf, aus den Erfahrungen des Unternehmens zu lernen und seine Kunden zurück in der Apple-Familie zu begrüßen.»

In einer Aktennotiz an die Apple-Mitarbeiter, in der er die Akquisition erklärte, schrieb Jobs: «Der Hauptgrund ist der, dass die Lizenzgebühr, die Apple von den Lizenznehmern erhält, auch nicht annähernd ihren Anteil an den Ausgaben gedeckt hat, um die Mac-OS-Plattform zu entwickeln und zu vermarkten. Das bedeutet, dass Apple letztlich mit jeder Lizenz für ein Mac-OS-kompatibles System mehrere Hundert Dollar Subventionen leistet. Unser Vorstand ist überzeugt, dass Apple nie mehr schwarze Zahlen schreiben wird, wenn diese Praxis fortgesetzt wird, egal wie gut die Geschäfte von Apple laufen. Das gesamte ‹Ökosystem› des Mac wird sich weiter verschlechtern, zum Nachteil Apples und schließlich auch der Lizenznehmer. Es wird keine Gewinner geben.» Jobs erklärte weiterhin, dass Apple nicht beabsichtige, weitere Lizenznehmer zu kaufen, dass es die laufenden Lizenzverträge einhalte, sie aber nicht auf eine Mac-OS-Version für PPCP ausdehnen und nach ihrem Ablauf auch nicht verlängern werde.

Am 8. September 1997 verlängerte Apple die Lizenz für UMAX Data Systems bis Juli 1998 und räumte der Firma das Recht ein, Mac OS 8 mit seinen Klonen zu bündeln, aber nicht auf PPCP-Systemen. UMAX blieb das Schicksal von Power Computing erspart, da es das Low-End-Segment angesprochen hatte, auf dem Apple ohnehin nicht mitmischte, anstatt ihm das lukrative obere Segment streitig zu machen. Am 11. September stellte Motorola die StarMax-Linie vor und gab bekannt, kein Interesse mehr an Mac-Klonen zu haben. IBM folgte kurz darauf. Im Mai 1998 gab UMAX den Markt der Mac-Klone auf – nach Verlusten von etwa 36 Millionen Dollar.

Power Computing sollte den Namen behalten und ein unabhängiges Unternehmen bleiben. Es plante, die Mac-OS-kompatiblen Systeme bis Ende 1997 zu verkaufen, oder solange die Bestände reichten. Apple versprach, Mac-OS-Support für Kunden von Power Computing zu bieten, wobei Power Computing für die Hardware und Garantieleistungen verantwortlich bleiben solle. Power Computing wiederholte seine Absicht, auch Wintel-Klone herzustellen, wurde aber im Dezember 1997 gezwungen, die Produktion wegen fehlender Teile zu stoppen. Am 29. Januar 1998 wurden in einer Versteigerung die letzten Vermögenswerte von Power Computing verkauft. Auch wenn Jobs es nie offen zugeben wird, hat er Power Computing den Hahn zugedreht und die Klon-Frage bei Apple ein für alle Mal beendet.

«Die Show ist vorbei, der Affe ist tot, und das Zelt ist abgebaut.»

***Sicherheitswache*** *am Tag der Versteigerung des Vermögens von Power Computing*

# Teure Namen

Wie wird man reich? Ganz einfach: Man denke sich einige coole Produktnamen aus, entwerfe ein paar hübsche Logos, sichere sich die Warenzeichen und warte dann ab. Wenn Sie Glück haben, wird Apple irgendwann zur Ansicht gelangen, dass es die Rechte an Ihrem Warenzeichen unbedingt haben muss. Und nun brauchen Sie nur noch Ihre Forderungen zu stellen. Wenn Sie sich an den folgenden Fällen orientieren wollen, werden Sie feststellen, dass Ihre Gier keine Grenzen zu haben braucht – also legen Sie keine falsche Bescheidenheit an den Tag, und besorgen Sie sich schon einmal einen schlauen Rechtswanwalt.

In Japan war der Bekanntheitsgrad von Apple Anfang der achtziger Jahre so gering, dass die Arbeiter dort Kühl-LKWs für die Apple-Lieferungen benutzten, weil sie annahmen, dass die Verpackungen verderbliches Obst enthielten.

## Apple gegen die Beatles

Steve Wozniak zufolge war es Steve Jobs, der Anfang 1976 eines Nachmittags, als die beiden auf dem Highway 85 zwischen Palo Alto und Los Altos unterwegs waren, den Namen für ihre neue Computerfirma vorschlug. «Steve hatte noch Kontakte zu Freunden, welche in Oregon die All-One-Farm, so etwas wie eine Kommune, betrieben. Er arbeitete dort zwischendurch immer mal wieder für ein paar Monate, bevor er wieder in die Bay Area zurückkehrte. Gerade kam er wieder von einem solchen Aufenthalt zurück, und er sagte: ‹Ich habe einen großartigen Namen: Apple Computer›. Vielleicht hatte er bei der Apfelernte geholfen, wer weiß. Ich fragte ihn nicht einmal. Vielleicht hatte der Name für ihn auch eine andere Bedeutung. Vielleicht dachte er auch an die Plattenfirma Apple Records. Immerhin war er musikalisch, so wie viele technisch begabte Menschen. Vielleicht gefiel ihm der Name deshalb. Ich dachte sofort: ‹Wir werden eine Menge Copyright-Probleme haben›. Wir beide versuchten noch, uns technisch klingende Wortkombinationen einfallen zu lassen, wie Executek und Matrix Electronics, aber nach zehn Minuten merkten wir, dass Apple Computer die beste Idee war.»

Als Apple Corps im Jahr 1989 gegen Apple Computer klagte, befand sich System 7 noch in der Entwicklung. Eines der neuen Merkmale von System 7 war die Fähigkeit, mit einem Mikrofon eigene System-Beeps aufzunehmen. Ein Entwickler hatte einen Ton namens Xylophone (einen abgesetzten Dreiklang) geschaffen, der die Rechtsabteilung von Apple in helle Aufregung versetzte, weil Apple Corps an der Fähigkeit des Mac Anstoß nehmen könnte, Sprache und Musik aufzuzeichnen. Jim Reekes, die ultimative Autorität für System-Beeps, änderte die Bezeichnung des Tons in Sosumi um (ausgesprochen so-sue-me – «Verklagen Sie mich doch») und informierte die Rechtsabteilung, dass dieses japanische Wort «fehlende Musikalität» oder auch «leichter gefälliger Ton» bedeute – je nachdem, wer es ausspreche.

Woz dachte kurz daran, dass ihnen vielleicht Probleme mit Apple Corps, der Plattenfirma der Beatles, ins Haus stehen könnten, aber dann tat er den Gedanken wieder ab. Vielleicht hätten sie doch noch ein wenig mehr Brainstorming betreiben sollen, denn der Name Apple sollte die Firma noch teuer zu stehen kommen. Apple Corps nahm Warenzeichenverletzungen nämlich sehr ernst. So kam es, dass Apple Computer und Apple Corps im November 1981 eine geheime Vereinbarung trafen, nach der die Nutzung und Eintragung ihrer jeweiligen Apple-Warenzeichen bestimmten Beschränkungen unterliegen sollten. Apple Computer zahlte an das britische Unternehmen einen Betrag in unbekannter Höhe für die weltweiten Rechte, den Namen Apple für Computerprodukte zu verwenden, während Apple Corps die Rechte im Musikbereich behielt.

Im Februar 1989 reichte Apple Corps in London eine Schadenersatzklage gegen Apple Computer ein, weil Apple den Vertrag durch den Verkauf von Produkten mit Musiksynthesizing-Fähigkeiten verletzt habe. Gegenstand der Klage waren insbesondere der Mac Plus, SE und II, der Apple IIGS und das Upgrade für den Apple IIGS, das AppleCD SC-Laufwerk sowie das MIDI (Musical Instrument Digital Interface) von Apple. Die Anwälte der Beatles schlugen vor, dass Apple sich in Banana oder Peach umbenennen solle, falls es weiterhin Musikprodukte herstellen wolle, und forderten letztlich 50 bis 200 Millionen Dollar Lizenzgebühren. Apple behauptete zwar, die Vereinbarung von 1981 nicht verletzt zu haben, gab aber am 9. Oktober 1991 nach und zahlte 26,5 Millionen Dollar an Apple Corps.

## Cash für Klassik

Als Apple sich im Oktober 1990 anschickte, mit der Einführung von drei neuen Rechnermodellen – Macintosh Classic, LC und IIsi – einen Vorstoß in das untere Marktsegment zu unternehmen, gab es schlechte Nachrichten. Die Rechte am Namen Classic hatte schon die Firma Modular Computer Systems Inc. (www.modcomp.com), Fort Lauderdale, Florida, erworben. Das Unternehmen hatte seit 1978 die ModComp-Classic-Linie mit Echtzeit-Computersystemen für Überwachungs- und Automationsaufgaben hergestellt. Offensichtlich war Apple der Name Classic sehr wichtig, denn es unterzeichnete einen verlängerbaren Fünfjahresvertrag, der ihm

**Der Name Classic kostete eine satte Million Dollar.**

gegen Zahlung von einer Million Dollar die Rechte am Namen Classic auf dem PC-Markt verlieh. NODCOMP zufolge (das Unternehmen änderte seinen Namen im August 1997) verlängerte Apple den Vertrag nach Ablauf der fünf Jahre nicht mehr. Apple verwendete den Namen zuletzt für den Color Classic II, der am 21. Oktober 1993 auf den Markt kam.

## Big Idea

1991 gründete Alfred J. Mandel in Palo Alto eine Marketingberatungsgesellschaft mit dem Namen Big Idea Group (www.bigideagroup.com) und entwarf als Logo eine Glühbirne, ein klassisches Symbol für gute Ideen. Nachdem Apple 1992 für die Newton-Technologie zu werben begann, erhielt Mandel Anrufe von Freunden, die fragten, ob er etwas mit dem Personal Digital Assistant zu tun habe. Denn das Newton-Logo, das Apple in seinen Broschüren und Werbeanzeigen verwendete, sah dem BIG-Logo verdächtig ähnlich.

**In Wahrheit Zwillinge? Das Newton-Logo (links) weist eine erstaunliche Ähnlichkeit mit dem Logo von BIG auf.**

Mandel bot Apple zunächst eine einfache Lizenz für die Verwendung des Firmenlogos an. Schließlich hatte er von 1982 bis 1986 bei Apple gearbeitet – zuerst an der Entwicklung von Druckern für den Lisa und dann als Event Marketing Manager für den Macintosh –, und er hegte keinen Groll gegen seinen früheren Arbeitgeber. Die Rechtsabteilung war allerdings mit einer solchen Regelung nicht einverstanden und behauptete, das BIG-Logo basiere auf noch älteren Grafiken. Mandel wollte einen langwierigen Rechtsstreit vermeiden und verkaufte Apple am 29. Juli 1993 die Rechte am Logo unter der Bedingung, es selbst noch ein Jahr lang verwenden zu dürfen. BIG verwendete dann eine fotorealistische Darstellung einer Glühbirne als Logo. Die Bedingungen der Einigung sind bis heute geheim geblieben.

## Apple und der Astronom

Die *MacWEEK* vom 29. November 1993 enthielt eine Titelreportage über drei Computer, die Apple am 14. März 1994 unter den Namen Power Macintosh 6100/60, 7100/66 und 8100/80 auf den Markt bringen wollte. In der Reportage wurde beiläufig erwähnt, dass die Codenamen der Rechner PDM, Carl Sagan und Cold Fu-

Aus rechtlichen Gründen wurde der Codename für den Power Macintosh 7100/66 von Carl Sagan in BHA und schließlich in LAW geändert.

sion lauteten. Nachdem der Astronom Carl Sagan dies las, sah er sich zu folgendem Brief veranlasst, der am 10. Januar 1994 in der *MacWEEK* abgedruckt wurde:

> Ich bin in den vergangenen zwei Jahrzehnten viele Male von einzelnen Personen und von Unternehmen angesprochen worden, die meinen Namen für gewerbliche Zwecke verwenden wollten. Ich habe stets abgelehnt, wie lukrativ das Angebot oder wie wichtig die Firma auch gewesen sein mochten. Meine Unterstützung ist nicht käuflich. Aus diesem Grund war ich zutiefst verärgert, als ich Ihre Titelstory «Trio of PowerPC Macs spring toward March release date» gelesen habe, da Apple darin ein neues Mac-Modell ankündigt, das meinen Namen trägt. Dass dies ohne meine Erlaubnis und ohne mein Wissen geschah, ist besonders ärgerlich. Durch meine Rechtsanwälte habe ich Apple wiederholt aufgefordert, öffentlich klarzustellen, dass ich ihre Absicht nicht kannte, aus meinem Ruf bei der Einführung dieses Produkts Kapital zu schlagen, und dass mir daraus keinerlei Vorteile, weder finanzieller noch anderer Natur, entstehen. Apple hat das abgelehnt. Ich würde es schätzen, wenn Sie es Ihren Lesern und Leserinnen auf diesem Weg mitteilen.
>
> Carl Sagan
> Director, Laboratory for Planetary Studies
> Center for Radiophysics and Space Research
> Cornell University
> Ithaca, NY

Die meisten Mac-Nutzer fanden, dass Sagan sich durch den Codenamen hätte geehrt fühlen sollen. Ohnehin war ja nie beabsichtigt gewesen, ihn als endgültigen Produktnamen zu verwenden, und sie fanden deshalb, dass er die Sache etwas lockerer sehen sollte. Es hieß auch, dass Sagan sich am meisten daran gestört habe, dass er in einem Atemzug mit zwei in Misskredit geratenen wissenschaftlichen «Entdeckungen» genannt wurde, dem Piltdown Man (PDM) und Cold Fusion [Kalte Kernfusion]. Der Schädel des «Piltdown Man» wurde 1909 in England gefunden, und man hielt ihn für das fehlende Glied in der Entwicklung zwischen Affe und Mensch, was sich allerdings als Irrtum herausstellte.

Apple gab dem bekannten Sternengucker nach und änderte den Codenamen für den Power Macintosh 7100/66 in BHA. Die Beziehungen zwischen Apple und dem Astronomen normalisierten sich wieder, bis Sagan erfuhr, dass BHA angeblich für die Verunglimpfung «Butt-Head-Astronomer» stehe. Er übte Druck auf die Apple-Anwälte aus, und diese forderten die Projekt-Ingenieure dazu auf, einen neuen Namen vorzulegen. Sie einigten sich auf LAW, das für «Lawyers are Wimps» – Anwälte sind Waschlappen – stand. Trotzdem zog Sagan im April 1994 in Los Angeles vor das erstinstanzliche Gericht und verklagte Apple wegen Beleidigung. Er verlangte Schadenersatz in nicht genannter Höhe.

Die Richterin Lourdes G. Baird stellte fest, dass die Aussage eine reine Meinungsäußerung sei und die Voraussetzungen für eine Beleidigungsklage damit nicht gegeben seien. Sie entschied auch, dass Sagan keine Ansprüche wegen der ihm angeblich zugefügten Verunglimpfung stellen könne. Sagan stehe als einer in der Öffentlichkeit bekannten Figur nur dann ein Schadenersatz wegen Verunglimpfung zu, wenn er nachweisen könne, dass falsche Tatsachen in der Absicht, ihm zu schaden, verbreitet worden seien. In Bairds Urteil hieß es: «Die Beleidigungsklage beruht auf der Annahme, dass der Beklagte den ‹Codenamen› des Personal Computers von ‹Carl Sagan› in ‹Butt-Head-Astronomer› änderte, nachdem der Kläger dem Beklagten die Verwendung seines Namens untersagt hatte… Es steht außer Frage, dass die Verwendung des figurativen Ausdrucks ‹Butt-Head› nicht den Eindruck erweckt, als hätte der Beklagte eine Tatsache behaupten wollen. Die Schlussfolgerung, dass der Beklagte den Ruf des Klägers als Astronom angreifen wollte, ist zu abwegig. Der Sachverstand eines Wissenschaftlers kann durch den nicht näher beschriebenen Begriff ‹Butt-Head› nicht wirklich angegriffen werden. Daher spricht die figurative Sprache dagegen, von einer Tatsachenbehauptung auszugehen… Weiterhin würde auch der Tonfall bei der Verwendung des Begriffs ‹Butt-Head-Astronomer› niemals den Eindruck nahelegen, dass der Beklagte eine Tatsachenbehauptung machen wollte.»

Sagan legte am 15. November 1995 beim neunten Bundesberufungsgericht Widerspruch gegen das Urteil ein. Die beiden Parteien erzielten schließlich einen Vergleich, dessen Inhalt allerdings bis heute geheim gehalten wird. Paul D. Carmichael, bei Apple für Pa-

Carl Sagan starb am Freitag, dem 20. Dezember 1996, in Seattle im Alter von 62 Jahren an Knochenmarkkrebs.

tente und Warenzeichen zuständig, sagte öffentlich: «Dr. Sagan hat in vielen Bereichen der Bildung Großartiges geleistet und insbesondere komplexe Themen einem großen Publikum auf interessante Weise verständlich gemacht. Apple hatte immer großen Respekt für Dr. Sagan, und es war nie Apples Absicht, Dr. Sagan oder seiner Familie Schwierigkeiten zu bereiten.»

## IBM singt den Blues

«Es ist nicht klar, wie IBM eigentlich zu seinem Spitznamen [Big Blue] kam. Manche sagen, er stamme daher, dass IBM seine riesigen Großrechner in den sechziger Jahren blau anstrich; andere meinen, dass die zahlreichen, einheitlich gekleideten Vertriebsmitarbeiter immer blaue Anzüge trugen. Und da ist natürlich das blaue Firmenlogo. IBM selbst hat den Namen nicht häufig verwendet, auch wenn Big Blue für kurze Zeit als Markenname auf den Schreibmaschinenfarbbändern erschien.»

*The Wall Street Journal*, 13.11.1995

Apple ist nicht das einzige Unternehmen, das Probleme mit Warenzeichen hat. Selbst der alte Erzrivale, International Business Machines, blieb nicht verschont. Im Jahr 1984 gründete der Unternehmer Jeffrey G. Alnwick in Huntington, New York, einen Computergroßhandel und nannte sein Familienunternehmen Big Blue Products Incorporated (www.bigblue-usa.com), indem er eine erloschene Gesellschaft namens Big Blue Corporation wieder belebte, die IBM-System 23-Rechner verkauft hatte. Alles lief bestens bis Mai 1989, als der Gigant IBM (www.ibm.com) mit seinem Umsatz von 63 Milliarden Dollar einen einschüchternden Brief an das kleine Unternehmen Big Blue Products mit einem Jahresumsatz von zwei Millionen Dollar schickte und darin behauptete: «Big Blue ist ein Warenzeichen des Unternehmens IBM». Alnwick wurde eine Frist von 30 Tagen eingeräumt, nach der er den Namen nicht mehr verwenden sollte.

Aber Alnwick beschloss, sich zu wehren. Sein Patentanwalt entdeckte, dass IBM den Namen Big Blue nie ordnungsgemäß eingetragen hatte, und legte deshalb einen eigenen Antrag beim US-Patentamt vor. Als die IBM-Anwälte davon erfuhren, legten sie Widerspruch ein und stellten ihrerseits einen Antrag. Während die Anträge beider Seiten ihren Weg durch das Patentamt nahmen, baten die IBM-Anwälte Alnwick zu einem Treffen und forderten ihn auf, einen Preis zu nennen, wie hoch er auch sein mochte. «28 Millionen Dollar», platzte Alnwick heraus. «Das ist lächerlich!» protestierte IBM, und die Verhandlungen wurden eingestellt. Wenige Jahre später erwirkte IBM im abgekürzten Verfahren ein Urteil, demzufolge Alnwicks Antrag auf Eintragung des Warenzeichens unzulässig sei. Alnwick legte Berufung ein und gewann, teilweise, weil IBM zugab, dass es sich gar nicht selbst Big Blue nannte, sondern überwiegend von anderen so bezeichnet wurde.

Anfang November 1995 erhielt Alnwick, nachdem er über 50 000 Dollar Anwaltsgebühren ausgegeben hatte, vom Patentamt endgültig die Rechte am Namen Big Blue. Alnwicks erste Amtshandlung bestand darin, IBM eine leicht überarbeitete Kopie des Schreibens zu schicken, mit dem IBM ihm einst die Nutzung des Namens Big Blue untersagt hatte. «Ich weiß nicht, was der Name Big Blue wert ist, aber IBM wird es noch bedauern», versprach Alnwick und behauptete, dass mehrere Computerunternehmen daran interessiert seien, Hardware und Software unter dem Namen Big Blue zu vermarkten.

## Clerus und Claris

1985 gründete der Elektroingenieur Lloyd Douglas Clark ein Unternehmen, um wissenschaftliche Instrumente und spezielle wissenschaftliche Software für den Apple II und IBM PC zu entwickeln. Das Unternehmen wurde Clerus Laboratories genannt, weil «clerus» das lateinische Wort für Clark ist. Am 9. Juli 1987 liefen die Telefone in Clarks winzigem Büro in San Francisco heiß. An diesem Tag hatte Apple den Namen seiner neuen Softwaretochter bekanntgegeben: Claris Corporation. «Wir haben uns für Claris entschieden, weil das für Klarheit und Einzigartigkeit steht, und weil uns der Name daran erinnern soll, dass die Gestaltung der Zukunft eine klare Vision erfordert», sagte William V. Campbell, damals President von Claris und ehemaliger Executive Vice President für US-Vertrieb und Marketing.

Clark bat das US-Bundes- und Warenzeichenamt, die Eintragung für Claris zu blockieren und argumentierte, dass die mehrjährige Verwendung des Names Clerus im Softwarebereich ihm praktisch Warenzeichenstatus gegeben habe. «Die Apple-Anwälte hoben ein großes Gezeter an», erinnert sich Clark, «aber am Ende schüttelten wir uns die Hand, und sie entschuldigten sich.» Apple erwarb die Rechte am Namen Claris, und Clark erhielt eine Frist von 90 Tagen, um Clerus nicht mehr zu verwenden. Obwohl die Vertragsbestimmungen bis heute geheim geblieben sind, räumt Clark ein, dass er damals anbot, «ein Viertel oder die Hälfte des Preises in Form von Speicherchips» zu akzeptieren, die damals ziemlich knapp und teuer waren, und die Apple-Anwälte lachten über den Vorschlag. Wenige Monate später war der Speichermarkt übervoll und die Preise brachen zusammen, und so lachte Clark doch noch als Letzter.

1989 benannte Clark seine Firma für wissenschaftliche Instrumente in Paedia um (www.paedia.com), abgeleitet vom griechischen Wort für «die Lehre von Ideen in Kunst und Wissenschaft.» Zufällig versuchte *Enyclopaedia Britannica*, Clarks Eintragung für diesen Namen 1995 zu löschen mit der Behauptung, er sei aufgegeben worden. Mit der Aussicht auf langwierige Rechtsstreitigkeiten erlaubte er dem Verlag, den Begriff gegen Zahlung von 3 500 Dollar und nur unter ganz bestimmten Bedingungen zu verwenden.

Claris hatte großen Erfolg auf den Macintosh- und Windows-Märkten, bis Apple die Softwareindustrie am 27. Januar 1998 mit der Bekanntgabe überraschte, dass die Tochtergesellschaft umstrukturiert würde, um sich ausschließlich auf ihr Datenbankprodukt FileMaker Pro (www.filemaker.com) zu konzentrieren, und dass die restlichen erfolgreichen Claris-Produkte bei Apple bleiben würden.

## Blowin' Smoke in the Wind

Parallel zum Newton-Projekt (siehe «Newton ohne Happy End») entwickelte Apple auch eine Programmiersprache unter dem Codenamen Ralph (nach Ralph Ellison, Autor von *Invisible Man*). Als das Newton-Team beschloss, sich auf den Pocket Newt zu konzentrieren (Codename Junior), dem die für Ralph erforderliche Leistung und der Speicher fehlten, wurde entschieden, die Programmiersprache nun auf dem Macintosh einzusetzen. Als sich die Mac-Version von Ralph der Vollendung näherte, beschloss Apple, das Produkt Dylan – für Dynamic Language – zu nennen. Auf der Worldwide Developers Conference im Mai 1994 wurden Betaversionen verteilt. Am 24. August 1994 verklagte der Folksänger Bob Dylan Apple wegen Namensverletzung beim erstinstanzlichen Gericht in Los Angeles.

Es ist schon merkwürdig, dass Bob Dylan Apple wegen Verwendung des Namens Dylan verklagte, wenn man bedenkt, dass er am 24. Mai 1941 in Duluth, Minnesota, als Robert Zimmerman geboren wurde und den Vornamen des walisischen Dichters Dylan Thomas, der Anfang des zwanzigsten Jahrhunderts lebte, rechtmäßig im August 1962 annahm.

**Bob Dylan nahm Anstoß daran, dass Apple seinen Nachnamen als Bezeichnung für eine Programmiersprache verwendete.**

Dylans Anwalt Joseph A. Yanny forderte Schadenersatz in nicht bezifferter Höhe und beantragte eine einstweilige Verfügung, nach der es Apple untersagt werden solle, Bob Dylans Namen in Verbindung mit einem neuen Softwareprodukt zu verwenden. In der Klageschrift behauptete er: «Apple verwendet vorsätzlich die Namen berühmter Personen, darunter (Isaac) Newton, Carl Sagan und nun Dylan für seine Produkte, oder hat dies in der Vergangenheit getan, um aus dem guten Ruf dieser berühmten Persönlichkeiten Kapital zu schlagen.»

Kurz nach Einreichung der Klage konnte Apple eine geheime außergerichtliche Einigung herbeiführen und erlangte die Rechte am Namen Dylan. In einem Schreiben vom 14. Dezember 1994 an die Entwickler erklärte Apple: «Wir haben vor, den Namen Dylan für jede Implementierung zu verwenden, die aus einer Standardtestreihe besteht. Der Zweck des Namens ist es, die gleichbleibende Qualität der Implementationen zu gewährleisten.» Damals plante Apple, Dylan Mitte 1995 für Macs mit 68000-Prozessoren freizugeben.

Die zwischen Apple und Dylan bestehenden Probleme waren 1997 beigelegt, als Apple begann, das Bild des Sängers in seiner «Think Different»-Werbekampagne zu verwenden, vermutlich mit Dylans Zustimmung.

Apple lieferte Dylan im Herbst 1995 aus und stellte die Weiterentwicklung am 17. November im Rahmen der allgemeinen Kostensenkung im Forschungs- und Entwicklungsbereich ein. Sobald Java von Sun Microsystems in der Internet-Gemeinde an Fahrt gewann, so argumentierte Apple, gab es eigentlich keinen Grund mehr, Dylan weiter zu entwickeln. Aber Harlequin Inc. aus Cambridge, Massachusetts (www.harlequin.com) trieb die Arbeit an einer Version für Wintel-Klone voran. Die erste Implementierung von Dylan für Windows 95 und Windows NT wurde Mitte 1998 von Harlequin ausgeliefert.

# Die Rosskur des Doktors

Man gab Dr. Gil Amelio nur 17 Monate Zeit für die Sanierung von Apple, bevor er seinen Hut nehmen musste.

Dr. Gilbert Frank Amelios Amtsperiode als CEO von Apple war kurz und bitter. Als er das Unternehmen übernahm, befand es sich in der schlechtesten Form seiner ohnehin wechselhaften Geschichte. Dr. Amelio sah sich die Lage genau an, entwickelte einen kompromisslosen Rettungsplan und machte sich dann methodisch an dessen Umsetzung. Oft genug wurden seine Bemühungen durch Querschüsse von Apple-Managern der alten Garde, durch die Erbarmungslosigkeit des Marktes und die Einmischung Dritter konterkariert. Er hätte vermutlich all diese Hindernisse überwinden können, wäre da nicht ein Berater gewesen, den er mit dem Erwerb von NeXT selbst zu Apple zurückholte: Steve Jobs.

Amelio hatte sich einen Ruf als «Transformationsmanager» erworben, als er geholfen hatte, Rockwell International und National Semiconductor, den viertgrößten Computerchiphersteller, zu sanieren. Als er am 1. Februar 1991 bei National Semiconductor als Chairman, President und CEO antrat, stand die Firma kurz vor dem Bankrott: Sie hatte in vier Jahren in Folge Verluste von insgesamt 320 Millionen Dollar erlitten. 1995 hatte National Semiconductor zum dritten Mal hintereinander einen Jahresgewinn ausgewiesen, und zwar in der Rekordhöhe von 264 Millionen Dollar bei

«Apple hat viel mit Italien gemeinsam. Es ist ein sehr kreatives Unternehmen, aber das bedeutet auch Chaos.»

***Regis McKenna,*** *Marketing Executive*

«Hätte [Apples Vorstand] mich um meine Meinung gebeten, hätte ich gesagt, dass Amelio absolut der falsche Mann für den Job sei. Er hinterließ National in einer Katastrophe.»

***Charles Sporck,*** *ehemaliger CEO von National Semiconductor*

«Es ist schön, für einen CEO zu arbeiten, für den Technologie etwas anderes bedeutet, als Zuckerwasser in eine Plastikflasche abzufüllen.»

***Guy Kawasaki,*** *Apple Fellow über Amelio und den ehemaligen Pepsi-Manager Sculley*

einem Umsatz von 2,4 Milliarden Dollar. National Semiconductor erlebte zwar nicht dasselbe Wachstum wie der insgesamt boomende Chipmarkt, doch der Konzern war gerettet.. Apple brauchte einen Mann mit Amelios Fähigkeiten und wählte ihn am 9. November 1994 in den Vorstand.

Die Lage bei Apple verschlechterte sich 1995 unter der Führung des CEO und Chairman Michael H. Spindler weiter. Im Dezember brodelte es in der Gerüchteküche, und es gab immer neue Berichte über Übernahme- und Fusionsmöglichkeiten. Jobs spürte, dass Spindler schwer angeschlagen war, und entschloss sich zu einem ungewöhnlichen Schritt: Er stattete Amelio bei National Semiconductor einen Besuch ab und bat Amelio, seinen Vorschlag zu unterstützen, als CEO zu Apple zurückzukehren. Er sagte: «Es gibt nur einen Menschen, der die Apple-Truppen sammeln kann, nur einen Menschen, der das Unternehmen wieder auf den richtigen Weg führen kann. Apple ist auf dem besten Weg, aus dem Markt zu fliegen. Jetzt kann es nur noch ein starke Führungspersönlichkeit retten, jemand, der die Mitarbeiter, die Presse, die Anwender und die Entwickler lenken kann.» Natürlich meinte Jobs sich selbst, aber als Amelio von ihm Einzelheiten über seinen Rettungsplan hören wollte, konnte er keine konkreten Lösungen vorschlagen und musste die Heimreise ohne Amelios Unterstützung antreten. Damals begriff Amelio die Bedeutung des Treffens noch nicht, aber Jobs würde es nicht vergessen.

Wie Jobs vorhergesagt hatte, war der Vorstand von Apple tatsächlich unzufrieden mit Spindlers Leistung. Er hatte keinen akzeptablen Fusionspartner für Apple gefunden und war für eine Reihe von Quartalsverlusten und für die sinkenden Marktanteile verantwortlich. In einer Krisensitzung am 31. Januar 1996 in der New Yorker Anwaltskanzlei Shearman and Sterling beschloss der Vorstand, Spindler durch Amelio zu ersetzen, der beträchtliche Managementerfahrung und fachliches Wissen mitbrachte. Er verfügte über 16 Patente, eines davon für die gemeinschaftliche Entwicklung des ersten CCD-Video-Chips, der heute in den meisten Consumer-Videokameras verwendet wird. Amelio hatte außerdem einen Ph.D.-Abschluss in Physik am Georgia Institute of Technologie gemacht, was ihm den Titel «Doktor Amelio» einbrachte.

Amelio begründete seine Entscheidung, diese schwierige Aufgabe zu übernehmen, folgendermaßen: «Ich kannte die Mängel der Produkte und der dahinterstehenden Organisation und war frustriert darüber. Ich versuche jetzt, einem der großartigsten Unternehmen Amerikas zu helfen.» Um ihm die Entscheidung zu erleichtern, genehmigte der Vorstand ein ansehnliches Vergütungspaket. Amelio handelte ein Gehalt von 990 000 Dollar aus, 296 000 Dollar mehr als bei National Semiconductor. Außerdem sollte er einen Bonus aus zwei Bestandteilen erhalten: Die erste Komponente war leistungsabhängig und betrug für das Jahr 1996 zwischen 342 000 und 1 900 000Dollar (er erhielt 1 134 000 Dollar). Spindler hatte in seinem letzten Jahr bei Apple insgesamt 1,42 Millionen Dollar verdient. Amelio erhielt außerdem einen einmaligen Bonus von 200 000 Dollar, ein Darlehen über 5 Millionen Dollar, die Genehmigung, Aero Ventures für die geschäftliche Nutzung des doppelmotorigen Astra Jet von Israeli Industries 1695 Dollar pro Stunde zu bezahlen, und die Garantie auf Zahlung von 10 Millionen Dollar, falls Apple innerhalb eines Jahres verkauft würde und die erwerbende Firma ihm kündigte oder er selbst innerhalb von 30 Tagen kündigte. Neben all diesen Bonbons sollte er noch fünf Jahre lang eine Million Dollar jährlich erhalten, die mit dem Darlehen verrechnet werden sollten, sowie die Option auf eine Million Aktien mit einem Ausübungskurs von 26,25 Dollar, gültig für fünf Jahre und leistungsabhängig. Pearl Meyer, ein New Yorker Vergütungsberater, schätzte, dass Amelios Gesamtpaket zwischen 10 und 12 Millionen jährlich wert war. Darüber waren einige Aktionäre so erbost, dass sie im März 1996 gegen Apple klagten, weil Amelios Gehaltspaket «viel zu exzessiv» sei, aber die Klage wurde nie ernsthaft verfolgt. Amelio verteidigte sein Gehalt mit den Worten: «Offen gesagt, so ungewöhnlich ist mein Gehalt doch gar nicht. Sagen wir mal, es liegt im oberen Viertel dessen, was Manager verdienen.»

Bei seiner Ankunft auf dem Apple-Campus am 5. Februar beschloss Amelio, «das Unternehmen wieder so großartig wie seine Produkte zu machen», aber das sollte gar nicht so einfach sein. Er erinnert sich: «Als ich durch die Tür trat, gab es fünf Krisen: wir hatten eine beängstigend leere Kasse, die Produktqualität war schlecht, die Entwicklung unseres [Betriebssystems] der nächsten Generation lag hinter dem Zeitplan und verlief chaotisch, Apples berühmte kontroverse Unternehmenskultur war fast unmöglich zu lenken,

«Ich glaube nicht, dass es überhaupt jemanden gibt, der Apple führen kann.»

***John Sculley,*** *ehemaliger CEO von Apple, über das Chaos, das Amelio erbte*

«Die Rettung für Apple besteht nicht darin, die Kosten zu senken. Sie besteht darin, einen innovativen Weg aus der aktuellen Misere zu finden.»

***Steve Jobs,*** *CEO von NeXT und Pixar*

> «In einem Jahr werden sich die Leute fragen: ‹Was sollte eigentlich die ganze Aufregung?›»
>
> ***Gil Amelio,*** *CEO von Apple*

und unsere Produktlinie und die Entwicklungsprojekte waren so zerrissen, dass das Unternehmen überhaupt keinen Schwerpunkt mehr hatte.»

Trotz der zahlreichen Schwierigkeiten sagte Amelio zuversichtlich: «Wir haben ein paar Probleme. Diese Probleme können gelöst werden. Ich habe das schon einmal geschafft.» Amelio bat die Öffentlichkeit, ihm 100 Tage zu geben, um die Probleme zu analysieren und Antworten vorzulegen. Er sagte voraus, dass Apple in neun bis zwölf Monaten wieder schwarze Zahlen schreibe und in drei Jahren dauerhaft saniert sei. Er wies aber auch darauf hin, dass Apple, um gesund zu werden, eine bittere Pille schlucken müsse. Am 27. März warnte Apple die Wall Street vor «einem erwarteten zweiten Quartalsverlust nach Steuern von etwa 700 Millionen Dollar». Es war der höchste Quartalsverlust, den ein Unternehmen im Silicon Valley je gehabt hatte. Als die endgültigen Zahlen am 17. April veröffentlicht wurden, wies Apple einen Nettoverlust von 740 Millionen Dollar aus, wobei 388 Millionen Dollar auf die Abschreibung der unverkauften Macs und Komponenten im Lager zurückgingen. Amelio erklärte: «Das Unternehmen hatte dieses Geld schon verloren. Es hatte es nur nicht erkannt.» Etwa 130 Millionen gingen auf Umstrukturierungskosten in Zusammenhang mit der Entlassung von 2 800 Mitarbeitern zurück (gegenüber 1 300 Stellen, die laut Spindler im Januar gekürzt werden sollten). Der Rest war der Verlust im operativen Geschäft. Nach diesem riesigen Verlust arbeitete Amelio mit dem neu eingestellten Finanzchef Fred. D. Anderson zusammen, um die Bilanz weiter zu bereinigen, indem weitere Lagerbestände abgeschrieben, eine neue Anleihe aufgelegt (das war von wesentlicher Bedeutung, da das Unternehmen nur noch über 592 Millionen Dollar liquide Mittel verfügte – genug, um noch fünf Wochen zu arbeiten), und Produktionsstätten auf der ganzen Welt verkauft wurden.

Amelios Schonzeit endete am 13. Mai auf Apples Worldwide Developers Conference (WWDC) in San Jose. Allem Anschein nach hatte Amelio seine Hausaufgaben gemacht, denn er bot eine ganze Litanei von Lösungen an, die dem Publikum gefielen und zeigten, dass er die Probleme bei Apple verstanden hatte. «An erster Stelle steht, dass wir uns wieder auf das Wesentliche besinnen: welche Produkte wir wollen, wie wir sie entwickeln, wie wir sie produzieren und wie wir Service leisten», erklärte Amelio. «Und wir werden das weit besser tun als in der Vergangenheit. Wir müssen das gesamte Produktportfolio vereinfachen. Wir müssen es sehr vereinfachen, denn Komplexität kostet Geld und verursacht unnötige Zusatzkosten. Wir müssen unsere Time-to-Market-Zeiten verbessern und die Produkte dann auch zum versprochenen Zeitpunkt herausbringen.» Er hatte erkannt, dass Apples Bemühungen um Partner, die Mac-OS-kompatible Systeme herstellten, halbherzig waren, und schwor, «das Mac-OS-Betriebssystem mit allem Nachdruck an ernsthafte Mitspieler zu vermarkten.» Er versprach auch, dass Apple mit den Entwicklern nicht mehr konkurrieren werde, sogar 18 Millionen in die Produktion der bestmöglichen Entwicklungstools investiere und 20 Millionen Dollar dafür vorgesehen habe, Mac-Produkte im Einzelhandel besser zu positionieren. «Viele Leute fragen sich, ob es Apple in fünf Jahren noch geben wird», räumte Amelio ein. «Aber Apple ist Apple – also machen Sie sich auf das Unmögliche gefasst!»

Um zu beweisen, dass Apple nicht umsonst einen guten Ruf für Industriedesign hatte, wollte Amelio zum zwanzigsten Geburtstag des Unternehmens ein Macintosh-Sondermodell in einer limitierten Auflage auf den Markt bringen. Auf der WWDC wurde noch nicht viel verraten, aber als er im Juni 1997 ausgeliefert wurde, hatte der Twentieth Anniversary Mac (Codename Spartacus) ein LCD-Display mit Aktivmatrix, das Farbe darstellen konnte und aus der PowerBook-Linie geborgt worden war, und ein Alchemy Logicboard mit einem 250 MHz PowerPC 603e vom Performa 6400. Er war mit einem aufrecht montierten Vierfach-CD-ROM-Laufwerk, 32 MB RAM, Bose Acoustimass-Soundsystem und dem internen Set-up-Service «Concierge» ausgestattet. Eine Fabrik in Massachusetts stellte nur 11 601 Geräte her, die ursprünglich 7 500 Dollar kosten sollten. Da vergleichbare Power Macs für weniger als 2 000 Dollar zu kaufen waren, war der Twentieth Anniversary Mac kein Bestseller, nicht einmal nach einer Preissenkung um zwei Drittel. Aber einen Lichtblick gab es: In der TV-Serie *Seinfeld* war in Jerrys Wohnzimmer ein glänzender Twentieth Anniversary Mac zu bewundern.

Als seine wichtige 100-Tage-Rede hinter ihm lag, konzentrierte sich Amelio darauf, die Strategie für das Betriebssystem neu auszurichten. Er hatte versprochen, das lange verzögerte Copland in Einzelteilen auszuliefern, zunächst Harmony (System 7.6) im Januar 1997 und dann sechs Monate später Tempo (Mac OS 8.0). Zu seiner Unterstützung stellte Amelio im Juli seinen Schützling bei National Semiconductor ein, Ellen M. Hancock, die Chief Technology Officer und Executive Vice President für F&E wurde. Sie gelangte bald zur Schlussfolgerung, dass Copland ein hoffnungsloser Fall sei, begann, außerhalb des Unternehmens auf Einkaufstour zu gehen und eine Alternative zu suchen (siehe «Die Copland-Krise»).

Nachdem Apple für das zum 28. Juni endende Quartal einen Verlust von 32 Millionen Dollar ausgewiesen hatte, versetzte es viele in Erstaunen, als für das vierte Quartal zum 27. September ein bescheidener Gewinn angekündigt wurde. Zwar waren Umsätze und Gerätelieferungen, verglichen mit dem Vorjahresquartal, niedrig, doch höher als im dritten Quartal. Apple konnte einen Gewinn von 25 Millionen Dollar ausweisen, der weitgehend der Auflösung von Umstrukturierungsreserven, einer großen Anzahl von Lieferungen an Bildungseinrichtungen in letzter Minute und auch ein wenig dem bewährten Hausmittel des Versands an die Vertriebskanäle zu

Apple wurde 1996 vom Investmentriesen CalPERS (California Public Employees' Retirement System) zum am schlechtesten geführten Unternehmen ernannt.

«Steve wird Gil so in den Schwitzkasten nehmen, dass ihm das Trommelfell platzt.»

***Anonymer ehemaliger Apple-Mitarbeiter,*** *der Ellen Hancock warnte, dass Jobs' Rückkehr zu Apple die Führungsrolle Amelios bedrohte.*

verdanken war. Trotzdem war es das erste positive Zeichen aus Cupertino seit langem. Am 20. Dezember folgte die Bekanntgabe, dass Apple NeXT Software im Zuge einer freundlichen Übernahme kaufen und Jobs als Berater zurückholen werde. Obwohl Apple 427 Millionen Dollar für NeXT bezahlte, war es schwer, den Public-Relations-Wert der Rückkehr von Jobs in das Unternehmen zu schätzen, das er vor 20 Jahren gegründet hatte. Viele rechneten Amelio seine hehre Geste hoch an, ebenso wie seine Bereitschaft, das «Not Invented Here»-Syndrom – «Gibt es hier nicht und machen wir nicht» – zu überwinden, das in der High-Tech-Branche so verbreitet ist. Gleichzeitig fragten sie sich, ob er nicht seine eigene Kündigung unterschrieben hatte, als er Jobs wieder an Bord holte.

«In *Jurassic Parc* und danach in *Jurassic Parc II* spiele ich Ian Malcolm, einen Experten der Chaostheorie. Damit dürfte ich die richtigen Voraussetzungen haben, um bei einer Apple-Veranstaltung das Wort zu ergreifen.»

***Jeff Goldblum,*** *Schauspieler, als er Amelio auf der Macworld Expo vorstellte.*

Der Kauf von NeXT zeigte, dass es bei Apple kein Business as Usual mehr gab. Nun hatten die Erwachsenen endlich das Ruder übernommen und waren bereit, mutige und zukunftsweisende Maßnahmen einzuleiten. Als Amelio am 7. Januar 1997 im Ballsaal des Marriott in San Francisco auf die Bühne trat, um die Eröffnungsrede zu halten, hätte es eigentlich eine Sternstunde für ihn sein müssen. Aber es waren schlimme drei Stunden. Er redete sehr weitschweifig, sprach über den Verlust von 120 Millionen Dollar im vorangegangenen Quartal, das am 27. Dezember endete, prahlte mit Prototypen aus laufenden Projekten, stellte verschiedene Berühmtheiten vor und enthüllte den Twentieth Anniversary Mac. Das Einzige, was die 2 000 Menschen in diesem Saal hielt, in dem es keine Sitzplätze gab, war die Hoffnung auf einen Auftritt von Jobs. Schließlich, nach zwei qualvollen Stunden, holte Amelio Jobs auf die Bühne, und das Publikum bejubelte dessen triumphale Rückkehr nach elf Jahren des Exils. In einer halben Stunde umriss Jobs knapp und elegant, wie Apple die Elemente von Copland mit NEXTSTEP kombinieren würde, um ein neues Betriebssystem namens Rhapsody zu entwickeln. Jobs' Auftritt war kurz und prägnant, und er zeigte, dass Amelio vor den Richtern der öffentlichen Meinung keine Chance gegen den Apple-Gründer hatte. Amelio hatte eine Trumpfkarte gezogen, aber sie wirkte sich anders aus, als er es geplant hatte. Nach Jobs' Präsentation kündigte Amelio an, dass auch der andere Apple-Gründer als Berater zurückkehre. Als er aufs Podium ging, erhielt Steve Wozniak stehende Ovationen, und Jobs entfernte sich eilig, wodurch er Amelio das ersehnte Foto vermasselte, das er so sorgfältig geplant hatte.

Nach der Rede wies Jobs darauf hin, dass er lediglich ein Teilzeitberater sei, und er sagte über seine neue Rolle: «Ich werde Gil so gut beraten wie ich kann, bis ich glaube, dass man meine Hilfe nicht mehr möchte, oder bis ich der Ansicht bin, dass niemand auf mich hört.» Was Woz anging, erklärte Amelio: «Ich erwarte, dass er mit Steve Jobs durch die Flure geht – wie eine Hummel, die von Blüte zu Blüte fliegt und hier und dort ein wenig Pollen zurücklässt.»

«Die Arbeit bei Apple ist wie ein Besuch in Disneyland: Man weiß eigentlich immer, dass der Sicherheitsbügel befestigt ist und man nicht aus dem Auto geschleudert werden kann. Dieses Mal fehlt der Sicherheitsbügel. Und niemand weiß, was passieren wird.»

*Frank Casanova, ehemaliger Direktor der Advanced Systems Group auf die Frage, ob er sich Sorgen um Apples Zukunft mache*

Die Presse kritisierte Amelio schonungslos für seine zusammenhanglose Rede auf der Macworld, und der finanzielle Druck stieg mit einem weiteren Quartalsverlust. Amelio erkannte immer deutlicher, dass er sich den Luxus nicht leisten konnte, Apple im Lauf von drei Jahren zu sanieren, denn so viel Zeit hatte er für notwendig gehalten. Apple befand sich vielleicht schon mitten in einer sogenannten «Todesspirale», wie er es in seinem Buch *Profit from Experience: The National Semiconductor Story of Transformation Management* genannt hatte. Am 16. Januar wandte sich Amelio in einer Sendung an seine Mitarbeiter und ging auf die enttäuschenden Quartalsergebnisse ein. Er gab bekannt, dass wahrscheinlich noch weitere Entlassungen notwendig seien. Dabei starrte er in die Kamera und knurrte: «Bringen Sie mich nicht wieder in diese Lage, verdammt.» Amelio war enttäuscht von den Marketing- und Vertriebsmitarbeitern, die ihm immer wieder versicherten, dass sie ihre Verkaufszahlen kurz vor zwölf bestimmt noch erreichen würden. Apple hatte eine unorthodoxe Unternehmenskultur, in welcher der CEO als reiner Strohmann betrachtet wurde und seine Befehle lediglich als Vorschläge galten, die oft im Leeren verhallten. Jede Abteilung hatte ihre eigene Tagesordnung, und sie alle unter einen Hut zu bringen, war wie Flöhe hüten.

Unter dem Vorzeichen eines drohenden Verlusts von 708 Millionen Dollar im zweiten Quartal erkannte Amelio, dass er sofort etwas gegen die katastrophale finanzielle Entwicklung unternehmen musste: Er kündigte am 4. Februar eine Umbesetzung der Führungspositionen an, die eindeutig Jobs' Handschrift trug. Jobs hatte Hancock oft genug wegen ihrer fehlenden Erfahrung im PC-Bereich kritisiert, und so überraschte es wenig, dass nun die meisten ihrer Mitarbeiter entweder dem ehemaligen Vice President for Engineering bei NeXT, Avadis «Avie» Tevanian Jr., Ph.D., oder dem ehemaligen Executive Vice President und Geschäftsführer von

«Bis dieser [Artikel] erscheint, dürfte ich Chairman von Apple sein.»

***Larry Ellison,*** *CEO von Oracle, in der Juni-Ausgabe 1997 von Vanity Fair*

FirePowerSystems, Jon Rubinstein, der einmal das Hardwaregeschäft von NeXT geleitet hatte, unterstellt wurden. Geschäftsführer Marco Landi wurde vom Marketing abgezogen und blieb weiter für den weltweiten Vertrieb verantwortlich, verließ Apple jedoch nur zwei Wochen später. Im Wesentlichen waren Amelios Leute entmachtet und ihre Positionen mit Jobs' Getreuen besetzt worden. Jobs bestritt weiterhin standhaft, Ambitionen auf den CEO-Posten zu haben. «Die Leute versuchen immer wieder, mich da hineinzuziehen», sagte Jobs. «Ich soll eine Art Superman werden. Aber ich verspüre keinerlei Verlangen danach, Apple Computer zu führen. Ich lehne es immer wieder ab, aber keiner glaubt mir.»

Vielleicht wollte er Apple nicht offiziell führen, aber hinter den Kulissen erteilte er Amelio gern und oft Ratschläge darüber, welche Produkte er im Zuge der Vereinfachung des Portfolios behalten oder aus dem Programm werfen sollte – auch wenn er sich nicht immer durchsetzte. So wollte Jobs die Newton-Abteilung schließen, während Amelio einen Käufer für sie suchte. Ende Mai beschloss er schließlich, sie als unabhängiges Unternehmen auszugliedern (siehe «Newton ohne Happy End»). Am 14. März folgte die Ankündigung, dass Apple weitere 2700 Stellen einsparen werde. «Dieses Mal werde ich härteste Disziplin walten lassen», erklärte ein fest entschlossener Amelio. «Ich werde dieses Unternehmen dem radikalsten Sanierungsprogramm seiner Geschichte unterziehen.»

Kurz nach dem Erwerb von NeXT am 4. Februar 1997 begann Lawrence J. Ellison, Jobs' bester Freund und CEO von Oracle, in der Öffentlichkeit lauthals zu verkünden, dass er wieder darüber nachdachte, Apple zu kaufen. Er habe eine Reihe von Investoren an der Hand, auf die er sich verlassen könne, sollte er seinen Plan umsetzen wollen. Amelio hätte Ellison kaum von einer Übernahme abhalten können, wenn dieser ein vernünftiges Angebot für Apple unterbreitet hätte. Merkwürdig war nur, dass ernst gemeinte Übernahmeversuche in der Regel unter größter Verschwiegenheit hinter den Kulissen eingefädelt werden. Amelio vermutete deshalb, dass Ellison mit seinen markigen Worten in der Öffentlichkeit das Ziel verfolgte, das Vertrauen des Vorstands in seine Fähigkeiten als CEO zu erschüttern.

Am 25. März bat Amelio den Vorstand um eine Erhöhung der Werbeausgaben zur Förderung des Umsatzes, der nicht in Schwung kommen wollte. Unter den Vorstandsmitgliedern begann sich aber der Eindruck zu verfestigen, dass es ein Fehler gewesen sei, Amelio im Vorjahr die Führung von Apple anvertraut zu haben. Amelio schien die Probleme nicht mit der notwendigen Dringlichkeit anzugehen, und er erwies sich auch nicht als das Marketing-Genie, das sie in ihm gesehen hatten.

Ellison wurde im August 1997 nach Amelios Rücktritt in den Vorstand gewählt aber nicht zum Chairman ernannt.

Im April wurden Ellisons Übernahmegerüchte immer glaubwürdiger. Ende März 1997 erwarb Prinz Alwaleed bin Talal bin Abdulaziz Alsaud, der einundvierzigjährige Neffe des saudiarabischen Königs Saud, 5 Prozent der Apple-Aktien – 6,23 Millionen Anteile – zu einem Kurs von 18,52 Dollar und zahlte also insgesamt 115,4 Millionen Dollar. Der Prinz gab an, er halte Apple für eine starke Marke, die das Potenzial habe, ihren früheren Glanz wiederzuerlangen, und er zeigte sich an Ellisons Vorschlag interessiert. Ellison seinerseits zog sein Angebot am 29. April zurück, wollte aber einen zukünftigen Übernahmeversuch nicht ausschließen. Dann, am 26. Juni, wurde ein Aktienpaket von 1,5 Millionen Anteilen zu einem Kurs von etwa 15 Dollar pro Aktie verkauft. Viele vermuteten damals, dass Jobs sich von seinen beim Verkauf von NeXT erworbenen Aktien getrennt habe, doch er wollte sich nicht dazu äußern. Wenn schon ein Insider wie Jobs jede Aktie, die er besaß, verschleuderte, dann war das ein schlechtes Zeichen für Apple, und das Vertrauen des Vorstands schrumpfte weiter.

Als Apple im Juli 1998 den dritten Quartalsgewinn in Folge ankündigte, stieg der Aktienkurs auf den höchsten Stand seit zweieinhalb Jahren, und der Wert von Prinz Alwaleeds Investition hatte sich verdoppelt.

Am Unabhängigkeitstag begannen die Mitglieder des Vorstands einen 36 Stunden dauernden Telefonkonferenz-Marathon, um die Lage zu besprechen. Am Morgen des 6. Juli rief Vorstandsmitglied Edgar S. Woolard Jr. Amelio in Stonewood, seinem Anwesen am Lake Tahoe, an. «Wir sind der Ansicht, dass Sie zurücktreten sollten», teilte ihm Woolard mit. «Sie haben viel getan, um dem Unternehmen zu helfen, aber die Umsätze sind nicht gestiegen.» Amelio versuchte zu erklären, dass der Umsatz bei einer grundlegenden Sanierung oft der letzte Punkt war, um den man sich kümmern musste, weil andere Aspekte vorrangig waren, aber Woolard blieb unerschütterlich. Er bestand darauf, dass Apple einen überragenden Vertriebs- und Marketingexperten brauchte, und dieser Ansicht war auch Jobs gewesen, als er vom Vorstand dazu befragt

Am 11. August gab Jobs zu, dass er sein Aktienpaket im Juni verkauft habe. «Ich hatte die Hoffnung ziemlich aufgegeben, dass der Vorstand von Apple etwas tun werde. Ich hätte nicht gedacht, dass der Kurs steigen würde», sagte er in *Time*. «Wenn das die Mitarbeiter stört», schnaubte er, «habe ich nichts dagegen, zu Pixar zurückzugehen.»

Ellen Hancock trat am selben Tag wie Amelio zurück. Im März 1998 wurde sie Präsidentin der neuen Internet-Firma Exodus Communications (www.exodus.com) und im September ihr CEO.

worden war. Jobs versicherte Amelio zwar, dass er mit seiner Absetzung nichts zu tun habe, aber Amelio blieb misstrauisch. «Er sagte, er habe nichts damit zu tun», erklärte Amelio. «Ich würde sagen, die Fakten sprechen eine andere Sprache.»

Den Verlust von 56 Millionen Dollar für das dritte Quartal zum 27. Juni eingerechnet, hatte Apple unter Amelios Führung über 1,6 Milliarden Dollar Verlust eingefahren. Dieser Betrag überstieg sämtliche Gewinne seit dem Geschäftsjahr 1991. Es ist schwer zu beurteilen, für welchen Anteil daran Amelio verantwortlich ist. Natürlich steht außer Frage, dass Apple sich in einem katastrophalen Zustand befand, als er das Ruder übernahm, und dass seine Vorgänger viele schwierige Entscheidungen auf die lange Bank geschoben hatten. Das Unternehmen stellte die falschen Produkte in der falschen Menge und in einer entsetzlichen Qualität her. Die Lager waren voll, die Kassen leer, und die Manager beschäftigten sich mehr mit der Verteidigung ihrer eigenen Pfründe als mit dem Wohlergehen Apples. Amelio legte die Grundlagen dafür, Apple wieder auf die Beine zu helfen, indem er ineffektive Führungskräfte ersetzte, dem Unternehmen liquide Mittel zuführte, das Produktportfolio straffte, die schnellsten Laptop- und Desktop-Computer der Welt auf den Markt brachte, die Qualität verbesserte, die Newton-Abteilung ausgliederte und eine kühne neue Betriebssystemstrategie vorgab. Trotzdem trat Amelio nach nur 523 Tagen im Amt als Chairman und CEO von Apple zurück. Das Unternehmen zahlte ihm eine einmalige Pauschale von 6 731 870 Dollar, abzüglich 1,5 Millionen Dollar als Teilrückzahlung eines Darlehens, sowie 130 960 Aktien und eine Zusatzprämie von einer Million Dollar. Einen Teil dieses Geldes investierte er in Parkside Group (www.parksidegroup.com), eine Investmentgesellschaft in San Francisco.

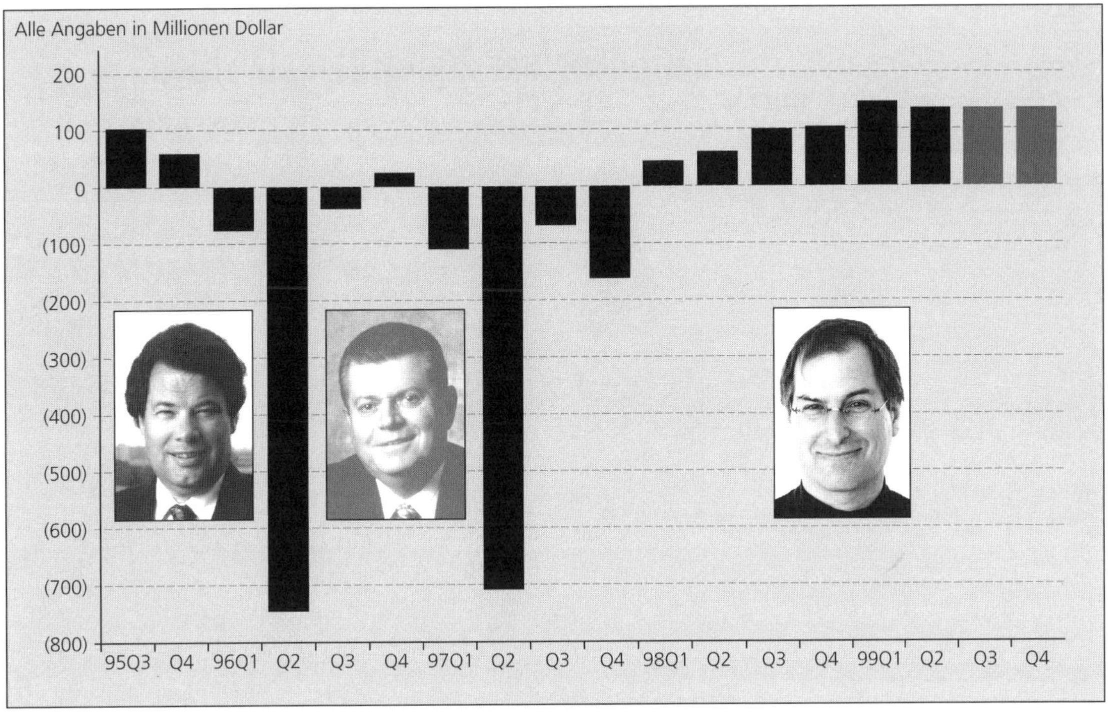


**Spindler verliess Apple, nachdem für das 1. Quartal des Finanzjahres 1996 einen Verlust verkündet wurde. Amelio war dann für eine Reihe fon vernichtenden Quartalsverlusten verantwortlich. Nachdem Jobs das Ruder bei Apple übernommen hatte, lieferte er den ersten Jahresgewinn seit 1995, und danach noch viele weitere.**

«Geben Sie jedem eine Gratisportion Hasch pro Tag.»

***Gil Amelio,** ehemaliger CEO von Apple, auf die Frage von Computerworld: «Wenn Sie Apple eine Medizin verschreiben würden, welche wäre es?»*

## Gil Amelios Rücktrittsschreiben

Gilbert F. Amelios schickte am 9. Juli 1997 allen Apple-Mitarbeitern eine E-Mail mit folgendem Wortlaut:

Heute hat Apple meinen Rücktritt als Chairman und CEO von Apple Computer bekanntgegeben, der sofort wirksam ist. Ich werde Apple bis zum 27. September 1997 nicht mehr als Manager, sondern als Mitarbeiter angehören, um einen reibungslosen Übergang zu gewährleisten.

Ich bin am 2. Februar 1996 nach einer erfolgreichen Amtszeit als Chairman, Präsident und CEO der National Semiconductor Corporation zu Apple gekommen. Damals war ich bereits Mitglied im Vorstand von Apple, und es war schon offensichtlich, dass schwere Zeiten bevorstanden und der Fortbestand Apples als unabhängiges Unternehmen gefährdet war. Jemand musste die Aufgabe übernehmen, Apple wieder auf den Weg der Gesundung zu bringen.

Apple hatte fünf große Probleme: erstens waren die Kassen leer, zweitens waren die Produkte von erbärmlicher Qualität, drittens gab es keine vernünftige Strategie für das Betriebssystem, viertens mangelte es an Verantwortungsbewusstsein und Disziplin in der Unternehmenskultur, und fünftens waren die Kräfte zerrissen – man versuchte, zu viel gleichzeitig abzudecken und verzettelte sich in zu vielen Richtungen. Diese Probleme bestanden weiter, auch wenn es eine Reihe außerordentlich fähiger Apple-Mitarbeiter gab. Ich habe einen großen Teil meiner Zeit bei Apple darauf verwendet, diese und andere Schwierigkeiten anzugehen. Ich denke, dass meine Entscheidungen und Maßnahmen richtig waren. Heute sind diese Probleme entweder gelöst oder sie sind auf dem besten Weg dazu. Heute kann Apple die stärkste Produktpalette in der Geschichte des Unternehmens vorweisen. Heute haben wir eine hochinteressante Betriebssystemstrategie, und wir bringen demnächst Mac OS 8 heraus, das in den Beta-Tests sehr positiv beurteilt wurde. Rhapsody, unser System im High-End-Bereich, wird bald darauf folgen und ein neues Paradigma in der Betriebssystemarchitektur schaffen. Heute haben wir das stärkste Managementteam in der jüngeren Geschichte. Und heute haben wir eine Kostenstruktur, die eher in Einklang mit den realisierbaren Umsätzen steht.

Es ist sehr schwierig gewesen, aber in den vergangenen 17 Monaten wurde viel erreicht. Das wird in den kommenden Monaten und Quartalen noch deutlich werden. Apples nächste Aufgabe wird sein, die Programme, die wir begonnen haben, unerbittlich zu Ende zu führen, und das Umsatzvolumen wieder aufzubauen. Ich glaube fest daran, dass das jetzige Team diese Aufgabe bewältigen wird. Was mich persönlich angeht, freue ich mich darauf, wieder etwas mehr Zeit mit meiner Familie zu verbringen.

Meine Zeit bei Apple war aufregend und erfüllend. Wir haben große Fortschritte gemacht. Jetzt ist es Zeit, dass alle davon profitieren. Ich danke Ihnen für Ihre unerschütterliche Unterstützung während meiner Zeit bei Apple… sie hat mir meine Arbeit erleichtert. Ich setze mein Vertrauen in Sie, dass Sie sich gut um Apple kümmern. Viel Glück dabei – ich werde am Spielfeldrand stehen und Sie anfeuern!

Gil

# Chronik von Amelio

**1991**
- Amelio geht zu National Semiconductor als Präsident und CEO

**1992**

**1993**
- Sculley ersetzt Spindler als CEO
- Newton MessagePad eingeführt

**1994**
- Amelio tritt dem Aufsichtsrat von Apple bei
- MessagePad 120 angekündigt

**1995**
- Newton 2.0 ausgeliefert

**1996**
- Amelio als Chairman und CEO von Apple gewählt
- Amelio stellt CFO Anderson ein
- Amelio stellt Hancock als Executive VP, F&E und Chief Technology Officer ein
- Apple kündigt den Kauf von NeXT Software an

**1997**
- Amelio kündigt Reorganisation an
- Apple kündigt Entlassungen an
- Jobs verkauft 1,5 Millionen Apple-Aktien
- Amelio tritt als Chairman und CEO zurück
- Jobs zum Interims-CEO von Apple ernannt

Anfang 1996 unterschied sich die gebührenfreie Telefonnummer für den technischen Support von Apple (1-800-SOS-APPL) eine Zeit lang nur durch eine Ziffer von einem Telefonsexdienst. Wählte man die Zahl Null anstelle des Buchstabens O, bekam man Folgendes zu hören: «Hi Sexy, Sie sind mit der heißesten Nummer in Amerika verbunden: 1-800-PUSSIES». Dann wurde man um die Kreditkartennummer gebeten.

# Die Copland-Krise

«Ich habe bei Apple noch niemanden getroffen, der an Gershwin gearbeitet hat – was ich als Zeichen dafür werte, dass es noch nicht soweit ist.»

***Ellen Hancock,** Chief Technology Officer von Apple, am 6. Januar 1997 auf der MacWEEK MVB-Konferenz*

Schon vor dem zehnten Geburtstag des Mac im Jahr 1994 wurde klar, dass das Betriebssystem wesentlich überarbeitet werden musste, wenn es seinen Vorsprung vor Windows im Hinblick auf Funktionalität, Stabilität und Bedienungskomfort behalten wollte. Die Tatsache, dass es ein Jahrzehnt nach seiner Entstehung überhaupt noch so gut funktionierte, war ein Beweis für die Eleganz und Qualität der Arbeit der Apple-Entwickler, die neue Merkmale hinzugefügt hatten, ohne dafür die Abwärtskompatibilität zu opfern. Aber irgendwann kann auch das beste Fundament keine neuen Aufbauten mehr tragen. Apple plante als Antwort auf Windows 95 (Codename Chicago) ein neues Betriebssystem, das 1995 auf den Markt kommen und intelligente Agenten, eine durch den Nutzer anpassbare Oberfläche und eine relationale Datenbank für den Finder haben sollte. Als die Einsicht gereift war, dass Pink von Taligent (siehe «Aus Feind wird Freund: Apple und IBM») wahrscheinlich nie das Tageslicht erblicken würde, machte sich ein Entwicklerteam von Apple daran, ein gleichwertiges Betriebssystem unter dem Codenamen Copland zu schaffen (am Anfang hieß das Projekt noch V1, Faraday und Maxwell). 1996 folgte Gershwin (intern Edison genannt), das auch präemptives Multitasking und Speicherschutz enthielt. Niemand hätte damals vorhersagen können, in welchem Chaos Copland enden würde, oder dass Apple eines Tages sogar von der Gnade seiner beiden größten Visionäre im Exil abhängig sein würde, die mit ihren eigenen Betriebssystemen die Rettung versprachen.

Copland wurde zum ersten Mal im März 1994 öffentlich angekündigt, als die Power-Mac-Linie herauskam, und geriet fast sofort hinter den Zeitplan, als die Manager auf Microsofts Ankündigungen reagierten und die Copland-Spezifikation mit immer neuen Merkmalen beluden. Auf der Macworld-Messe in Boston Anfang

August 1995, nur wenige Wochen vor der Freigabe von Windows 95, versprach David C. Nagel, Senior Vice President und Chief Technologist, dass Copland «Mitte 1996 zur Verfügung stehe». Am 17. November feierte Apple die erste Beta-Version von Copland, die an etwa 50 Mac-Entwickler verteilt wurde. Damals hatte Apple noch verkündet, 1996 eine endgültige Version auszuliefern, aber ein ehemaliger Entwickler räumte gegenüber der *Business Week* ein: «Es gibt nicht die geringste Hoffnung, dass Copland im nächsten Jahr tatsächlich ausgeliefert wird. Ich kann nur hoffen, dass es 1997 der Fall sein wird.» Anfang 1996 hatte Apple 500 Entwickler und ein Jahresbudget von 250 Millionen Dollar für das Projekt vorgesehen. Dann, am 26. April, ließ Nagel das Copland-Projekt im Stich und wurde der erste Präsident von AT&T Laboratories. Peter Lowe, Produktmanager bei Apple, versprach noch immer, dass Copland selbst nach Nagels Weggang im Januar 1997 ausgeliefert würde.

«Es ist nicht wie bei Wein – die Qualität steigt nicht mit dem Alter.»

***Gil Amelio,** CEO von Apple, über Copland*

Apple hatte Copland als revolutionäres neues Betriebssystem gepriesen, mit dem sich das Unternehmen zurück an die vorderste Front der Computerindustrie katapultieren werde. Deshalb waren die Kunden und Entwickler verständlicherweise enttäuscht, als das Projekt immer wieder ins Trudeln geriet. Als am 17. April 1996 auch noch ein Verlust von 740 Millionen Dollar angekündigt wurde, £begannen sie sich zu fragen, ob Apple überhaupt die notwendigen Mittel hatte, um das Projekt fertigzustellen. Auf der Worldwide Developers Conference (WWDC) am 13. Mai in San Jose kündigte Gil Amelio nach nur 100 Tagen als CEO an, dass er Copland nicht in einer einzigen Megaversion, sondern in mehreren Einzelteilen herausbringen wolle. Im Januar 1997 sollte Harmony (System 7.6) und im Juli eine Version namens Tempo (Mac OS 8.0) ausgeliefert werden. Letztere sollte Multitasking und Multithreading enthalten, zwei Merkmale, die die Leistung verbessern, indem das Betriebssystem mehrere Aufgaben gleichzeitig erledigt.

Als es August geworden war, hatte Ellen M. Hancock, neue Executive Vice President für F&E und Chief Technology Officer, erkannt, dass Copland tatsächlich die minderwertige Vaporware war, als die es schon verspottet wurde (es hatte weder eine adäquate Internet-Anbindung noch Speicherschutz), und sie stellte sämtliche Entwicklungsarbeiten ein, die nicht direkt mit den Harmony- und Tempo-Versionen zusammenhingen. Die Entwickler, die jahrelang an Copland gearbeitet und auch in harten Zeiten zu Apple gehalten hatten, waren außer sich. Amelio versprach, auf der bevorstehenden Macworld Expo in San Francisco am 7. Januar 1997 eine neue Betriebssystemstrategie vorzulegen.

Die Apple-Manager begannen nun eine panische Suche nach einem Technologiepartner. Eines der ersten Unternehmen, an das sie sich wandten, war Be (www.be.com) in Menlo Park, Kalifornien, das von Jean-Louis Gassée gegründet worden war, nachdem er am 30. September 1990 als President of Apple Products zurückgetreten war. Gassée hatte im Jahr 1995 versucht, Be an den damaligen CEO von Apple, Michael Spindler, zu verkaufen. «Ich habe Mike gesagt, dass Copland auf dem Weg zum Erfolg vielleicht noch eine Reifenpanne haben könnte, und ihm vorgeschlagen, sich dagegen abzusichern», erklärte Gassée.

Gassées Vorhersage bestätigte sich: Copland geriet ins Trudeln, und das kleine Be bekam ein zunehmend positives Presseecho. Am 3. Oktober 1995 brachte Be den Computer BeBox auf den Markt. Er hatte zwei PowerPC 603 Prozessoren mit 66 MHz und bis zu 256 MB RAM, einen SCSI II-Bus, 16-Bit-Sound in CD-Qualität, drei PCI-Steckplätze, vier MIDI-Schnittstellen, vier serielle Schnittstellen und fünf ISA-Steckplätze. Das Betriebssystem des BeBox-Rechners zeichnete sich durch Multithreading, Speicherschutz, Objektorientierung und präemptives Multitasking aus. Ein Basismodell kostete nur 1600 Dollar, eine anspruchsvollere Variante 3000 Dollar. Zweifellos war der Rechner beeindruckend, aber die Analysten fragten sich, ob Be nicht dieselben Fehler wie NeXT unter Steve Jobs machte, der ebenfalls keinen Markt für sein proprietäres Betriebssystem und seine Hardware gefunden hatte, so hochwertig sie auch waren. Gassée sagte zu *Red Herring:* «Um Gottes Willen, vergleichen Sie uns bitte nicht mit NeXT. Wir möchten den Entwicklern ein hervorragendes Werkzeug an die Hand geben und uns nicht auf Fragen des Stils und Geschmacks konzentrieren. Unser Rechner kostet keine 10000 Dollar. Er hat ein Diskettenlaufwerk. Wir servieren die Entwickler nicht einfach

**So wie NeXT begann auch Be damit, proprietäre Hardware herzustellen, aber der eigentliche Wert beider Firmen lag in ihren Betriebssystemen.**

ab.» Es gab Spekulationen, nach denen Gassée sich nie ernsthaft für das Hardwaregeschäft interessiert und immer gehofft hatte, BeOS eines Tages mit einem netten Gewinn an Apple zu verkaufen. Nun sah es aus, als würde dieser Traum wahr werden.

Im August 1996 präsentierte Gassée bei Apple sieben verschiedene Methoden, um die Technologie von Be einzusetzen. Aus ihrer Zeit bei IBM wusste Hancock, wie sich die Lizenzvereinbarungen mit Microsoft auf Big Blue ausgewirkt hatten und bestand deshalb darauf, Be zu kaufen anstatt Lizenznehmer zu werden. Grundsätzlich entsprach es durchaus Gassées Plänen, Be an Apple zu verkaufen, doch er überreizte das Blatt. Im Oktober flog Gassée nach Kauai auf Hawaii zu einem zweistündigen Treffen mit Amelio, der eine Rede vor den Vertriebsleuten für den Asiatisch-Pazifischen Raum hielt. Gassée schlug vor, mit seinem fünfzigköpfigen Team zu Apple zurückzukehren. Es sollte Hancock unterstellt werden, doch er wollte die Arbeit an allen zukünftigen Betriebssystemen überwachen. Während Gassée anbot, für einen Dollar Jahresgehalt zu arbeiten, verlangten seine Geldgeber 15 Prozent der Anteile an Apple und einen Sitz im Vorstand. Apple ließ eine Unternehmensbewertung durchführen, nach der Be etwa 50 Millionen Dollar wert war. Anfang November legte es ein Angebot vor, das laut Gassée

**Obwohl BeOS sich durch vieles auszeichnete, befand Apple, dass einige entscheidende Features fehlten und erhebliche Arbeit notwendig sein würde, um es auf Apple-Standard zu bringen.**

Jean-Louis Gassée, CEO von Be, kannte die Bedrängnis, in der sich Apple befand, doch er schraubte seine Forderungen zu hoch.

«gut unter 100 Millionen Dollar» lag. Be hatte den Eindruck, dass Apple seine Technologie und Gassées Sachverstand dringend benötigte. Apple wies darauf hin, dass bisher nur etwa 20 Millionen Dollar in Be investiert worden seien und das Angebot sehr großzügig sei, vor allem wenn man bedenke, dass BeOS noch drei Jahre für die Fertigstellung benötigte (es hatte noch keine Druckertreiber, unterstützte die gemeinsame Dateinutzung nicht, war nur in Englisch verfügbar und unterstützte vorhandene Mac-Anwendungen nicht). Die Gespräche zwischen Amelio und Gassée scheiterten gleich nach der COMDEX-Messe im Herbst am Preis, als Apple 125 Millionen Dollar bot. Be's Investoren wollten angeblich nicht unter 200 Millionen Dollar einschlagen, und Amelio nannte diese Zahl «völlig absurd».

Da Apple entschlossen war, die Betriebssystemstrategie im Januar 1997 bekanntzugeben, wusste Gassée, dass sein Verhandlungspartner unter Zeitdruck stand. Einer der Verhandlungsführer erzählte, dass Gassée einmal bissig bemerkte: «Wer in der Wüste verdurstet, sollte nicht um den Wasserpreis feilschen.» Um den Druck auf Apple zu steigern, gewann Be den Mac-Klonhersteller Power Computing (siehe «Teure Namen») als Lizenznehmer für BeOS. Gassée ließ absichtlich Einzelheiten über den Stand der Verhandlungen an die Presse durchsickern, was die Apple-Manager natürlich erboste.

«Ich habe sie im Würgegriff, und ich werde so lange zudrücken, bis sie keine Luft mehr bekommen.»

***Jean-Louis Gassée,*** *CEO von Be, über seine Verhandlungstaktik*

Nachdem Be sich so teuer zu verkaufen versuchte, beschloss Apple, nach anderen Optionen Ausschau zu halten. Hancock befahl ihren Mitarbeitern, Microsofts Windows NT, Sun Microsystems Solaris und sogar das vom Pech verfolgte Taligent, das Apple im Dezember 1995 an den Partner IBM abgegeben hatte, in Betracht zu ziehen.

Hancock tendierte zu Solaris, das auf Unix basierte, während Marco Landi Windows NT bevorzugte. Um die bisherigen Investitionen zu rechtfertigen und die angeschlagenen Egos zu besänftigen, gab Hancock am 15. November den Copland-Entwicklern grünes Licht, um einen Vorschlag zu erarbeiten, wie sie ihre Arbeit durch die Freigabe einer weniger ehrgeizigen Version retten könnten.

**Steve Jobs sagte, er habe nur deshalb Kontakt zu Apple aufgenommen, um es vor dem Kauf von Be zu warnen, aber er weckte bald Apples Interesse an NeXT.**

Kurz vor Thanksgiving rief Steve Jobs Amelio an, um mit ihm über Apples Betriebssystemstrategie zu sprechen, seinen Rat anzubieten und ihn vor Be zu warnen. Er glaubte, dass die Software von Be nicht für Apple geeignet sei. Am 25. November hatte ein mittlerer Manager von NeXT, Garrett L. Rice, ein Treffen mit Hancock, bei dem es um die Lizenzierung des Betriebssystems OPENSTEP ging. Zwei Tage später trafen sich einige Apple-Entwickler und ein Manager mit einigen Managern von NeXT, um zu sondieren, was sie anzubieten hatten. OPENSTEP war zwar von technischer Eleganz, hatte sich aber auf dem Markt nicht durchsetzen können. Jobs hatte Goldman, Sachs & Company engagiert, um NeXT Anfang des Jahres an die Börse zu führen, aber daraus wurde nichts, da einzig im Geschäftsjahr 1994 Gewinne ausgewiesen worden waren, nämlich 1,03 Millionen Dollar bei einem Umsatz von 49,6 Millionen Dollar. Nun sah es ganz danach aus, als könne er NeXT vielleicht doch noch verkaufen, und zwar an keine andere Firma als die, die er 20 Jahre zuvor selbst gegründet hatte.

Ende der achtziger Jahre zahlte Hancocks ehemaliger Arbeitgeber IBM angeblich 50 Millionen Dollar an NeXT für dessen Technologie, verwertete sie aber letztlich nicht.

Am 2. Dezember traf Jobs in einem Konferenzraum auf dem achten Stock direkt neben Amelios Büro Amelio, Hancock und Douglas S. Solomon (Senior Vice President für strategische Planung und Unternehmensentwicklung). Es war das erste Mal seit seinem Weggang 1985, dass er wieder einen Fuß auf den Apple-

Campus in Cupertino setzte. Jobs pries NeXT als Apples einzige Hoffnung auf eine vernünftige Betriebssystemstrategie an. Das bedeutete eine radikale Abkehr vom Copland-Projekt, aber OPENSTEP war, anders als BeOS, eine bewährte Technologie. Offensichtlich reizte Jobs an jenem Tag sämtliche Überzeugungskünste aus, denn zwei Tage später informierte Hancock den Vorstand von Apple, dass ernsthafte Überlegungen im Gang seien, NeXT zu kaufen. Am 9. und 10. Dezember verhandelten Delegationen von NeXT und Be im Garden Court Hotel in Palo Alto in getrennten Gesprächen mit acht Topmanagern von Apple, unter ihnen Amelio, darüber, wer das Rennen machen würde.

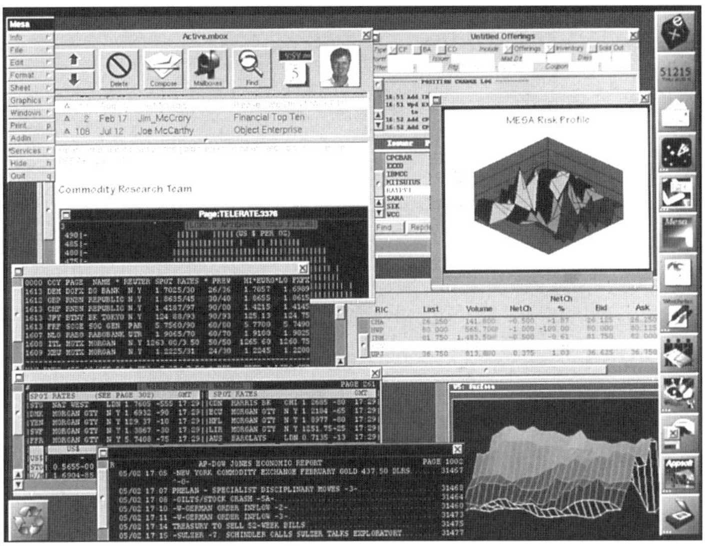


**OPENSTEP war zwar schon seit Jahren mit nur mäßigem Erfolg auf dem Markt, doch Jobs behauptete, es sei seiner Zeit weit voraus.**

Avadis «Avie» Tevanian Jr., Ph.D., der Vice President of Engineering von NeXT, führte eine Demonstration von OPENSTEP durch. Jobs hob hervor, dass das Betriebssystem seiner Zeit immer noch fünf bis sieben Jahre voraus sei und sich perfekt für Internet- und Multimedia-Anwendungen eigne, zwei der wenigen verbliebenen Stärken des Mac. Er legte die Bilanzen von NeXT vor, aus denen hervorging, dass NeXT von 1993 bis Mitte 1996 Nettoverluste von fast 50 Millionen Dollar ausgewiesen hatte. Jobs fragte Amelio unter vier Augen, ob er mit einem Sitz im Vorstand rechnen könne, aber dessen Mitglieder stimmten dagegen. So bat Amelio ihn,

«Die Wahrheit ist, dass wir mit System 7 leben. Auch wenn man noch so sehr darauf einhackt, es wird in der einen oder anderen Form auch noch in zehn Jahren da sein.»

***Gil Amelio,*** *in einem Interview mit dem San Francisco Chronicle nur wenige Tage, bevor Apple NeXT kaufte.*

«Wir haben uns für Plan A anstatt Plan Be entschieden.»

***Gil Amelio,*** *in einer spöttischen Bemerkung über Gassées verschmähtes BeOS*

stattdessen als Berater zu fungieren. Gassée hatte sich verrechnet, als er glaubte, Be habe den Deal schon für sich entschieden und das Treffen sei reine Formalität. Er hatte den Apple-Vertretern nichts Neues mitzuteilen, und das nahmen sie ihm übel.

Am 20. Dezember gab Apple die Absicht bekannt, NeXT Software im Zuge einer freundlichen Übernahme zu kaufen. Als das Geschäft am 4. Februar 1997 vollzogen wurde, belief sich der gesamte Kaufpreis, einschließlich der Verbindlichkeiten, auf 427 Millionen Dollar, davon 319 Millionen in bar, 1,5 Millionen in Apple-Aktien (bewertet mit 25 Millionen Dollar), Optionen auf 1,9 Millionen Aktien (bewertet mit 16 Millionen Dollar), Barzahlungen von 56 Millionen Dollar an die NeXT-Gläubiger, Barzahlungen von 9 Millionen Dollar für Abschlusskosten und damit zusammenhängende Aufwendungen und 2 Millionen Dollar übernommene Verbindlichkeiten. Jobs, der größte Aktionär von NeXT (er besaß 45 Prozent) kassierte persönlich 100 Millionen Dollar in bar und die 1,5 Millionen Apple-Aktien, wobei er versprechen musste, sie in den nächsten sechs Monaten nicht zu verkaufen. Alle NeXT-Produkte, die Dienstleistungen und die Forschungsaktivitäten wurden in Apple eingegliedert. Amelio gibt heute zu, dass Apple zu viel für NeXT bezahlte, aber in Anbetracht der katastrophalen Lage zum damaligen Zeitpunkt hatte er kaum eine andere Wahl.

Amelio sagte über die Fusion von Apple und NeXT in der Öffentlichkeit: «Heute wird ein neues Kapitel der Apple-Geschichte aufgeschlagen». Er erklärte seine Entscheidung folgendermaßen: «Als wir uns verschiedene Partner für die Entwicklung unseres Betriebssystems ansahen, entdeckten wir, dass sich die Produkte, Technologien und Dienstleistungen von Apple und NeXT erstaunlich gut ergänzen. Je mehr wir die beiden Firmen verglichen, desto klarer wurde uns, dass die Schwächen der einen durch die Stärken der anderen ausgeglichen wurden. Apple benötigte ein modernes Betriebssystem, und NeXT besaß ein außergewöhnliches Betriebssystem mit modernen Diensten und APIs. NeXT wiederum benötigte eine möglichst große installierte Basis, und Apple – einer der größten PC-Hersteller der Welt – hatte über 26 Millionen Macintosh-Systeme verkauft.»

In einer Erklärung, die noch am Abend der Transaktion veröffentlicht wurde, schrieb Jobs: «Ein großer Teil der Branche hat über zehn Jahre vom Macintosh gelebt und die revolutionäre Benutzeroberfläche des Mac kopiert. Jetzt ist die Zeit für Innovationen gekommen, und wer könnte sie besser als Apple liefern? Wer sonst hat die Entwicklung in der Branche immer wieder vorangetrieben – zuerst mit dem Apple II, dann mit dem Macintosh und LaserWriter? Mit dieser Fusion wird die hochentwickelte Software von NeXT mit den Hardwareplattformen und Marketingkanälen von Apple eine Ehe eingehen. Wir werden einen weiteren Durchbruch erzielen, indem wir vorhandene Plattformen weit hinter uns lassen und Apple und den anderen Herstellern neue Anstöße für die nächsten zehn Jahre und darüber hinaus geben. Ich fühle mich Apple noch immer sehr verbunden, und es verschafft mir große Freude, eine Rolle bei der Sicherung seiner Zukunft zu spielen.»

Nach all dem Aufhebens um den Kauf von NeXT hielt Apple sich erstaunlich bedeckt, was seine Pläne für Rhapsody anging, das neue, auf der NeXT-Technologie basierende High-End-Betriebssystem. Anstatt alle Kräfte auf Rhapsody zu konzentrieren, sah der Plan eine zweigleisige Betriebssystemstrategie vor: Das ehrwürdige MacOS sollte den Desktop-Markt im Consumerbereich ansprechen, und Rhapsody war für Server und Unternehmen gedacht, so

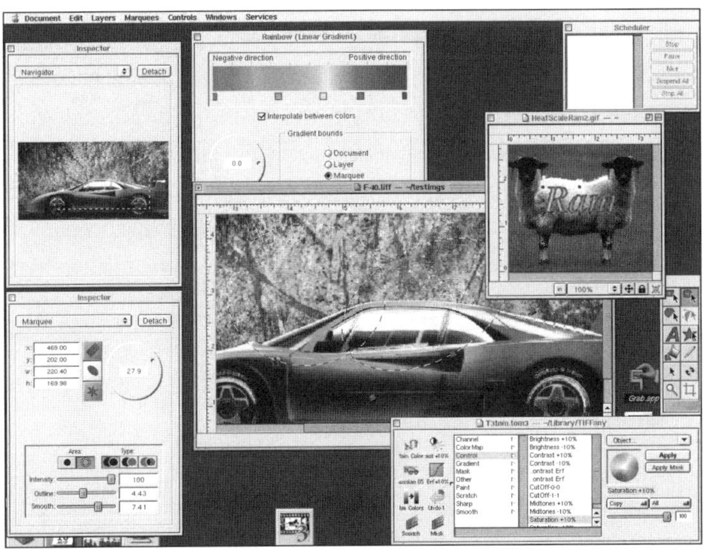


**Diese frühe Rhapsody-Version mag an die vertraute Mac-Oberfläche erinnern, aber darunter befindet sich das objektorientierte OPENSTEP.**

wie Microsoft diese Märkte mit Windows 98 und NT bediente. Apple lieferte mehrere Mac OS-Upgrades aus, die Technologien enthielten, die ursprünglich für Copland entwickelt worden waren, wie z.B. den Multithread-Finder und den Appearance Manager in MacOS 8. Apple wollte das alte Schlachtpferd so lange wie möglich im Rennen lassen und mit regelmäßigen Upgrades dafür sorgen, dass die Einnahmen weiter flossen.

Am 13. Oktober 1997 erhielten die externen Programmierer die Rhapsody Developer-Version für den Power Macintosh. Einen Monat später folgte die Mac OS-Kompatibilitätsumgebung unter dem Codenamen Blue Box. Auch die Entwicklerversionen von Rhapsody für PC-kompatible Rechner und die plattformübergreifende Entwicklungsumgebung Yellow Box für Windows wurden an die Apple-Entwickler ausgeliefert.

Am 11. Mai 1998 umriss Jobs auf der Worldwide Developer Conference (WWDC) von Apple eine überarbeitete Betriebssystemstrategie, nach der Mac OS 8.5 (Codename Allegro) und die erste Kundenversion von Rhapsody im dritten Quartal 1998 ausgeliefert werden sollten. In den nächsten Jahren würden Komponenten beider Produkte in Mac OS X (zehn) zusammengefasst, das eine Weiterentwicklung des Mac OS darstellt und Anfang 1999 an die Entwickler und im Herbst 1999 an die Händler geliefert werden sollte. Apple zufolge soll Mac OS X präemptives Multitasking, Speicherschutz und einen verbesserten virtuellen Speicher enthalten – alles Merkmale, die schon mit Copland in Aussicht gestellt wurden. Mac OS X soll aber auch eine Fähigkeit enthalten, die mit Copland nie versprochen worden war: Es soll ohne Veränderungen mit fast allen aktuellen Mac-Anwendungen zusammenarbeiten, was Entwicklern wie Anwendern einen angenehmen Wechsel zum neuen Betriebssystem ermöglichen würde.

# Mac OS Chronik

**1984**

**System 1.0**: sechs Files mit insgesamt nur 216 K

**System 1.1**: Diskettenkopie verbessert; Set Startup-Befehl eingeführt

«Das hängt davon ab, wie lange ich lebe.»

***Jean-Louis Gassée,*** *Senior Vice President für F&E, auf die Frage, ob Apple das Mac-Betriebssystem noch zu seinen Lebzeiten weiterentwickeln werde.*

**1985**

**System 2.0**: Finder 4.1; Diskettenicon auf Papierkorb ziehen, um Diskette zu entfernen; Funktion Alles schliessen, Zurücklegen entfernt; Listenansicht Bildschirmicons; Drucker auswählen eingeführt, Neue Ordner, Katalog drucken, Ausschalten, MiniFinder

Microsoft liefert Windows 1.01 aus

**1986**

**System 3.0**: schnellerer Finder 5.0; HFS eingeführt, RAM Umschalter

**System 3.1**: Finder 5.2

**System 3.2**: 30 Fehler behoben; neues Taschenrechnerprogramm

**1987**

**System 3.3**: Finder 5.4

**System 4.0**: zunächst OS inkompatibel mit dem ursprünglichen 128K Mac

**System 4.1**: Finder 5.5: AppleShare 1.1

Microsoft kündigt Windows 2.0 an

System 7 enthielt so viele Merkmale, dass es das erste Mac-Betriebssystem war, das ein Festplattenlaufwerk für die Installation benötigte.

## 1988

Microsoft liefert Windows 2.03 aus

Apple verklagt Microsoft und HP

**System 4.2**: Finder 6.0; MultiFinder eingeführt

## 1989

**System 6.0.2**

## 1990

**System 6.0.5**: mit Mac II fx ausgeliefert

Microsoft liefert Windows 3.0 aus

**System 6.0.3** mit Mac Iicx und Mac SE/30 ausgeliefert

## 1991

**System 7.0**: Einführung 32-Bit-Adressierung (erlaubt mehr als 8 MB RAM), Datei-Aliase, das Apple-Menu enthält mehr als Schreibtischprogramme, Ballon-Hilfe, File Sharing, Listenansicht, Zurücklegen, Ordner Startobjekte, eingebaute Pads, Kontrollfeld Ansicht, QuickTime

**System 7.0.1**: verschwindende Icons repariert; Kontrollfeld Cache-Umschalter eingeführt, Caps Lock Erweiterung

Am 4. August 1992 wurde System 7 auf über 4 Millionen Macs eingesetzt, fast 50 Prozent der gesamten installierten Basis.

**1992**

Microsoft liefert Windows 3.1 aus

**System 7.1**: Kontrollfeld Datum & Uhrzeit eingeführt, Enabler, Ordner Zeichensätze, Kontrollfeld Zahlenformat, WorldScript

**1993**

Microsoft liefert Windows NT 3.1 aus

**System 7.1 Pro (System 7.1.1)**: AppleScript, PowerTalk eingeführt

**1994**

**System 7.1.2**: Moderne Speicherverwaltung für Power Macs eingeführt

**System 7.1.3**: Kontrolleiste für PowerBook 500 eingeführt

**System 7.5**: Apple Guide eingeführt, Apple Menu Optionen, Drag & Drop, Uhr in Menuleiste, QuickDraw GX, WindowShade; Mac Easy Open und PC Exchange im Bundle

**1995**

**System 7.5.1 (System 7.5 Update 1.0)**: Bug-Fix, kleinere Updates

Microsoft liefert Windows 95 aus

**System 7.5.2**: für neue PowerBooks und PCI-basierte Power Macs; Open Transport eingeführt, maximale Volume-Größe auf 2 Terabyte erweitert

**Mehrere «neue» Merkmale in System 7.5, wie die Menu-Uhr und WindowShade, stammten eigentlich aus Freeware und waren nur überarbeitet worden.**

Nach einer extrem kurzen Zeit auf dem Markt galt System 7.5.4 als zu fehlerhaft und wurde schnell durch System 7.5.5. ersetzt.

## 1996

**System 7.5.3 (System 7.5 Update 2.0)**: Die Kommentare zur Datei im Fenster Information bleiben auch nach Neuaufbau der Schreibtischdatei erhalten; Kontrolleiste funktioniert auf allen Macs; Kontrollfeld Monitore & Ton wird eingeführt, Objekte im Finder bleiben beim Ziehen sichtbar

**System 7.5.5**: bessere Stabilität, neue Mathematik-Routine, letztes OS für 68000, 68020 oder 68030 Macs mit «dirty» ROMs

System 7.6 war das erste Mac-Betriebssystem, das einen 68030 oder einen höheren Prozessor erforderte.

## 1997

**System 7.6**: Stabilität verbessert; QuickDraw 3D 1.0.6 eingeführt

**System 7.6.1**: verbesserte Stabilität (Fehlercode 11 wurde 1 oder 2); letztes OS für 68000, 68020 oder 68030 Macs

**Mac OS 8.0**: nativer Finder-Code für PowerPC; Kontrollfeld Erscheinungsbild eingeführt ; Kontextmenus, Schreibtischbilder; benutzerbezogenes Web Sharing, Aufklappfenster, aufspringende Ordner, Buttons

Apple verkaufte in den ersten beiden Wochen nach der Auslieferung 1,2 Millionen und innerhalb von 6 Monaten 3 Millionen Exemplare von Mac OS 8.

## 1998

**Mac OS 8.1**: Schnellerer Startvorgang; MRJ 2.0; HFS eingeführt; letztes OS für 68040 Macs

Microsoft liefert Windows 98 aus

**Mac OS 8.5**: nativer AppleScript-Code für PowerPC, schnelleres Kopieren von Daten übers Netzwerk, schnellere Installer, bessere Navigation, QuickTime 3 Pro, Remote Access 3.1.2; Themen im Kontrollfeld Erscheinungsbild, Programm-Umschalter, Favoriten, File Exchange 3.0, Spalten im Finder beweglich/Größe einstellbar, Netzwerkbrowser, Sherlock,Smart Scrolling, PowerPC erforderlich

**Mac OS 8.5.1**

## 1999

**Mac OS X Server**

**Mac OS 8.6**

**Mac OS 9**

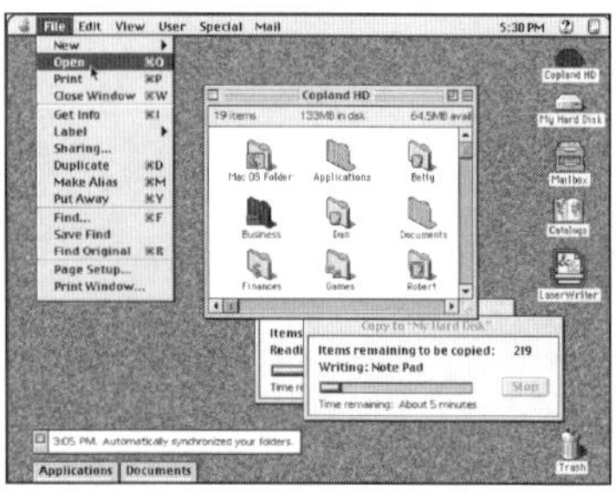


**Mehrere Copland-Features, einschließlich der farblichen Unterlegung, der überlappenden Fenster und des Multitasking-Finders, hier in einem früheren Screenshot von Copland, überlebten in Mac OS 8.**

# Apple: Fortsetzung folgt!

Nachdem der Vorstand Gilbert F. Amelio am 5. Juli 1997 aufgefordert hatte, als CEO und Chairman von Apple zurückzutreten, bot das Gremium den freien CEO-Posten Steve Jobs an, der schon als Teilzeitberater fungierte. «Ich ließ es mir durch den Kopf gehen, kam aber zur Erkenntnis, dass ich mit meinem Leben etwas anderes anfangen wollte», erklärte Jobs später. «Ich lehnte das Angebot ab, versprach aber, noch 90 Tage für Apple tätig zu sein und dem Unternehmen zur Seite zu stehen, bis es einen neuen CEO hatte». Der Vorstand bot Jobs dann das Amt des Chairman an, was er ebenfalls ablehnte. Er sagte: «Ich arbeite gern im Vorstand mit, aber mehr kann ich nicht geben. Ich habe noch andere Aufgaben.» Branchenbeobachter glaubten, dass es schwierig werde, den freien CEO-Posten zu besetzen, solange Jobs Mitglied im Vorstand sei, und sie sollten Recht behalten.

«Apple braucht unbedingt einen herausragenden Manager für das Tagesgeschäft, einen Visonär, Führer und Politiker. Die einzige Person, die dieses Unternehmen führen könnte, wurde vor 2000 Jahren gekreuzigt.»

***Michael Murphy,*** *Herausgeber des California Technology Stock Letter*

**Steve Jobs lehnte die Bitte des Vorstands, Gil Amelios Platz als CEO und Chairman von Apple zu übernehmen, ab.**

Solange Apple keinen CEO finden konnte, leitete Jobs de facto das Unternehmen. Er fand, dass eine Menge Arbeit zu tun war. «Es war, als wollte man einen großen Tanker umdrehen. Es gab viele lausig schlechte Geschäfte, die wir rückgängig machten», sagte Jobs. Er empfahl dem Vorstand, die Aktienoptionen der Mitarbeiter auf 13,25 Dollar festzusetzen, um die Moral zu verbessern. Als die Mitglieder sich weigerten, forderte er sie zum Rücktritt auf. Prompt gab

«Im Augenblick ist der Job so schwierig, dass man einen bisexuellen blonden Japaner brauchen würde, der 25 Jahre alt ist und 15 Jahre Erfahrung hat.»

***Jean-Louis Gassée,*** *CEO von Be, der den idealen CEO-Kandidaten beschreibt und demonstriert, warum seine Zitate in Silicon Valley so gern verbreitet werden.*

> «Apple steckt noch voller Chancen. Aber man müsste Gott einstellen, wenn die Arbeit wirklich erledigt werden soll.»
>
> ***Charles Haggerty,*** *CEO von Western Digital*

am 25. Juli Delano E. Lewis, President und CEO von National Public Radio, seinen Rücktritt vom Vorstand bekannt und begründete ihn mit dringenden Aufgaben bei NPR. Offensichtlich zog er es vor, selbst zu springen anstatt gestoßen zu werden.

Am 6. August kündigte Jobs auf der Macworld Expo in Boston schockierende Neuigkeiten an. Erstens wurde der Vorstand von Apple einer Rundumerneuerung unterzogen. Nur zwei Mitglieder behielten ihr Amt: Gareth C. Chang (President von Hughes International) und Edgar S. Woolard, Jr. (pensionierter Chairman von E.I. DuPont de Nemours & Company), der eine wichtige Rolle bei der Absetzung Amelios gespielt hatte. Bernard Goldstein, Katherine M. Hudson und Mike Markkula traten zurück. In der ganzen Geschichte von Apple war Markkula die einzige Konstante gewesen. Zu verschiedenen Zeiten hatte Markkula die Positionen des Präsident, Chairman und CEO innegehabt, und auch wenn er das Rampenlicht mied, hatte er bei der Absetzung eines jeden Apple-Führers die Fäden hinter den Kulissen gezogen, ob bei Mike Scott, Steve Jobs, John Sculley, Mike Spindler oder Gil Amelio. Jetzt war es für ihn selbst Zeit zu gehen, gemeinsam mit fast allen Angehörigen des Direktorengremiums, das zugesehen hatte, wie Apple am Weinstock vertrocknet war. Jobs holte handverlesene neue Vorstands-Mitglieder: William V. Campbell (Präsident und CEO von Intuit), Lawrence J. Ellison (Chairman und CEO von Oracle) und Jerome B. York (Vice Chairman von Tracinda Corporation und ehemaliger Finanzchef von IBM und Chrysler). Der neue Vorstand beschloss, erst dann einen Chairman zu ernennen, wenn ein neuer CEO gewählt war, aber Jobs hatte klar die Kontrolle bei Apple übernommen. Noch vor weniger als zwei Jahren hatten Jobs und Ellison eine feindliche Übernahme von Apple in Ewägung gezogen, und nun gaben sie den Ton an. Und anstatt Milliarden Dollar dafür hinzublättern, hatte Apple Jobs sogar Millionen dafür gezahlt, dass er zurückkehrte, indem sie nämlich NeXT Software kauften.

> «Wenn ich Apple führen würde, würde ich den Macintosh melken... und das nächste große Produkt vorbereiten. Die PC-Kriege sind vorbei. Endgültig. Microsoft hat längst gewonnen.»
>
> ***Steve Jobs,*** *in einem Interview mit Fortune im Februar 1996*

> «Vielen Dank dafür, dass Sie dieses Unternehmen unterstützen. Ich glaube, die Welt ist dadurch zu einem besseren Ort geworden.»
>
> ***Steve Jobs*** *zu Bill Gates*

Noch schockierender als die Rundumerneuerung des Vorstands war die Ankündigung, dass Apple einen Lizenzaustausch und Technologievereinbarungen mit Microsoft beschlossen hatte. Der fertige Vertrag wurde nur drei Stunden, bevor Jobs ihn in der Öffentlichkeit bekanntgab, von Seattle nach Boston gefaxt. Microsoft stimmte zu, Mac-Versionen der Produkte Microsoft Office und des Internet Explorer für weitere fünf Jahre herzustellen. Dafür würde Apple den Internet Explorer als Standardbrowser mit dem Mac OS bündeln. Microsoft gab Apple nicht nur die Zusicherung, die Entwicklung für den Mac fortzusetzen, sondern zahlte auch einen nicht bezifferten Betrag (Gerüchten zufolge 100 Millionen Dollar) an Apple, um die alten Patentstreitigkeiten beizulegen. Außerdem zahlte Microsoft 150 Millionen Dollar für 150000 Apple-Aktien der Reihe A. Es handelte sich um nicht stimmberechtigte Vorzugsaktien, die mindestens drei Jahre lang nicht verkauft werden durften. Der Vorstand von Apple garantiert für jede Vorzugsaktie eine Dividende von 30 Dollar, zahlbar in Stammaktien.

Fast sofort nach der Übernahme seiner Ämter bei Apple hatte Amelio versucht, die Beziehungen zu Microsoft zu verbessern. Ein Hindernis stellte Apples beharrliche Behauptung dar, dass mit Windows 95 einige seiner Patentrechte verletzt würden, obwohl Apple den Look-and-Feel-Prozess am 24. August 1993 verloren hatte. Die beiden Firmen versuchten, diesen Streit beizulegen und sich nicht mehr zu befehden, sondern zusammenzuarbeiten. Allerdings verweigerte Gates Amelio ein Zugeständnis, um das dieser verzweifelt kämpfte: das Versprechen, Microsoft Office für Rhapsody zu entwickeln.

Als Bill Gates' Gesicht während der Rede auf der Macworld Expo auf dem Bildschirm erschien, brach das Publikum in Buhrufe aus. Jobs tadelte die Anwesenden für ihr kindisches Verhalten und meinte: «Apple muss den Standpunkt aufgeben, dass es nur gewinnen kann, wenn Microsoft verliert.» Offensichtlich sah die Wall Street das ebenso. Wenige Stunden nach der Bekanntgabe kletterten die Apple-Aktien um 33 Prozent auf 26,31 Dollar. Als die Euphorie sich Wochen später jedoch legte, pendelte sich der Kurs wieder auf dem Stand vor der Ankündigung ein. Die 150 Millionen Dollar, die Microsoft in Apple investierte, waren eine Kleinigkeit für ein Unternehmen mit einer prall gefüllten Kasse, in der 9,1 Milliarden

**Als das lächelnde Gesicht von Bill Gates während der Rede auf der Macworld Expo in Boston auf dem Bildschirm erschien (links), machten viele Anwesende ihrem Unmut durch laute Buhrufe Luft – als personifizierte der CEO von Microsoft Big Brother aus dem berühmten Werbespot *1984* (rechts).**

Am 27. Mai 1986, nachdem Apple sich von der Werbeagentur Chiat/Day getrennt hatte und mit seinem Auftragsvolumen von 50 Millionen Dollar zu Batten, Barton, Durstine & Osborne (BBDO) gegangen war – John Sculleys bevorzugte Werbeagentur bei Pepsi –, ließ der abgesetzte Steve Jobs eine ganzseitige Werbeanzeige in der westlichen Ausgabe des *Wall Street Journal* veröffentlichen. Sie lautete: «Herzlichen Glückwunsch, Chiat/Day. Ganz im Ernst. Herzlichen Glückwunsch zu sieben Jahren hervorragender Arbeit. Sie haben geholfen, Apple aufzubauen, und Sie waren ein integraler Bestandteil des Marketingteams. Sie waren risikofreudig, haben manchmal Misserfolge gehabt und sind nie faule Kompromisse eingegangen. Die PC-Branche wird nun von den ‹Baumeistern› an die ‹Hausmeister› übergeben, also von jenen, die sie geschaffen und eine Milliarden-Dollar-Industrie aufgebaut haben, an jene, die alles so lassen, wie es ist, und versuchen, ein marginales zukünftiges Wachstum zu erreichen.
Es lässt sich nicht vermeiden, dass in diesen turbulenten Zeiten des Übergangs auch manche Gesichter wechseln. Sie haben wirklich großartige Arbeit geleistet und der Werbebranche einen großen Dienst erwiesen. Nette Menschen bleiben über Jahre hinweg in Erinnerung. Nette Menschen bleiben immer stolz darauf, dazu etwas beigetragen zu haben. Ich erwarte demnächst von Ihnen wieder ‹wahnsinnig tolle› Werbung. Denn ich garantiere Ihnen: Es gibt ein Leben nach Apple. Danke für die Erinnerungen.»
Die Anzeige war unterzeichnet mit Steven P. Jobs.

Dollar lagen, aber sie stellten ein Meisterstück in Sachen Public Relations dar. Microsoft demonstrierte, dass es sich als weltweit größter Softwarehersteller für die Macintosh-Plattform einsetzte, und schuf damit Vertrauen in den Mac. Natürlich handelte Microsoft nicht selbstlos. Der Konzern verdient jährlich etwa 300 Millionen Dollar an den Mac-Verkäufen, so dass es in seinem besten Interesse ist, diesen Markt am Leben zu erhalten. Vermutlich spekulierte Microsoft auch darauf, sich beim Justizministerium in ein positiveres Licht zu rücken, das wegen angeblicher wettbewerbsfeindlicher Praktiken gegen Microsoft ermittelte.

**Chiat/Day warb für die Geschwindigkeit des G3-Prozessors von Apple, indem der Pentium II von Intel mit einer Schnecke verglichen wurde.**

Nach den Neuigkeiten auf der Macworld kündigte Apple am 8. August an, dass es sich von seiner langjährigen Werbeagentur BBDO trenne und nun mit TBWA Chiat/Day (www.tbwachiat.com) der Omnicom Group zusammenarbeite, jener Firma, von welcher der *1984*-Spot zur Einführung des Mac stammte (siehe «Ein Werbehit fast für die Schublade»). Chiat/Day entwickelte rasch die «Think Different»-Kampagne, die zunächst von Kritikern als oberflächliche Lifestyle-Kampagne verlacht wurde. Bald verwandelte sie sich in eine knallharte Anzeigenreihe, in der Produktvorteile im Vordergrund standen. Anzeigen wie «Snail» und «Toasted Bunny» vermittelten, dass die G3-Prozessoren bis zu doppelt so schnell wie die Pentium-Chips von Intel waren.

Die Neubesetzung des Vorstands und die Kooperation mit Microsoft waren nicht die einzigen Themen, die in jenem August auf der Macworld Expo diskutiert wurden. Klon-Hersteller Power Computing ging mit seiner Verärgerung über den neuen feindseligen Standpunkt von Apple gegenüber den Mac-OS-Lizenznehmern an die Öffentlichkeit (siehe «Teure Namen»). Jobs war nie ein Fan der Mac-OS-kompatiblen Systeme gewesen – auf der Worldwide Developers Conference im vorangegangenen Mai hatte er die Kloner «Parasiten» genannt –, und so überraschte es wenig, als Apple am 2. September bekanntgab, dass es die wichtigsten Vermögenswerte von Power Computing kaufen und das Lizenzprogramm bei Apple einstellen werde. Der Schritt stieß in der Mac-Gemeinde nicht auf Gegenliebe, aber der Vorstand hatte keine Bedenken. Am 16. September wurde Jobs zum Interims-CEO gesalbt.

Eine der ersten Amtshandlungen Jobs' bestand darin, einen Verlust von 161 Millionen Dollar für das zum 26. September endende vierte Quartal anzukündigen. Darin waren auch 75 Millionen Dollar Abschreibung im Zusammenhang mit dem Kauf der Mac-OS-Lizenz von Power Computing enthalten. Im gesamten Geschäftsjahr war der Umsatz um 28 Prozent auf 7,1 Milliarden Dollar gesunken. «Die Einführung von Mac OS 8 hat zu Rekordumsätzen geführt», stellte CFO Fred Anderson fest. «Unser US-Geschäft mit der Bildungsindustrie hat über eine halbe Milliarde Umsatz in diesem Quartal eingebracht, und der Absatz auf dem Firmen- wie auf dem Konsumentenmarkt in den USA wurde gesteigert. Aber wir sind enttäuscht von der schleppenden Nachfrage außerhalb der USA, vor allem in Japan. Wir bleiben weiterhin auf unser Hauptziel konzentriert, Apple zu nachhaltiger Rentabilität zurückzuführen. Unser Ziel für das Geschäftsjahr 1998 lautet, Apples Break-Even-Punkt zu senken, indem die Kosten weiter reduziert und die Rohgewinne erhöht werden.»

«Apple hat einige enorme Vermögenswerte, aber ich glaube, wenn man sich nicht darum kümmert, könnte das Unternehmen... ich suche nach dem richtigen Wort - es könnte zugrundegehen.»

***Steve Jobs***

COMPUSA THE COMPUTER SUPERSTORE®

Apple gab am 4. November bekannt, dass es zur Ankurbelung des Umsatzes eine Vereinbarung mit CompUSA (www.compusa.com) getroffen habe, dem führenden Computereinzelhändler der Nation. Nach einem neuen «Laden im Laden»-Konzept sollten Macintosh-Produkte in den 148 Filialen der Kette ausgestellt werden. Am 10. November enthüllte Apple dann die hochwertigen Power Mac-Computer, die auf der dritten Generation des PowerPC G3-Prozessors von IBM und Motorola beruhten. Am gleichen Tag wurde auch The Apple Store (www.apple.com/store) eröffnet, ein Internet-Geschäft auf der Basis des NeXT-Produkts WebObjects, in dem die Kunden maßgeschneiderte Macs direkt bei Apple bestellen konnten. Sowohl der «Laden im Laden» bei CompUSA wie auch das Internet-Geschäft waren sofort erfolgreich. Über den Apple Store gingen allein in den ersten 30 Tagen Bestellungen im Wert von über 12 Millionen Dollar ein, und in jenen CompUSA-Niederlassungen, in

**Das «Laden im Laden»- Konzept trieb den Mac-Umsatz bei CompUSA deutlich in die Höhe.**

denen es einen «Laden im Laden» von Apple gab, stiegen die Mac-Umsätze laut Apple von einem Anteil von 3 Prozent am gesamten PC-Geschäft von CompUSA auf 14 Prozent. Das Experiment war so erfolgreich, dass Apple CompUSA am 2. Februar 1998 zum alleinigen nationalen Einzelhändler machte.

Als sich das Jahr 1997 dem Ende näherte, war Apple immer noch auf der Suche nach einem CEO. Michael Murdock – ein 36 Jahre alter EDV-Berater bei Burlingame in Kalifonien und ehemaliger Pixar-Mitarbeiter – hatte sich für Apples Top-Position in einer Reihe von E-Mails an die Manager empfohlen. Zwei Tage vor Weihnachten antworteten ihm Jobs und das Vorstands-Mitglied Ellison schließlich und erklärten sich im Spaß damit einverstanden, ihn das Ruder übernehmen zu lassen. «OK. Sie können den Job haben», schrieb Ellison zuerst. Dann folgte Jobs' E-Mail: «Yep, Mike, legen Sie los. Wann können Sie anfangen?» Murdock antwortete, dass er am 5. Januar 1998 zum Dienst erscheinen könne, was Jobs veranlasste, wieder ernst zu werden und zu antworten: «Bitte kommen Sie nicht zu Apple. Man wird Sie darum bitten, wieder zu gehen, und wenn Sie das nicht tun, wird man Sie festnehmen.» Jobs und Ellison hatte die E-Mails an Murdock als einen kleinen Scherz unter Milliardären gemeint, aber das Lachen sollte ihnen bald vergehen. Einen Monat später zirkulierten in den Büros von Pixar E-Mails, die angeblich von Jobs stammten und in denen die Positionen und Gehälter aller 400 Pixar-Mitarbeiter bekanntgegeben wurden. Jobs stritt ab, die E-Mails geschickt zu haben, und viele bei Pixar vermuteten, dass Murdock dahintersteckte. Doch auch dieser behauptete, nichts damit zu tun zu haben.

Auf der Macworld Expo am 6. Januar 1998 in San Francisco stellte Apple stolz Mac OS 8.1 und QuickTime 3.0 vor, Microsoft kündigte Office 98 an, und Jobs überraschte das Publikum gegen Ende seiner Rede mit der beiläufigen Erwähnung, dass Apple im ersten Quartal 1998 voraussichtlich einen Gewinn ausweisen werde. «Es ist fantastisch, dass unsere neuen Pläne zu funktionieren beginnen», sagte Jobs voller Begeisterung. «Es gibt zwar noch viel Arbeit zu tun, aber Apple kehrt als großer Mitspieler in die Arena zurück.» Den endgültigen Zahlen zufolge hatte Apple es geschafft, dank des Verkaufs von 133 000 Power Macintosh-Rechnern mit dem G3-Prozessor in diesem Quartal 47 Millionen Dollar zu verdienen.

Während sich die positiven Pressemeldungen über die mögliche Wende des Unternehmens häuften, traf Apple zwei Entscheidungen, auf die sich viele keinen Reim machen konnten. Zunächst entließ Apple am 27. Januar 300 Claris-Mitarbeiter, und die profitable Softwaretochter firmierte in FileMaker, Inc. um. Fortan sollte sie sich nur noch auf das gleichnamige Datenbankpaket konzentrieren. Die meisten anderen Claris-Produkte, darunter das enorm beliebte ClarisWorks, sollten bei Apple weitergeführt werden, aber dort setzte man sich erst gar nicht ernsthaft für die Claris-Produkte ein. Genau einen Monat später gab Apple bekannt, dass die Entwicklung des Newton-Betriebssystems und der Newton-Produkte eingestellt werde. Davon waren auch das MessagePad 2100 und der eMate 300 betroffen, die auf recht gute Resonanz gestoßen waren. Es war noch nicht einmal sechs Monate her, seit Jobs die Ausgliederung von Newton Inc. verhindert und die Division zu Apple zurückgeholt hatte (siehe «Newton ohne Happy End»). «Diese Entscheidung entspricht unserer Strategie, unsere Ressourcen in der Softwareentwicklung auf die Erweiterung des Macintosh-Betriebssystems zu konzentrieren», sagte Jobs. «Um unsere ehrgeizigen Pläne zu realisieren, müssen wir all unsere Bemühungen in eine Richtung lenken.»

Zwar fiel es den Branchenbeobachtern schwer zu verstehen, warum Apple Claris und Newton aufgab, doch am 15. April herrschte allgemeine Freude, als Apple einen Gewinn von 55 Millionen Dollar ankündigte, den zweiten Quartalsgewinn in Folge. Die Umsätze blieben niedrig, aber die Roherträge waren um 25 Prozent gestiegen. «Apple hatte ein großartiges Quartal, das steht außer Zweifel», schwärmte Jobs. «Wir sind sehr zufrieden mit der starken Nachfrage nach unseren Power Macintosh G3-Rechnern, die einen Anteil von 51 Prozent an allen verkauften Einheiten hatten.» Die Mitglieder des Vorstands von Apple waren so zufrieden, dass sie Jobs baten, das «Interim» aus seinem Titel zu streichen, und sie boten ihm Optionen auf bis zu sechs Millionen Stammaktien sowie eine Million Stammaktien mit bedingter Dividendenauszahlung an. Jobs lehnte ab und wiederholte noch einmal: «Es geht mir nicht ums Geld. Deshalb bin ich nicht hier. Ich habe mehr Geld als ich je in meinem Leben wollte.» Was will Jobs dann wirklich? In einem

«Wir haben die ganze Palette neuer Produkte geprüft und über 70 Prozent verworfen, also 30 Prozent behalten, die gut waren. Die Produktteams bei Apple sind sehr motiviert. Es gibt eine Menge Früchte, die so tief hängen, dass es leicht ist, sie zu pflücken und eine Wende herbeizuführen.»

***Steve Jobs***

«Manche Leute stören sich am Begriff Interim, aber der letzte CEO hat sie nicht im Geringsten gestört, und er war kein Interims-Chef.»

***Steve Jobs***

«Niemand hat versucht, uns zu schlucken, seit ich hier bin. Ich glaube, alle haben Angst davor, dass wir nicht gut schmecken könnten.»

***Steve Jobs**, auf der Hauptversammlung der Aktionäre am 22. April 1998 zum Thema einer möglichen Übernahme*

«Am Tag der Auslieferung des iMac hatten wir die höchsten Verkaufszahlen, die es je bei einem Computer gab.»

***Larry Mondry,*** *Executive Vice President of Merchandising von CompUSA*

Gespräch mit einigen Entwicklern, die sich im Herbst 1997 bei Apple bewarben, wurde Jobs gefragt, wie lange er noch bei Apple bleibe, und er antwortete: «Wenn überhaupt, dann werde ich für immer CEO oder Chairman des Unternehmens. Ich habe Apple schon einmal einem Blödmann hinterlassen.» Als ihm dieselbe Frage Mitte 1998 gestellt wurde, antwortete Jobs: «Vor mehreren Monaten bin ich aufgewacht und habe Folgendes beschlossen... Ich werde so lange mein Bestes geben, wie ich kann, und mir keine Gedanken darüber machen, was andere denken. Mein Schwerpunkt liegt auf meiner Familie, Apple und Pixar, und zwar in dieser Reihenfolge.»

Am 15. Juli 1998 wies Apple das dritte rentable Quartal in Folge unter Jobs' Führung aus. Obwohl der Umsatz um 19 Prozent sank, verdiente Apple 101 Millionen Dollar, dank der anhaltend starken Nachfrage nach der lukrativen Power Mac G3-Reihe (750000 verkaufte Geräte seit der Einführung), dem Erlös von 33 Millionen Dollar aus dem Verkauf von Anteilen am Chiphersteller ARM Holdings Plc am 16. April. Dabei waren sogar noch 7 Millionen Dollar für den Kauf der digitalen Videotechnologie von Macromedia fällig geworden. «Steve [Jobs] hat viele Fehler seiner Vorgänger ausgebügelt, er hat aber auch von den Grundlagen profitiert, die Gil [Amelio] gelegt hat», sagte der Finanzanalyst Lou Mazzucchelli Jr. von Gerard Klauer Mattison & Co. Inc. «Einiges von dem, was Sie sehen – die operativen Einschnitte und die Effizienz in der Organisation von Apple – wurde schon unter Gils Führung eingeleitet und von [CFO] Fred Anderson umgesetzt.»

Ein Projekt, für das Jobs allein die Lorbeeren zustehen, ist der iMac. Das iMac-Projekt wurde fast sofort nach seiner Rückkehr zur Macht bei Apple begonnen. Jobs hatte sich in den Kopf gesetzt, gemeinsam mit einem kleinen Team loyaler, talentierter Mitarbeiter etwas völlig anderes zu machen, und das unter fast vollständiger Geheimhaltung. Das Geheimnis wurde so gut gehütet, dass die meisten Apple-Mitarbeiter, als der iMac am 6. Mai 1998 gemeinsam mit einer überarbeiteten PowerBook G3-Serie (Codename Wall Street) vorgestellt wurde, noch nie etwas von dem neuen Computer gehört hatten. Das sollte sich bald ändern.

**Apple beherzigte mit dem radikalen Industriedesign des iMac den Werbeslogan «Think Different» und markierte die Rückkehr des Unternehmens auf den Konsumentenmarkt.**

«Wir haben den iMac entwickelt, damit er den Verbrauchern das bietet, was ihnen am wichtigsten ist: die Spannung des Internet und die Einfachheit des Mac. iMac ist der Computer des nächsten Jahres für 1299 Dollar, nicht der Computer des letzten Jahres für 999 Dollar.»

***Steve Jobs***

Apple zufolge ist der iMac «der Computer des Internet-Zeitalters für jeden». Aber am Anfang kamen die Kritiker nicht über die merkwürdige Entscheidung hinweg, kein Diskettenlaufwerk zu liefern. Dabei übersahen sie all die anderen erstaunlichen Komponenten, mit denen Apple den transparenten türkisblauen (nach einem berühmten Strand in Sydney auch «Bondy-blue» genannten) Rechner ausgestattet hatte: 233 MHz Power PC G3, 32 MB Arbeitsspeicher, 15-Zoll-Bildschirm, 4 GB Festplatte, 24-fach CD-ROM-Laufwerk, V.90-Modem und 10/100Base-T Ethernet-Netzwerkanschluss. Im Wesentlichen hatte Apple alles hineingepackt, was ein Verbraucher möglicherweise gebrauchen konnte, und das für nur 1299 Dollar. Der Markt reagierte entsprechend. Zwischen dem Zeitpunkt der Ankündigung des iMac und der tatsächlichen Auslieferung am 15. August ging die Rekordzahl von 150000 Bestellungen ein. In den ersten sechs Wochen des Erscheinens in Nordamerika, Japan und Europa verkaufte Apple insgesamt 278000 iMacs. Damit wurde der iMac zum bestverkauften Macintosh-Modell, das es je gegeben hatte. Fast so wichtig wie die Zahl der verkauften iMacs war aber auch, wer die Computer kaufte.

«Was Apple tut, hat manchmal eine elektrisierende Wirkung auf den Rest von uns. [Der iMac] ist nichts, was wir nicht auch geschafft hätten, aber Apple hat ihn einfach verwirklicht.»

***Andrew Grove,*** *Chairman von Intel*

Interviews, welche die Marktforschungsgesellschaft Audits and Survey mit 1900 Mac-Käufern beim Verlassen des Geschäfts durchführte, ergaben, dass 29,4 Prozent der Befragten vorher überhaupt keinen Computer besessen hatten, und 12,5 Prozent kamen aus der Wintel-Welt. Von den restlichen iMac-Käufern ersetzte etwa die Hälfte einen alten Mac und die andere Hälfte hatte vor, den alten Mac parallel zum neuen iMac zu verwenden. Das bedeutete, dass etwa 70 Prozent aller verkauften iMac-Rechner zur Gesamtzahl der im Gebrauch befindlichen Macs addiert werden konnten. Die Marktforschungsgesellschaft IDC in Framingham, Massachusetts, prognostizierte, dass bis Ende 1998 800000 iMacs verkauft werden, womit Apple den weltweiten Marktanteil auf 6 Prozent verdoppeln könnte.

Am 14. Oktober 1998 machte Apple den ungewöhnlichen Schritt, das Jahresergebnis tagsüber anzukündigen, anstatt bis zum Börsenschluss zu warten, wie es üblich ist. Jobs stellte Mac OS 8.5 (Codename Allegro) vor, das drei Tage später freigegeben werden sollte, und gab bekannt, dass Apple die nationale Distribution um 300 Best-Buy-Geschäfte in den gesamten Vereinigten Staaten erweiterte. Darüber hinaus wurde auch die gute Nachricht verkündet, welche die Mac-Getreuen, die sich eingefunden hatten, hören wollten: Bei einer hohen Nachfrage nach der gesamten Produktpalette (die Zahl der ausgelieferten Einheiten war auf 834000 geschnellt) kündigte Jobs einen Gewinn von 106 Millionen Dollar bei einem Umsatz von 1,56 Milliarden Dollar für das Quartal zum 30. September an. Es war das vierte profitable Quartal des Unternehmens in Folge. Unter Jobs' Führung hatte Apple einen Jahresgewinn von 309 Millionen Dollar erwirtschaftet. Das ist nicht viel, verglichen mit den 1,6 Milliarden Verlusten in den 17 Monaten von Amelios Amtszeit, aber immerhin war es das erste rentable Jahr, seit Spindler das Schiff 1995 auf Grund gesetzt hatte.

Das neue Jahr brachte noch mehr gute Nachrichten aus Cupertino. Apple erhielt auf der Macworld Expo in San Francisco am 5. Januar 1999 großen Applaus für die Einführung des iMac in fünf verschiedenen Farben und einen überarbeiteten Power Mac G3-Minitower. In der folgenden Woche kündigte Apple für das zum 26. Dezember 1998 endende Quartal einen Nettogewinn von 152 Millionen Dollar bei einem Umsatz von 1,7 Milliarden Dollar sowie einen

Rohertrag von 28,2 Prozent an. Die Anwender und Analysten freuten sich gleichermaßen darüber, dass Gewinne, Umsätze, Roherträge und die Stückzahlen gestiegen waren. «Die Zunahme der Stückzahlen im vergangenen Jahr war drei- bis viermal höher als es dem Branchendurchschnitt entspricht», sagte Jobs. «Außerdem hat Apple das Quartal mit nur zwei Tagen Lagerbestand beendet. Damit übertreffen wir sogar den Branchenführer Dell mit seinen sieben Tagen.» Außerdem verfügte Apple über ein Polster von fast 2,6 Milliarden Dollar an liquiden Mitteln und kurzfristigen Investitionen.

Wie sich herausstellt, verkaufte Apple im Jahr 1998 tatsächlich 800 000 iMacs, also «alle 15 Sekunden in jeder Minute, jeder Stunde, an jedem Tag und in jeder Woche» einen iMac, wie Steve Jobs, Interims-CEO, sagte.

Apple hatte aus den Fehlern der Vergangenheit gelernt und ruhte sich auf seinen Lorbeeren nicht aus. Hardware und Betriebssysteme wurden regelmäßig aktualisiert. Nur drei Monate nach der Auslieferung des ersten iMac-Modells kam der iMac Rev. B auf den Markt, der einen schnelleren ATI Rage Pro Turbo Grafikchip und 6 MB anstelle von 2 MB SGRAM hatte und auf bis zu 256 MB RAM erweiterbar war. Am 5. Januar 1999 – auf der Macworld Expo in San Francisco – erhielt Apple ein sehr wichtiges Lob für den neuen 266 MHz iMac Rev. C in verschiedenen Farben und den «Blue & White» Power Mac G3 Minitower mit einem vom iMac inspirierten Gehäuse. Kaum hatte sich der Jubel der Mac-Gemeinde wieder gelegt, kam im April ein iMac mit einem 333 MHz-Prozessor auf den Markt, im Mai folgte der Power Mac G3 mit 450 MHz, und im September wurde der Power Mac G4 angekündigt, zunächst mit einer Prozessorleistung von 400 bis 500 MHz und zu einem Preis von unter 1 599 Dollar. (Da Motorola Lieferschwierigkeiten hatte, rekonfigurierte Apple die G4-Linie kurz nach der Ankündigung und reduzierte im Wesentlichen die Geschwindigkeit der Modelle um 50 MHz.) Im Oktober brachte Apple den 350 MHz iMac Rev. E und zwei 400 MHz-Modelle mit DVD auf den Markt.

Das Betriebssystem wurde ebenfalls in schnellem Tempo verbessert. Zwei Monate nach Erscheinen von Mac OS 8.5 folgte schon Mac OS 8.5.1, eine Wartungsversion. Am 10. Mai 1999 – auf der jährlichen Worldwide Developers Conference (WWDC) – stellte Apple Mac OS 8.6 vor, das stärkere Suchwerkzeug Sherlock, eine verbesserte Stabilität und eine höhere Batterielebensdauer des PowerBook bot. Im Oktober folgte Mac OS 9 (Codename Sonata), das etliche Bonbons enthielt: Sherlock 2 mit Online-Shopping-

Fähigkeiten, ein «Schlüsselbund» für alle Passwörter, automatische Software-Updates, Internet-Browser, Verschlüsselungssoftware für eine sichere Datenübertragung, und Internet-fähiges AppleScript und File Sharing. Obwohl das «Consumer»-Betriebssystem die meiste Aufmerksamkeit der Presse gewann, erzielte Apple auch im Profi-Bereich in aller Stille Fortschritte.

Betriebssystem-Updates und überarbeitete Mac-Modelle waren natürlich willkommene Neuigkeiten, aber die wirkliche Sensation im Sommer 1999 kam aus einem anderen Bereich. Als Jobs das Ruder bei Apple übernahm, reduzierte er die Produktpalette auf vier Modellreihen, nämlich Desktop- und tragbare Rechner jeweils für den Geschäftskunden- und den Heimanwendermarkt. Das vierte Gerät, der tragbare Computer für den Privatanwender, wurde erst am 21. Juli als iBook auf der Macworld Expo im Jacob K. Javits Convention Center vorgestellt. Das iBook sollte im September ausgeliefert werden und ähnelte einem abgeflachten iMac mit einem ausziehbaren Griff, so dass Apple ihn als «iMac zum Mitnehmen» bezeichnete. Das iBook (zunächst nur in den Farben Blueberry und Tangerine erhältlich) hatte eine Akkubetriebszeit von sechs Stunden, 300 MHz Power PC G3, ein 12,1-Zoll-TFT-Display, 32 MB RAM (erweiterbar auf 160 MB) 3,2 GB IDE-Festplatte, 24-fach CD-ROM-Laufwerk, V.90-Modem, 10/100 Base-T-Ethernet, vollständige Tastatur, ATI Rage Mobility-Grafikkarte und USB – und all das für nur 1599 Dollar. Die Krönung des Ganzen war das optionale schnurlose AirPort Hub-Netzwerk, mit dem sich bis zu zehn iBooks eine Internet-Verbindung teilen können. Nur sechs Wochen nach der Vorstellung des iBook waren bei Apple über 140 000 Vorbestellungen für den neuen tragbaren Rechner eingegangen. Mitte Oktober hatten sich die Bestellungen mehr als verdoppelt, womit sich das iBook in derselben Liga befand wie zuvor der erfolgreiche iMac.

Nach nur einem Jahr hatte Apple fast zwei Millionen iMacs verkauft: PC Data zufolge war er damit der bestverkaufte Desktop-Computer. Apple hatte den Marktanteil auf 11,2 Prozent verdoppelt. Nachdem der iMac so auf dem Markt eingeschlagen hatte, war es vielleicht unvermeidlich, dass die PC-Hersteller versuchen würden, ihn zu kopieren, so wie Microsoft sein Windows dem Mac-Betriebssystem nachgebildet hatte. Im Sommer 1999 hatten sowohl Future Power (www.futurepowerusa.com) wie e.Machines (www.e4me.com) Windows-Rechner angekündigt, deren Design – bis hin zum bunten, transparenten Gehäuse mit integriertem Bildschirm – eindeutig vom iMac «inspiriert» war. Am 1. Juli reichte Apple eine Klage gegen Future Power und das Mutterunternehmen Daewoo ein, weil sie mit ihrem E-Power für 799 Dollar eine illegale Kopie des iMac verkauften. Der E-Power ähnelte dem iMac nicht nur verdächtig, sondern wurde sogar in den fünf Farben des iMac ausgeliefert, auch wenn sie in amethyst-, smaragd-, rubin-, saphir- und topasfarben umbenannt wurden. Am 19. August reichte Apple eine ähnliche Klage gegen eMachines ein (das zu gleichen Teilen TriGem Computer und Korea Data Systems gehörte), weil der für 799 Dollar angebotene eOne ein iMac-Klon sei. In beiden Fällen verlangte Apple Schadenersatz in nicht spezifizierter Höhe und beantragte, dass die Unternehmen die Auslieferung ihrer iMac-Kopien stoppten. Zum Zeitpunkt der Drucklegung dieses Buches waren die Fälle noch nicht entschieden.

«Wenn Sie den iMac für hässlich halten, dann möchten Sie auf den eOne mit einem Stock einschlagen.»

**Peter H. Lewis,** *Kolumnist der New York Times*

Gegen Ende des Jahres 1999 lief alles wunderbar für Apple. Der iMac war ein Bestseller, die Entwicklung des Mac OS lief planmäßig, das iBook sah nach einem weiteren Knüller aus, und das Unternehmen führte den leistungsstärksten Rechner ein, den es je gehabt hatte. Apples finanzielle Lage reflektierte die beeindruckende Reihe der jüngsten Leistungen. Am 14. Juli kündigte Apple das siebte rentable Quartal in Folge an, das zum 26. Juni endete. Selbst nach Abzug der Gewinne aus der schrittweisen Übertragung der Anteile von ARM Holdings stiegen die Quartalsgewinne, Umsätze, Roherträge und die Zahl der verkauften Einheiten gegenüber dem Vorjahr. Mit 3,1 Milliarden Dollar an liquiden Mitteln kündigte Apple an, Aktien im Wert von bis zu 500 Millionen Dollar zurückzukaufen. Am 13. Oktober begeisterte Apple die Anleger mit einem weiteren rentablen Quartal, und das Unternehmen schloss das Geschäftsjahr 1999 mit einem Umsatz von 6,1 Milliarden Dollar und einem Nettogewinn von 601 Millionen Dollar ab. Der Markt reagierte mit einem steilen Anstieg des Aktienkurses auf über 115 Dollar im Dezember: Das war der höchste Kurs, den die Apple-Aktie je erreicht hatte.

Natürlich kann in einer so unbeständigen Branche wie dem High-Tech-Geschäft niemand vorhersagen, ob Apple langfristig rentabel bleiben kann. Aber nach der Vergangenheit zu urteilen, wird die Zukunft von Apple alles andere als düster sein.

# Index


3Com 205
1984 109-116, 134-137

**A**

Acorn Computer Group 203
Advance Technology Group (ATG) 182, 185, 199
Advanved Reduced Instruction Set Chip Machines (ARM) 186f.
Advertising Age 138
Alcorn, Al 12
Alexio, Peggy 101
Alnwick, Jeffrey G. 264f.
Alsop, Stewart 54, 213
Aktienbezugsrecht 49
Aktiensplit 55
Aktienurkunden 48
Alsaud, Prinz Alwaleed bin Talal bin Abdulaziz 277
Alstyne, Derek Van 119
Amelio, Gilbert F. 144, 200, 203f., 238, 253-256, 269-282, 290, 297f., 304, 306
  Chronik 282
  Rücktrittsschreiben 280f.
  Sanierungsstrategie 272
  über Copland 284
  über eWorld 150
  über Lizenzen 254
America Online (AOL) 147-150
Amiga 15
Anderson, Fred 203, 206, 255, 272, 301, 304
Anderson, John 119f.
Apollo Computer 247f.
Apple
  Beschäftigte 56
  Gründung 1-8
  Logo 2, 7f.
  Nettoabsatz 54
  Nettogewinn 55
  und IBM 57-62
Apple I 2-5, 11-13
Apple II 4, 13-20, 23, 29, 70, 80, 86, 153, 213, 291
  Chronik 9f.
  Codenamen 33
Apple IIc 32, 213
Apple IIe 70
Apple III 25-30, 67f., 87, 153
  Chronik 30
Apple III Plus 28f.
Apple 32 29
Apple Corps 260
Apple Online Services 148
Apple Shared Knowledge 145
Apple Store 301
Apple-Aktien 47-52
  Erwerb 52
  monatliche Notierung 53
Apple-IBM-Pakt 61
AppleLink 145-150
AppleLink – Personal Edition 146f.
Applesoft BASIC 18f.
AppleTalk 136, 227
Apple-Werte 77
ARDI 227
ARM Holdings 309
Arnett, Nick 220
Askeland, Colette 102
AT & T 148, 186, 192, 231, 246, 284
Atari 2, 4, 6, 12f., 15, 21f., 67, 71
Atari 520ST 13
Atkinson, Bill 65f., 69, 86, 91, 94f., 102, 182, 186
Ausweise 9

**B**

Baird, Lourdes G. 263
Bajarin, Tim 218
Balog, Steve 101
Barnes, Susan 155, 209, 215
BASIC 16, 18f., 80f., 168
Bastiaens, Gaston 193, 195, 197f.
Batten, Barton, Durstine & Osborne (BBDO) 300
Baum, Elmer und Allen J. 3
Be Inc. 182, 285-290, 297
Beatles 259f.
BeBox 285
Belleville, Robert L. 68, 102
Benett, Sandy 200f., 203
Benutzeroberfläche
  grafische 16, 65, 69, 168
BeOS 226, 286f., 289f.
Berg, Paul 209
Bertelsmann AG 238
BHA 263
Bicycle 87
Big Blue 264f.
Big Blue Products Inc. 264f.
Big Brother 110, 115f.
Big Idea Group 261
Bildschirme
  Codenamen 40
Blue Box 292
Blue Boxes 5
Boich, Mike 102
BookMac 140
Borland 120, 172
Bradbury, Ray 177
Breakout 21-24
Bricklin, Daniel 16
Bronkhorst, Jon van 241
Brown, Kimball 199
Bull, Bill 102
Bunnell, David 91, 120
Bushnell, Nolan Kay 2, 4, 21f.
Businessland 213
Business Week 118, 284
Byte 117f.
Byte Shop 2f.

**C**

C++ 185
Calculedger 16
Calenda, Gifford 224
California Technology Stock Letter 213, 297
Calligrapher 193
CalPERS 273
Campbell, William V. 112f., 246, 249, 265, 298
Canon 99f., 212, 233
Canon Cat 99f.
Capps, Steve 68, 91f., 95, 101, 173, 180-186, 191f.
  über Newton 206

Carmichael, Paul D. 263f.
Carter, Matt 102
Casado, John 98
Casady & Greene 24
Casanova, Frank 275
Caserta, Peter 160f.
Cash, Berry 103
Casio 192, 195
Catmull, Edwin 217f.
Centris
  Codenamen 34
Chahil, Satjiv 233
Chang, Gareth C. 298
Chaplin, Charlie 114f.
Chiat, Jay 112, 136
Chiat/Day 109f., 112-114, 133, 135, 300
Christensen, Terry 140
CHRP 253
Chrysler 298
Claris 112, 205, 249, 265f., 303
Clark, Lloyd Douglas 265f.
Classic 260f.
Clerus 265f.
Clinton, Bill 6, 158, 231
Clow, Lee 109, 113
Cocks, Jay
  über Wozniak 4
Codenamen 31-46, 75f.
  Liste 33-46
  Ursprung 31
Coderre, Bill 24
CodeWarrior 232
Colby 241
Cold Fusion 261f.
Coleman, Deborah 103, 222
Commodore Business Machines 13-15, 71, 146
Commodore PET 14f.
CommonPoint 62
Compaq 174, 229, 234, 251
CompUSA 301f., 304
CompuServe 149
Computer & Electronics 118
Computerworld 280
Conflict Catcher 24
Conner 141
Control Data 17
Copland 226, 254, 273f., 283-296
Copyright-Probleme 259
Costner, Kevin 71
Couch, John Dennis 66, 68, 90f.
Coursey, David 219
CPU
  Codenamen 33
Creative Computing 118-120
Crisp, Peter O. 111
Crow, George 93f., 103, 155, 209
Cruise, Tom 144
Culbert, Michael 185f.

**D**

Daewoo 309
Daniels, Bruce 66
Dataquest 143, 199
De Luca, Guerrino 257
DeLink 150
Dell Computer 249, 251
Delphi 149
Denman, Donn 18, 20, 103
Densmore, Owen 68
DeRossi, Chris 224
Diery, Ian W. 232f., 250
  über Lizenzgeschäft 245
Digital EquipmentCorp. (DEC) 11, 71, 227, 229
Digital Research Inc. 223
Director 62
Doerr, L. John 234
Dorado 66
DOS 17
DR-DOS 223
Drucker
  Codenamen 42
Drury, Mark 149
Dulaney, Ken 200
Dvorak, John C. 123, 176
Dylan 194, 266-268
Dylan, Bob 185, 266-268
Dynabook 119
Dynamac 241

**E**

Eastman Kodak 161, 229, 231
Ebbs, John 145
Ehardt, Joseph L. 72
Eilers, Dan 247-249
Eingabegeräte
  Codenamen 34
Eisenstat, Albert A. 51, 148
Elliott, Jay
  über Jobs 28
Ellison, Lawrence 235f., 276f., 298, 302
  über Sculley 161
Ellison, Ralph 185, 266
Elms, Steve 202
eMachines 309
eMate 203-206, 303
Encyclopedia Britannica 266
Engelbert, Doug 64
eOne 309f.
E-Power 309
Ericsson 203
Escher, Christopher 149
Espinosa, Christopher 50, 70, 79, 103
  über IBM-PC 93
  über Jobs 94
  über Xerox 64
Esquire 5
Esslinger, Hartmut 213
Estridge, Don 152
Ethernet 64
Evans, Dave 24
Event Marketing 113, 137
eWorld 148-150, 236
Excel 46, 168, 170
Executor 227
Exodus Communications 278

**F**

Fairchild Semiconductor 4
Falcon030 13
Fernandez, Bill 4, 50, 103
Figaro 181, 185
FileMaker Inc. 205, 266, 303
Finder 95
FirePowerSystems 275f.
Firmenkultur 77
Fisher, George 161
Folon, Jean-Michel 98
Forbes 48
Forsyth, Fred 224
FORTH 81
Fortune 152, 298
Fradin, David 29f.
Frankston, Robert 16
fredlabs 226
Friedman, Peter 147
frogdesign 213
Future Computing 58
Future Power 309
Fylstra, Daniel 15

**G**

G3 130f., 257, 301-304, 306f.
G4 307
Game Maker 2
Gassée, Jean-Louis 128, 133, 140f., 154, 181f., 186, 229, 242, 246, 285-287, 290
  über Apple III 28
  über Apple-Logo 7
  über Heimcomputer 12
  über idealen CEO 297
  über Lisa 73
  über Lizenzen 247
  über Mac OS 293
  über Preise 127
  über Schrifterkennung 179
  über Sculley 158, 160, 186
Gates, William Henry 16, 167-172, 223, 299
  Aktennotiz Lizenzierung 242-246
  MacBASIC 18-20
  über Apple und IBM 57

über grafische Benutzeroberflächen 168
über Mac 118f.
über Newton 197
über NeXT 210
Gateway 251, 253
General Electric 145, 147, 150
General Magic 186, 193
General Motors 28
Genie 145
Gershwin 283
Gerstner, Louis V. 232-234
GO 112, 221
Goldberg, Aaron 129
Goldberg, Adele 66
Goldblum, Jeff 274
Goldman, Sachs & Company 212, 288
Goldstein, Bernard 298
Gonzales, Mark 225
Gow, Gordon 83f.
Graffiti 198
Graziano, Joseph Anthony 232-235
Greenspan, Alan 32
Grove, Andrew 224, 305
Gründeraktie 49

**H**

Haeberli, Martin P. 103
Haggerty, Charles 298
Hambrecht & Quist 47
Hancock, Ellen M. 202, 273-275, 278, 283f., 286-288
Handheld-Gerät 182, 184
Harbors, Jeff 167
Harmony 273, 284
Hawkins, Jeff 200
Hawkins, William "Trip" 54, 63, 66-68, 128
über Jobs 68, 85
Hayden, Steve 109, 113, 116, 134-136
über 1984 114
Heimcomputer 13
Heinen, Roger 223-225
Hertzfeld, Andy 22, 87, 91, 93f., 101, 103, 182, 186
über Jobs 90
über Sculley 158
Hewlett, William 11
Hewlett-Packard 3, 11, 13, 15, 61, 171, 234, 248
Hintz, Jürgen 237
Hoffman, Joana 94, 104
über Jobs 93
Holt, Rod 50, 104
Home Pong 12
Homebrew Computer Club 2
Horn, Bruce 68f., 95, 104, 180
Horn, Harrison S. 104
Howard, Brian R. 104
Huang, Frank C. 255
Hudson, Catherine 298
Huggins, Cleo 149
Hughes, Tom 98
Hughes International 298
Huxham, Fred 226
HyperCard 182f.

**I**

IBM 11, 28, 57, 71, 93, 114-116, 136, 152, 158, 167f., 174, 225f., 229-234, 249-252, 254, 264f., 286, 298
und Apple 57-62
iBook 308f.
iMac 131, 304-309
inCider 120
Industrial Design Group (IDG) 191
InfoCorp 28, 72
InfoWorld 120, 210
Inman, Admiral Bobby Ray 151
Intel 4, 174, 223f., 226, 228, 247, 249
Interactive Media Systems Group 193
International Data Corporation 129, 200
Internet Explorer 299
Internet-Geschäft 301
Intuit 112, 298
Inventec 198
Irwin, Russ
über Lizenzen 250
Isono, Ko 194
Ivester, Gavin 101

**J**

Jackintosh 13
Jackson, Pat 101
Janov, Rob 7f.
Java 62, 185, 268
Jobs, Steven Paul 60, 73, 79, 91, 104, 109, 216, 236, 297f., 303f.
Apple-Aktien 210
Apple-Gründung 1-10
Kündigungsschreiben 156f.
über 1984 111
über Apple 67, 174f., 271, 301
über Apple-Mitarbeiter 123
über Copyright 172
über Fenster-Technik 170
über grafische Benutzeroberfläche 65
über IBM 57, 59
über iMac 305
über Lisa 70f.
über Lizenznehmer 256
über Mac 118, 127
über Macintosh Office 135
über Microsoft 176
über NeXT 214
über objektorientiertes Programmieren 215
über Osborne 80
über Perot 212, 215
über Portables 140
über sein Vermögen 48f.
über Toy Story 218
über Windows 95 177
über Wozniak 21
zu Gates 298
zu Sculley 152
Johnny Appleseed 4
Johnson, Camille 112
Jordan, Richard 72
JTS Corporation 13

**K**

Kahn, Philippe 120, 172
Kahng, Stephen S. "King" 252
Kaleida 60-62, 230
Kapor, Mitchell 139
Kare, Susan 92, 101, 182
Kawasaki, Guy 101
über Amelio 270
über Jobs 221
über Mac 125
über Software 96
über Windows 95 172
über Xerox 69
Kay, Alan 67f., 119, 217, 247
über IBM-PC 58
über Jobs 66
über Lisa 71
über Mac 117
über Presentation Manager 62
Keith, Diane 150
Kendall, Donald 151
Kenyon, Larry 104
KidSoft 221
Killer Rabbit 41
King, Patty 104
Knowledge Navigator 183
Koalkin, Barbara 68, 94f., 140
Kocher, Joel J. 255-257
Kohl, Louise 213
Korea Data Systems 309
Kottke, Daniel G. 4, 49f., 92, 105
Kuehler, Jack 60, 230
Kvammer, E. Floyd 112f.

**L**

Laguna-Projekt 140
LAN 67
Landi, Marco 276, 288
über Newton 202
über PowerBook 5300 143
LaserWriter 291
Laufwerke
Codenamen 33
LAW 263
Lawrence Livermore Labs 6
Lemmings 134-136
Levy, Steven 237
Lewin, Dan'l 155, 209, 221
Lewis, Delano E. 298
Lewis, Peter H. 310
Lisa 29f., 58f., 63-78, 86f., 90f., 153, 206
Chronik 77f.
Namensgebung 75f.
Werbespot 110
Lisa 2 72
Lisa 2/10 73
LisaGraf 65
Little Brickout 23
Live Picture 161
Lizenzen 59, 169, 232, 236, 241
Lo, Angeline 105
Lotus 1-2-3 17, 139
Lotus Development Corporation 17, 139, 234
Lotus Jazz 139
Lowe, Peter 284
LucasFilm Ltd. 217
Luehrmann, Arthur 20

**M**

Mac 29f., 72
Codenamen 34
Mac, Michael 173
Mac II 113, 125, 127, 179, 248
Codenamen 35
Mac LC-Serie
Codenamen 35
Mac OS 24, 250f., 254, 257f., 273, 291f., 309
Chronik 293-296
Mac OS 8 62, 292, 301
Mac OS 8.1 302
Mac OS 8.5 292, 306
Mac OS X 292, 308
Mac Plus 96, 119, 127, 179
Mac SE 101, 140, 179
MacBASIC 18-20
Mach, Ivan 105
Macintosh 65, 72, 74, 291
Chronik 97, 127-132
Evolution 88f.
Logo 98
Making of 79-100
Modelle 125-132
Namensgebung 83f.
Presse 117-124
Testaktion 138
Verkaufszahlen 126
Werbespot 109-116
Macintosh Office 133-136
Macintosh Portable 140-142, 181, 185, 206
Macintosh XL 73f.
Mac-Klone 232, 241-258
MacPaint 95
Macromedia 62
Macrosoft 249
Mac-Sondermodelle
Codenamen 36
MacUser 119, 213
MacWEEK 261f., 283
Mac-Werbegeschenk 95
Macworld 91, 114
MacWorks 73
MacWrite 18, 95
Major, Anya 111
Malloy, Tom 68
Manock, Jerrold C. 92, 94, 105
Mandel, Alfred J. 261
Markkula, Armas Clifford «Mike» 4f., 15, 27, 47f., 50f., 54, 57, 73, 80, 91f., 111f., 151, 156, 187, 229, 232-238, 298
über Apple III 30
Martin, Edward 205
Mazzucchelli, Lou 304
McCammon, Mary Ellen 105
McCaw Cellular Communications 231
McCluskey 237
McIntosh 31
McIntosh Laboratory 83f.
McKenna, Regis 7
über Apple 289
McNealy, Scott 230, 235
Melton, Jimmy 101
Mercer, Paul 187
Merry, Diana 66
MessagePad 2000 202
Message Pad 2100 204
Metrowerks 232
Microcomputing 121
Microsoft 18f., 59f., 167, 170f., 184, 187, 193, 223-225, 234f., 248, 286, 298-300, 309
Microsoft Office 299, 302
Milledge, Vicki 105
Miller, Darrell 223
Mission: Impossible 144
Modular Computer Systems Inc. 260
Mondry, Larry 304
Monroe, Fred 224, 226
Motorola 60f., 193, 210, 225, 230f., 249ff, 254, 257
Mountain View 3
MS-DOS 59, 168f., 215
MultiPlan 168, 170
Murdock, Michael 302
Murphy, Michael 213, 297
Murray, Michael R. 105, 112, 136
Mut zur Wahrheit 144

**N**

Nagel, David C. 225, 284
Namen 259-268
Nassi, Isaac R. «Ike» 185
National Semiconductor 26, 238, 269-271
NCR 231
Netzwerktechnologie
Codenamen 41
Neudecker, Thomas 120
New York Times 174, 235, 310
Newsweek 138, 237
Newton 153, 160, 179-208, 230, 266, 303
Auszeichnungen 196
Chronik 207f.
Codenamen 41
Evolution 189f.
Features 196
Logo 261
Newton, Sir Isaac 7, 267
Newton Inc. 203f.
Newton Plus 184f., 187
Newton Source 202
NewtonMail Messaging-Service 148
NewWave 171f.
NeXT 48, 100, 131, 172, 209-215, 217, 221, 256, 269, 271, 274-277, 285, 288-291, 301
NEXTSTEP 210, 215-217, 274
Nicholson, Ronald H. 106
Norman, David 213f.
Novell 223f.

**O**

Oak 185
Ogilvy & Mather 116
OPENSTEP 217, 288f.
Optionsrecht 49
Oracle 161, 203, 235, 276, 298
Orwell, George 109
OS/2 62, 250
Osborne, Adam 80
Osborne Computer Corp. 80

Outbound Systems Inc. 241
Outlook on Mobile
Computing 158
Oyama, Terry A. 106

**P**
P.C. Letter 213
Packard, David 11
Paedia 266
Page, Richard 66, 155, 209
PageMaker 248
Pake, George 67
Palm Computing 198, 200f.
PalmPilot 205, 208
Palo Alto 2, 12, 31
Palo Alto Research Center
(PARC) 64-67, 86, 182, 247
Pang, Benjamin 106
ParaGraph 193, 199
Paramount Pictures 144
Parker, Jesse 254
Parkside Group 278
Parsey, Tim 192
PC Letter 219
PC-Klone 59
PC Magazine 176
Pchikov, Stephan 193
PCjr 114
Peddle, Chuck 14f.
Pepsi Challenge 137
Pepsi-Cola 73, 137, 151
Performas 125, 233
Codenamen 36
Perot, H. Ross 211f., 215
Personal Computing 118
Personal Digital Assistant
(PDA) 179, 185, 188,
191, 200, 206
Personal Software 15f.
Philips 193, 234f.
Pink 60, 216f., 226, 230
Pippin 230
Piltdown Man (PDM) 261f.
Pixar 48, 217-219, 236, 271,
302, 304
Playboy 17, 59, 140, 162, 168
PlayNet Technologies 22
Pocket Newt 185, 187, 266
Pong 21
Porat, Marc 182, 186
Powell, Laurene 75
Power Computing 252f.,
255-258, 287, 300f.
PowerBook 6, 96, 206, 257
Codenamen 37f.
PowerBook 5300 142-144,
234
PowerBook G3 8, 304
Power Macs 61, 129, 131,
233, 251, 301, 303f.
Codenamen 36f.
PowerPC 60f., 129f., 230-
232, 249
PowerPC Reference Platform
(PreP) 226, 250
PPCP 253, 256-258
Presentation Manager 61f.
Procter & Gamble 238
Prodigy 149
Profit from Experience 275

**Q**
Quadras
Codenamen 39
Quantum Computer
Services 146f.
QuantumLink 146
QuickDraw 65, 91, 224
QuickTime 24, 62, 224,
226, 302
Quix Computer 226f.

**R**
Radio Shack 71
Radius 252, 254
Rainey, Mary Terese 110
Ralph 266
Raptor 226
Raskin, Jef 31, 66, 79-83,
86f., 90-92, 95f.,
99f., 106, 179
Kündigung 92
Memo über Jobs 90
über Jobs 82, 87, 93
über Lisa 65
Reagan, Ronald 6, 161
Red Herring 285
Reinold, Jürgen 257
RenderMan 218
Rhapsody 228, 256,
291f., 299
Rice, Garrett L. 288
Riddle, Ed 106
Robertson, Alice 6
Robertson, Brian 106
Robison, Shane 199
Roche, Gerry 151
Rock, Arthur 111
Rolling Stones 173
ROM 81, 91, 241, 247
Romox 4
Roots, David H. 106
Rosen, Ben 81
Ross, Grant 101
Rothmuller, Ken 63, 66f.,
71, 76
Rubinstein, Jon 276
Ryan, Bob 120

**S**
Sagan, Carl 261-264, 267
Sakoman, Steve 179-183
Samsung 203
San Francisco Chronicle 138
San Francisco Examiner 122f.
Sander, Wendell 25
Schlein, Philip S. 111
Schnatmeier, Vanessa 118
Schriften 92
Schwarzer, William W. 172
Scientific Technology
Systems 6
Scott, Michael M. 8, 50, 66,
68, 73, 79, 90, 151, 298
Scott, Ridley 110, 133
Scott, Tony 134
ScriptX 60, 62, 230
Sculley, John 16, 58, 60, 73f.,
95, 110, 112f., 134f.,
137-139, 168f., 174, 179,
182-184, 187f., 191, 195,
197f., 223, 229-231, 242,
246-248, 250, 298
Aufstieg und Fall 151-166
Chronik 164f.
Machtkampf
mit Jobs 154f.
über Apple 153f.,
165, 271
über Jobs 154f.
über Lizenzvertrag 170
über Mac 94
über Newton 208
Verabschiedung 159
Voraussagen 162f.
Sculley Brothers LLC 161
Sequoia Capital 4
Server Codenamen 39
Seybold, Andrew 124, 158
Seybold, Jonathan 124
Seybold Report 123f.
Sharp 141f., 187, 191, 195
Sharp, Patricia 106
Sharp ExpertPad 191
Shearman and Sterling 270
Shockwave 62
Siand 3
Simpson, Mona 1
Singleton, Henry E. 111
Smalltalk 64f., 67, 69, 185
Smith, Burrell Carver 86, 94,
101, 106
Smith, Terry 101
Software
Codenamen 42f.
Software Emporium 4
Software-Seedlist 96f.
Solaris 287f.
Solomon, Douglas S. 288
Somerset Design Center 61
Sony 143, 193, 203, 210,
229, 234, 246
Sophisticated Operating
System 28

Sorcerer Computer 4
Spectra Physics 1
Spectrum Information Technologies 160f., 197
Spielkonsolen 12
Spindler, Michael H. 159, 182, 195, 199f., 225, 229-238, 249-253, 270, 285, 298
Chronik 239f.
Sporck, Charles 269
Stanford Artificial Intelligence Laboratory 65
Stanford Linear Accelerator Center 2
Stanford Research Institute 64
Stanley, Morgan 47
Star Trek 223-228
Star Trek NG 228
StarMax 6000 257
Stearns, Bryan 107
Stewart, Jim 141
Sun Microsystems 185, 203, 219, 221, 229f., 233-235, 237, 248, 268, 287
Sun Remarketing 74
Sun Workstations 247
Swatch 187
Symantec 232
Symphony 139
Systemsoftware
Codenamen 44

**T**

Takahashi, Lynn 107
Taligent 60-62, 217, 226, 230, 287
Tandy 71, 174, 192, 195
Tchao, Michael 184f., 187, 192
Teledyne 111
Telekommunikation 144-150
Codenamen 45
Tempo 273, 284
Terrell, Paul Jay 2-4
Tesler, Lawrence 66-68, 182-187, 195
«Test drive a Macintosh» 137f.
Tevanian, Avadis «Avie» 275, 289
Text Encoding Convertor 62
Thinking Machines 144
ThinkPad 96
Thomas, Brent 109
Thompson, Keith 121
Thor Electronics 6
Time 4
Toedtman, Tom 101
Tognazzini, Bruce 74
Toshiba 234
Tracinda Corporation 298
Tramiel, Jack 13f.
Trelix 16
Tribble, Guy L. 107, 209
über Jobs 155
TriGem Computer 309
Trudeau, Garry B. 196f., 199
Twentieth Anniversary Mac 273f.

**U**

UMAX 254f.
Unix 210, 215, 250, 288
US Festivals 9
USA Today 140

**V**

Valentine, Don 4
über Jobs 4
Vanity Fair 276
Varian 1
VirtualMac 226
VisiCalc 15-17
VisiCorp 16
VisiOn 16, 170
Vorprämien 48

**W**

Walesa, Lech 6
Walker, Vaughn R. 172
Wall Street Journal 58, 109, 174, 231, 235, 264, 300
Walt Disney 67, 218
Wang 71
Warner Communications 13
Washington, Denzel 144
Watts, Peggy 210
Wayne, Ronald Gerald 2-7
WebObjects 217, 301
Western Digital 298
Whitney, Thomas M. 66
Wigginton, Randy 18, 95, 107
über Apple III 27
Wilkin, Linda 107
Williams, Gregg 118
WIMP-System 16
Windows 167-177, 184, 187, 215, 232, 309
Chronik 175-177
Windows 95 234f., 283f.
Windows 98 292
Windows CE 205
Windows NT 287f., 292
Wintel-Klone 253, 256, 258
Woolard, Edgar S. 277, 298
Word 168, 170
Wordsworth, William 7
Wozniak, Jerry 14, 51
Wozniak, Stephen Gary 1-5, 9f., 11, 75, 79, 107
über Apple III 26
über die Anfänge von Apple 13
über Lizenzen 244f.
über Jobs 21f., 82
über Microsoft-Klage 249
über NeXT 216
WozPlan 50f.
Wyman, Pamela G. 107

**X**

Xerox 63-69, 71
Xerox Alto 64-67, 69, 86, 92
Xerox Star 69

**Y**

Yanny, Joseph A. 267
Yellow Box 292
York, Jerome B. 298

**Z**

Zap! 22
Zajicek, Lada 101
Ziel, John
über Spindler 230
Zsidek, Laszlo 101, 107

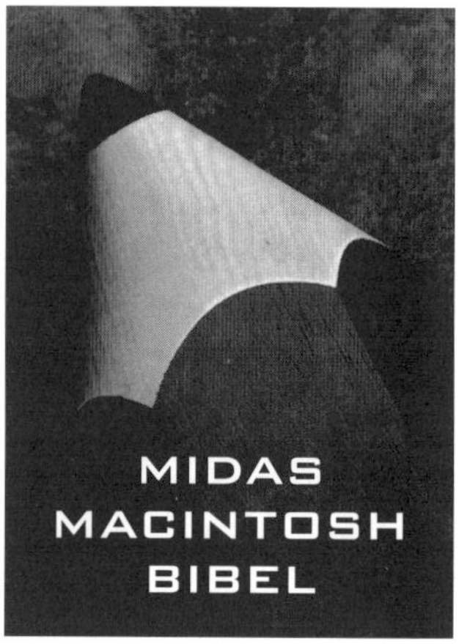


## Midas Macintosh Bibel

**Koch / Zäch (Hrsg.), 960 Seiten, sFr. 94.– / DM 98.–, ISBN 3-907020-82-0**

Wie kaum ein anderes Werk zum Macintosh hat dieses Buch nicht bloss Leser sondern Fans. Die neue Macintosh Bibel wurde mit einem eigenen Redaktionsteam komplett überarbeitet und aktualisiert. Eine wahre Fundgrube für jeden Macintosh-Anwender: Grundlagen, Hardware, Peripherie, Betriebssysteme, Troubleshooting, Anwendungsprogramme, Internet u.v.a.

Inklusive CD-ROM mit ausgewählter und kommentierter Shareware für den Macintosh.

## Das Kleine Mac Buch

**Robin Williams, 376 Seiten, sFr. 55.– / DM 58.–, ISBN 3-907020-54-5**

«Das kleine Mac Buch» avancierte bereits in seiner ersten Auflage zum beliebtesten Einsteigerbuch zum Macintosh. Auch die neue, komplett überarbeitete und erweiterte Ausgabe bürgt für Qualität und Lesevergnügen, denn Robin Williams versteht es, nicht bloss die Fakten, sondern auch etwas von der Magie des Macintosh zu vermitteln. Auflage weltweit: 1,2 Millionen Exemplare!

«Das Kleine Mac Buch» ist das schriftliche Äquivalent zum Mac: genauso verständlich wie der Rechner selbst.» *Macwelt*

## iMac für Einsteiger

**Klaus Zellweger, 224 Seiten, sFr. 45.– / DM 49.–, ISBN 3-907020-89-8**

Mac-Autor Klaus Zellweger schreibt er über die Apple Verkaufsschlager «iMac» und «iBook». In seinem pointierten und witzigen Schreibstil nimmt er den neuen «Volkscomputer» unter die Lupe. Er analysiert die zahlreichen Stärken und Schwächen des iMac und gibt dem Leser das nötige Rüstzeug für den Umgang mit dem Internet. Auch neueste Entwicklungen wie iMovie und anderes kommen zur Sprache. Wie kein anderer versteht es Zellweger, dem Leser «seinen» iMac näher zu bringen und verständlich zu machen, ohne sich dabei im Fachchinesisch zu verlieren.